西安交通大学
本科"十三五"规划教材

环境与资源保护法学

（第二版）

主编 胡德胜

西安交通大学出版社
XI'AN JIAOTONG UNIVERSITY PRESS

图书在版编目(CIP)数据

环境与资源保护法学/胡德胜主编.—2版.
—西安:西安交通大学出版社,2017.7
ISBN 978-7-5605-9746-1

Ⅰ.①环… Ⅱ.①胡… Ⅲ.①环境保护法-法的理论
-中国-高等学校-教材②自然资源保护法-法的理论-
中国-高等学校-教材 Ⅳ.①D922.601

中国版本图书馆 CIP 数据核字(2017)第 137243 号

书　　名	环境与资源保护法学(第二版)	
主　　编	胡德胜	
责任编辑	王斌会	

出版发行	西安交通大学出版社
	(西安市兴庆南路 10 号　邮政编码 710049)
网　　址	http://www.xjtupress.com
电　　话	(029)82668357　82667874(发行中心)
	(029)82668315(总编办)
传　　真	(029)82668280
印　　刷	陕西日报社

开　　本	787 mm×1092 mm　1/16　印张 27.625　字数 523 千字
版次印次	2017 年 8 月第 1 版　2017 年 8 月第 1 次印刷
书　　号	ISBN 978-7-5605-9746-1
定　　价	45.00 元

读者购书、书店添货、如发现印装质量问题,请与本社发行中心联系、调换。
订购热线:(029)82665248　(029)82665249
投稿热线:(029)82664953　(029)82668525
读者信箱:xjtu_rw@163.com

编委会

第二版前言

本教材第一版于 2010 年 6 月由郑州大学出版社出版,是国家新闻出版署"十一五"规划重点项目《普通高等教育法学专业"十一五"规划教材》中的一本。

出版六年多来,我国的环境与资源保护政策法律发生了重大变化。2012 年 11 月党的十八大报告专篇论述生态文明,把"美丽中国"作为未来生态文明建设的宏伟目标、摆在总体布局的高度来论述。2014 年 10 月 23 日十八届四中全会通过《关于全面推进依法治国若干重大问题的决定》,2015 年 4 月 25 日中共中央、国务院通过《关于加快推进生态文明建设的意见》。《中华人民共和国环境保护法》等多部环境与资源保护法律被修订或者修正,《中华人民共和国环境保护税法》等法律得到了制定。与此同时,环境与资源保护领域的国际和外国政策法律文件也发生了一些重大变化。因此,对教材进行修订,势所必然。

2016 年 3 月,西安交通大学启动本科"十三五"规划教材建设项目。余不揣冒昧,申请项目,幸获立项和些许资助,遂组织一些高校同仁和两位博士研究生,对第一版进行修订。

本版延续前一版体例,在编写过程中以原始文献资料为基础,实质内容方面注重借鉴国外和国内环境与资源保护法学的最新研究成果。

参加修订人员完成其所负责修订的章节后,由主编和副主编审稿、统稿,最后由主编定稿。此外,各章最后的案例材料,由主编选编。按撰写章节先后为序,各章编写人员如下:

胡德胜(博士,博士后,西安交通大学法学院教授、博士生导师):第一章,第二章,第五章,第六章,第九章第一节,第十七章,第十九章;

刘志仁(在读博士,西北大学法学院教授):第三章,第十二章,第十五章;

高明侠(硕士,西安交通大学法学院讲师):第四章,第八章;

1

王　涛(西安交通大学法学院博士生):第七章,第二十三章;

李　霞(博士,西安交通大学法学院副教授):第九章第二节至第八节,第十章;

范战平(硕士,郑州大学法学院讲师):第十一章,第二十章,第二十一章;

朱艳丽(西安交通大学法学院博士生):第十三章,第十四章;

方　印(硕士,贵州大学法学院教授):第十六章,第二十二章;

陈晓景(博士,河南财经政法大学教授):第十八章,第二十四章。

本书可供高等学校法学专业、财经专业以及环境与自然资源类自然科学专业的学生作为教材使用,也可作为司法部门、环境与资源保护有关行政部门同志的学习用书。

在本书编写的最后阶段,西安交通大学法学院博士研究生朱艳丽、硕士研究生罗维治同学作为首批读者通读了大部分书稿,提出了一些有价值的修改建议和润色意见。在此表示感谢。

感谢西安交通大学将本教材修订工作作为本科"十三五"规划教材建设项目予以立项并给予资助。感谢西安交通大学出版社的出版支持。感谢王斌会编辑辛勤而卓越的编辑工作,使教材质量增色不少。

由于学识水平有限,不当、疏漏乃至错误之处在所难免,欢迎读者批评指正并致函 deshenghu@126.com。

胡德胜
2017 年 3 月

第一版前言

    环境与自然资源保护是一项事关当代和未来人类福祉的宏伟事业。对于一个国家而言,是一项关系到国家现代化建设中具有战略性和前瞻性、事关全局性成败的重大理论和实际问题。基于自然和科学规律,运用法治手段规制人类行为并协调人与环境之间的关系,当代人类和后代人类之间的关系,当代人类成员或其所组成之群体(组织)之间的关系,建立相应的法律机制,既是建设和谐社会的重要基础,又是实施可持续发展战略的前提,还是建设法治国家的需要。环境与资源保护法学学科应运而生。

    环境与资源保护法被教育部高校法学学科教学指导委员会增列为法学学科核心课程之一,这将极大地推动和繁荣我国环境与资源保护法学的教育和研究工作,更有利于充分发挥法治在我国社会主义现代化建设事业中的积极作用,提高我国法学研究融入国际平台的水平。

    法治的终极价值是服务于正义之理想和追求的工具性价值。这就要求法学研究和应用工作者,特别是法学研究工作者,基于自然科学知识,运用社会学、伦理学、心理学、经济学、政治学等学科的理论和方法,通过科学构建法律体系、合理配置不同利益和/或运用法律规范,实现法治的工具性价值。

    法治的基础是先有良法,而后是一体遵守。约 20 世纪 50 年代以前,产生良法的最常用保障机制(许多人也认为是最好机制)是人人在形式平等下的民主。因为受科学技术相对缓慢发展进程的制约,人类道德和理念并无发生突然之革命性的巨变,在一国范围内比较容易通过民主程序而产生反映当时生产力水平的良法。此后,科学技术突飞猛进,法律需要及时反映。但是,人们对大自然认识水平之间的重大差异,导致既有的民主程序在一定程度上阻碍着自然科学成果在法律中得以合理体现。法律不应该成为,也不可能长期成为,社会向前发展和变革的障碍;法律应该体现和应用,从历史唯物主义的视角而言也确实体现和应用着,自然科学的研究成果。于是,科学立法不断走向良法形成过程的核心和前沿,新利益的配置和旧利益的调整成为当代良法形成过程的重大研究课题。以可持续发展为核心理念和原则的环境与自然资源保护领域更是如此。

    本书在编写过程中以原始文献资料为基础,在实质内容方面注重借鉴国际和国内环境与资源保护法学的最新研究成果。基于国内环境与资源保护立法的国际化或者趋同化这一进程,考虑到该领域内调整手段的法律与政策并且政策之作用越来越重要的现实,本书在结构体系和体例方面也做出了一些新的尝试。其主要特点是:第一,注重唯物主义原则特别是辩证唯物主义原理的运用。第二,未将国际环境与资源保护法单独列为一编,而是力求将其内容融入各有关章节之中。第三,在第一编中对环境与自然资源领域的自然科学发展、成果和关键知识进行了介绍和研究,并对经济学的基础理论和一些方法做出了阐释和讨论。缺乏这些,对于法学专业的学生来说,是很难全面把握环境与资源保护法(学)的真谛的。

本书由主编提出编写大纲和编写思路,各参编人员按分工编写,文责自负。然后由主编和副主编审稿、统稿,最后由主编在不对各章编写者所写的实质内容和观点进行修正的前提下(特别明显错误之处除外)定稿。各章编写人员分工如下(按撰写内容先后为序):

胡德胜(博士,博士后,西安交通大学教授、博士生导师):第一章,第二章,第五章,第六章,第九章第一节,第十七章,第十九章;

刘建新(硕士,河南理工大学讲师):第三章,第九章第二节至第八节,第十八章;

郭　欣(硕士,南阳师范学院讲师):第四章,第十二章,第二十三章,第二十四章;

张河顺(硕士,河南师范大学讲师):第七章,第二十二章;

王　莉(硕士,河南财经政法大学讲师):第八章,第十六章;

任彦君(硕士,河南财经政法大学讲师):第十章,第十四章;

范战平(硕士,郑州大学讲师):第十一章,第二十章,第二十一章;

李亚红(硕士,河南科技大学讲师):第十三章,第十五章。

本书可供高等学校法学专业、财经专业以及环境与自然资源类自然科学专业的学生作为教材使用,也可作为司法部门、环境与资源保护有关行政部门同志的学习用书。

在本书编写的最后阶段,郑州大学环境与资源保护法学专业的硕士研究生梁敬胜、宁伟和刘璐同学共同作为第一读者通读了书稿,提出了一些有价值的修改建议和润色意见。在此表示感谢。

由于学识水平有限,不当、疏漏乃至错误之处在所难免,欢迎读者批评指正并致函 deshenghu@126.com。

胡德胜

2010 年 3 月

目　录

第四编　自然资源保护法篇

第一编

绪论篇

第一章

认识环境、生态系统和自然资源

【内容提要】

　　人类产生于自然，生存于一定的环境之中，是生态系统中食物链上的一环，利用自然资源生存、延续和发展。20 世纪以来，随着人类对自然的认识的日益全面，对自然规律的日益尊重，作为上层建筑的政策法律对此做出了相应的反映。科学地认识自然、环境、生态和自然资源，是科学研究以及全面理解、准确把握、正确适用环境与资源政策法律的基础。自然、环境、生态和自然资源这四种概念既有所不同，又相互交叉，还相互联系。

　　人类关于自然的认识有一个过程，而且这一过程仍然在继续；这在"环境""自然""生态系统"以及"自然资源"等有关概念或者术语的使用上也有所体现。

第一节　环境

一、环境的概念

　　"环境"一词，通常，特别是过去，是指牛津大学出版社《新牛津英语词典》(1998年英文版)中关于环境(environment)的第一词义，即"一个人、一个动物或者一个植物在其中生活或者活动的条件或者周围所有事物"。[1]据此，根据中心事物的不同，可以有不同的"环境"。体现在科学研究上，不同学科关于环境的定义往往有所不同。

　　从环境保护的发展历史来看，在 20 世纪 90 年代以前，当人们提及"环境保护"一词时，通常是指保护人类环境，特别是防治污染。"人类环境"这一概念是 1972

---

[1]　另参见金瑞林　主编：《环境与资源保护法学》，北京大学出版社 2006 年版，第 1 页。

年联合国人类环境会议提出的。环境科学关于环境的定义通常是以人类为中心的。例如,《中国大百科全书·环境科学》中给环境所下的定义是:

> 人群周围的境况及其中可以直接、间接影响人类生活和发展的各种自然因素和社会因素的总体,包括自然因素的各种物质、现象和过程及在人类历史中的社会、经济成分。①

不过,人们现在谈到环境保护时,通常是指《新牛津英语词典》关于环境(the environment)的第二词义,即"自然世界,特别是指受人类活动所影响的全部或者特定地理区域的自然世界"。然而,随着生态学的发展,人类逐渐认识到,保护环境的关键是要维护生态系统的健康平衡。在我国,则出现了"生态环境"这一表述。关于生态环境,将在后面进行讨论。

二、环境的分类

人类环境十分庞大和复杂,可以将之视为一个体系。为了便于研究和认识环境,人们常常对人类环境进行不同的分类。例如,在环境科学中,可以按照环境的形成、功能、范围、要素等做出不同的分类。

(一)自然环境和人工环境

这是根据环境的形成而对人类环境进行的分类。

自然环境,又称自然,是指对人类的生存和发展产生直接或者间接影响的各种天然形成的物质、能量和空间的总体。②例如,大气、水、土壤、日光辐射、生物等。这些环境要素构成了相互联系、相互制约的自然环境体系。

人工环境,也称人为环境、经人工改造过的环境,是指人类为了提高物质和文化生活水平,在自然环境的基础上,经过人类劳动的改造或加工而创造出来的。例如,城市、居民点、运河、人工湖泊、水库、名胜古迹、风景游览区等。

(二)基于环境范围大小的分类

有时,人们根据环境范围的大小,对环境进行分类。例如,可以将环境分为居室环境、车间环境、村镇环境、城市环境、区域环境、全球环境和宇宙环境等。

(三)基于环境要素的分类

环境由不同的要素组成。根据环境的这些不同要素,可以把环境分为大气环

---

① 《中国大百科全书·环境科学》,中国大百科全书出版社 2002 年版,第 134 页。

② 对"自然"一词,有时也从非人类中心主义的意义上在不同层次上使用,如指地球环境、整个宇宙等。

境、水环境、土壤环境、生物环境、地质环境等。由于有些环境要素还可以做进一步的划分,相应地,基于此的要素环境还可以有进一步的分类。例如,水环境可以分为海洋环境、湖泊环境、河流环境等;生物环境可以分为森林环境、草原环境等。

需要注意的是,不同的分类方法,只是用以认识环境的不同手段、方法、视角或者路径,每种方法都有其长处和不足;要科学全面地认识环境,需要运用不同的分类方法。在环境科学中,第一种分类方法,即把环境分为自然环境和人工环境的分类方法,具有基础性的价值和作用,也是最常用的一种分类方法。

第二节　生态系统

由于并非所有的环境要素或者某一环境要素的全部都需要保护,以及由于 19 世纪末以来现代生态学的产生和发展,特别是人类对于生态系统功能认识的深化,从 20 世纪 70 年代开始,世界范围内日益注重从生态学或者生态系统的角度对待环境保护问题。[①]于是出现了"environment(al)"[环境(的)]、"ecological"(生态学上的,生态系统的)、"(of) ecosystem"[生态系统(的)]这三种表述相互替代使用的情况或者现象。在国内,还有"生态环境"这一表述,不仅许多政策法律文件使用,而且学术界也经常使用,特别是有时将"生态环境"与上述三种术语相互替代使用。[②]

一、生态学的概念

早期的生态学是生物学的一个分支。生态学的概念最早由德国人海克尔(Ernst Haeckel)在 1866 年提出。他将生态学定义为研究动物同有机环境和无机环境的全部关系。随着研究的进展,这一定义得到了进一步完善,即生态学是研究生物与其生存环境之间相互关系的科学,从而把主体从动物扩大到整个生物界。这样,生态学的任务就是研究生物与环境之间相互关系及其发展变化的规律与机理。

当代的生态学已经远远超出了生物学的范围,扩大到了其他领域。例如,除了生物学中的植物生态学、动物生态学外,还有地学中的海洋生态学、土壤生态学等。特别是 20 世纪 50 年代以后,严重的环境污染与破坏进一步推动了生态学研究,又

---

① 例如,1971 年《关于特别是作为水禽栖息地的国际重要湿地公约》(下称《湿地公约》)的缔约国将"湿地的调节水份循环和维持湿地特有的动植物特别是水禽栖息地的基本生态功能"作为制定该公约的重要动机、原因或者目的;参见该公约序言第 2 段。

② 例如,我国《宪法》(2004 年修正)第 26 条规定,"国家保护和改善生活环境和生态环境"。我国《国民经济和社会发展第十一个五年规划纲要》中使用"生态环境"这一术语达 14 处之多。

出现了人类生态学、社会生态学、污染生态学、城市生态学、生态经济学等。20 世纪 70 年代，联合国教科文组织把"人与生物圈"的研究列为一项全球性课题，强调从宏观上研究生态学规律。

生物与环境之间存在着一种辩证而复杂的关系。它们相互渗透、相互联系、相互制约、相互作用。这种关系主要体现在以下三个方面。第一，生物是环境的产物，是环境的组成部分。第二，环境是生物生存和延续的物质基础，每一（种）生物与其所处环境之间不断进行着物质循环与能量流动，环境为生物提供生存和发展的条件，并且不断地影响和改变着生物，使其从简单到复杂、从低级向高级发展。第三，在其发展和变化的过程中，每一（种）生物以及生物界整体又对环境产生反作用；特别是在人类出现以后，对环境的改造所产生的反作用是十分巨大的。

二、生态系统

（一）生态系统的概念

生态学研究的中心课题是生态系统（ecosystem）。生态系统的概念最早由英国生态学家克拉彭（A. R. Clapham）于 1930 年提出，由其同胞坦斯利（A. G. Tansley）1935 年在《植被的概念和术语的使用》一文中系统地阐述。[1]坦斯利认为：生态系统"不仅包括生物复合体，而且还包括生物所处环境的全部物理因素的复合体"；对生物体的基本看法应当是"必须从根本上认识到，生物不能与它们所处的环境分开，而是与它们所处的环境形成一个自然系统""这种系统是地球表面上自然界的基本单位，每个系统各有其大小和物种"。[2]伴随着生态学的发展，人类对生态系统的认识不断深入。美国生态学家林德曼（R. L. Lindeman）先于 1941 年提出了食物链概念、生态金字塔理论，又于次年提出了生态系统营养结构和能量流动特点的划时代理论。

关于生态系统的概念，《不列颠百科全书》的定义是：

> 在一个特定的单位空间内，生物及其无机环境以及它们之间的所有相互关系所形成的一个复合体。[3]

1992 年《生物多样性公约》的定义是：

---

[1]　See A. J. Willis, "The ecosystem: an evolving concept viewed historically", *Functional Ecology*, 1997, 11(2), pp. 268–271.

[2]　A. G. Tansley, "The Use and Abuse of Vegetational Concepts and Terms", *Ecology*, 1935, 16(3), pp. 284–307.

[3]　"ecosystem." Encyclopædia Britannica. 2008. Encyclopædia Britannica Online. 24 Oct. 2008 <http://www.britannica.com/EBchecked/topic/178597/ecosystem>.

指植物、动物和微生物群落和它们的无机生命环境作为一个生态单位交互作用形成的一个动态复合体。[①]

而《中国大百科全书·环境科学》中的定义是：

指在一定时间和空间内，生物与其生存环境以及生物与生物之间相互作用，彼此通过物质循环、能量流动和信息交换，形成的不可分割的自然整体。[②]

自然界中的生态系统，有大有小、多种多样，小如一滴湖水、一块枯木、一个小池塘、一座花坛、一片草地，大到湖泊、海洋、森林、草原。生物圈是地球上最大的生态系统，包含了无数个大大小小、各式各样的生态系统。每个生态系统都是生物界活动的基本单元，人类就处于由各种生态系统组成的生物圈内。

(二)生态系统的组成

根据生态金字塔理论以及生态系统营养结构和能量流动特点理论，生态系统由生产者、消费者、分解者和无生命物质四部分组成。

1. 生产者

生产者主要指绿色植物及单细胞藻类，其作用在于通过光合作用将太阳能转化为化学能，把无机物转化为有机物，从而不仅供给自身发育生长所需要的物质和能量，也为其他生物提供物质和能量。生产者决定着生态系统的生产能力的大小，是生态系统的基础，因而在生态系统中居于首要地位。

2. 消费者

消费者包括所有的动物。从低级动物到人类，都依赖生产者生产的有机物而维持生存和延续。消费者又可以细分为一级消费者、二级消费者等。以植物为食的草食动物（如牛、羊、兔、蝗虫等）为一级消费者；以草食动物为食的食肉动物（如狼、狐狸等）为二级消费者；以二级消费者为食的食肉动物为三级消费者。此外，还有混合消费者，这些动物（包括人类）既食植物又食动物，是杂食者。消费者虽然不是有机物的直接生产者，但是在生态系统的物质和能量转化过程中处于中间环节，因而也是生态系统的重要组成部分。

3. 分解者

分解者主要是指具有分解能力的各种微生物，也包括一些腐生性动物（如白蚁、蚯蚓等）。分解者能够把生态系统里的动物和植物尸体分解成简单的化合物，供植物进行再利用。分解者的作用是保证生态系统的循环，是生态系统不可或缺

---

① 1992 年《生物多样性公约》第 2 条。该公约于 1992 年 6 月 5 日在巴西里约热内卢举行的联合国环境与发展大会上开放签署，1993 年 12 月 29 日生效。

② 《中国大百科全书·环境科学》，中国大百科全书出版社 2002 年版，第 328 页。

的有机组成部分。

4. 无生命物质

无生命物质包括自然界中各种有机物、无机物和自然因素。例如,阳光、水、土壤、空气等。这些无生命物质为生物提供了必需的生存条件。

总之,生产者、消费者、分解者和无生命物质组成了生态系统的有机统一体,并且沿着一定的途径不断地进行着能量流动与物质循环。

(三)生态系统的能量流动和物质循环

1. 生态系统的能量流动

生态系统中全部生命所需要的能量都来源于太阳。生态系统中的能量流动是按照热力学的能量守恒定律进行的:能量可以从一种形式转化为另一种形式,转换过程中不消失,也不增加;在流动过程中,能量沿着从集中到分散、从高到低的方向传递,传递过程中会有一部分能量放散掉。

绿色植物通过光合作用将太阳能转化为化学能,制造有机物,提供给消费者。绿色植物每年制造的有机物质可达 2000 亿吨,成为整个生物圈能量的总来源。生产者贮存的能量通过食物链传递给消费者,而动植物死后的遗体又被分解者分解成简单的无机物返回。生产者、消费者和分解者在进行能量传递的过程中,自身又要进行新陈代谢,消耗一部分化学能并以热能的形式散发到环境中去。

生态系统的能量流动是通过食物链进行的。甲生物以乙生物为食,乙生物以丙生物为食,如此延续,从而形成一条以食物把各种生物联结起来的锁链,生物学上称作食物链。例如,草原上的简化食物链是:青草→兔子→狐狸→狼;池塘里的简化食物链是:藻类→浮游动物→小鱼→大鱼→鱼鹰。然而,在生态系统中,实际的食物链关系往往十分复杂,有的相互交错,从而形成一种网状关系,即食物网。生态系统能量的流动就是通过食物链和食物网进行的。

食物链上的各个环节被称为营养级。在同一环节上起同样作用的一群生物,属于同一营养级。生产者为第一营养级,一级消费者为第二营养级……一个生态系统一般有四至五个营养级,达到七个营养级的生态系统非常少见。低位营养级的生物向高位营养级的生物提供物质和能量。由于低位营养级所获得的能量,通过自身新陈代谢要消耗一部分,而剩余的能量又只有 1/10 被上一营养级所利用(即十分之一定律),因此高位营养级在数量上远少于低位营养级。这样逐级递减,就形成了所谓生物量金字塔和生产率金字塔。在一个生态系统中常常看到,低位营养级的生物繁殖容易,数量大,而且生长快;而高位营养级的生物则繁殖难,数量少,生长也慢。因此,要使高位营养级的生物保持一定的数量,就要保持低位营养级的生物有足够的数量。当低位营养级生物因自然和人为原因大量减少时,将会导致高位营养级生物的急剧减少甚至灭绝。

食物链关系中一个值得注意的现象是:进入环境里的有毒物质沿食物链的富集。毒物首先被生产者摄取,然后沿食物链逐级转移,在转移过程中其浓度会成千上万倍地增加,其危害程度也就大大增高。在环境科学里,这种把同一食物链上某些元素或者难分解的化合物在生物体内随着营养级的提高而逐步增大的现象称为"生物放大"。

2.生态系统的物质循环

生物有机体大约由四十余种化学元素组成。其中,最主要的是碳、氢、氧、氮、磷、硫,它们在自然界以水、二氧化碳、硝酸盐和磷酸等形式存在。这些物质既是自然界中的主要元素,又是生物有机体维持生命现象的主要元素。它们首先被生产者吸收,经过合成,以有机物的形式通过食物链在各营养级之间逐级传递,最后经分解者分解为无机物返回环境再供植物利用。这些物质在生态系统中周而复始地循环,被反复利用,就形成了生态系统的物质循环。

每一种物质在生态系统中的循环都有各自的循环途径和特点,构成一个复杂的循环体系。其中,最主要的是水循环、碳循环和氮循环,它们与环境保护的关系十分密切。

(四)生态平衡

在一个正常的生态系统中,它的结构和功能,包括生物种类的组成、各种种群的比例以及不断进行着的物质循环和能量流动,都处于一种相对稳定的状态;生态学上把这种相对稳定状态称为生态平衡。

生态平衡是整个生物圈保持正常的生命维持系统的重要条件,它为人类提供适宜的环境条件和稳定的物质资源。生态系统之所以能够保持相对平衡,是因为其内部所具有的自动调节能力。一般而言,生态系统的结构越复杂,生物种类越多,食物链也越复杂多样,物质循环的渠道也越多,这样生态系统的调节能力就越强;反之,结构越简单,成分单调,调节能力则越小。然而,一个生态系统的调节能力,无论其强与弱,都是有一定限度的。当干扰因素的影响超过调节能力的极限时,调节能力就要降低甚至消失,从而引起生态失调,甚至整个系统的崩溃。破坏生态平衡的因素有自然因素和人为因素两种。自然因素方面,如火山爆发、地震、海啸、台风、水旱灾害、泥石流等。人为因素方面,如建造大型工程从而大规模改变环境条件,大量毁坏植被从而改变生物的生境,向环境中大量排放有毒污染物等。这些因素都能破坏生态系统的结构和功能,引起生态失调,甚至造成生态危机。

三、生态学的基本规律

国务院环境保护委员会 1987 年 5 月发布的《中国自然保护纲要》将生态学的基本规律归纳为如下六类:[①]

1."物物相关"律

"物物相关"律是指,自然界中各种事物之间有着相互联系、相互制约、相互依存的关系,改变其中的一个事物,必然会对其他事物产生直接或间接的影响。这是马克思主义关于普遍联系的观点在生态学中的具体体现。

2."相生相克"律

"相生相克"律是指,在生态系统中,每一生物种都占据一定的位置,具有特定的作用,它们相互依赖、彼此制约、协同进化。

3."能流物复"律

"能流物复"律是指,在生态系统中,能量在不断地流动,物质在不停地循环。能量的流动是单向的,并在流动过程中递减,有一部分转化为热能逸散入环境。

4."负载定额"律

"负载定额"律是指,任何生态系统都有一个大致的负担(承受)能力上限,包括一定的生物生产能力、吸收消化污染物的能力、忍受一定程度的外部冲击的能力。当生态系统所供养的生物超过它的生物生产能力时,它就会萎缩乃至解体;当向生态系统排放的污染物超过它的自净能力时,生态系统就会被污染,进而导致生态环境恶化;当对生态系统施加的外界冲击的周期短于它的自我恢复周期时,生态系统也将因不能自我恢复而被破坏。

5."协调稳定"律

"协调稳定"律是指,一个生态系统,只有在结构和功能相对协调时,才是稳定的。

6."时空有宜"律

"时空有宜"律是指,每一个地方都有其特定的自然和社会经济条件组合,构成独特的区域生态系统。

---

① 《中国自然保护纲要》编写委员会:《中国自然保护纲要》,中国环境科学出版社 1987 年版,第 12－14 页。

四、生态环境的概念

在国内学术界,关于生态环境的代表性定义有以下六类:①将生态环境与人类环境作为同义词,如,"生态环境是指人们周围各种自然因素的总和";①②将生态环境与生态系统作为同义词,如,"生态环境是指由生物群落及非生物自然因素组成的各种生态系统所构成的整体";②③将生态环境定义为"生态学中的环境";③④将生态环境定义为自然环境,如,"生态环境是指宇宙间各个相互关联、相互制约、相互作用、能量转换、动态平衡的系统要素中,有机物与无机物、有生命群体与无生命群体之间的空间分布和相互间的能量转移关系";④⑤将生态系统定义为以人类为中心的生态系统,如,"生态环境是指以人为中心的由生物群落、水、大气、土地等构成的动态平衡系统";⑤⑥将生态环境理解为"生态和环境"。⑥

在地道英语中,有"生态系统"(ecosystem)一词,却无"生态环境"的术语。国内学术界关于"生态环境"一词的英文译法主要有 eco-environment,ecology and environment;关于"生态环境的"一词的英文译法主要有 eco-environmental,ecological and environmental。"生态环境"这一表述,在下列意义上使用较妥,即,生态系统、生态学上的环境或者生态系统意义上的环境。

五、生态环境的功能

在哲学的意义上,抛开人类中心主义和非人类中心主义两种伦理观的争论或者划分,可以将功能定义为客体于主体之价值。这里从生态系统的角度,先后立足于人类中心主义和非人类中心主义的伦理观,讨论生态环境的功能。

在立足于人类中心主义的伦理观对生态系统的功能进行讨论时,国际上通常使用的一个术语是"生态系统服务"(ecosystem services)。"生态系统服务"是一个比较新的概念,首次出现于 20 世纪 60 年代;在 20 世纪 90 年代末至 21 世纪初,有关生态系统服务的研究非常繁荣。⑦关于生态系统服务,有三个具有代表性并且经

---

① 周万龙:"陕西省山川秀美工程建设的思路",《中国水土保持》2002 年第 3 期。

② 张永健:"浅议海河流域生态环境恢复和建设对策",《海河水利》2002 年第 2 期。

③ 尚尔君:"生态环境用水与生态环境需水",《农业与技术》2005 年第 4 期。

④ 李登全:"论四川民族地区的生态环境保护问题",《西南民族学院学报(哲学社会科学版)》1999 年第 5 期。

⑤ 王本兴:"生态环境的保护与生产初探",《哲学动态》1995 年第 8 期。

⑥ 王西琴、张远、刘昌明:"河道生态及环境需水理论探讨",《自然资源学报》2003 年第 2 期。

⑦ J. Alcamo, et al., *Ecosystems and human well-being: a framework for assessment*, UN Millennium Ecosystem Assessment, Island Press, 2003, p. 56.

常被援引的概念。一是戴利(Daily)于 1997 年提出的概念:"生态系统服务是指自然生态系统以及组成它们的物种经由之而支撑和满足人类生命的条件和过程。生态系统服务维持生物多样性以及生态系统产品(如海洋食品、饲料木材、生物质燃料、天然纤维、许多药物、工业产品)及其生产原料。"[①]二是科斯坦萨(Costanza)等人于 1997 年提出的概念:"生态系统物品(如食物)和服务(如净化废弃物)是指人类直接地或者间接地从生态系统功能中获得的利益和好处。"[②]三是联合国千年生态系统评估项目基于前两个定义而形成的如下定义:"生态系统服务是指人类从生态系统中获得的利益和好处。"[③]为了便于操作,联合国千年生态系统评估项目从生态系统服务的功能的角度,将生态系统服务划分为供应服务、调节服务、文化服务和支撑服务,并列举了它们的主要内容(表 1-1)。[④]

表 1-1　生态系统服务

供应服务 从生态系统中获得的产品 ·食物 ·淡水 ·木材 ·纤维 ·生化物品 ·基因资源	调节服务 从生态系统过程的调节中获得的利益或者好处 ·气候调节 ·疾病调节 ·水调节 ·水净化 ·受精	文化服务 从生态系统中获得的非物质利益或者好处 ·精神的和宗教的 ·娱乐和生态旅游 ·美学的或者审美的 ·灵感的 ·教育的 ·灵敏地点 ·文化遗产
支撑服务 对于所有其他生态服务的生产所必不可少的服务 ·土壤形成　　·营养循环　　·原材料生产		

　　笔者认为,立足于非人类中心主义伦理观,基于生物物种应当基于生态学规律获得平等对待的原则,抓住人类生存及其福祉发展是生态系统中的主要矛盾这一关键,可以将生态系统的功能划分为如下三大类:①满足人类生存的基本需要的功

① 　G. C. Daily, "Introduction: What are ecosystem services?", In *Nature's Services: Societal Dependence on Natural Ecosystems* (G. C. Daily, ed., Island Press, 1997), pp. 1-10.

② 　R. Costanza, R. D'Arge, R.S. de Groot, et al., "The value of the world's ecosystem services and natural capital", *Nature*, 1997, 387(6630), pp. 253-260.

③ 　J. Alcamo, et al., *Ecosystems and human well-being: a framework for assessment*, UN Millennium Ecosystem Assessment, Island Press, 2003, p. 53.

④ 　J. Alcamo, et al., *Ecosystems and human well-being: a framework for assessment*, UN Millennium Ecosystem Assessment, Island Press, 2003, pp. 56-57.

能;②满足生物物种生存的基本需要以及保育生态系统健康平衡的功能;③满足人类福祉发展特别是经济发展的需要的功能。

第三节　自然资源

一、自然资源的概念

关于"资源"一词,有许多定义。如蒙哥马利(Montgomery)从人类中心论的角度,将之定义为"通常地讲,是指所有为人类生活或文明所必需的,或者对人类生活或文明重要的所有事物,或者对个人或社会具有某些价值的所有事物","什么是资源会随着时间或者社会环境而变化"。①在《环境变化百科词典》中,"资源"被理解为"一个具有定性和定量两种意义的人类中心论上的概念:在定性的意义上,是指对社会有用的某些事物,通常但并不必然是一种原料;在定量的意义上,是指存在的总量。一旦对某一事物的需求导致其开发,该事物便成为一种资源"。②苏仁(Soussan)认为,"资源是有助于生产过程的任何事物""从经济学的意义上讲,资源不是自身存在的,而是被创造的"。③从非人类中心论及/或法学的角度,笔者认为宜将"资源"定义为"为(法律)主体所需要、必需或者对之重要的所有事物",④包括但不限于物质、能量、空间、容量、频率、条件等或者它们的组合。

关于自然资源的概念,国内著述或者学者见仁见智,有多种表述。例如,《辞海》的解释是:自然资源是指"天然存在的自然物(不包括人类加工制造的原材料),如土地资源、矿产资源、水利资源、生物资源、气候资源等,是生产的原料来源和布局场所"。《大英百科全书》的解释是:自然资源是指"人类可以利用的自然生成物,以及形成这些成分源泉的环境功能"。《中国自然保护纲要》界定,"在一定的技术经济条件下,自然界中对人类有用的一切物质和能量都称为自然资源"。⑤金瑞林教授认为,"自然资源是在一定经济和技术条件下,自然界中可以被人类利用的物质和能量,如土壤、阳光、水、空气、草原、森林、野生动植物、矿藏等"。⑥黄锡生教授

---

① C. W. Montgomery, *Environmental Geology* (6th edn), McGraw-Hill, 2003, p. 229.

② J. A. Matthews, ed., *The Encyclopaedic Dictionary of Environmental Change*, Arnold, 2001, p. 536.

③ J. Soussan, *Primary Resources and Energy in the Third World*, Routledge, 1988, pp. 2 - 3.

④ Desheng Hu, *Water Rights: An International and Comparative Study*, IWA Publishing, 2006, pp. 13 - 14.

⑤ 《中国自然保护纲要》编写委员会:《中国自然保护纲要》,中国环境科学出版社 1987 年版,第 9 页。

⑥ 金瑞林主编:《环境与资源保护法学》,北京大学出版社 2006 年版,第 5 页;另参见第 313 页。

等主张,"在物权法视野下,自然资源是指天然生成的、具有稀缺性且可以作为生产资料进入社会生产领域的自然要素"。①环境学者认为,自然资源是指一切能为人类提供生存、发展、享受的自然物质和条件,及其相互作用而形成的自然生态环境和人工环境。②资源经济学者认为,自然资源是由人发现的处于自然状态的或者未加工过的有用途和有价值的物质。③

然而,需要注意的一个历史性事实和规律是,人类关于自然资源的范围以及对自然资源的利用程度,都取决于人类在一定时期的经济能力和技术水平,过去还在很大程度上受到地域范围的制约或者限制。随着技术的进步和社会、经济的发展,自然资源的范围以及对自然资源利用的方式、方法、途径和深度,都将会发生变化。

笔者认为,科学界定自然资源的范围,应当考虑到本国的实际情况,有关发达国家的现行标准,以及后代人类将现代人类认为不是自然资源的某种事物作为资源利用的可能。一定的物质、能量、容量、空间、频率、条件等或其组合(包括国家根据有关国际法从有关国际组织争取或者分得的部分)都可以成为一国自然资源的组成部分。

二、自然资源的分类

为了便于研究、认识以及开发利用自然资源,人们常常对自然资源基于不同的分类标准,例如根据研究的目的和不同的开发利用与保护要求进行分类。

(一)现有资源和潜在资源

人们常把已经能够被利用的自然资源称为现有资源,而把将来可能被利用的自然资源称为潜在资源。

(二)耗竭性资源和非耗竭性资源

按照自然资源的分布量和被人类利用时间的长短,可将自然资源分为耗竭性资源和非耗竭性资源两大类。这是目前比较常用的一种分类方法。

1. 耗竭性资源

耗竭性资源,又称有限资源,是指对其开发利用程度具有一定的自然和客观限度制约的自然资源。根据是否可以更新或者再生,又可以将耗竭性资源分为可更新资源和不可更新资源。

---

① 黄锡生、杨熹:"设立自然资源物权之初探",《重庆大学学报(社会科学版)》2007 年第 2 期。
② 刘文、王炎库、张敦富:《资源价格》,商务印书馆 1996 年版,第 4 页。
③ 阿兰·兰德尔著:《资源经济学》,施以正译,商务印书馆 1989 年版,第 12 页。

可更新资源,又称可再生资源,是指在被开发利用后能够通过天然作用或者人工经营而再生,并能够继续被人类利用的资源。例如,土地资源、生物资源、水资源等。但是,这类资源的更新能力是有一定限度的,并且需要一定的更新周期。因而,利用可更新资源的数量和速度,应当是有限度地开发利用,不能超过可更新资源本身的更新速度,从而保证更新能力。如果人类对其开发利用的强度超过其自我更新能力,可更新资源就会退化、解体并有耗竭之虞,就会枯竭而不能永续利用。最典型的例子是,某些野生动物由于人类过分的猎捕而濒危乃至灭绝。

不可更新资源,又称不可再生资源,是指数量有限、在经过开发利用后基本上或者根本不能再生,从而最终将会被用尽的自然资源。它包括能够被重复利用的资源(例如宝石、黄金、铅等非消耗性金属)以及不能被重复利用的各种金属与非金属矿藏等(例如煤炭、石油、天然气等化石燃料,大部分金属性矿物,消耗性金属)。这类资源的形成不仅要经过漫长的地质年代,而且要具备成矿条件。这类资源是利用一点就会减少一点,最终将被开发利用殆尽。因而,对这类资源必须予以十分珍惜,尽可能进行合理的、节约型的综合利用,减少耗损和浪费。

2. 非耗竭性资源

非耗竭性资源,又称无限资源,是指只要地球、太阳、月球等天体还存在就可以源源不断地供人类开发利用的自然资源。它又分为恒定性资源和亚恒定性资源。恒定性资源主要包括太阳能、潮汐能、原子能等。亚恒定性资源主要包括风能、海水等。对非耗竭性资源应当鼓励使用,尽力进行合理的开发和利用。然而需要注意的是,对非耗竭性资源的利用也是需要一定的其他自然条件的支撑的,而且,人类活动会直接或者间接地影响它们,进而影响人类对它们进行利用的广度和深度。

三、自然资源的特征

自然资源由自然界中的各种事物构成。但是,并不是自然界中的所有事物都构成自然资源。作为自然资源的事物具有其特定的自然属性和社会属性。

1. 自然资源的有用性

自然资源的有用性,一般而言,是指作为自然资源的事物现在能够被人类用来改善生活和生产条件。否则,即使某种事物再多、能量再大,也不能称之为自然资源。例如,火山爆发能够产生巨大的能量,但是由于目前科学技术水平的限制,这些能量不仅不能用来改善人类的生活和生产条件,反而具有极大的破坏性。因此,火山爆发所产生的能量现在就不是自然资源。这是自然资源与自然界中非资源因素之间的根本区别所在。

自然资源的有用性又可分为三种情况,特别是在法律所界定的自然资源的范围和种类比较宽泛的情况下。其一是,为了维持基本生存而需要自然资源的情形。其二是,由于生态环境的整体性,为了维护最低程度的健康环境或者说为实现环境权而需要自然资源的情形。其三是,为了发展经济而需要自然资源的情形。国家的职能决定了应当将这三种自然资源的有用性纳入包括自然资源保护制度在内的自然资源法律制度的考量之中。

但是,有两点需要注意:第一,自然资源的有用性是对于整个人类而言的。一个国家的政府,如果意识不到这一点,其管辖范围内的自然资源就会很容易流失。第二,有些事物,由于其对于后代人类必将有用,或者其有助于不减损后代人类发展需要的能力,也需要当代人类以自然资源对待。

2. 自然资源的相对性

自然资源的相对性是指,一种事物是否是自然资源,不是一成不变的,而是会随着时间的推移和经济技术的发展而变化。在某一技术条件下不是自然资源的事物,在另一技术条件下却可能是自然资源。例如,人类在 19 世纪以前还没有开采和利用蕴藏于地下的石油的技术和条件,那时石油在地下只能是一种普通的物质。在人类有了开采和利用它的技术和条件时,它就成了一种宝贵的自然资源。不难发现,自然资源是一个相对的概念。

3. 自然资源的整体性

自然资源的整体性是指,在地球生物圈中,各种自然资源都相互依存、相互制约,共同地属于地球这样一个自然综合体。人类在改变一种自然资源或自然资源生态系统中的某些成分时,必然会给其周围的其他自然资源带来影响。例如,采伐森林不仅会直接改变林木和其他植物的状况,而且同时还必然会引起土壤和径流的变化,并且对野生动物、甚至对气候也会产生一定的影响。认识自然资源的整体性特征,可以使人类在开发利用一种自然资源时注意对其他资源的保护,从而有利于使整个自然资源系统朝着有利于人类生产和生活的方向发展。

4. 自然资源的地域性

自然资源的地域性是指,自然资源在自然界中的分布并不是均衡的,有的受地带性因素的影响,有的受非地带性因素的制约。不仅各种自然资源的地带性分布规律有很大差异,而且同一种自然资源因受不同属性的地带性规律的影响,也表现出很大的空间差别。因此,有些地区的自然资源十分丰富,而有的地区却相当匮乏。例如,我国北方的煤炭资源比较丰富,而南方则比较贫乏;南方磷矿资源比较丰富,而北方则比较贫乏。自然资源的这一地域性特征给自然资源的开发利用带来了一定困难,也产生了自然资源的合理配置问题。

5. 自然资源的有限性

自然资源的有限性是指,空间的有限性决定了自然资源在具体空间和时间范围内的有限性。特别是,自然资源分布的区域性差异和许多自然资源的不可再生性使得自然资源的有限性表现得更加明显。例如,地球上各种矿物资源的储量都是一定的,随着人类的开发利用会越来越少。即使像淡水资源这种可再生资源,由于其时空分布不均,许多地方十分匮乏,有些地方甚至出现了水荒。随着地球人口的不断增长和经济的发展,自然资源的有限性对人类发展的影响和制约也必将越来越明显地表现出来。针对自然资源的有限性,人类必须采取措施,合理开发和利用自然资源,从而保障人类社会的可持续发展。

四、自然资源的功能

"功能""价值""作用"和"用途"是同义词或近义词,经常相互替代使用。本书使用"功能"一词。笔者认为,在哲学的意义上,抛开人类中心主义和非人类中心主义两种伦理观的争论或者划分,可以将功能定义为客体于主体之价值。这里立足于非人类中心主义的伦理观,讨论自然资源的功能。

自然资源具有多种功能。在分类方面,笔者认为,立足于非人类中心主义伦理观,基于生物物种应当基于生态学规律获得平等对待的原则,抓住人类生存及其福祉发展是自然资源利用中的主要矛盾这一关键,可以将自然资源的功能划分为如下三大类:①满足人类生存的基本需求的功能;②维护健康生态环境的功能;③满足人类福祉发展的其他需要的功能。需要指出的是,并不是所有的自然资源都同时具有上述三类功能。

(一)满足人类基本需求

有些自然资源对于人类基本需求必不可少。例如,阳光,最低数量的适质的空气和水。这里以水为例。"化学上讲,人体主要是由水和有机化合物组成",而且"水占约60％的重量"。[①]简而言之,人体主要是水。此外,"水为生命所必需。离开了水,人活不了数日。对几乎每一项人体功能,水都发挥着关键性作用,如保护免疫系统、促进废物排泄等"。[②]显然,没有水,人无法生存。因此,水资源具有满足人类基本需求的功能。

(二)维护健康生态环境的最低需要

人类关于自然的认识有一个过程,而且这一过程仍然在继续和深入。20世纪90年代以前,当人们提及"环境保护"一词时,通常是指保护人类环境,特别是防治

①　See *The New Encyclopaedia Britannica* (*Micropaedia*) (15th edn), Vol. 6, p. 134.

②　See World Health Organization (WHO), *The Right To Water*, WHO, 2003, p. 6.

污染。随着 19 世纪末以来现代生态学的产生和发展,人类从 20 世纪 70 年代开始日益注重从生态学或者生态系统的角度对待环境保护问题。

一方面,一些自然资源为所有生物都必不可少。例如,所有生物都离不开水,任何健康、稳定的生态系统都需要一定最低数量和适当质量的水。因而,生态环境具有用水需求,需要得到相应的用水供应。另一方面,还有一些自然资源则为重要生态系统或者许多生命不可或缺。例如,阳光和空气。可见,有些自然资源还具有维护健康生态系统最低需要的功能。

(三)满足人类福祉发展的其他需要

尽管存在人类中心主义和非人类中心主义两种伦理理论之间的争论,但不可忽视的事实是,人类是地球这一整体生态系统中最高级的动物。除了生命保障以外,追求富有尊严的幸福生活是人类的自由和权利。人类福祉发展中的其他需要,离不开对自然资源的开发和利用。

需要注意的是,上述关于自然资源三类功能的划分不是逻辑学上的简单分类和并列,而且,三类功能之间是相互影响和相互作用的。

第四节　环境、生态系统和自然资源之间的关系

现代科学研究表明,自然界的自然演变和演化,产生了各种物质、能量、容量、空间以及它们的多种多样的组合,造就了从低级到高级的各种生物,特别是创造了人类,形成了大大小小的众多生态系统,而生物和生态系统的存在、维持和发展,都需要一定条件,也就是利用其周围的事物。关于环境、生态系统和自然资源之间的关系,需要根据辩证唯物主义的哲学原理进行分析。

一、人类与自然环境之间的关系

在讨论环境、生态系统和自然资源之间的关系之前,有必要先认识一下人类与自然环境的关系。揭示人类同自然环境之间的相互关系及其发展变化的规律,是科学研究的基本任务。这一任务需要持续不断地进行。

关于人类同自然环境之间的关系,可以作出两个方面的最基本概括。第一,人类是自然环境的产物,依赖于自然环境而生存和发展。第二,人类又是自然环境的改造者,通过社会生产活动来利用和改造自然环境,主观上追求使其更适合人类的生存和发展。

（一）人类是自然环境的产物

早在人类出现以前之几十亿年前，自然界就已经存在了。起初，地球上本来没有生命；经过漫长的物理、化学变化过程，才形成了使生物能够产生、延续和进化的地球自然环境，例如水、阳光、土壤、氧气、适宜的温度等自然环境要素及其组合。海洋是生命产生的温床，生物圈的出现又为人类的产生和发展提供了必要条件。生物界的发展，经过了一个从简单到复杂、从低级到高级的漫长演化过程，而人类则是生命演化到高级阶段的产物。人类不能自以为是大自然的主人，可以主宰一切、支配一切，而是应该强烈地树立这样一种科学的意识：同整个生物界一样，人类是自然环境的产物；地球自然环境条件是人类生存和发展的基础，生物和人类完全依赖自然环境才能生存和发展。现代自然科学关于地表大气中氧和臭氧层形成、人体血液成分的研究成果可以作为明显的例证。

1. 地表大气中氧的形成

众所周知，离开氧气，所有动物都不能生存。然而，同金星一样，地球表面一开始只有二氧化碳；氧是地球大量覆盖了绿色植物（主要是森林）后，主要由绿色植物制造的。其中，大气中有大约 3/4 的氧气是经由植物的光合作用产生的，用来供给地球上所有生命的需要。这说明，氧是次生的，有了氧气，才有了动物和人类；也就是说，氧的形成是生物向高级阶段演化的必要条件。

2. 臭氧层的形成

在距地面 $12 \sim 40$ 千米高空的平流层和中间层之间，有一层薄薄的臭氧层。臭氧层的奇特功能之一在于，它可以阻挡和吸收对生物有强大杀伤力的太阳紫外线。臭氧层的形成也是地球生命生存的前提条件之一。因此臭氧层是生物和人类的"保护伞"和"宇航服"。如果没有臭氧层，也许地球表面的生物只能停留在非常原始的阶段，根本不可能有动物和人类的出现。

3. 人体血液成分

对人体血液成分进行科学测定的结果是：人体血液含有六十多种化学元素，其平均含量同地壳中各种元素的含量在比例上近似。这说明，人是自然环境的产物。人生活于地球自然环境之中，通过呼吸、饮食等新陈代谢活动时刻不停地同周围自然环境进行物质和能量的交换，从而，人体的物质组成同地球自然环境的物质组成具有高度的同一性。因此，如果地球自然环境的物质平衡遭到破坏，例如，多了一些新的物质而被人体所摄取，或是缺少了某些原有的物质而使人体得不到吸收，都有可能对人体健康造成危害。

(二)人类是自然环境的改造者

一般动物完全被动地依赖和适应自然环境而生存。然而,人类不同。在人类社会出现以后,自然界就进入了在人类干预、改造下发展的新阶段。因为人类能够通过劳动、通过社会性的生产活动,使用自己不断发展的科学技术手段,有目的、有计划、大规模地改造自然环境,使其更适合人类的生存和发展。

现在已经很难找到完全的原生自然环境了。除了某些原始森林、人迹罕至的荒漠、冰川地区外,地球表面的绝大部分都经过了人类的加工和改造,自然环境面貌发生了极大改变,反映了人类不断提高的利用、改造自然环境的能力和水平。

在人类依赖自然环境生存以及在人类改造自然环境的过程中,存在着自然环境系统互相作用、相互制约的这样一种十分复杂的关系。在这种关系中,体现着社会经济规律和自然生态规律两种规律之间的交织、融合,而且不以人的意志为转移地发挥作用。

从系统工程的角度,可以把人类—自然环境系统在结构上分为三个部分:①物理系统,包括生物以外的各种无生命环境因素,例如大气、水、陆地、岩石、日光等;②生物系统,即生物圈,包括从最小的微生物到生物群落所组成的大大小小的各种生态系统;③社会经济系统,包括由人类活动所控制的社会结构、经济结构和政治结构等。

这三大系统各有其内部的结构和功能,但同时又相互联系、相互作用和相互制约。其中最根本的联系是物质和能量的交换。这种交换既要以人类的生产活动为基础,也要以自然的再生产为基础;而人类社会的经济再生产和自然的再生产又是交织在一起的。马克思指出:"劳动首先是人和自然之间的过程,是人以自身的活动来引起、调整和控制人和自然之间的物质交换的过程。"[1]人类在经济再生产过程中,一方面要利用自然环境中的"自然资源"作为原料,另一方面又把生产和生活中产生的废弃物排放到自然环境中去。为了维持生态系统的平衡,人类的经济活动和改造自然环境的活动不得超过两个界限:①从自然界取出的各种可再生自然资源,不能超过其在自然环境中的再生增殖能力;②排放到自然环境里的废弃物不能超过自然环境的纳污容量(自然环境的自净能力)。如果超过了这两种界限,就必将会打破生态系统的正常平衡,从而造成自然资源枯竭、导致自然环境质量恶化。可见,人类的经济再生产过程同自然环境的再生产过程是密切相关的。

毫无疑问,自然环境的再生产过程是人类经济再生产过程的基础,经济再生产过程是影响自然环境再生产过程的重要因素。特别是,随着人类社会的重力加速度式的前进,人类改造自然环境的规模不断扩大,向自然环境大规模地"取出"和

---

[1] 《马克思恩格斯全集》第 4 卷,人民出版社 1995 年版,第 275 页。

"投入"。在结果的表现上,自然环境朝着人类认为的更适合人类生存和发展的方向发展变化,同时也出现了人类所不希望看到的自然环境系统动态平衡遭到破坏的结果。

二、自然环境和生态系统之间的关系

毫无疑问,既可以将整个地球作为一个自然环境来对待,也可以将地球作为一个生态系统来对待。就自然环境的视角来讲,地球自然环境由许多环境要素构成。从生态系统的角度来说,地球生态系统内部存在着千千万万个大大小小的子生态系统。然而,生态系统有脆弱的,也有健康的,而且并非所有的生态系统都需要得到维持和保护;沙漠生态系统就是一例在原则上不需要得到维持和保护的生态系统。相应地,并非所有的环境和环境要素都是需要得到保护的。现代,人类保护环境的核心是要保护健康的生态系统,改善脆弱的生态系统而使之更加健康和稳定。

因此,就自然环境和生态系统之间的关系而言,生态系统是自然环境的核心,而健康的生态系统则是其中的关键。

三、自然环境与自然资源之间的关系

很多自然资源具有两重性,它们既是自然资源,又是自然环境要素,例如,土壤、阳光、水、草原、森林、野生动植物等。然而,有人认为,"从资源与环境问题的成因看,前者为因,后者为果,将二者或者并入自然资源,或者并入环境都可能带来形而上学的思考,不利于人们对这一问题的理解""主张把自然资源作为环境要素""又将环境作为自然资源,在理论上并不严谨"。①

笔者认为,将地球环境作为一个整体看待,自然资源则是环境的要素;认识到自然资源的特殊价值和功能,则对之予以特别的处理和对待。这实际上是运用毛泽东思想中矛盾论之主要矛盾和次要矛盾、矛盾的主要方面和次要方面的理论,对整体与部分关系的辩证处理。将自然资源视为环境要素,又将环境的某些部分看作自然资源,这在理论上是科学的、适当的,并非不严谨。绝对地割裂环境问题和自然资源问题,一成不变地看待因果,才是机械唯物主义和形而上学的表现。

综上所述,环境和自然资源之间的关系是整体与部分的关系,是一般与特殊的关系;环境保护和自然资源保护密不可分,合理利用自然资源、保护自然环境、维护生态平衡都是环境保护的重要方面;环境保护要求把自然资源的开发利用同自然环境和自然资源的保护密切结合起来。而且,在实践中,环境与资源保护法的学科

---

① 肖国兴、肖乾刚:《自然资源法》,法律出版社 1999 年版,第 9－10 页。

研究和立法体系都没有排除自然资源法中有关自然资源保护部分的内容,而自然资源(管理)法在内容上也不能排除自然资源保护问题。

四、生态系统与自然资源之间的关系

生态系统本身就是一种自然资源,而其所蕴含的生态多样性,组成其的各个部分,都可以或者可能成为自然资源。也就是说,很多生态系统具有多重性,它们既是自然资源,又是自然环境要素,还是生态系统,例如,草原、森林等。

因此,生态系统和自然资源之间的关系是一种辩证的关系,整体与部分的关系;生态系统保护和自然资源保护密不可分,合理利用自然资源、保护自然环境、维护生态平衡都是保护生态系统的重要方面;生态系统保护要求把自然资源的开发利用同生态系统和自然资源的保护密切结合起来。

案例分析

张乙砍伐房前屋后自种林木被行政处罚案

1952 年,中国南方某地山区村民张甲在自己房前屋后种植了一些林木。1986 年张甲去世后,其长子张乙继承该房屋,并不断地对这些树木进行养护和更新砍伐。1999 年 2 月,该房屋所在区域被政府划为国家级自然保护区。同年 11 月,张乙对这些树木中一部分进行了砍伐。林业公安机关对张乙依法作出了行政拘留 15 天、罚款 200 元的行政处罚决定。张乙不服,认为自己对其合法所有的财产享有处分权。遂诉至法院,请求判决撤销林业公安机关的行政处罚决定。

思考问题:

这些树木的价值和用途发生了什么变化? 引起了涉及哪些主体的哪些利益配置和利益重新配置问题?

基本概念

自然　环境　生态　自然资源　生态系统　生态环境

思考分析

1.如何理解环境?

2.谈谈你是如何理解生态系统的。

3.简述生态学的基本规律。

4.如何界定自然资源?

5.谈谈自然资源的特征。

6.试述环境、生态系统和自然资源之间的关系。

第二章

环境、自然资源和经济学

【内容提要】

　　财产既是人类生存的基础,又是人类享受幸福生活的手段和依托。市场经济为人类生产和创造更多财产提供了一种机制,并且已经为世界上绝大多数国家所运用;尽管个别国家主要是在国际贸易领域中运用。经济学的发展经历了一个漫长的过程。现代各国已经认识到,自由的市场必然出现失灵,造成对社会财富的巨大浪费,构成社会发展的阻碍,因而需要政府的有效监管。在环境与自然资源领域,成本效益分析方法的运用和外部性问题的解决是两个关键之处。

第一节　经济学和经济制度[①]

　　关于经济学,并不存在一个为所有人都接受的概念。本节首先概述经济学的发展历史,然后介绍现代主流经济学下的经济学和经济体制,接着讨论微观经济学下的市场运行,最后阐释宏观经济学和国家管理下的政府监管。

一、经济学的发展历史:词源及演变的视角

　　经济学(economy)一词,源于希腊文 oikonomia,意指家计管理。古希腊哲学家色诺芬在其著作《经济论》中论述了以家庭为单位的奴隶制经济管理,这反映了当时的社会经济发展状况。

　　以"政治经济学"为题名的第一本书是法国重商主义者蒙克莱田(Antoine de Montchretien)1615 年的《献给国王和王太后的政治经济学》。这里的"政治"是国

---

① 本节在编写过程中主要参考了下列二手文献:[美]哈伯德、奥布赖恩著:《经济学(宏观)》,王永钦等译,机械工业出版社 2007 年版;[美]哈伯德、奥布赖恩著:《经济学(微观)》,张军等译,机械工业出版社 2007 年版。

家范围或社会范围的意思,"政治经济学"是指所研究的是国家范围或社会范围的经济问题。这样,就突破了以往研究社会经济问题只局限于研究家庭经济或者庄园经济,或者只作为某一学说的组成部分的格局。在整个重商主义时期,政治经济学的主要研究领域是流通领域,也包括国家管理。

到了重农主义和英国古典学派,政治经济学的研究重点转向生产领域和包括流通领域在内的再生产,从而涉及财富增长和经济发展的规律。而且古典政治经济学已经同政治思想、哲学思想逐渐分离,形成了一个独立的学科,其论述范围包含了经济理论和经济政策的大部分领域。从 17 世纪开始,政治经济学逐渐被广泛用作研究经济活动和经济关系的理论科学的名称。政治经济学有狭义和广义之说。狭义政治经济学仅研究资本主义生产方式及其产生和发展。广义政治经济学则研究人类各种生产方式及其产生和发展。马克思和恩格斯的政治经济学属于广义政治经济学,并且运用唯物主义对其内容进行了深刻的根本性的变革。

到 19 世纪末期,随着资产阶级经济学研究对象发生了更倾向于经济现象论证而不注重国家政策分析的演变,一些经济学家改变了政治经济学这一名称。1879年,英国经济学家杰文斯(William Stanley Jevons)在其《政治经济学理论》第二版序言中认为,单一词比双合词更为简单明确,而且去掉"政治"一词也更符合于学科研究的对象和主旨,因而明确提出应当用"经济学"替代"政治经济学"。[①]

1890 年英国经济学家马歇尔(Alfred Marshall)出版了他的《经济学原理》一书,从书名上改变了使用长达 275 年的"政治经济学"这一学科名称。到 20 世纪,"经济学"这一名称在西方国家就逐渐代替了"政治经济学",并为世界绝大多数国家或者绝大多数学者所接受,既被用于理论经济学,也被用于应用经济学。但是,"政治经济学"和"经济学"在外延和内涵上是相通的,既不能把前者理解为既研究政治又研究经济的学科,也不应理解为从政治角度研究经济的学科。

奠定现代经济学定义基础的,是英国经济学家罗宾斯(Lionel Robbins)在其1932 年的著作《论经济学的性质和意义》中的这一表述:"经济学是研究收支和具有不同用途的稀缺物品之间关系的人类行为的科学。"[②]

二、经济学理论

(一)经济学语言

经济学有一种专门的语言,其中包括一些术语,是必须理解和掌握的,否则,就

---

① 　William Stanley Jevons, *The Theory of Political Economy* (2nd edn), Macmillan and Co., 1879.

② 　Lionel Robbins, *An Essay on the Nature and Significance of Economic Science*, Macmillan and Co., 1945, p. 16.

难以把握涉及经济学论述的真谛，乃至出现错误解读的现象。

使一个人能够得到满足的任何事物，称作物品。物品可以分为产品（包括物质、能量、空间和知识产品等）和服务（都是无形的，但有些可以通过物质载体表现出来，例如医生的医疗服务、教师的教育服务等），也可以分为天然物品和劳动物品。从占有上是否具有排他性和使用上是否具有竞争性的角度，可以将物品分为：①私人物品（private goods），一种占有上具有排他性的物品；典型的例子是食品和燃料。②共用物品（common goods），一种占有上不具有排他性但使用上具有竞争性（较高的效益可减少性）的物品；典型的例子是人工草场。③公共物品（public goods），一种占有上不具有排他性且使用上不具有竞争性（较低的效益可减少性）的物品；典型的例子是战略武器设备。许多人（包括不少学者）经常将公用物品、公共物品和公有物品混淆或者混同。

如果某种物品的数量或者其替代品的数量不能满足人们免费自由使用，经济学上就认为该物品具有稀缺性。作为一种经济物品，它不但应当有用，而且还应当具有稀缺性。在稀缺性情形下，人们必须为使用某种物品支付价格。如果某种物品的价格等于零而又足够满足每个人的欲望时，这种物品就是自由使用物品。有时，某种物品是否是自由使用物品取决于它所处的环境。

人们可以从中得到直接满足的物品，是消费物品；可以从中得到间接满足的，则是资本物品。

对一种商品进行增加效用的过程，称作生产。进行生产所必需的东西，如劳动、资本、自然资源和管理，称作生产要素或者生产资源。

在生产过程中，劳动、资本和自然资源由生产单位（如个人、农场、工厂、商店、输送网、地区、国家乃至全球，可以分为不同层次）予以协调地组织起来。在市场经济条件下，生产单位往往是市场主体。

（二）经济学和经济体制

《美国传统英语词典》将经济学解释为"研究产品、服务的生产、分配和消费，以及经济或者经济系统的理论和管理的社会科学"。[1]萨缪尔森（Paul Anthony Samuelson）则将经济学定义为"研究社会如何利用稀缺资源来生产有价值的产品，并在其不同成员间进行分配的科学"。[2]考虑到萨缪尔森所说的产品包括产品和服务，且公共产品（如政府服务）也是经济学的研究范围。可以说，这两个定义具有一致性。

---

[1] *The American Heritage Dictionary of the English Language* (4th edn)，Houghton Mifflin Harcourt，2000.

[2] Paul A. Samuelson & William D. Nordhaus，*Economics* (18th edn)，McGraw-Hill，2004，p. 4.

经济学研究这样三个问题:生产什么物品和生产多少,如何生产,以及为谁生产。[①]

当代,可以将经济学分为微观经济学和宏观经济学。微观经济学研究作为生产单位的私人如何做出选择、如何在市场上相互作用,以及政府如何试图影响他们的选择。宏观经济学研究作为整体的经济,包括诸如通货膨胀、失业和经济增长这样一些问题,以及相关政府问题。但是,两者的界线并不是严格而且一成不变的。许多经济问题既关系宏观经济层面,也涉及微观经济层面。例如,就企业的新投资而言,新投资的总体水平有助于确定经济增长速度,但是如果要了解企业决定进行多少新投资,又需要分析每个企业的愿望和能力。

任何经济都必须对劳动供给、资本供给、生产资源配置、生产方法以及收入分配问题作出决策。不同的经济体制或者经济制度对此有不同的安排。基本的或者纯粹的经济体制或者经济制度大致有自给经济、计划经济和市场经济三种类型。

自给经济的基本特征是自给自足,即每个生产单位生产其消费的每件物品。在现实生活中,自给经济是很难存在的。

计划经济通常是指一个国家或者行政区域的经济体制。它的主要特征是,不区分微观经济和宏观经济,由政府决定生产什么物品和生产多少,如何生产,以及谁将获得这些物品,政府雇员、生产单位或者劳动者的目的是服从政府的命令而不是考察消费者的需要,并对资本或者自然资源在社会成员之间进行生产或者分配,而且进行生产或者分配的依据基本上不是价格而是政府的指令计划。计划经济的困难之处在于,如果它要公正和合理地运转,让全部或者大多数社会成员满意,中央政府必须对一切生产和分配细节做出决策,但是这在实际上是不可能的。事实证明,计划经济在生产和提供低成本、高质量的物品方面是极不成功的。

市场经济通常也是指一个国家或者行政区域的经济体制。它的主要特征是,区分微观经济和宏观经济,一般是指微观经济的运行。在微观经济中,生产资源主要是私有或者由私人管理或利用,中央政府、地方政府及其部门或者机构通常不直接作为生产单位参与产品、服务的生产和分配,他们在消费方面仅以维持其正常运转为限,完全由作为生产单位的私人决定生产什么物品和生产多少,如何生产,以及由市场而不是政府决定谁将获得这些物品,并以商品形式通过市场进行交换或者调节。在市场经济体制下,政府从宏观经济角度根据整体经济表现进行宏观调控或者干预。但是,过去,市场经济就是指微观经济下的完全竞争市场,因为政府基本上不对它进行调控或者干预。

市场经济比计划经济更具有生产效率和配置效率。生产效率发生在生产物品

---

① Paul A. Samuelson & William D. Nordhaus, *Economics* (18th edn), McGraw-Hill, 2004, ch. 1, "B. Three Problems of Economic Organization" section.

的过程中,因为私人更具有追求最低成本的动力并实施相应行为。配置效率发生在生产反映消费者的偏好方面,因为私人更希望其所生产的物品能够满足消费者的偏好,从而促进其物品的销售。因此,由于市场促进了生产和自由交换,市场经济往往是更有效的。

从简单却非常发达的罗马商品经济开始,市场经济不断发展:商品从货物发展到了货物与服务皆有,货物从有形发展到了有形与无形并存;商品生产者或服务提供者从简单地满足消费者的明显需求到挖掘消费者的潜在需要而创造、引导、满足消费需求;市场从有形的集市发展到了各种有形与无形市场共生,从有界发展到了总体上的无疆。① 特别是,政府或者控制一定资源的经济人可以通过规划或者制度人为地创造稀缺,创设商品或者服务,建立市场并规定交易机制。例如,根据《京都议定书》曾经建立并运行的清洁发展机制。

三、市场竞争与运行

(一)完全竞争市场

市场是指以商品形式出现的各种产品的交换场所、网络或者机制。一件商品在到达最终使用者之前,可能会经过一系列的市场。根据范围的大小,市场可以分为国际市场、国际性区域市场、国内市场和国内性区域市场。根据微观经济学关于经济人和完全竞争市场的假设,市场通过亚当·斯密(Adam Smith)所谓的"看不见的手"进行运转,具有富有效率、最大化财富、鼓励创新、最大化消费者和生产者的盈余、满足人们的欲望,并且促进达到良好政治和经济结果的功效。竞争和垄断属于市场经济结构中的基本要素。

完全竞争市场是市场发挥其优点的必要条件,它应该具有以下六个特征:①买方和卖方都是作为理性的私利的最大化者的经济人;②众多的买方和卖方;③同质性产品;④交易的产品有足够大的量,没有任何单一买方或卖方具有市场支配能力;⑤充分的市场信息;⑥可以自由进入和退出市场。

在完全竞争市场中,交易是在买卖双方就商品(货物和服务)和价格讨价还价时达成的,讨价还价使得买方和卖方都获取最大的盈余。也就是说,讨价还价使得消费者能够以其最希望的价格购得最想要的商品,生产者能够通过提供新产品、创新和其他活动以顺应或挖掘消费者的需求。总之,市场交易最大限度地提高了经济效率,也就是资源被应用到由消费者和生产者之间的自由竞价所确定的价值最大的用途。

---

① 胡德胜:《市场全球化下的战略性自然资源国家治理》,载《重庆大学学报(社会科学版)》2016年第3期。

在多数国家,瓶装水市场是一个很好的完全竞争市场的例子。有很多瓶装水厂家,使得任何一家瓶装水厂家都不能够控制市场。虽然消费者有不同的偏好,但是所有的瓶装水都只是瓶装水,它们之间没有本质的差异,属于同质性产品。消费者可以容易地获取充分的产品信息。同时,开设瓶装水厂家(市场进入)或者由瓶装水生意转做其他一些生意(市场退出)的投资均不大。

(二)市场运行

在具有完全竞争市场的上述特征的情形下,市场通过下述方式运行,从而发挥其优点和功效。

1. 需求和供应

需求法则是驱动市场运行的基本经济学法则。根据需求法则,人们购买更多同一商品的意愿随着价格的提高而降低。

供应法则同需求法则对应。根据供应法则,生产者随着价格提高而更愿意向市场提供更多的商品。

需求和供应法则决定生产什么和采用什么资源进行生产。

2. 供需平衡

平衡是指这样一种状态,它只有在受到外界事件干扰时才发生变化。对一个完全竞争市场,没有任何一个买方或者卖方可以影响价格,从而可以达到供需平衡。例如,假定商品 A 的市场供需平衡价格是单价 69 元,此时,任何买方都可以以单价 69 元采购到所有需要的商品 A,没有卖方能够以单价 70 元的价格供应商品 A;同样,因为没有生产者能够以单价 68 元的价格供应商品 A,也就没有消费者能够以单价 68 元的价格购买到商品 A。否则,商品 A 的生产商将会破产。换言之,按照单价 69 元的价格,卖方要出售的商品 A 的数量正好等于买方要购买的数量,这时,市场就是平衡的,直到买方和卖方中一方的态度有所变化为止。

3. 成本

生产商(包括服务商,下同)在有利可图的情况下才向市场提供商品和服务,他们的利润是销售收入同成本之间的差值。当商品 A 的成本超过商品 A 的销售收入时,就不会有厂家生产商品 A。

成本有其模式。一般而言,在生产初期,生产成本由于初期投资而较高。随着产出量的增加,成本降低。例如,生产第一桶石油的初始成本非常高,但是此后生产上千桶石油的初始成本不断降低,直到出现递减收益,然后成本上升,形成 U 型成本曲线。

另外,还需要注意边际成本和平均成本及其联系。平均成本是总成本除以总产出。边际成本是生产下一单位产品的成本。边际成本曲线与平均成本曲线不同,稍微有些平移以反映与收益递减法则相联系的成本。在整个生产周期内,单位成本首先降低,然后因生产需要更多的投资而上升。而且,由于平均成本低估了存在通货膨胀时的当前成本,区分平均成本和边际成本是非常重要的。边际成本更好地说明当前生产成本和利润率。由于边际成本曲线能更好地反映当前生产成本和利润率,每个公司的边际成本曲线是其供应曲线。

4. 边际收入

讨论边际收入在于说明为什么生产下一单位的边际成本更能准确地反映成本和利润。最佳的定价和利润取决于边际收入,而不是总收入。生产商希望实现利润最大化,但是最大销售量并不能实现利润最大化。只有当边际成本等于边际收入时,才能实现利润最大化。

5. 价格弹性和价格非弹性

根据需求法则,需求随价格变化而变化,需求随价格升高而下降。进一步的问题是:需求随价格变化的变化率是什么? 如果 1% 的价格上升引起 1% 的需求降低,则称之为存在单位价格弹性,这种情况下的价格为弹性价格。

但是,对一些商品,需求降低的百分比却低于价格上升的百分比,则称为存在价格非弹性。在价格非弹性的情况下,生产商可以提高价格,但却不导致需求的同比例下降。对于价格非弹性产品,人们不会因价格升高而停止购买。非弹性的需求可以增加生产商的收入,造成更多的资源从消费者向生产商转移。

完全竞争市场的运行方式使得市场能够发挥其优点。铅笔、普通计算器和面包等市场具备使充分竞争性市场发挥作用的基本条件。在这类市场中有很多的买方和卖方,商品品种也很多。运行的结果是,随着买方和卖方不断地进入和退出市场,通过竞争而形成了市场价格。

(三)市场失灵和经济危机

1. 市场失灵

在政治化的经济制度中,认识和了解市场失灵的情形是非常重要的,尤其是对于决策者而言。一方面,有助于认识和了解市场中存在的缺乏效率和不公平现象或者问题。另一方面,有助于选择适当的行政干预手段,并予以适度地应用。市场失灵有广义、狭义两种理解。狭义的市场失灵是指由于完全竞争市场机制本身的规律、力量或者原因而发生的导致市场不能充分竞争、造成资源浪费的情形。广义的市场失灵还包括由于完全竞争市场的发挥作用而导致的影响社会公平、稳定和秩序以及妨碍国家安全的情形。下面列举一些常见的市场失灵的情形。

(1)过度竞争。所谓过度竞争,是指在竞争过程中,出于竞争的需要,众多卖方将价格相继降低到低于成本的过低水平,导致相互竞争的大部分企业歇业时而出现的市场缺陷。过去,它主要表现为周期性经济危机。

(2)信息不充分。一方面,由于收集和传播信息需要成本,乃至很高的成本。另一方面,出于在讨价还价中取得优势地位的考虑,私人企业可能不向消费者提供信息,特别是有价值的信息。尽管作为群体的消费者在政治和经济方面可能具有获取信息的兴趣和资金,但是单个的消费者则不然。而且,由于将很多的消费者联合起来需要巨大成本,要求消费者能够自己收集和获取信息也是不现实的。

(3)巨大投入产业和资源浪费。对于电力、石油、天然气等输送和公用设施,土地购置、设施建造等需要大规模的资金而要求高投入资本成本。一方面,高投入资本成本限制了市场进入和退出,使得只有个别企业才有能力。另一方面,在单个或者少数线路或者设施就能够满足某一地区需要的情况下,由两个或者更多的设施或者企业服务同一地区会造成资源浪费。

(4)垄断。在某种产品的一个供应商或者某种服务的一个提供者完全排他性地占有一个市场,而且没有替代者的情形下,我们就说出现了或者构成了垄断;该供应商或者服务商则是一个垄断者。在垄断情形下,供应商(服务商)能够决定产品(服务)的价格,而不必担心来自其他供应商(服务商)的产品(服务)的竞争,或者来自替代产品(服务)的竞争。人们通常认为或者假设,一个垄断者会选择使其利润最大化的价格。

主要存在三种垄断:一是通过过度竞争而产生的垄断;二是通过控制关键技术而形成的垄断(例如微软公司的垄断);三是因需要投入巨大而市场进入机会受限,或者因避免资源浪费而导致的自然垄断(例如公用设施和铁路运输产业)。

垄断是自由竞争的反面。垄断及其引起的缺陷主要是:①因缺乏竞争,具有垄断地位的少数公司可以不按照市场供求法则或其成本定价,可以限制产出以增加利润;②垄断市场中的消费者由于产出降低而没有可供消费的商品,从而被剥夺了消费机会,而且由于支付了高于竞争市场的价格,因而必须放弃其他一些消费机会;③公众利益由于竞争价格的高价而发生损失。

(5)意外利润。意外利润(windfall profits),又称经济租金(economic rent),当某种资源的价格意外升高,而其成本没有相应增加时,便出现经济租金。20 世纪 70 年代美国石油产业的情况就是一个例子。当时,国际原油价格由于欧佩克采取措施而暴涨,如果美国允许其国内石油价格提高到国际市场的高位水平,那么,与美国国内石油生产成本无关的石油库存将给美国石油产业带来特别高的利润,因为已有的石油库存的生产成本较低。于是,石油产业的利润被认为过高,是美国国内石油公司的"意外之财"。

(6)内部成本外部化。内部成本外部化是指不是由交易双方承担的成本。例如,如果允许一家生产企业污染环境,那么造成的环境污染将导致周边的房地产贬值。对于作出允许工厂生产的决定而言,周边房地产贬值是外部成本或外溢的成本。因为污染企业不主动承担社会成本，其生产的产品价格不反映生产的总成本。

（7）稀有重要生活性产品的不公平分配。在趋利的市场中，稀缺与利润共生，但是稀缺并不一定导致资源的公平分配。对于稀有的非重要生活性产品可能关系不大，但如果是重要的生活性产品，不公平分配将导致一系列社会问题。例如，当天然气紧缺时，生产商可能认为向一些消费者供气比向另外一些消费者供气更为有利可图，于是向后者大量供气而不向前者供气。

（8）非标准化。标准化的另一种说法是合理化。不同厂家生产同一接头口径的电灯泡、生产同一规格的电能有助于提高效率。当一个或者少数公司控制了某一市场，他们就没有接受广泛应用的标准的动机。

（9）道德风险。道德风险是指因经济人失去采取预防措施的动机而导致的发生损失的可能性以及损失规模扩大的情形。例如，同费用内部化（自负费用）相比，费用报销、保险和医疗福利具有怂恿消费者更多地消费的作用。在能源和自然资源领域，如果按照历史成本对天然气和电力定价，因为知道消费者将通过更高的价格支付设施的建设成本，公用设施公司可能会建设过多的设施。例如，这种定价模式导致了美国20世纪70年代的产能过剩。

（10）投机性操纵市场。正常的投机是市场所允许的，但操纵市场性的投机则因其严重扭曲市场、不能反映基本供求而是有害的。现代市场有形和无形形式并存且融合、受政府干预可能竞争不充分的特点，使通过操纵市场进行投机成为严重现象。例如，2003年美国的安然公司事件是这一方面的典型例子。再如，2007—2009年期间的国际石油价格暴涨未尝不是投机性操纵市场的结果。

2. 经济危机

经济危机是市场失灵的集中表现，在不同的经济发展阶段，其成因、结果、影响和特征有所不同。

在区域性市场经济阶段（19世纪30年代之前），经济危机是狭义的市场失灵，主要由于市场经济自身的盲目性缺陷所造成，发生区域性产能过剩，造成社会财富的浪费。市场机制本身促使生产者通过技术和产品的升级换代、提高生产效率或者开拓域外市场的手段来自行解决和调整市场失灵问题。英国1788年、1793年、1797年、1803年、1810年、1815年和1819年的经济危机就属于这种经济危机。

在半全球市场经济阶段（19世纪30年代至19世纪末），经济危机也是狭义的市场失灵，并呈现一定的周期性。市场失灵问题的解决和调整上，一方面垄断成为一种重要方法，另一方面是国家开始以国家力量帮助本国生产者夺取外国低廉原料、开拓国外市场。1825年、1847年、1857年、1866年、1873年、1882年、1890年和1900年的经济危机就属于这种经济危机。

在相对全球市场经济阶段（20世纪初至20世纪40年代中期），经济危机主要是狭义的市场失灵，周期较前一阶段缩短。市场失灵问题的解决和调整上，一方面是主要国家动用武力帮助本国生产者,发生了两次世界大战;另一方面则是有些国家事后加强政府对本国经济的国家干预。1907 年、1914 年、1921 年、1929 年和 1937 年的经济危机就属于这种经济危机。

在完全全球市场经济阶段(20 世纪 40 年代中期至今),经济危机是广义的市场失灵,危机频繁、周期变形且更短,既有国内经济危机,区域性国际经济危机,也有全球性国际经济危机,且全球性国际经济危机不经常爆发。在市场失灵问题的解决和调整上,国家注重从事前干预和事后干预两个方面,并且强化事前干预,以求促进本国经济的稳定运行或者增长。

四、经济制度和政府监管

(一)经济制度

一般而言,经济制度是指国家认可或者规范的经济运行机制。它属于上层建筑的范畴,受政治制度影响很大,但最终决定于生产力发展水平。任何一种经济制度的运转过程,都是劳动者根据一定的规则或者接受管理,运用其劳动力或者技术,把自然资源转化为产品或者商品的过程。

前已提及,存在自给经济、计划经济和市场经济三种基本的或者纯粹的经济制度。从历史的角度进行考察,在生产力极其落后的年代,绝大多数人为免于饥饿之生存而操劳,基本是自给经济。

基本纯粹的市场经济始于生产力的提高而于 18 世纪末和 19 世纪初出现的现代产业革命,并发展到 20 世纪 20 年代。而基本纯粹的计划经济则始于 1917 年的苏俄社会主义革命,并在 20 世纪 80 年代基本消失。

目前,世界上并不存在纯粹的或者基本纯粹的自给经济、计划经济和市场经济。在经历了 1929—1933 年世界性经济危机之后,市场经济国家开始运用凯恩斯理论,大力谋求对经济的政府监管,以期纠正或者预防市场失灵。由于纠正式的改革不成,计划经济国家从 20 世纪 80 年代开始谋求向市场经济转型。可以说,当前的世界处于市场经济和政府监管相结合的混合经济制度时代。正如阿兰·兰德尔所指出的:"混合经济尽量利用价格规律来指导它的企业部门的生产活动,但国家保留着影响生产模式和消费模式的权力。国家可能生产和分配那些它认为是国家安全所必需的或者具有绝对重要社会价值的商品,而不考虑价格体系。"换句话说,"混合经济试图利用价格规律的长处——作为协调手段固有的高效率,但又不把经济活动的一切方面都托付给它。"①

---

① [美]阿兰·兰德尔著:《资源经济学》,施以正译,商务印书馆 1989 年版,第 27 页。

例如,美国就是如此。美国主流经济学认为最好将美国经济称为政府和私营企业共同起着重要作用的"混合经济"。但是,它也承认"美国人对如何确切地在企业的自由和政府的管理之间划分出一条分界线的问题在信念上经常存在分歧"。①笔者认为,要正确地认识美国经济制度,必须以其历史发展作为切入点。

(二)政府监管及其原则和措施

在资本主义社会,决策者往往是以自由放任的经济政策作为前提和起点对社会进行思考,也就是说,完全竞争市场是优于政府监管的选择。但是,完全竞争市场更多是一种理想,而不是现实。虽然决策者希望市场是完全竞争市场,公平而且有效地发挥其功效,但是市场并不总是如此。市场失灵情形的危害,对完全竞争市场而言是阻碍充分竞争。这是一个方面。

然而,另一方面,经济只是人类社会生活的一个方面,尽管它十分重要。社会还需要公平合理的秩序,节约资源;在有国家存在的现实下,还有国家安全的问题。因此,国家对经济的监管是必不可少的。

无论是实行计划经济制度的国家还是实行市场经济制度的国家,政府都对经济活动进行管理。在市场经济国家,政府的经济管理活动多用"监管"(regulate)一词,而计划经济国家的则多用"控制"(control)一词。在具体的管理方法、措施和手段上,政府监管和政府控制在不少情况下具有形式上的相同性或者近似性,往往让人难以区别。但是,还是可以从以下三个方面分析是政府监管的还是政府控制的方法、措施和手段的。第一,就动机和目的来看,前者是政府希望借此影响市场失灵情形下的资源配置,主观上基于市场经济的规律而考虑,即使是直接影响资源配置的动机和目的,也往往是暂时干预的考量;后者则是希望(长期)借此直接分配资源,主观上(基本)不考虑市场经济的规律。第二,从干预的环节以及是否直接上看,前者通常选择不会影响市场主体竞争地位的环节,并以间接性的、非强制性的为主;后者则往往缺乏对环节、是直接性还是间接性、是强制性还是非强制性的考量。第三,政府管理的方法、措施和手段是否符合政府监管的六项原则。基本符合的,是政府监管;反之,则是政府控制。在我国,许多人(包括学者和官员)往往以监管的概念不清为借口或者理由,不区分或者不会区别政府管理的方法、措施和手段是政府监管性的还是政府控制性的。正如吴敬琏先生在对内地一些学者和决策者进行批评时所指出的:不搞懂经济发展的理论,不讨论理论分析的过程,不讨论历史发展脉络,像吃快餐一样只抓结论;没有新的理论内容,只是把"政府计划"的名词换成"政府规划"的标签。

政府监管的原则主要有以下六项。

---

① 美国国务院国际信息局编:《美国经济概况》,杨俊峰等译,辽宁教育出版社 2003 年版,第 17 页。

(1)维护市场统一原则。对于一个国家来说,其监管措施不得造成国内市场的分割,不得导致形成两个或者两个以上的市场;对于一个一体化经济组织来说,其监管措施应该维护相关领域市场的统一。

(2)不干预完全竞争市场的原则。对于完全竞争的市场,一般情况下政府不进行干预。但是,为了避免可能出现的市场失灵现象,或者对已经出现的市场失灵现象,政府应该通过一定的干预措施予以预防或者纠正。

(3)促进经济发展的原则。根据这一原则,为了提高本国的国际(经济)竞争力、保障和促进本国经济的发展,国家应该在确保竞争条件公平的前提下,促进本国经济发展,保障国家经济安全。

(4)保障国家安全、社会公平和生态健康的原则。根据这一原则,政府应该对于市场(基本上)不予主动关注的经济领域内影响国家安全、社会公平和生态健康的问题,采取以引导、财税政策为主的监管措施。

(5)尽量采取间接干预措施的原则。根据这一原则,政府不应该直接禁止或者限制企业特别是某一特定(部分)的企业从事某种活动,或者向某一特定(部分)的企业提供补贴,从而使不同的市场主体在竞争中处于不同的竞争地位,导致不公平竞争。

(6)灵活性原则。根据这一原则,由于市场情势可能千变万化,政府在进行监管时需要具有一定的灵活性,但是,除非涉及国家安全问题,应该以不导致不公平竞争为前提。

在监管措施的采取方面,主要是:①对于过度竞争,监管措施是反对不正当竞争;②对于信息不充分,监管措施是要求各方全面、充分、客观地披露信息,并在必要时由政府组织信息收集和披露;③对于巨大投入产业和资源浪费,监管措施是只许可一家或者少数几家企业进行经营;④对于垄断,有两种监管措施。一是,在拆分垄断企业不造成资源浪费的情况下,对垄断企业进行拆分。二是,在拆分造成资源浪费的情况下,对垄断企业的产品或者服务价格进行管理,将价格降低到竞争市场的水平;⑤对于意外利润,监管措施是征收意外利润税,并将这一税收用于公共目的;⑥对于内部成本外部化,建立和制定有关空气、水、土地、杀虫剂、汽油等的标准是常用的监管措施;⑦对于稀有重要生活性产品的不公平分配,监管措施是规定普遍供应和服务制度;⑧对于非标准化,监管措施是实施标准化制度。

(三)政府监管的周期

当政府由于市场失灵或者出于宏观经济和国家管理考虑而对市场进行监管时,并不是总能达到确定或者希望的监管目标,既有成功,也有失败。针对狭义的市场失灵而言,可以将政府监管过程划分为一个由大致六个阶段组成的周期。

第一阶段是自由市场阶段。在这一阶段,政府对某一产业或者市场不进行干预,采取自由放任的经济政策,即小政府阶段。经济学理论认为,对运行良好而且公平有效的完全竞争市场,即使是最低限度的政府监管也会增加不必要的管理成本,从而降低分配效率和引起不公正的分配结果。因为政府在价格或数量方面的监管不仅不会改善市场运行,反而可能提高价格、降低供应、将一些生产商赶出市场,从而减少竞争。

第二阶段是市场失灵阶段。在这一阶段,狭义的市场失灵情形开始出现。资本主义经济危机的历史经验告诉我们,实现或者保持理想的完全竞争市场是不可能的。

第三阶段是政府监管阶段。为纠正市场失灵,促进公平竞争,政府采取监管措施。市场失灵构成政府监管的必要但非充分条件,政府必须对认定的市场失灵采取正确的监管措施。如果采取错误的监管措施,例如采用价格支撑来纠正信息失当,不仅不会改善经济运行状况,反而可能造成更恶化的后果。政府监管的目标应当是纠正某一市场失灵情形,使市场更有效或者更公平,从而恢复到自由市场阶段。

第四阶段是监管失败阶段。在这一阶段,错误的监管措施不仅进一步扭曲市场,而且导致政府对私人企业的干预成本更高或者成本分摊更不公平。不适当或者不正确的监管对策都会导致监管失败。

第五阶段是监管改革阶段。在这一阶段,政府认识到采取的监管措施失败了,于是对监管措施进行改革,以期使市场更有效或者更公平,让市场恢复到自由市场阶段。

第六阶段是市场自由化阶段。在这一阶段,政府认识到采取的监管措施失败了,认为不再需要政府监管,于是放松或者解除管制,不再干预市场,让市场恢复到自由市场阶段。

需要指出的两点是,第一,上述监管过程只是理论上的描述;第二,并不是所有监管过程都历经上述六个阶段。例如,如果第三阶段的政府监管措施适当、适度和有力,就会直接进入第一阶段自由市场阶段,而不会经过第四、第五和第六阶段。再如,当出现第四阶段的监管失败时,可能不经过第五阶段的监管改革,而是直接进入第六阶段的市场自由化。

第二节　环境和自然资源经济学

人类的一切生活和生产活动,都直接或者间接地依赖于自然界中的事物;可以将这些事物称为物品。经过人类劳动而形成或者创造的物品,是产品;其中,能够进入市场流通的,则是商品。未经配置的自然环境和自然资源,往往具有公用物品或公共物品的属性。但是,对它们进行配置影响到方方面面的诸多利益,在市场经济条件下具有不可或缺的特别重要的意义。

环境和自然资源经济学的主要任务是研究如何利用经济学理论和定量分析的方法来揭示、分析、评价和指导有关环境和自然资源领域中政策法律的制定和实施。这主要包括两个方面:第一,运用经济学的理论和分析方法,对有关环境和自然资源的既存制度或者措施以及社会、经济、政策和法律的环境效果进行分析和评价。第二,作为一种法律制度或者措施,将环境和自然资源经济学研究的成果在环境与自然资源保护立法中予以确立,也就是采取经济效果最佳的措施并将其制度化。

关于运用法治的手段管理国家,法学家运用最多的概念是权利和义务,公平和正义,以及过错和责任等。所有这些法律概念基本上都是对法律规范之事物所进行的主观定性分析,并且规定抽象的条款;在大陆法系国家尤其如此。然而,经济学可以将上述一些法学(律)概念作出定量的分析(如最大化、均衡和效率等),并且通过数学模型对法学(律)概念进行转换。虽然经济学方法不能完全替代法学方法,但是通过经济分析可以明显地看到法律制度的不足与存在的问题,同时还可以将经济学方法和结论直接运用于法律之中。

一、环境和自然资源的外部经济性问题

(一)环境和自然资源的外部经济性

在经济学上,外部经济性问题是指在社会实际生活中,一个生产者或者消费者的经济活动对其他消费者和/或生产者的经济活动产生了超越该一个生产者或者消费者的活动主体范围的利害影响。这种影响包括正、负两方面影响;正面的影响也称正外部性或者外部经济性,负面的影响也称负外部性或者外部不经济性。环境和自然资源的外部经济性问题,则是指与环境和自然资源有关的外部经济性问题。

经济学家经常举下列事例来说明环境和自然资源的外部性:

在一条河流上有两家企业:一是位于河流上游的 A 纺织厂,二是位于下游的 B 娱乐场。A 和 B 都需要利用河流作为自然资源而进行经营。A 利用该河流是把未经处理的废水直接排入河流,也就是将其作为排污场所。而 B 利用该河流则是将其作为娱乐场所,设置游泳场和游艇供人游玩。然而,当 A 和 B 的所有权人不是同一个人时,就会因水污染而出现对河流的非有效性利用。如果 A 的产量越大,河流污染就越重,而 B 的收入就越少,最后可能出现导致 B 关闭的现象。A 的行为给 B 带来不利影响的这种现象,就是外部不经济性。

不难发现,外部性有两个明显的特征:一是它们必须伴随着生产或者消费活动而产生;二是它们或产生正面(积极)的影响,或产生负面(消极)的影响。就环境问题而言,外部性主要表现在生产活动和消费活动的外部不经济性方面。

(二)市场失灵对环境和自然资源的外部不经济性的促进

由于未经配置的自然环境和自然资源往往具有公用物品或公共物品的属性,而市场主体对它们更多的是追求不计后果的利用,存在严重的市场失灵现象。而且,在衡量国民生产总值(GNP)指标的计算中,在 21 世纪以前,基本上也没有扣除与环境损害有关的成本和社会费用。这样,人们也就不会针对环境和自然资源的无形价值和长远价值建立交换市场,从而给人造成"地球环境与自然资源无价"的印象。因此,整体上,人类对地球环境和自然资源的回报不仅不是合理地使用这些资源,而是对地球环境人为地造成破坏,造成了地球上存在的许多野生生物濒临灭绝以及自然资源的不断减少。

不难看出,尽管环境问题是人类社会在发展经济的过程中,由于对环境和自然资源的不恰当开发和利用所致,但是,市场失灵对环境和自然资源的外部不经济性的促进,是其中一个关键因素。

(三)解决环境和自然资源的外部不经济性的方法

经济学家认为,解决环境和自然资源的外部不经济性的最直接的方法是将外部的不经济性内部化;也就是说,由产生外部性影响的一方来承担消除不利影响所发生的和预计发生的全部费用,从而实现社会公平。

美国经济学家科斯(Ronald Coase)认为,如果交易费用为零,那么,无论财产权的初始安排如何,当事人之间的谈判都会导致有关财富最大化的安排,亦即,市场机制会自动实现帕累托最优(Pareto Optimality);这就是所谓的科斯第一定理。第一定理包含两个重要的假设:交易成本为零;财产权的初始界定清晰,即外部性问题所涉及的公共权利的归属明确。

然而,在现实的社会经济生活中,交易成本为零的假定是极其不现实的。如果考虑市场交易成本,财产权关系的界定和归属必然会对资源配置以及经济效率产生影响。于是,科斯进一步指出,恰当地确定资源的财产权或者使用权,有利于消除外部不经济性。科斯假定,如果外部不经济性的受害方对资源享有所有权或者使用权,政府就可以根据受害方的请求,强制加害方将外部不经济性的数量减至为零;也即,受害方享有免受外部不经济性的权利。如果,进一步作出安排,使这种权利可以在政府强制或者法律规定的条件下转让,或者资源所有(使用)权一方以接受补偿损失的方式可以将免受外部不经济性的权利转让给加害方,这样便在加害方与受害方之间存在了交易的可能性。这就是所谓的科斯第二定理。根据第二定理,不同的财产权制度和法律制度,会导致不同的资源配置效率,财产权制度是决定经济效率的重要内生变量。

可以看出,科斯第二定理为解决环境和自然资源的外部不经济性问题以及相应的"市场失灵"问题提供了一种新的思维方法。实现科斯第二定理的前提,是需要明确环境与自然资源的所有(使用)权,以及创设高效率的权利交易市场;只有这样,权利的交易才能够得以富有效率地进行。这种方法已经为一些国际条约以及许多国家的环境与资源保护立法所采纳。

就环境与资源保护立法而言,经济学家提出,将环境和自然资源的外部不经济性内部化的方法主要有直接管制方法和经济刺激方法两大类。所谓直接管制,就是由国家制定环境和自然资源保护法律,以行政控制标准的形式,规定允许活动者产生外部不经济性的数量和方式。直接管制又可分为末端管制和全程管制。末端管制是指直接对污染物排放作出规定;全程管制是指对通过生产投入或者消费的前端过程中可能产生的污染物数量作出规定,从而最终达到控制污染排放的目的。

经济刺激方式包括市场性刺激和非市场性刺激两大类。市场性刺激方式是指依照科斯定理,先根据允许产生的污染物数量设定"排污权",再将"排污权"作为市场交易的标的予以流通或消费,从而最终达到控制污染排放的目的。非市场性刺激方式则是由国家通过价格、税收、标志、抵押金、补助金、保险、信贷和收费等手段,迫使生产者或者消费者把他们产生的外部费用纳入各自的经济决策之中。

一些环境和自然资源经济学家曾将各种经济手段(主要是排污收费和许可证交易)与通过法律进行的直接管制手段(如行政命令等)两者之间的效率进行比较。他们的基本结论是:排污收费和排污交易所产生的环境效果基本等同,而且其经济效率一般都高于直接管制。[①]

二、成本效益分析方法及其运用

(一)成本效益分析方法

成本效益分析原本是微观经济学中的一种投资决策方法。它所要解决的问题是:在资金有限的情形下,如何确保项目的收益大于成本,以及在多个投资项目之间选择需要实施的项目。美国有关成本效益分析的著述大都以美国 1936 年《防洪法》(Flood Control Act)作为研究素材开始。给人们的印象是,成本效益分析是 19 世纪 30 年代在美国防洪领域中发明的。然而,在其他国家,法国民建工程师和经济学家朱尔·杜皮(Jules Dupuit)经常被认为是提出第一份正式成本效益分析报

---

①　参见王金南编著:《环境经济学:理论方法政策》,清华大学出版社 1994 年版,第 411 页。

告的人，原因是他在 1844 年运用数学方法来分析消费供求。[1]此外，也有人认为，成本效益分析在美国至少可以追溯到 1902 年《河流和港口法》(River and Harbor Act)，特别是其 1920 年修改。[2]但是，成本效益分析方法为美国运用始于美国陆军工程兵团，是主流观点。不过，成本效益分析方法现在主要属于经济学而非工程学。尽管美国陆军工程兵团早期对水资源开发项目的成本效益分析方法并不十分完善，但是它大大促进了在其他决策领域中的应用。在美国，由于经济思维方式的习惯性影响，成本效益分析方法逐渐运用于宏观经济学之中。它在二战期间应用于军事工程项目，战后进一步扩展到交通运输、文教卫生、城市建设等广泛领域，并不断得到完善和发展。公共政策的决策者运用这种方法旨在从一系列可供选择的方案中发现效益超过成本的富有经济效率方案。在美国政府的公共决策中，这种方法目前大多数运用于卫生、环境和安全这些市场价值一般不能完全反映社会价值的领域。[3]在许多国家的环境管理和自然资源配置过程中，进行成本效益分析是主要工作内容之一。

例如，美国 2005 年《国家环境政策法》，特别是第 102 条第 2 款的下列规定，扩大了美国联邦政府在环境保护领域对该分析方法的运用：[4]

2.联邦政府所有机关都应当：

(A)在进行可能对人类环境产生影响的规划和决策时，采用将确保综合利用自然科学、社会科学以及环境设计工艺的系统性和跨学科的措施；

(B)会商依本法第二条规定而建立的环境质量委员会，确定和开发在决策中将会确保对于既有质量欠缺的环境舒适性和环境价值同经济和技术考虑一并得到适当考虑。

……

(二)成本效益分析方法的运用步骤

运用成本效益分析方法需要首先了解什么是该方法中的成本和效益。所谓效益包括对被视为收益的变量而愿意付出的金额，以及对被视为弥补损失的变量而愿意承受的金额。而所谓成本，则包括对被视为损失的变量而愿意承受的金额，以

---

[1]　Jules Dupuit, "On the measurement of the utility of public works", *Annales des Ponts et Chaussees*, 1844, translation reprinted in Munby, D 1968, *Transport: Selected Readings*, Penguin Modern Economics Readings, Penguin Books, UK.

[2]　Richard J. Hammond, "Convention and Limitation in Benefit-Cost Analysis", *Natural Resources Journal*, 1966, 6(2), pp. 195－222.

[3]　Joseph H. Eto, et al., *A Review of Recent RTO Benefit-Cost Studies*, (prepared for Office of Electricity Delivery and Energy Reliability, DOE), December 2005, p. 4.

[4]　42 USC § 4332. See also *Sierra Club v. Morton* (5th Cir. 1975).

及对被视为未来收益的变量而愿意付出的金额。

一般而言,成本效益分析过程包括对成本和效益的识别和分类,风险向成本或者收益的转换,效益和成本的量化、定性分析,成本效益信息的总结和提交等四个基本步骤,而且每个步骤都有其难点、需要在多种可供选择方案中作出选择。[①]

1. 对成本和效益的识别和分类

所谓识别,是指决定应该将哪些变量纳入成本效益分析方法的公式,并且决定纳入公式中的哪些变量是成本、哪些变量是效益。困扰识别过程的问题是:对成本和效益的推断和假设可以没有止境地进行下去。在现实生活中,决策者无论如何都需要进行价值判断,并且作出选择。

2. 风险向成本或者效益的转换

在对成本和效益进行识别和分类以后,接下来就需要对风险所涉及的成本进行识别,并且将风险转换为适当的成本。

3. 效益和成本的量化、定性分析

对效益和成本进行量化或者定性分析是进行成本效益分析的第三步。一些批评者认为,只要这一方法要求将不能转化为货币的价值进行量化和商品化,就必将涉及不适当的价值选择。但是,成本效益分析方法确实要求为生命或者健康规定货币价值。这些批评者还指出,自然景色或者风光的美学欣赏价值以及物种价值是不能量化的。因此,对不能或者难以进行量化的成本或者收益,就需要通过定性分析的方法纳入考量之中。

4. 成本效益信息的总结和提交

成本效益分析方法的最后一个步骤,是以适用的形式总结并提交成本效益分析的有关信息。这时所涉及的问题主要有两个方面。第一,信息的选择和解释是由解释信息的主体和提交信息的目的所决定的。第二,信息的接受者也会影响所提交信息的内容。

(三)成本效益分析方法与环境和自然资源

根据 1997 年 5 月美国环境和经济学家在英国《自然》杂志上发表的一份研究报告:世界全部 GNP 每年只有大约 18 兆美元,而地球生物圈每年至少给人类无偿提供价值达 33 兆美元的空气、水和食粮等有形或者无形的资源,是前者的 1.83

---

① 参见[美]约瑟夫·P·托梅因、理查德·D·卡达希著:《美国能源法》,万少廷译,法律出版社 2008 年版,第 119 页。

倍。① 但是,由于 21 世纪以前基本上没有将环境与自然资源本身对地球生态系统的贡献纳入到社会经济发展的成本效益分析之中,以及对地球环境和自然资源的配置缺乏合理的配置机制,从而给人造成“地球环境与自然资源无价”的印象。

目前,对环境与自然资源保护立法进行成本效益评估的主要范围包括:环境与自然资源保护立法程序本身,环境与自然资源保护立法中的具体制度和措施,以及法律实施的有效性。此外,环境经济学分析方法还经常运用于环境—经济系统的投入产出分析以及资源开发建设项目的国民经济评价。

案例分析

怒江建设梯级发电站事件

怒江(向南出境入缅甸后,称萨尔温江)是我国最后两条原始生态河流之一,其大峡谷是世界第二大峡谷,它同澜沧江(向南出境成为老挝和缅甸界河后,称湄公河)、金沙江并行奔流 179 千米而形成的“三江并流”景观跻身世界自然遗产。此外,怒江地区是全球最大的生物资源库之一,拥有北半球的几乎所有生物物种。在2002 年,怒江州地方财政收入仅为 1.05 亿元。

2003 年 3 月 14 日,华电集团同云南省政府签订了《关于促进云南电力发展的合作意向书》,准备在怒江上建设梯级发电站。云南省政府在经济上的考虑是:①全部梯级发电站建成后,每年将为地方增加财政收入 27 亿元,其中仅怒江州每年就会增加 10 亿元;②梯级发电站的开发建设过程,将带动当地经济的发展。

思考问题:

云南省政府的决策符合成本效益分析方法吗? 为什么?

基本概念

经济学　经济体制　计划经济　市场经济　混合经济　政府监管　物品　产品　服务　私人物品　公用物品　公共物品　市场失灵　经济危机　成本效益分析　外部不经济性

思考分析

1. 如何理解经济学的研究对象?

2. 试述市场运行。

3. 你对政府监管是如何理解的?

4. 试述成本效益分析方法的运用。

5. 试述科斯定理对解决环境和自然资源领域外部不经济性问题的价值。

---

① R. Costanza, R. D'Arge, R. S. de Groot, et al. , "The value of the world's ecosystem services and natural capital", *Nature*, 1997, 387(6630), pp. 253 – 260.

第二编

总论篇

第三章

环境与资源保护法概述

【内容提要】

　　本章学习环境与资源保护法学中的一些最基本问题,如环境与资源保护法的概念、性质和特点、目的和任务,以及环境与资源保护法律关系等。学习这一章的目的是使我们对环境与资源保护法学的基本问题有一个全面的了解,为学习和掌握环境与资源保护法学提供一些基本知识。

第一节　环境与资源保护法的概念

一、环境与资源保护法的名称

　　关于环境与资源保护法的名称,各国之间很不统一。例如,欧洲 20 世纪 70 年代主要是进行控制污染方面的立法,因此在欧洲国家过去多称"污染控制法";日本则是从控制公害的立法中发展起来的,故称"公害法";俄罗斯和东欧国家以及前苏联是在自然保护的基础上建立起来的,因此称"自然保护法"或者"生态法";美国一般称"环境法"。不同的称谓反映了各国环境问题的阶段性和环境与资源保护法的侧重点有所不同。

　　"污染控制法"和"公害法",容易被人理解为只限于对环境污染的防治,不能概括环境与资源保护法的全部内容。日本在 1993 年把 1967 年制定的《公害对策基本法》修改为《环境基本法》。

　　俄罗斯等国的"自然保护法"实际含义其实是广义的,包括了环境保护、名胜古迹保护和自然资源保护,但自然保护一词中的"自然"的含义则不很明确,难以使人准确地把握其内涵。

　　我国环境与资源保护法是在有关治理工业"三废"(废气、废水、废渣)的行政法规和规章的基础上发展起来的。与 20 世纪 70 年代借鉴国际社会提出的"环境保护"概念一致，故我国最初把与环境保护相关的法律统称为"环境保护法"。10 年之后，我国从外国引进了"环境法"的称呼，国内大多数教材或著作也将"环境保护法"改称为"环境法"。[①]当时我国国家教委制定的法律院系教学计划中关于课程设置也采用了"环境法"这一名称。1997 年国务院学位委员会将环境法与自然资源法合二为一，并将其称谓定为"环境与资源保护法学"，作为法学的二级学科。

　　笔者认为，由于"污染控制法""公害法""自然保护法"等称谓容易令人产生误解并导致人们理解上发生偏差，因此将称谓定为"环境与资源保护法学"较为适宜。

二、环境与资源保护法的含义

　　环境与资源保护法是由国家制定或认可的，并由国家强制力保证实施的关于保护与改善生态环境、合理开发利用与保护自然资源、防治污染的法律规范的总称。这一定义包含三点主要含义：

　　(1)环境与资源保护法是由国家制定或认可并由国家强制力保证实施的法律规范。由国家制定或认可、具有国家强制力以及具有规范性，这是构成法律属性的基本特征之一。这一特征使它同非国家机关（如社团、组织、企业等）的规章区别开来，也同虽由国家机关制定但不具有规范性或不具有国家强制力的非法律文件区别开来。

　　(2)环境与资源保护法的目的是通过防止自然环境破坏和环境污染来保护人类的生存环境，维护生态平衡，协调人类同自然的关系，而这一目的是通过预防和治理人为环境侵害的方法来实现的。

　　(3)环境与资源保护法所要调整的是社会关系的一个特定领域，即人们（包括组织）在生产、生活或其他活动中所产生的同保护和改善环境、合理开发利用与保护自然资源相关的各种社会关系。这种社会关系包括两个主要方面：①同保护、合理开发和利用自然环境与资源有关的各种社会关系；②同防治各种环境污染和防治生态环境破坏有关的社会关系。我们在这里强调指出环境与资源保护法所调整的社会关系的特定领域，主要是为了说明它是环境与资源保护法区别于其他部门法的非常重要的特征之一。

[①]　汪劲：《环境法学》，北京大学出版社 2006 年版，第 42 页。

第二节　环境与资源保护法的本质和特征

一、环境与资源保护法的性质

环境与资源保护法是法律的一个部门,因此它当然具有法的一般属性,但环境与资源保护法又是一个非常特殊的法律部门,有许多不同于传统法律的特点。那么怎样看待环境与资源保护法的性质呢? 它的本质和一般法的本质有无不同? 这些问题集中反映在环境与资源保护法的阶级性问题上。主要有以下三类主张。

(一)否认环境与资源保护法具有阶级性

有人认为,从人与自然的关系来看,法的共同性因素将随着社会生产力和自然科学的发展,出现日益扩展的趋势。维护生态平衡,合理开发、综合利用自然资源,消除环境污染和各种公害等愈来愈引起重视,迫使国家不得不用法律的形式来调整。这些调整自然关系的法律,虽然会受到阶级利益的制约和影响,但也得承认这些法律本身是没有阶级性的,是可以为各种不同形态的社会所共同认可的。也有人认为,不应以抽象的"统治阶级意志"为标准,社会关系是一个大的复杂系统,反映这些关系的法律也必然是一个大的复杂系统。保护生产力、生产者、生产技术、生产工具的法律和维护特殊阶级利益进行压迫和斗争的法律,在性质上有着根本的不同。

(二)强调环境与资源保护法的阶级性

有人认为,否认环境与资源保护法阶级性的观点违背了马克思主义关于法的理论的基本观点。资本主义国家的环境法,首先是为了现代生产的需要,以维护高额利润;其次是为了调节个别资本家同整个资产阶级和无产阶级的矛盾;再次,是为了保护资产阶级自身的健康与生命安全。可见,资本主义国家环境保护法律,归根到底是为了维护资产阶级的利益的。[①]

(三)不否认环境与资源保护法具有阶级性

该观点不否认环境与资源保护法具有阶级性,但认为阶级性不是环境与资源保护法唯一的本质属性,应该全面把握环境与资源保护法产生的背景、任务、性质和特点,防止简单化。具体分析如下:

---

① 韩德培 主编:《环境保护法教程》,法律出版社 1986 年版,第 22 页。

(1)环境与资源保护法产生的背景不是阶级矛盾,而是人与自然的矛盾。虽然这些矛盾也包含了某些政治和经济的因素,但是起决定作用的即决定事物本质的不是阶级矛盾而是人与自然的矛盾。

(2)环境与资源保护法的保护对象是人类赖以生存的自然环境,环境与资源保护法的任务是保护与改善环境质量,保护人类健康。这一任务的实现,将给全体社会成员普遍带来恩惠,不论富人还是穷人,是统治阶级还是被统治阶级。在这一点上,不表现阶级利益的根本对立和冲突。

(3)环境与资源保护法同社会的政治、经济、文化有密切的联系,并体现执政阶级的政策和利益,因而也使环境与资源保护法具有法的一般属性。这是毫无疑义的。但是,环境与资源保护法的保护对象和任务的特殊性决定了它还有更重要的一个方面,即强烈的社会性、自然性和技术性。

笔者认为,简单化地照搬传统理论,不作具体分析地把环境与资源保护法也说成是阶级矛盾的产物,是统治阶级为维护本阶级利益而进行统治的工具,就把复杂的社会现象简单化了。这种片面的观点,不利于把握环境与资源保护法的基本性质和特征,不利于充分发挥环境与资源保护法的效能,不利于正确把握环境与资源保护法的制定和实施的指导思想,也不利于对国外环境与资源保护法中的有益经验的借鉴与交流。

二、环境与资源保护法的本质

(一)环境与资源保护法是社会法

环境作为全人类的共同生存条件,并不能为某个人、某个阶级或某国所私有或独占,也不能以阶段、意识形态或国界来加以划分,环境与资源保护符合整个社会乃至整个人类的利益。

(二)环境与资源保护法是以社会利益为本位的法

所谓社会利益就是指不特定多数人的利益。环境与生态是人类经济和社会发展的基础,与社会、经济发展的秩序密切相关,因而成为社会利益的重要组成部分。环境问题的产生无一不与私人利益的盲目追逐和市场机制调节失灵直接相关。在社会经济发展的严重问题面前,人们终于认识到,个人利益与社会利益并非完全一致。在处理个人利益与社会利益时,就必须从社会利益出发,对不利于社会利益的行为加以限制。

（三）环境与资源保护法是公法手段干预私法领域的法

环境问题是在私法秩序下产生的，它表明私法对于环境保护的职能。而在现代社会中，环境资源与生态保护已成为人类社会经济发展的必要条件，它的社会公共利益性使之作为独立利益形态的要求日益突出，人类社会的共同利益要求公法手段必须作用于私法领域，否则，保护环境无从谈起。

（四）环境与资源保护法是以可持续发展为价值目标的法

社会公共利益有诸多方面，但主要表现为人类社会经济的可持续发展，这正是环境与资源保护法的价值所在。可持续发展是当代人类共同的选择，而环境与资源保护是可持续发展的核心内容，它要求既满足当代人的需要，又不对后代人满足其需要的能力构成危害。

三、环境与资源保护法的特征

作为部门法的一种表现形式，环境与资源保护法具有与其他部门法相同的一般特征（如规范性、强制性等）。然而，由于环境与资源保护法是法学与有关自然科学（如生态学、环境科学）和其他社会科学（如经济学、管理学）的交叉学科，因此环境与资源保护法还具有与其他部门法所不同的特征，它们主要表现在如下四个方面。

（一）综合性

环境与资源保护法是一个极其综合化的法律部门。体现在以下四点：

（1）保护对象的广泛性。由于人类赖以生存和发展的整个环境都是环境与资源保护法所要保护的对象，环境与资源保护法的保护对象相当广泛，是其他任何法律部门的调整范围所无法比拟的。从目前环境与资源保护法的规定来看，它所要保护的对象大致有三类：①自然环境要素，比如空气、水、土地等；②人为环境要素，比如生活居住区、公园、人文遗址等；③整个地球的生物圈，比如臭氧层、海洋、热带雨林以及其他生命物种等。

（2）法律主体的广泛性。由于环境与资源保护法的终极目的是实现人类社会的可持续发展，因此其主体不仅包括公民、法人及其他组织、国家乃至全人类，还包括尚未出生的后代人。

（3）调整内容的广泛性。由于环境与资源保护法的任务主要在于防治人类活动对环境产生的各种破坏，而人类活动则是多方面的，从政治、经济、军事到文化科学，从生产、流通到消费，从劳动、休息到体育、娱乐，比比皆是。如此广泛而又丰富的调整内容同样也是其他任何部门法所难以比拟的。

(4)牵涉法律的广泛性。由于环境与资源保护法保护的对象相当广泛,涉及的社会关系极为复杂,运用的手段各式各样,从而决定了所采取的法律措施的多样性,它不仅可以适用诸如宪法、行政法、刑法等公法予以解决,也可以援引民商法等私法给予救济,甚至还可诉诸国际法予以调整。这是其他任何部门法所无法比拟的。

(二)技术性

环境与资源保护法具有浓厚的科学技术性,这一点是所有环境法学家所公认的不同于一般部门法的基本特征。

(1)环境与资源保护法是一种建立在自然规则基础之上的法律。这种基础包括生物、化学和物理原理,"自然法则"就不可避免地成为环境立法的指导原则。法律的制定和实施都必须依赖和利用专门的环境科学技术知识,并且自然科学家也要为环境立法贡献出自己的专业特长。

(2)"科学技术"不仅需要现在已知的知识及其建议,而且还需要在科学的不确定性范围内预测和评价风险的方法。

(3)由于环境与资源保护法是通过调整一定领域的社会关系来协调人与自然的关系的,因此它必须体现自然规律特别是生态学规律的要求,必须把大量有关技术规范、操作规程、环境标准、控制污染的各种工艺技术要求等运用于环境与资源保护法的制定和实施之中。

(4)它促进对科学技术成果的运用。例如,如果环境与资源保护法不对淘汰落后的技术设备以及运用先进科学技术作出规定的话,企业出于自身利益和生产成本的考虑就不太容易接受新的科学知识和技术改良。这样也不利于科学技术的进步和发展。

(三)价值取向的多重性

环境与资源保护法的价值取向是环境与资源保护法所追求的价值目标。环境与资源保护法作为新兴的法律部门,是在反思既有法律制度何以不能解决已然威胁到人类整体生存基础的环境问题的基础上形成的,决定了这一部门法价值取向的多重性。虽然环境与资源保护法也追求传统法律的"秩序、公平、自由"三大价值目标,但是它所追求的这三大价值目标是以"人类与生态共同利益"为中心的可持续发展价值观念为基础的。环境与资源保护法的价值取向不仅包括有生命的人,还包括有生命的其他物种种群,从而实现人与自然共存共荣的目的,这也是环境与资源保护法区别于价值取向仅限于当代人的其他部门法的显著特征。[①]

----

① 需要注意的是,发达国家的其他部门法从 20 世纪 50、60 年代开始已经注重人与自然共存共生方面的价值取向,但是发展中国家却晚得多。例如,就我国民法而言,在 2017 年 3 月 15 日制定的《民法总则》中才规定"民事主体从事民事活动,应当有利于节约资源、保护生态环境"(第 9 条)。

（四）法律关系的特殊性

传统部门法的法律关系所体现的是一定社会人与人之间纯粹的思想关系,法律也是通过权利义务的确定对人类行为进行调整,从而达到自由、秩序和公平的法律理念。环境与资源保护法律关系所要体现的是人类与自然之间的关系,然而由于自然(各环境要素)作为物质的存在,因此这种关系既不是一种纯粹的思想关系,又不是纯粹的物质关系。环境与资源保护法律关系除了要受来自社会经济关系的制约以外,更大程度上还要受到来自人与自然关系,特别是自然生态规律的制约。当前,在"人本主义"思想为主导的社会条件下,环境与资源保护法尚不能、也不可能确定人类与自然之间的权利义务关系。所以目前它仍然必须通过调整人类相互的行为才能具体体现。

由于环境与资源保护法律关系在内容方面的上述特征,决定了环境与资源保护法律关系的主体、客体也具有其特殊性。一般而言,环境与资源保护法律关系的主体仍然是自然人或者法律拟制主体(法人、团体或组织以及国家等)。但是在一些发达国家,环境与资源保护法已经将自然物也作为法律上主体的拟制来对待。例如在美国,任何人都可以根据 1973 年《濒危物种法》针对物种的侵害而提起诉讼,请求法院签发禁令。

在传统部门法中,自然物通常只是作为法律关系的客体之一——财产(物)来对待的。如果将某些自然物作为环境与资源保护法律关系的主体看待,其作为法律关系客体的部分性质则将发生改变。另外,在环境与资源保护法中,一方面要强调自然物(各环境要素)作为权利义务关系的客体——财富对人类的经济价值,另一方面还要强调自然物独立为人类提供物质财富以外的生态价值、以及环境要素在保持生物多样性方面所表现出的内在价值。

因此,在一般意义上可以将自然物作为传统部门法的法律关系的客体,而其中某些对环境具有生态效能的自然物则可以作为环境与资源保护法律关系的主体。

第三节　环境与资源保护法的目的、功能和作用

一、环境与资源保护法的目的

所谓环境与资源保护法的目的,是立法者在考虑制定环境与资源保护法律之前所要明确确立的、基本的立法意图,是确立环境与资源保护法基本原则的思想和理论的结晶。它决定着环境与资源保护法的指导思想和调整对象,属于环境与资源保护法的基本问题范畴。研究环境与资源保护法的目的,有助于正确理解和执

行环境与资源保护法。

　　综观大多数国家的环境与资源保护法律,不难发现,有关环境与资源保护立法目的的规定都不相同。

(一)外国有关环境与资源保护法目的的立法实践

　　美国 1996 年《国家环境政策法》第 2 条将该法的目的规定为:①履行其每一代人都要做子孙后代的环境保管者的职责;②保证为全体美国人创造安全、健康、富有生产力并在美学和文化上优美多姿的环境;③最广泛地合理使用环境而不使其恶化,或对健康和安全造成危害,或者引起其他不良的和不应有的后果;④维护美国历史、文化和自然等方面的重要国家遗产,并尽可能保持一种能为个人提供丰富与多样选择的环境;⑤使人口和资源使用达到平衡,以便人们享受高度生活水准和广泛的生活舒适;⑥提高可更新资源的质量,使易枯竭资源达到最高程度的再循环。[①]

　　德国 1974 年《联邦污染控制法》第 1 条规定其"宗旨是保护人类和动物、植物以及其他物体不受环境的有害影响,并不受来自须经许可的设施的其他各种危害、重大不利和重大妨碍的影响,以及防止上述环境的有害影响的产生"。

　　匈牙利 1976 年《人类环境保护法》规定:"本法的宗旨在于保护人的健康,不断改善当代人与子孙后代的生活条件……"。[②]

　　保加利亚 1967 年《自然保护法》将该法的立法目的规定为:①保护人民健康;②保护、恢复和合理利用自然界并使自然财富得以增加。[③]

　　日本在不同时期有着不同的表述。日本 1967 年《公害对策基本法》第 1 条第 1 款规定:"本法是为了明确企业、国家和地方公共团体对防治公害的职责,确定基本的防治措施,以全面推行防治公害的对策,达到保护国民健康和维护其生活环境的目的。"同时,该条第 2 款接着规定:"关于前款所规定的保护国民健康和维护生活环境,是与经济健全发展相协调的。"这一条款一般称之为"协调条款"或"平衡条款",它所规定的"保护国民健康和维护生活环境的目的"是以"与经济健全发展相协调"为条件的,这明显地反映了"经济优先"的立法目的。在该法实施 3 年后的 1970 年,日本国会在修订《公害对策基本法》时删去"协调条款",将"保护国民健康和维护其生活环境"作为该法的唯一目的,从而确立了"环境优先"的立法目的。受 1992 年联合国环境与发展大会所确认的可持续发展原则的影响,日本 1993 年《环

---

①　①中国社会科学院法学研究所编译室编:《外国环境保护法规选编》,中国社会科学出版社 1979 年版,第 3-4 页。

②　②程正康:《环境法概要》,光明日报出版社 1986 年版,第 46 页。

③　③程正康:《环境法概要》,光明日报出版社 1986 年版,第 46 页。

境基本法》在第 4 条将其立法目的规定为："必须以健全经济发展的同时实现可持续发展的社会构筑为宗旨,并且以充实的科学知识防止环境保全上的妨害于未然为宗旨,实现将因社会经济活动以及其他活动造成对环境的负荷减少到最低限度,其他有关环境保全的行动应由每个人在公平的分配负担下自主且积极地实行,既维持健全丰惠的环境,又减少对环境的负荷。"显然,该法的目的在于"使环境保护和经济发展相协调,从而实现人类社会的可持续发展"。

综上所述,关于环境与资源保护法的目的,不同的国家有着不同的规定,即使在同一个国家,在不同的时期也可能有不同的规定。不过可以看出,环境与资源保护法的目的大致可以分为两类:一类为"目的一元论",即仅以保障人体健康为唯一目的,比如上述匈牙利、日本 1970 年环境法的目的就是典型的代表;另一类则为"目的二元论"或"目的多元论",即以经济、社会和环境保护的协调、可持续发展为目的,比如上述美国、日本 1993 年环境法的目的即是。前者以"环境优先"为最高原则,对于解决人类面临的环境与发展的挑战固然不失为一项良策,然而一味地强调"环境优先",势必扼杀经济的发展,而经济若不发展,社会即会陷入贫困之中,甚至造成更严重的生存危机从而也会严重影响人类的生存和发展。而后者将环境保护和经济发展有机地结合起来,以强调在环境的承载力范围内发展经济为出发点,试图实现人与自然的和谐。为此,后者比前者更为全面。

(二)我国有关环境与资源保护法目的的立法实践

我国 2014 年《中华人民共和国环境保护法》(以下简称《环境保护法》)第 1 条规定:"为保护和改善环境,防治污染和其他公害,保障公众健康,推进生态文明建设,促进经济社会可持续发展,制定本法。"这一立法目的显然属于多元论,其目的共有以下五项:①保护和改善环境;②防治污染和其他公害;③保护公众健康;④推进生态文明建设;⑤促进经济社会可持续发展。可以说,这一关于立法目的的规定,比"目的二元论"的规定更为全面。

二、环境与资源保护法的功能和作用

(一)概念

环境与资源保护法的功能和作用是法的功能和作用的一个重要组成部分,也是法理学中一个具有重要意义的问题。环境与资源保护法的功能与作用是指环境与资源保护法内在具有和外在表现的,对社会有益的功用和效能。和其他的部门法一样,环境与资源保护法也具有内在性、应然性的特点。

内在性是指环境与资源保护法一经制定,其功能就已经确定下来了。人们对已经制定的环境与资源保护法律规范所做的一切工作,其目的是为了更好地发挥其功能和作用。

应然性是指环境与资源保护法在现实生活中所起的作用应该尽量接近环境与资源保护法的功能。环境与资源保护法的作用愈是接近法的功能,环境与资源保护法的作用就发挥的越好,反之,环境与资源保护法的作用就偏离了环境与资源保护法的功能,甚至可能走向环境与资源保护法功能的反面。

一般将环境与资源保护法的功能和作用分为两类,一类是规范功能和作用(下称"规范作用"),另一类是社会功能和作用(下称"社会作用")。

(二)环境与资源保护法的规范功能和作用

作为法律规范的一类,环境与资源保护法律规范的规范作用具有法的指引、评价、预测、教育和强制作用。

(1)指引或导向作用。环境与资源保护法的根本目的不在于惩罚与制裁违反环境与资源保护法者,而在于引导人们从事环境与资源保护法所认可的行为。环境与资源保护法的指引作用是通过环境与资源保护法律规范中的鼓励性规范、禁止性规范、限制性规范等来实现的。值得注意的是,环境与资源保护法的指引作用不仅包括个别指引,即制裁违法的个别人和单位,使之不敢再违法,还包括一般性的指引作用,即对同类行为的指引。

(2)评价作用。环境与资源保护法的评价作用是指环境与资源保护法所具有的,能够衡量、评价人们环境行为的法律意义的功用和效能。环境与资源保护法所要评价的是环境行为是否合法,是否值得鼓励,是否要限制甚至制裁。这是区别于环境道德、环境纪律的一个显著特征。同环境道德、环境纪律等相比,环境与资源保护法的评价标准具有普遍性、客观性和统一性,在法律适用的范围内不因人们的宗教信仰、文化程度和认识能力的不同而有所差异。

(3)预测作用。环境与资源保护法的预测作用是指人们根据环境与资源保护法律规范对环境行为的要求,可以预先估测到自己行为的后果,从而决定自己行为的方式,使之符合法律的规定。

(4)教育作用。首先,通过环境与资源保护法的宣传可以促使人们自觉不自觉地接受并认同环境与资源保护法律规范,被环境与资源保护法律规范所肯定的行为模式同化,内化为自身的信念,形成遵守环境与资源保护法律的习惯;其次,通过制裁环境违法行为,追究环境违法行为人的法律责任,使违法人和其他知晓这件事的人不敢或不愿再做类似的违反环境与资源保护法的事情。通过以上两种措施达到教育人们自觉守法、抵制违法的目的。

(5)补偿和排除侵害的作用。环境与资源保护法的补偿和排除侵害的作用属于环境与资源保护法律规范作用中的强制作用。这种强制性的作用主要表现在有关机关适用环境与资源保护法律规范的规定,制裁违反环境与资源保护法律的行为,从而达到保护环境及公民、单位、国家、社会甚至全人类环境权益的目的。环境与资源保护法的强制性依行为人违法的种类和程度有轻有重。对自然人来说,以惩罚性的强制性措施为例,甚至可以剥夺人的自由,对企业来说可以处以大金额的罚款、责令停业、整顿等。

(三)环境与资源保护法的社会作用

环境与资源保护法的社会作用又称环境与资源保护法的政治、经济及其他社会功能和作用,是指从环境与资源保护法的本质和目的这一角度出发,阐述环境与资源保护法的功能和作用。同规范作用一样,环境与资源保护法的社会作用也反映了环境与资源保护法律规范的价值取向。环境与资源保护法的社会作用主要体现在以下几个方面:

(1)经济作用。环境与资源保护法的经济作用表现为:①调整与环境有关的经济关系,确认和保护与环境有关的经济制度。②促进环境的合理开发和利用,防止环境污染和生态破坏等外部不经济性的现象蔓延。③促进经济的发展。环境是经济发展的基础,环境一旦被严重地污染或破坏,经济发展的速度和质量就会受到影响。环境与资源保护法的一个作用就是为经济发展奠定良好的环境基础。

(2)政治作用。环境与资源保护法的政治作用包括以下几个方面:①与其他部门法一起,确认和维护国家的国体和政体。如我国宪法规定社会主义制度是我国的根本制度,社会主义的一个典型特征是土地公有,土地不能买卖。为了维护这一制度,《中华人民共和国土地管理法》(以下简称《土地管理法》)第1条规定:"为了加强土地管理,维护土地的社会主义公有制,保护、开发土地资源,合理利用土地,切实保护耕地,促进社会经济的可持续发展,根据宪法,制定本法。"②确认国家的环境管理权限,推动我国环境保护事业的法治化进程。③确立环境民主,促进环境与资源保护法治。比如《建设项目环境保护管理条例》第15条:"建设单位编制环境影响报告书,应当依照有关法律规定,征求建设项目所在地有关单位和居民的意见。"④维护国家的环境主权,促进环境外交。比如《中华人民共和国海洋环境保护法》(以下简称《海洋环境保护法》)(2016年修正)第2条第3款规定:在我国管辖海域以外,造成我国管辖海域污染的,也适用该法。

(3)社会公共职能作用。环境与资源保护法的社会公共职能作用主要包括:①促进环境科学技术的发展、管理水平的提高和环境保护的产业化、市场化。②加强环境保护教育,提高人民群众的环境保护意识,促进人们养成良好的环境习惯,使人们树立高尚的环境道德,形成良好的环境文化。③促进环境保护和经济、社会的可持续协调发展。④其他社会公共职能作用,比如改善投资环境,改善人们的生活条件,保障人体健康等。

第四节　环境与资源保护法律关系

一、环境与资源保护法律关系的概念

环境与资源保护法律关系是指环境与资源保护法主体之间，在利用、保护和改善环境与资源的活动中形成的由环境与资源保护法规范所确认和调整的具有权利、义务内容的社会关系。

环境与资源保护法律关系的产生，同其他法律关系一样，首先要以现行的环境与资源保护法律规范的存在为前提；没有相应的法律规定，就不会产生相应的法律关系。同时，还要有法律规范适用的条件即法律事实的出现。作为法律关系的一种，环境与资源保护法律关系具有一般法律关系的共性。但是，由于环境与资源保护法律关系的特殊性，又使其不同于一般法律关系而具有自己的特征。

（一）通过人与人的关系体现人与自然的关系

法律是调整人的行为的。任何法律关系都直接表现为人与人的关系，是人们之间的社会关系在法律上的反映，这是一切法律关系共同具有的特征，环境与资源保护法律关系也不例外。不能把环境与资源保护法律关系客体所指向的对象，即环境要素或自然物，同环境与资源保护法主体相混淆，把环境与资源保护法律关系视为人与物的关系、人与环境要素的关系或者人与自然的关系。就法律关系本身来说，它只能是法律关系主体之间的关系，即人与人的关系。

环境与资源保护法律关系，虽然发生在人与人之间，但它并不单纯是一种人与人之间的社会联系。究其根源，乃是人们在各种与自然环境联系的过程中，即在利用、保护和改善环境的活动中形成的人与人之间的关系，是人与人之间和人与环境之间互相关系的结合，环境是中介物。离开人与环境的关系，也就没有了环境与资源保护法律关系。

调整人与人之间的关系也不是环境与资源保护法的唯一目的，通过调整人与人的关系来防止人类活动造成对环境的损害，从而协调人同自然的关系，才是环境与资源保护法的主要目的。环境与资源保护法律关系主体的构成、权利义务的内容、客体所涉及的对象等都同这一特征有关。

（二）环境与资源保护法律关系是一种受自然因素制约的思想社会关系

任何法律关系都是一种人与人之间的非物质关系，即思想社会关系，因为法律关系的形成和实现体现了国家或者当事人的意志，属于上层建筑的范畴。但是，不能把这种思想关系理解为是主观随意的,归根到底它要受社会物质生产关系即经济关系的制约。就环境与资源保护法律关系来说,它更主要的是还要受人与自然关系的制约,受自然规律的制约。

(三)环境与资源保护法律关系具有广泛性

前面谈到调整对象的广泛性和调整方法的综合性是环境与资源保护法的重要特征。环境与资源保护法律关系同样具有广泛性和综合性的特征。参与环境与资源保护法律关系的主体,既包括国家、国家机关,也包括各种企事业单位、其他组织和公民。在环境与资源保护法律关系中,有依据行政法规范确立的环境与资源保护法律关系,也有按民法规范确立的环境与资源保护法律关系,还有按刑法规范确立的环境与资源保护法律关系。由这些不同的法律规范所确立的法律关系的当事人,在法律关系中的地位也不相同,既有平等的关系,也有非平等的关系。

三、环境与资源保护法律关系的要素

环境与资源保护法律关系的构成要具备主体、内容和客体三项要素。

(一)环境与资源保护法律关系的主体

环境与资源保护法律关系的主体是指依法享有权利和承担义务的环境与资源保护法律关系的参加者,又称"权义主体"或"权利主体"。在我国,包括国家、国家机关、企业事业单位、其他组织和公民。

在国际环境与资源保护法律关系中,国家是法律关系的主体;在国家的环境管理活动中,国家机关特别是环境保护的主管机关,经常以主体身份参加环境与资源保护法律关系;同环境保护活动有关的工业企业或其他组织,也是环境与资源保护法律关系的主要参加者;公民个人,既有享受良好环境的权利,又有保护环境的义务,而且通常没有权利能力的限制,因此公民也是环境与资源保护法律关系的参加者。

(二)环境与资源保护法律关系的内容

环境与资源保护法律关系的内容是指法律关系的主体依法所享有的权利和所承担的义务。这种权利与义务的实现又受到法律的保护和强制。

主体享有的权利是指某种权能或利益,它表现为权利主体可以自己作出一定的行为,或相应地要求他人作出或不作出一定的行为。国家机关作为环境与资源保护法律关系的主体,特别是在参与国家环境管理活动时,其所享有的权利是同"职权""职责"相同的,也就是依法从事职权范围内的活动。在这种情况下,主体享有的权利,同时也可以看作是应尽的义务。例如,各级环保机关依据法律规定,有收缴排污费和审批环境影响报告书的权利,这实际上也是他们的义务(履行他们的职责),否则就是失职。

主体承担的义务是指必须履行某种责任,它表现为必须作出某种行为或不能作出某种行为。例如,一切对环境有影响的建设项目的建设者事先都要进行环境影响评价,一切向环境排放污染物者都要依法缴纳排污费或者环境保护税,都是环境与资源保护法律关系主体应承担的义务。在具体的环境与资源保护法律关系中,义务的承担者有的是确定的,有的是不确定的。上例的建设者和排污者都是确定的义务承担者。在保护珍稀动植物的法律关系中,如禁止捕猎大熊猫,则是所有公民都应当承担的义务,而不是仅指某一个人;这就是不确定的义务人。

（三）环境与资源保护法律关系的客体

法律关系的客体是指主体的权利和义务所指向的对象,也称"权利客体"或"权义客体"。如果没有客体,权利和义务就没有了目标和具体内容,因而客体也是构成法律关系的要素之一。一般认为法律关系的客体包括物、行为、精神财富和其他权益几种。环境与资源保护法律关系的客体只有物和行为。

(1)物。物是指可作为权利、义务对象的物品或其他物质。在民事法律关系中,把物作为财产权利的对象,因此必须是具有经济价值的物或其他物质财富。在环境与资源保护法律关系中作为权利义务对象的物,是指表现为自然物的各种环境要素。就是说,这些自然物必须是人们可以影响和控制的、具有环境功能的自然物。前面提到的某些环境要素,如太阳,对人类来说至关重要,但因人的行为不能影响和控制它,就不能成为环境与资源保护法律关系的客体;某些珍稀动物,在它们脱离自然界失去环境功能时,如动物园和马戏团依法拥有的熊猫、老虎,已不再是环境与资源保护法律关系的客体而是民事法律关系的客体;某些可以作为财产权利对象的自然物如土地、森林、草原、山脉、矿藏、水流等,根据我国法律规定,只能由国家或集体拥有所有权,而不能成为私人财产权的客体;还有一些作为环境要素的自然物,如空气、风、光照等,只能作为环境与资源保护法律关系的客体,它们不能作为财产而被主体占有或处分。

(2)行为。作为法律关系客体之一的行为,是指参加法律关系的主体的行为,包括作为和不作为。作为,又称积极的行为,是指要求从事一定的行为。不作为,又称消极的行为,是指不能从事一定的行为。在环境与资源保护法律关系中,主体的权利和义务常常表现为从事一定的行为,或不得从事一定的行为。

第五节　环境与资源保护法的适用范围

法律的适用是指法律在社会实际生活中的具体应用和实现。法律的适用范围是指法律对什么人、对什么事、在什么地方和在什么时间适用。环境与资源保护法的适用范围分为适地范围、适人范围、适事范围与适时范围。

一、适地范围

环境与资源保护法的适地范围是指环境与资源保护法的地域适用范围。我国环境与资源保护法的适地范围是指我国环境与资源保护法在哪些地域中可以得到适用,具体地讲,我国环境与资源保护法的适地范围主要有三种类型:

（一）适用于我国管辖的全部领域和我国管辖的其他海域

如《海洋环境保护法》第2条第1款规定,它适用于我国内水、领海、毗连区、专属经济区、大陆架以及我国管辖的其他海域。

（二）适用于我国管辖海域以外的区域

如《海洋环境保护法》第2条第3款规定,在我国管辖海域以外,造成我国管辖海域污染的,也适用该法。对在公海上因发生海难事故而造成我国管辖海域重大污染或者具有污染威胁的船舶、海上设施,国家海事行政主管部门有权采取与实际的或者可能发生的损害相称的必要措施。这表明在一些特定的情形下,我国环境与资源保护法具有域外效力,可以对发生在我国管辖范围以外的行为或事件进行调整。

（三）具体的环境保护法律所规定的适用地域范围

我国的环境与资源保护法可分为环境与资源保护基本法、区域开发整治法、自然资源与生态破坏防治法、污染防治法、特殊区域环境保护法、防震减灾法等,其中具体的污染防治法一般都规定了该法律适用的地域,如《中华人民共和国水污染防治法》(以下简称《水污染防治法》)第2条规定,它适用于我国领域内的江河、湖泊、运河、渠道、水库等地表水体及地下水体的污染防治,不适用于我国海洋的污染防治。

此外,对于我国台湾、香港、澳门的环境与资源保护法,它们只能在本行政区域的特定范围适用;我国各省、自治区、直辖市、各省会城市及国务院规定的较大的市制定的地方性法规、行政规章,均只能在本行政区域内适用。

环境与资源保护法的适事范围是指环境与资源保护法对什么行为或事件有效。从总体而言,环境与资源保护法适用于所有对环境有影响的活动,包括开发、利用、保护、改善、治理、管理环境的各种活动。就某一单行环境与资源保护法律而言,则有不同的适事范围,如《中华人民共和国大气污染防治法》(以下简称《大气污染防治法》)第1条规定:为保护和改善环境,防治大气污染,保障公众健康,推进生态文明建设,促进经济社会可持续发展,特制定本法。这表明《大气污染防治法》的适事范围是针对大气污染防治过程中所产生的法律关系进行法律调整。

二、适人范围

环境与资源保护法的适人范围是指环境与资源保护法对什么人有效。一般而言,只要自己的行为对环境产生了影响并能引起环境法权的缺损,任何社会主体都可能属于环境与资源保护法的适人范围。我国的环境与资源保护法律一般把环境与资源保护法的适人范围概括为单位和个人。单位是一种社会组织,包括法人和非法人组织。如《海洋环境保护法》第 2 条第 2 款规定:在中华人民共和国管辖海域内从事航行、勘探、开发、生产、旅游、科学研究及其他活动,或者在沿海陆域内从事影响海洋环境活动的任何单位和个人,都必须遵守该法。但享有外交豁免权的外国人在我国境内污染、破坏环境而必须承担刑事责任则应通过外交途径解决。另外,由于我国参加的一些国际环境公约,如 1969 年《国际干预公海油污事故公约》和 1973 年《干预公海非油类物质污染议定书》规定,如果在公海上发生污染事故可能对沿海国造成严重污染时,有关沿海国有权采取必要的符合危害程度的干预措施。根据这些国际环境条约的规定,我国环境与资源保护法可以适用于对我国海域造成严重污染的外国人。

三、适时范围

法律的适时范围是指法律何时生效、何时终止效力以及法律对其颁布实施以前的事件和行为有无溯及力的问题。环境与资源保护法的适时范围包括环境与资源保护法律的生效时间、终止时间以及环境与资源保护法律的溯及力三个方面。

环境与资源保护法律的生效时间有两种类型。其一,法律通过之日即发生法律效力。例如,《中华人民共和国水土保持法》(以下简称《水土保持法》)于 1991 年 6 月 29 日由七届全国人大常委会第二十次会议通过,并于通过之日实施。其二,法律在通过之日公布,但规定另外的生效时间。例如,《中华人民共和国矿产资源法》(以下简称《矿产资源法》)于 1986 年 3 月 19 日通过,但该法第 53 条却规定:"本法自 1986 年 10 月 1 日起施行。"

环境与资源保护法的终止时间有三种情况。其一,新法颁布实施后,旧法同时失效。例如,1991 年 6 月 29 日通过并施行的《水土保持法》第 42 条规定:该法生效时,1982 年 6 月 3 日国务院发布的《水土保持工作条例》同时废止。其二,旧法被修正,修正案明确规定了修正案的施行时间。其三,新法生效时间即为与之抵触的法律、法规或具体法律规定的废止时间。

　　法律溯及力是指新的法律颁布后对它生效以前所发生的事件和行为是否适用的问题。如果适用,就具有溯及力;如果不适用,则没有溯及力。法律一般只能适用于生效后发生的事件与行为,不适用于生效前发生的事件与行为,即法律不溯及既往。但是,法律不溯及既往的原则不是绝对的,法律一般同时还规定了从旧兼从轻的原则。我国的环境与资源保护法律通常没有溯及力问题的相关规定,但是对于环境刑事犯罪,依据《刑法》的有关规定,采取从旧兼从轻的原则。

案例分析

责令关闭饮用水水源保护区内原有污染企业行政决定案

　　上海甲混凝土公司成立于 2006 年 2 月,住所地和实际生产经营地在一起,位于黄浦江上游沿岸,经营范围包括混凝土的生产、加工、销售。2010 年 3 月,该住所地和实际生产经营地被划入上海市黄浦区上游饮用水水源二级保护区。2015 年 2 月,上海市奉贤区政府以甲混凝土公司在饮用水水源二级保护区内从事混凝土制品制造,生产过程中排放粉尘、噪声等污染物为由,根据 2008 年《水污染防治法》(修订)第 59 条第 1 款的规定,作出责令甲混凝土公司关闭的决定。

　　甲混凝土公司认为,奉贤区政府的责令关闭决定违法。理由是:(1)2008 年《水污染防治法》(修订)不具有溯及力,而且公司住所地和实际生产经营地被划入饮用水水源二级保护区在公司合法取得土地使用权和投产之后;(2)责令关闭的内容,不应该是责令公司关闭,而应该是责令公司关闭生产经营场地;(3)即使责令关闭生产经营场地的决定合法,也构成了对公司财产的征收或者征用,政府应当予以赔偿或者补偿。甲公司于是诉至法院,请求撤销奉贤区政府的行政决定。

　　思考问题:

　　甲公司诉求是否具有正当性? 为什么?

基本概念

　　阶级性　社会法　可持续发展　价值取向　"一元论""二元论"　规范功能
社会功能　适地范围　适人范围　适事范围　适时范围

思考分析

　　1.简述环境与资源保护法的含义。

　　2.环境与资源保护法有哪些特征?

　　3.我国《环境保护法》的任务有哪些?

　　4.如何评价环境与资源保护法目的的"一元论"与"二元论"?

　　5.什么是环境与资源保护法律关系? 它有哪些特征?

　　6.环境与资源保护法律关系的三个要素是什么?

第四章

环境与资源保护法的产生和发展

【内容提要】

　　环境与资源保护法的产生和发展是一个渐进的历史过程,它与不同历史阶段环境问题的发展、人们对环境问题的认识以及国家对环境保护的态度有密切关系。通过研究环境与资源保护法的发展历史,有助于认识其发展的基本规律和趋势。

第一节　外国环境与资源保护法的产生和发展

　　环境与资源保护法和其他部门法一样,随着所面临社会问题的发展,经历了一个从萌芽到产生再到发展完善的过程。综观外国环境与资源保护法的发展历史,大致上可以分为四个阶段:萌芽阶段(工业革命以前的人类历史时期)、产生阶段(18世纪60年代到20世纪初)、发展阶段(20世纪初至20世纪60年代)、完善阶段(20世纪70年代至今)。

一、萌芽阶段(工业革命以前)

　　工业革命之前,人类社会的各个时期都出现过有关环境的一些立法,此时人类活动对自然界的影响较小。针对某些局部的环境问题,一些国家的法律中出现了零星的关于环境保护的规定。例如,《汉穆拉比法典》中有关于鞋匠必须住在城外以防止污染城内水源和空气的规定。古希腊的某些城邦,为了防止噪声,禁止夜间喧闹,不准铁匠在城内工作。公元14世纪英国国王颁布过限制伦敦地区居民开采取暖用煤的命令;1306年,英国国王曾颁布禁止工匠在议会开会期间烧煤的诏令;公元14世纪的巴黎,法国国王禁止在城内产生臭味和令人厌恶的烟气。

　　以上所列举的规定,严格来说,都不属于现代意义上的环境与资源保护法。这些法令的保护范围很窄,在形式上和内容上都很不完备;这类规定几乎都是以指示、命令等形式出现,而且多半是混杂在劳动、卫生和一些民事法规中。即使如此,在这些规定中仍然包含着可贵的环境与资源保护法思想的萌芽。

二、产生阶段(18 世纪 60 年代到 20 世纪初)

现代意义上的环境与资源保护法首先产生于西方工业发达国家,随着资本主义大工业的出现和环境污染的蔓延而产生了以污染控制法为先导的现代环境与资源保护法。

工业革命标志着人类生产力的重大飞跃,人类开发利用环境的能力以前人不可想象的速度增强。新兴资产阶级为了自身的发展,在哲学上大肆宣扬自由主义,认为人人生而自由,可以从事自己认为应从事的一切活动。在经济学上,经济学家尚未认识到环境要素对于维持人类生存和发展的价值,仍然认为各种环境要素是"天赐物""无主物",可以由人任意取用。工业经济的发展产生了第一代环境污染,水污染、大气污染和矿产开发造成的污染对人类社会的影响是空前的,有的甚至形成了公害事件。1873 年至 1891 年,伦敦煤烟形成的毒雾致使上千人死亡。1882 年日本爱知县别子铜山冶炼所因排放大量含毒废气造成附近农业的严重损害,引起农民数次骚动。①工业革命开始后几十年之间所造成的污染比几千年间农业经济社会造成的污染还要严重得多。环境污染和资源破坏成为严重的社会问题,从而产生了控制污染和保护环境的客观要求,为环境与资源保护法的产生和发展提供了动力和条件。

一些工业发展较快的国家,开始制定一些防止污染的单行法律。在英国,1863 年《制碱业管理法》规定必须采取技术措施防止氯化氢溢散,并规定了严格的排放标准,超过标准即构成犯罪;1876 年《河流污染防治法》禁止向河流排放污染物以保护水源;1913 年《煤烟防治法》用以防治大气污染。在美国,1899 年《河流与港口法》禁止将各种废弃物排入通航水域,起到了防止水污染的作用;1912 年《公共卫生法》责成卫生署研究水污染对人体健康的影响和调查水污染事故。

除了治理因工业发展带来的环境污染而产生的一些法律之外,出于更好地利用资源的目的,部分经济性自然资源的保护也纳入到一些国家的立法范围。例如,芬兰 1734 年《森林法》,瑞士 1902 年《森林法》,美国 1920 年《联邦电力法》,日本 1898 年《森林法》和 1932 年《国家公园法》。

这一时期的环境与资源保护法的特点主要是针对出现的环境问题,相应地制定一些单行的法律、法规来防治污染和保护自然资源。首先,防治污染主要是针对

---

① 野村好弘:《日本公害法概论》,康树华 译,中国环境管理、经济与法学学会 1982 年版,第 3-4 页。

局部严重的污染问题,多是大气污染和水污染的防治;自然资源保护立法则主要是出于经济的目的,保护某一有经济价值的自然资源,没有出现系统的环境与资源保护法律体系。其次,这一阶段主要是运用民事救济的方式,在私法领域运用"合理使用财产""私的妨害""相邻关系"的概念进行损害赔偿以保护环境。[①] 从总体上看,这一阶段的环境与资源保护法具有单一性、分散性、功利性等特点,但是,这些法律在一定程度上起到了防治污染、保护环境和资源的目的,为以后的环境与资源保护立法奠定了基础。

三、发展阶段(20 世纪初至 20 世纪 60 年代)

20 世纪初至 60 年代,工业化和都市化迅速发展,环境污染逐渐加重,从原来的局部性的污染进一步发展到大区域性的乃至全球性的污染。先后发生了震惊世界的八大公害事件:1930 年比利时马斯河谷工业区烟雾事件,20 世纪四五十年代美国洛杉矶光化学烟雾事件,1948 年美国多诺拉烟雾事件,1952 年英国伦敦烟雾事件,1954 年起的日本水俣湾地区的有机汞中毒事件,1955 年起的日本四日市燃烧重油引起的气喘病事件,20 世纪 30~60 年代确认的日本富山县镉污染引起的骨痛病事件以及 1968 年日本九州、四国等地发生的米糠油事件。大量公害事件的发生,激起了各国人民的反公害运动,强烈要求政府采取积极的保护环境对策。

欧洲各国 20 世纪 60 年代的环境与资源保护法主要是采取行政控制的方法对污染物排放进行管理,并且开始提倡环境影响评价制度、公众参与制度等。1956 年英国修订 1936 年《公共卫生法》并改称为《清洁大气法》,1960 年颁布《清洁河流法》,3 年后又颁布《水资源法》,1960 年和 1967 年分别颁布《噪声控制法》和《生活环境舒适法》。德国在 20 世纪 60 年代制定了《自然保护法》《联邦河流净化法》《空气污染控制法》《建筑噪声管理法》《狩猎法》《海洋危险品运输法》等 30 多部环境与资源保护法律和法规。

美国的《水污染控制法》《固体废物处置法》《清洁空气法》等都是在这一时期颁布的。据统计,从 1948 年到 1972 年(特别是在 20 世纪 60 年代),美国在可持续生产、空气污染和水污染控制、机动车管理、固体废弃物处理、空气和水质量管理、公民权利、野生生物、土地和水保持基金、野外优美景观、河流、国家标志、历史遗迹保护等多方面都制定了详尽的法律。[②] 1969 年《国家环境政策法》是美国历史上第一部综合性的环境与资源保护法律,在美国环境与资源保护法体系中占有重要地位,并且产生了巨大的国际影响。该法的有关基本原则和首创的环境影响评价制度为

---

① 汪劲:《环境法律的理念与价值追求》,法律出版社 2000 年版,第 40 页。
② 汪劲:《中国环境法原理》,北京大学出版社 2000 年版,第 49 页。

很多国家的环境与资源保护立法所借鉴。

日本环境保护立法的发展也十分迅速,并形成了不同层次的环境与资源保护法律。由于两次世界大战的影响,日本形成了以重工业和化学工业为中心的工业发展格局,公害问题日益突出。1957 年《自然公园法》,1958 年《水质综合法》和《工场排水法》,1962 年《煤烟控制法》先后制定;然而这些法律大多只适用于特定地区,并未有效控制环境恶化的继续蔓延。随着 20 世纪 50 年代四大公害事件被诉诸法院和围绕其因果关系进行的一系列辩论,使日本举国上下重视全局性的环境污染的危害及解决的必要性。[①] 日本环境与资源保护法从地方立法和局部立法走向全国立法和全面立法的阶段:1967 年《公害对策基本法》提出了政府应对公害的基本原则,规定了政府防止公害的基本政策措施;1969 年《救济因公害造成健康损害的特别措施法》把对公害事件的受害人的特别救济作为社会保障制度的补充制度。

总的来看,20 世纪初至 60 年代环境与资源保护法有如下特征:①由于公害事件的大量发生,政府不得不更加重视环境问题,许多国家加快了环境与资源保护立法的步伐,加强国家对环境的管理,纷纷成立部一级的环境保护机构,由其管理和协调全国的环境保护工作、监督各项有关环境保护的法律规定、规章制度和标准的执行。同时,改变了以前采用的简单禁止的办法,转而要求对污染源加以治理,使国家的环境管理进入了"治理阶段"。②由于对环境的整体性、环境问题的综合性的认识不断深化,多数国家采取了对环境实行综合性保护的战略,在立法中则采取综合性立法的形式。③扩大了环境与资源保护法的调整对象和范围,如噪声防治法、固体废物处置法、农药、有毒化学品的污染防治法等。

四、完善阶段(20 世纪 70 年代至今)

1972 年 6 月在斯德哥尔摩召开的联合国人类环境会议,使各国政府认识到环境问题并不单纯是一个技术问题,而是与人类生存密切相关的社会、政治、经济问题,保护环境必须作为国家的一项基本国策来对待,并需要实行全面系统的环境管理。而后,1992 年联合国环境与发展大会之后,可持续发展成为各国制定发展战略的基本原则,国内环境与资源保护法也纷纷作出修改以适应可持续发展。

这一时期的环境与资源保护立法在世界范围内发展迅速,呈爆发式的发展,环境与资源保护法逐步形成了包括水法、空气法、废物法、化学品法、噪音法、自然保护法在内的完整的法律体系。例如,美国通过了《清洁空气法》《资源回收法》《联邦水污染控制法》《联邦杀虫剂、杀真菌剂和杀鼠剂法》《海洋保护、研究和保护区法》

---

① 　汪劲:《环境法律的理念与价值追求》,法律出版社 2000 年版,第 59 页。

《濒危物种法》《林业和山地可再生资源规划法》《联邦土地政策和管理法》《露天采矿控制及地表恢复法》《海岸带管理法》《国家森林管理法》《水土资源保持法》《国家能源法》《综合环境、反应、赔偿和责任法》等。

在欧洲,英国颁布了《清洁空气法》《污染控制法》《水法》。瑞典主要有《反船源污染措施法》《化学制品法》《有害健康和环境的产品法》。奥地利主要有《1973年工业化法典》《汽车尾气法》《水管理法》。法国主要有《海岸带保护法》《反对大气污染和臭气法》。德国主要有《航空器噪声法》《联邦大气污染控制法》《环境责任法》《联邦污染控制法》《自然保护法》《废弃物处置法》《联邦水法》。

在日本,环境与资源保护法由防治公害扩展到对生态环境的保护,可以说完成了从对公害的救济和预防这样一种对症治疗向以保护生态环境为目标的转变。被称为公害立法史上里程碑的1970年第64届国会(史称"公害国会")制定或者修订了《公害对策基本法》《公害防止事业费企业负担法》《海洋污染防止法》《大气污染防止法》《农药管理法》等14项环境与资源保护法律,并一举获得通过。这些法规将环境保护的视野从污染控制扩大到保护环境和资源,同时扩大了地方公共团体的权限。从1971年到1973年,日本主要制定了《环境厅设置法》《公害调整委员会设置法》《自然环境保全法》《公害健康损害补偿法》《恶臭防止法》等法律。1993年日本制定了新的《环境基本法》,取代了先前的《公害对策基本法》。[①] 进入21世纪以后,日本的环境与资源保护法开始注重全过程环境保护和管理,朝再生利用和物质循环管理的方向发展,分别制定了推进循环型社会形成、废弃物处理、促进再生资源利用、促进容器包装分类回收及其再商品化、特定家用电器再商品化、促进家畜排泄物适当化管理与利用、废弃物处理设施整备、促进有关产业废弃物处理特定设施整备,以及机动车再资源化等法律。

这一时期环境与资源保护法的主要特点是:①环境与资源保护法形成了独立的法律部门。②在指导思想方面,经历了一个从先污染后治理到管理污染源,再到预防为主综合防治的过程,20世纪90年代进一步发展到将"可持续发展"作为各国基本的环境政策和立法指导思想。③"法律生态化"的观点在国家立法中受到重视,并逐渐向民法、刑法、经济法、诉讼法等其他部门法渗透。④国际环境与资源保护法迅速发展,出现了许多双边或多边的区域性乃至全球性的环境保护条约、公约、协定及宣言,国际环境与资源保护法理论也相应迅速发展。

自20世纪末以来,环境与资源保护法出现了三大新的发展趋势:

第一,立法的系统化和协调化。目前许多国家正对现有的环境与资源保护法进行全面系统的调整,并对一些法律、法规进行修改,以求整个环境与资源保护法体系的协调配套。另一方面,在对立法进行完善的同时,进一步加强法律实施方面

---

① 汪劲:《中国环境法原理》,北京大学出版社2000年版,第51页。

的监督。

第二,环境与资源保护法的法典化。现代环境与资源保护法经过近 60 年的发展后,在数量上已经达到相当多的程度,在内容上也已相当丰富,在立法技术上已接近成熟,一些国家将环境与资源保护法法典化。1999 年《瑞典环境法典》和 2000年《法国环境法典》颁布实施,《德国环境法典(草案)》也在不断完善之中。

第三,环境与资源保护法内容的国际化。随着国际环境与资源保护法的迅速发展,各个国家为了履行其所承担的国际环境保护义务,就需要使本国的环境与资源保护法同国际环境与资源保护法相衔接,甚至有些国内环境与资源保护法文件要专门为实施国际环境保护条约的规定而制定,从而使各国环境与资源保护法呈现出国际化的发展趋势。

第二节　国际环境与资源保护法的产生和发展

国际环境与资源保护法是调整国家间环境与资源保护关系的行为规范的总称。它的迅速发展,是世界生态环境问题日益严重而传统国际法在处理生态环境问题方面存在明显不足的结果。国际环境与资源保护法以有关国际公约、双边或多边国际协定、以及有关国际会议和国际组织的宣言、决议、行动纲领为主要渊源,可分为以下四个发展阶段:

一、19 世纪中叶到 1945 年联合国建立之前

早期的国际环境与资源保护法可以追溯到 19 世纪中期的一些国家关于捕鱼和保护渔业资源的条约和协定,如 1867 年《英法渔业公约》、1882 年《北海渔业公约》;这些条约的主要作用是划分渔区,偶尔将鱼种作为经济资源予以保护。20 世纪初产生了一些关于保护某些野生动物的多边条约,如 1902 年《保护农业益鸟公约》,该条约的出发点是保护"益鸟"。1933 年《关于保护自然条件下动植物的伦敦公约》要求建立国家公园,严格保护许多野生动物,控制热带生物产品的出口。1940 年《保护西半球动植物和自然美景的华盛顿公约》要求设立保护区,保护野生动物,尤其是候鸟。

这一时期有两起影响深远的国际仲裁案例。一起是 1893 年太平洋海豹仲裁案,这是较早的一起涉及保护国家管辖范围以外的生物资源的案例;另一起是特雷尔冶炼厂仲裁案。后者是国际法上第一次就跨国界环境责任作出裁判的案例,先后有 1938 年和 1941 年两次裁决。第二次裁决指出:"任何国家没有权利以这样一种方式使用或允许使用其领土,以致烟雾对另一个国家的领土或领土上的人的财产造成损害";从而确立了一国应负对其危害他国环境的行为承担国家责任的国际

环境法原则。

　　这一时期是国际环境与资源保护法的萌芽阶段,国际条约所涉及的环境与资源范围有限而且分散,大多属于临时性质,国际环境保护组织也处于酝酿阶段。

二、1945 年联合国建立到 1972 年联合国人类环境大会之前

　　1948 年世界上第一个以环境保护为宗旨的国际组织——国际自然保护同盟(IUCN)建立。1954 年联合国召开了保护海洋生物资源会议,会议所确认的海洋生物资源保护原则后来发展为 1958 年《公海捕鱼及生物资源养护公约》。1954 年在伦敦签订了《国际防止海上油污公约》。此后又签订了一系列海洋保护的国际公约。国际环境法保护的范围也进一步扩展;1959 年签订了《南极条约》,1967 年签订了《关于各国探索和利用包括月球和其他天体在内外层空间活动的原则条约》,1971 年签订了《湿地公约》等。

　　这一时期国际环境与资源保护法的特点主要有:①区域性和全球性的国际组织开始关注国际环境与资源保护问题,并且出现了专门以环境保护为宗旨的国际组织。②国际条约中所涉及的环境与资源保护问题的范围日益扩大。③经济发展与环境保护的关系引起关注。

三、1972 年联合国人类环境大会召开到 1992 年联合国环境与发展大会之前

　　1972 年 6 月,联合国人类环境会议在瑞典首都斯德哥尔摩召开,通过了著名的《人类环境宣言》。该宣言包括前言和 26 条原则,对国际环境法的发展起到了积极的作用。大会还通过了由 109 项建议组成的《人类环境行动计划》,成立了联合国环境规划署,设立了环境基金。这次会议是国际环境与资源保护法发展的第一个里程碑,标志着人类对环境与资源保护问题的认识达到了一个新的高度。

　　此后,国际环境与资源保护法得到了很大的发展,缔结了一系列重要国际公约,如 1972 年《保护世界文化与自然遗产公约》(下称《世界遗产公约》)、1982 年《海洋法公约》、1985 年《保护臭氧层公约》、1987 年《关于消耗臭氧层物质的蒙特利尔议定书》(下称《蒙特利尔议定书》)、1989 年《控制危险废物越境转移与处置的巴塞尔公约》(下称《巴塞尔公约》)等。另外,签署了一些重要的国际环境保护的"软法"文件,包括 1980 年《世界自然保护大纲》、1982 年《世界自然宪章》等。这些"软法"文件,虽不具有条约法的约束力,却提出了一系列关于人类环境保护问题的基本目标和行动原则。这一阶段是国际环境与资源保护法发展较为活跃的时期,出现了全球性的环境与资源保护公约,标志着国际环境与资源保护法的框架基本形成。

四、1992 年联合国环境与发展大会召开至今

1992 年,联合国环境与发展大会在巴西里约热内卢召开。它是国际环境与资源保护法发展的又一个重要里程碑。会议通过了《里约宣言》《21 世纪议程》和《关于森林问题的原则声明》三份"软法"文件,签署了《气候变化框架公约》和《生物多样性公约》两项公约。《里约宣言》包括 27 项原则,在许多方面对《人类环境宣言》作了发展。特别是:它明确了发展权,特别是最不发达国家和在环境方面最易受到损害的发展中国家的特殊情况和需要应该受到优先考虑;它规定了一些具体的措施,如环境影响评价和污染影响通知等;它强调了排除科学不确定性对采取环境保护措施的影响。里约会议对国际环境与资源保护法的发展起到了新的推动作用,发展中国家的积极参与,又有许多环境条约制定出来。

1997 年 12 月在日本京都制定的《京都议定书》是《气候变化框架公约》的补充文件,其目标是"将大气中的温室气体含量稳定在一个适当的水平,进而防止剧烈的气候改变对人类造成伤害"。该议定书于 2005 年 2 月 16 日生效,截至 2016 年底有 192 个缔约成员。

2009 年 12 月在丹麦哥本哈根举行的联合国气候变化大会,来自 192 个国家的谈判代表出席会议,体现出国际社会对应对气候变化问题的高度重视,以及加强气候变化国际合作、共同应对挑战的强烈政治意愿。大会达成了《哥本哈根协议》。虽然该协议不是一个具有法律约束力的文件,但是在"共同但有区别的责任"原则下,最大范围地将各国纳入了应对气候变化的合作行动,在发达国家实行强制减排和发展中国家采取自主减排行动方面取得了一定进展。

2012 年 6 月,各国领导人再次聚集里约热内卢,参加联合国可持续发展大会。这次会议的目标是:重拾各国对可持续发展的承诺;找出目前在可持续发展过程中取得的成就与面临的不足;继续面对不断出现的各类挑战。大会集中讨论了两个主题:绿色经济在可持续发展和消除贫困方面的作用,以及可持续发展的体制框架。大会通过了题为《我们憧憬的未来》的成果文件,重申了"共同但有区别的责任"原则。

2015 年 12 月 12 日,联合国气候变化大会经过两周谈判,《联合国气候变化框架公约》近 200 个缔约方在巴黎气候变化大会上达成《巴黎协定》。这是继《京都议定书》后第二份有法律约束力的气候协议,为 2020 年后全球应对气候变化行动作出了安排,标志着全球气候新秩序的起点。它的主要内容包括:坚持公约原则并灵活表述、设定全球应对气候变化的长期目标、国家自主决定贡献的减排模式、定期盘点机制、减缓成果的国际转让机制、发达国家资金支持等。此外,《巴黎协定》还就气候适应、损失和损害、技术转让、加强透明度、能力建设等方面做出了相应的机

制安排。《巴黎协定》于 2016 年 11 月 4 日正式生效。

第三节　中国环境与资源保护法的产生和发展

一、1949 年 10 月前的中国环境与资源保护立法

（一）中国古代环境保护思想及其立法

自古以来，中国有着非常丰富的环境保护思想。"天人相应""天人合一""道法自然""众生平等"等古代朴素的自然哲学隐含了人与自然和谐的生态主义思想，并由此产生了一些保护环境、促进自然资源持续开发利用的立法规定。早在公元前21世纪，《逸周书·大聚篇》就记有大禹关于保护环境的思想："春三月，山林不登斧，以成草木之长。夏三月，川泽不入网罟，以成鱼鳖之长。"荀子指出保护自然资源的重要性，必须做到"万物皆得其宜，六畜皆得其长，群生皆得其命"，并提出保护措施："草木荣华滋硕之时，则斧斤不入山林，不夭其生，不绝其长也。鼋鼍鱼鳖鳅鳝孕别之时，网罟毒药不入泽，不夭其生，不绝其长也。"孟子也认为，对于自然界："苟得其养，无物不长；苟失其养，无物不亡。"

我国古代环境保护法律规范的产生最早可以追溯到殷商时期，在世界历史上是最早出现环境保护立法的国家之一。《韩非子》中记载了殷商时期禁止在公共道路倾倒垃圾的法律规定："殷之法，弃灰于公道者，断其手。"西周时期颁布了《伐崇令》，规定："毋坏屋，毋填井，毋伐树木，毋动六畜。有不如令者，死无赦。"这是中国古代较早的保护水源、森林和动物的法令，极为严厉。《秦律》中的一篇《田律》可以说是世界上最早的保护生物资源的系统规定。

汉朝有关保护环境资源的立法既有对前代的继承，又有自己的发展；同时，汉代的皇帝不断通过颁发诏令的形式，告谕百姓要保护环境、保护动植物资源，勉励百姓多植树。唐朝是中国封建社会的鼎盛时期，其法律也发展到相当完备的程度，有关环境保护的法律制度主要涉及自然资源保护、植树造林、城市的环境保护等方面。《唐大诏令集·禁弋猎敕》中记载着在春夏之交，万物生长之时，严禁在京城附近打猎的禁令。这一禁令十分明确地指出，暂时的禁猎是为了保护动物资源。唐代对于水资源也有较完善的立法。《唐律疏议》记载："诸盗决堤防者，杖一百（谓盗水以供私用，若为官检校，虽供官用，亦是。）"这表明，凡是偷挖堤防，进行偷水的人，无论公私原因，均按偷盗罪处理。唐代保护森林资源的立法中有禁止滥砍乱伐和提倡植树两个方面。《唐律疏议》记载："诸弃毁官私器物及毁伐树木、稼穑者，准盗论。"唐代还对倾倒垃圾的管理十分严格，《唐律疏议》记载："其穿垣出秽污者，杖

六十;出水者,勿论。主司不禁,与同罪。"还有保护土地的规定,如"诸失火,及非时烧田野者笞五十"。

北宋时期,人们对于自然资源的保护仍然采取较为积极的态度。王安石变法时颁布的《农田水利约束》记载:"诸以水溉田,皆以下始,仍先稻后陆。若渠堰应修者,先役用水之家。其碾末之类壅水,于公私有害者除之。"灌溉水的次序是先下游,后上游;先灌溉水田,后灌溉旱田。当水利设施出现问题之时,由用水人家去修。如果发生水碾、水磨之类机械所造成的水流不畅以至于完全堵塞,进而对公私产生危害,应予以拆除。这说明宋代对水利资源的利用与保护已经达到了相当高的水平。

元朝有许多禁止打猎的诏令。例如,至元九年(公元 1273 年)冬十月元世祖发布诏令:"敕自七月至十一月听捕猎,余月禁之。"

明清时期多沿用前朝律例。在自然保护方面,《大明律》中对于毁坏树木、烧毁山林都实行重罚,"凡毁伐树木稼穑者计赃准盗"。《清律》中有对"盗陵园树木"者予以刑罚的规定。清朝乾隆二年苏州虎丘立的一块"永禁虎丘染坊碑",碑文约 1500字,是保护河流水质的规定。

在古代自然哲学相对发达的中国,"持续利用"和"节约使用"自然资源可以说是早期中国环境与资源保护法的基本理念,这与中国古代思想家的自然哲学观对统治者思想的影响有关。从中国早期的环境与资源保护立法看,一方面由于生态问题没有大规模出现,另一方面人们的科学文化素质还没有达到能全面认识环境问题的程度,它们在目的上大都是为了保障国家对自然资源的持续利用,以维护统治秩序。

(二)近代中国环境与资源保护立法

近代中国战乱频繁,统治者对环境与资源保护极不重视,相关立法残缺不全,几乎查不到防治污染的专门法律。民国时期颁布的几部自然保护立法如《渔业法》(1929 年)、《森林法》(1932 年)、《狩猎法》(1932 年)、《土地法》(1930 年)和《水利法》(1942 年)也没有得到真正实施。

中国共产党领导的革命根据地曾颁布并实施过一些自然保护的法律,其中有代表性的如《闽西苏区山林法令》(1930 年)、《晋察冀边区垦荒单行条例》(1938年)、《晋察冀边区禁山办法》(1939 年)、《陕甘宁边区森林保护条例》(1941 年)、《晋察冀兴修农田水利条例》(1943 年)、《东北解放区森林保护暂行条例》(1949 年)等。

二、1949 年 10 月后中国环境与资源保护法的发展

这一时期,我国环境与资源保护法的发展经历了一个比较曲折的过程,但总的

趋势是,环境与资源保护法制建设越来越受到重视,并且逐步发展,日臻完善,大致可分为四个阶段。

(一)孕育产生阶段(1949年至1972年)

从1949年新中国成立至1972年联合国人类环境大会前,是我国环境与资源保护法的孕育时期。建国初期的环境与资源保护法,较多的是关于自然资源的保护,尤其是作为农业命脉的土地等各种环境要素的保护。1954年《宪法》规定:矿藏、水流和由法律规定为国有的森林、荒地和其他资源,都属于全民所有。第一次把重要自然资源和环境要素规定为全民所有,即国家所有,从所有权方面确立了全民所有的宪法原则。在自然资源管理立法方面,国家较为重视对水土保持、森林保护、矿产资源保护等方面的行政管理,并制定了若干纲要和条例。例如,1950年颁布了第一部矿产资源法规《矿业暂行条例》,1953年颁布了《国家建设征用土地办法》,1956年颁布了《矿产资源保护试行条例》,1957年颁布了《水土保持暂行纲要》。

在防治环境污染立法方面,卫生部和国家建设委员会在1956年联合颁发了《工业企业设计暂行卫生标准》,它可以说是预防环境污染的一种非强制性技术规范。除此之外,国务院有关行政主管部门还针对某一时期环境污染问题的特点,制定和颁布了一大批"红头文件",例如,1956年制定的《工厂安全卫生规程》,就是中国第一部针对工业污染作出规定的法规,1959年颁布了《生活饮用水卫生规程》和《放射性工作卫生防护暂行规定》,1963年颁布了《防止矽尘危害工作管理办法(草案)》,1964年颁布了《城市工业废水、生活污水管理暂行规定(草案)》《放射性同位素工作卫生防护管理办法(试行)》等。

这一时期环境与资源保护立法多是关于自然资源保护,也涉及环境污染的防治,但并未形成环境保护的完整概念,立法的形式大量地表现为行政法规和规章,由全国人民代表大会及其常委会通过的法律较少,且在立法技术上尚不成熟。由于历次政治运动的影响,这些规定在实际上未能很好实施。特别是在1966年以后,中国的法制建设受到严重破坏,已颁布的一些法律、法规和规章也名存实亡。

(二)初步发展阶段(1972年至1978年)

自1972年我国参加联合国人类环境会议到1978年十一届三中全会之前是我国的环境与资源保护法初步发展时期。1972年,我国派出政府代表团参加了联合国人类环境会议。受该次会议的影响,中国在1973年8月召开了第一次全国环境保护会议,会议制定了《关于保护和改善环境的若干规定》,并由国务院予以批准。该文件实际上是中国第一个综合性的环境保护行政法规。它不仅规定了"全面规划,合理布局,综合利用,化害为利,依靠群众,大家动手,保护环境,造福人民"的三十二字环境保护方针,还规定了发展生产和环境保护"统筹兼顾、全面安排"的原则。并就全面规划、工业的合理布局、水系和海域的管理、植树造林、环境监测、环境科学研究和宣传教育、环境保护投资和设备等方面的问题作出了较全面规定。

这一时期颁布的环境保护规范性文件的内容涉及水污染防治、大气污染防治、动植物资源保护、海洋污染防治等。如 1974 年国务院批准颁布了《防止沿海水域污染暂行规定》,1977 年国家计委、国家建委、财政部、国务院环境保护领导小组联合颁发了《关于治理工业"三废"开展综合利用的几项规定》。

1978 年,中国颁布了修改后的《宪法》,规定"国家保护环境和自然资源,防治污染和其他公害"。环境保护首次被列入中国的国家根本大法之中,为国家制定专门的环境与资源保护法律奠定了宪法基础。

初步发展时期的环境与资源保护法,显示出我国政府面对环境问题时较为积极应对的态度,突出表现就是把环境保护作为国家的基本任务写入宪法。从内容上看,已经提出了比较全面的环境保护任务,形成了环境保护的基本方针和一些原则、制度;对污染防治给予了形式上的高度重视,并首次对海洋污染防治规定了具体措施。从立法的表现形式看,立法大都是行政法规、规章、纪要或批文,条文比较粗糙;一般性的方针、原则、口号较多,操作性和规范性较差;设置的规制手段以行政手段居多,经济的、法律的手段较少。

(三)快速发展阶段(1978 至 1988 年)

党的十一届三中全会是我国历史上的一个重大转折,我国环境与资源保护立法从此跨入了快速发展时期。《环境保护法(试行)》的颁布是中国环境保护事业进入法制轨道的标志,它以法律的形式确定了环境保护在社会主义现代化建设中的地位,结束了中国无环境与资源保护法的历史。

1982 年《宪法》第 26 条规定:"国家保护和改善生活环境和生态环境,防治污染和其他公害。"与 1978 年《宪法》相比,新的宪法扩大了环境保护的对象,同时还增加了一些合理开发利用自然资源的条款,为此后中国全方位的环境与资源保护法提供了依据,进一步推动了环境与资源保护立法工作的发展。

进入 80 年代中期,中国的环境与资源保护立法进展迅速,成为国家法律体系建设中最为活跃的部门之一。污染防治立法方面,1982 年 8 月颁布了《海洋环境保护法》,1984 年 5 月和 1987 年 9 月又相继颁布《水污染防治法》和《大气污染防治法》。自然资源保护方面,这一时期有关单项法律也相继颁行,主要有《中华人民共和国森林法》(以下简称《森林法》,1979 年,1984 年修改)、《中华人民共和国草原法》(以下简称《草原法》,1985 年)、《中华人民共和国渔业法》(以下简称《渔业法》,1986 年)、《矿产资源法》(1986 年)、《土地管理法》(1986 年)、《中华人民共和国水法》(以下简称《水法》,1988 年)、《中华人民共和国野生动物保护法》(以下简称《野

生动物保护法》,1988 年)等。与此同时,国务院和有关主管部门、地方人大和政府
也制定了大量的环境与资源保护法规、规章和标准。

除制定国内环境与资源保护法外,中国政府还积极参加国际环境保护合作,并
参加了一些重要的国际环境保护公约和协定,如《濒危野生动植物物种国际贸易公
约》(1981 年加入)、《南极条约》(1983 年加入)、《世界遗产公约》(1985 年加入)。
另外还与周边国家签署了一些环境保护的双边协定,如 1981 年中国和日本签署的
《保护候鸟及其栖息环境协定》。

至此,基本上形成了以宪法关于环境保护的规定为基础,以综合性的环境保护基
本法为中心,并由保护自然资源、防治污染的一系列单行法规和具有规范性的环境标
准,以及其他相关部门法有关环境保护的规范组成的独立的环境与资源保护法律部门。

(四)逐步完善阶段(1989 至 2007 年)

1989 年 12 月 26 日,七届全国人大常委会第十一次会议通过《环境保护法》,
这标志着中国环境法制建设的重大发展。2005 年 10 月中共中央十六届五中全会
通过关于制定“十一五”规划的建议,明确提出了以科学发展观统领经济社会发展
全局,“建设资源节约型、环境友好型社会”的观点。同年 12 月,国务院《关于落实
科学发展观加强环境保护的决定》把加强生态保护和建设作为实施可持续发展战
略、构建和谐社会的重要内容。对于推动我国生态保护政策法律进入新阶段,它提
供了承上启下的关键作用。它们表明中国环境法律体系进入了以“科学发展观”为
指导思想的逐步完善阶段。

1992 年里约会议以后,我国根据会议精神提出了中国的可持续发展战略,对
已颁行的环境与资源保护法律进行了修订,积极制定新的法律,以保证可持续发展
战略的顺利实施。

这一时期,在污染防治方面颁布或修订了一系列单行法律法规,如《水污染防
治法》(1996 年修订)、《大气污染防治法》(1995 年、2000 年修订)、《中华人民共和
国环境噪声污染防治法》(以下简称《噪声污染防治法》,1996 年)、《中华人民共和
国固体废物污染环境防治法》(以下简称《固体废物污染环境防治法》,1995 年、
2004 年修订)等。在保护自然环境和资源方面,颁布或修订了《水土保持法》(1991
年、2010 年修订)、《森林法》(1998 年修订)、《草原法》(1985 年、2002 年修订)、《土
地管理法》(1998 年修订)《水法》(2002 年修订)、《中华人民共和国可再生能源法》
(以下简称《可再生能源法》,2005 年)等。在环境管理方面,颁布了《环境保护行政
处罚办法》(1992 年)、《建设项目环境保护管理条例》(1998 年)、《环境保护违法违
纪行为处分暂行规定》(2006 年)。在环境标准方面,20 世纪 80 年代末至 90 年代
颁布了一批具有规范性的环境质量标准、污染物排放标准和技术方法标准。在其
他一些部门法的立法中,也体现了环境保护的理念。1997 年《中华人民共和国

刑法》(以下简称《刑法》)专门设立了一节"破坏环境资源保护罪";2007年《中华人民共和国物权法》(以下简称《物权法》)中对所有权的保护与限制、对相邻环境关系的保护、对土地等资源的用益物权的规定客观上都能起到保护环境的作用。

与此同时,我国进一步加强国际环境合作,签署了一系列国际环境保护公约文件,如《干预公海非油类物质污染议定书》(1990年加入)、《巴塞尔公约》(1991年加入)、《湿地公约》(1992年加入)、《气候变化框架公约》(1993年加入)、《防治荒漠化公约》(1997年加入)、《持久性有机污染物公约》(2001年加入)、《京都议定书》(2002年加入)、《卡塔赫纳生物安全议定书》(2005年加入)等。

这一阶段环境与资源保护立法的发展,有这样三个特点:①按照《里约宣言》的要求,把环境与资源保护融入经济发展的进程之中;②在政策法律的制定和修改过程中,不断融入"科学发展观"这一指导思想;③在管理体制和监管模式上,立法开始改变由环保部门一家管理环境问题的不利局面,改由海关、商务、税务、价格、土地、水利、林业、海洋、金融、证券等部门分工配合,把环境与资源保护的行为规范要求分解到相应的经济和社会发展领域之中。

(五)大力完善阶段(2008年至今)

2007年10月,中共十七大发展了科学发展观,明确提出建设生态文明的要求。十七大报告提出:"建设社会主义生态文明,基本形成节约能源资源和保护生态环境的产业结构、增长方式、消费模式"。提出建设生态文明的具有里程碑性质的重大意义。它表明中国执政党和政府关于生态环境的理念发生了根本性转变,而根据科学/技术、信仰/理念、政策/法律之间的三者关系理论,这一理念必将对中国的政策法律产生影响;中国共产党的执政党地位,决定了生态文明必然成为中国政府政策和法律的灵魂。特别是,在完善中国特色社会主义法律体系方面,十七大对环境与资源保护法制建设提出了新的要求:"完善有利于节约能源资源和保护生态环境的法律和政策,加快形成可持续发展的体制和机制。"在改进我国环境与资源保护法律体系的过程中,要始终坚持以科学发展观为总的指导思想,按照"有利于节约能源资源和保护生态环境"的思路确立改进我国环境与资源保护法律体系的宗旨和原则,推动生态文明建设进程。自此,中国进入了以生态文明为理念大力完善环境与资源保护法治的新阶段。

首先,全国人大及其常委会制定和修改了一些环境与资源保护法律。例如,2008年2月28日修订了《水污染防治法》,2008年8月29日制定了《中华人民共和国循环经济促进法》(以下简称《循环经济促进法》),2009年12月26日制定了《中华人民共和国海岛保护法》(以下简称《海岛保护法》)、修改了《可再生能源法》,2014年4月24日修订了《环境保护法》,2015年8月29日修订了《大气污染防治法》,2016年7月2日修订了《中华人民共和国环境影响评价法》(以下简称《环评法》)、《中华人民共和国节约能源法》(以下简称《节约能源法》)、《水法》《野生动物保护法》等。另外,我国《中华人民共和国核安全法》(以下简称《核安全法》)、《中华人民共和国土壤污染防治法》(以下简称《土壤污染防治法》)等法律也正在制定之中。其中,修订后的《环境保护法》对生态保护做出了一些突破性的规定。例如,对立法目的(第 1 条)、联合防治协调机制(第 20 条)、生态红线的划定(第 29 条)、资源开发中的生态保护(第 30 条)、生物多样性保护(第 30 条)、生态保护补偿制度(第 31 条)、公益诉讼(第 58 条)、侵权民事责任(第 64 条)、行政责任(第 68 条)、刑事责任(第 69 条)等作出了原则性规定。此外,2009 年 12 月 26 日制定的《中华人民共和国侵权责任法》(以下简称《侵权责任法》),规定了环境与资源保护方面的侵权责任。2017 年 3 月 15 日制定的《中华人民共和国民法总则》(以下简称《民法总则》)第 9 条规定:"民事主体从事民事活动,应当有利于节约资源、保护生态环境。"

其次,一些重大政策文件和规划文件出台。2014 年 10 月《中共中央关于全面推进依法治国若干重大问题的决定》指出:要实现经济发展、生态良好,就必须更好发挥法治的引领和规范作用;要用严格的法律制度保护生态环境,加快建立有效约束开发行为和促进绿色发展、循环发展、低碳发展的生态文明法律制度等,促进生态文明建设。

2015 年 4 月中共中央国务院《关于加快推进生态文明建设的意见》要求:加快建立系统完整的生态文明制度体系,加快推进生态文明建设,增强生态文明体制改革的系统性、整体性、协同性。同年 9 月,中共中央和国务院印发《生态文明体制改革总体方案》,提出了生态文明体制改革的总体要求,并明确要求:健全自然资源资产产权制度,建立国土空间开发保护制度,建立空间规划体系,完善资源总量管理和全面节约制度,健全资源有偿使用和生态补偿制度,建立健全环境治理体系,健全环境治理和生态保护市场体系,完善生态文明绩效评价考核和责任追究制度等。同年 12 月,中共中央办公厅和国务院办公厅联合印发《生态环境损害赔偿制度改革试点方案》。它的目的在于修复受损生态环境,破解"企业污染、群众受害、政府买单"的困局,促使政府履行环境保护职责。

为了贯彻落实"十三五"规划,大力推进生态文明建设,按照山水林田湖系统保护的要求,通过强化生态监管、完善制度体系,促使生态空间得到保障、生态质量稳中有升、生态功能逐步改善、维护国家生态安全,2016 年 11 月 24 日国务院印发《"十三五"生态环境保护规划》,10 月 27 日环境保护部印发《全国生态保护"十三五"规划纲要》。它们以"创新、协调、绿色、开放、共享"五大发展理念为指导,为生态环保领域实现生态文明变革作出了战略安排,已经并将继续影响我国各效力位阶环境与资源保护法律的制定和实施。

司法方面,最高法院 2014 年 6 月 23 日发布《关于全面加强环境资源审判工作为推进生态文明建设提供有力司法保障的意见》、2014 年 12 月 26 日联合民政部和环境保护部发布《关于贯彻实施环境民事公益诉讼制度的通知》等,为环境与资源保护法律的实施提供了司法保障。

可以看出,中共十七大以来,基于生态文明建设,我国已经将生态保护置于涉及环境保护、自然资源开发利用、改革发展工作的核心或者关键位置,生态环境保护政策法律呈现出不断加强的态势,环境与资源保护法治进入了大力完善的新阶段。

案例分析

日本水俣病事件

1909 年 8 月,日本氮化肥股份有限公司在日本九州熊本县水俣市建立了水俣工厂。此后,该工厂每年产生大量废水,未经处理便直接通过水俣湾的百间港排入大海。该公司后来更名为新日本氮化肥股份有限公司。

1953 年 3 月,该公司成为日本为数不多的氮化合有机合成化学制造者之一。随着公司年生产量的增加,废水排放量不断增加。每年大约有 600 吨以上含水银的工业废水排入海域。

1953 年开始,水俣湾一带开始出现一种病因不明的怪病;主要症状是步态不稳、抽搐、手足变形、神经失常、身体弯弓、高叫,直至死亡。由于这种怪病主要发生于水俣湾一带,人们称其为"水俣病"。

对于这一奇怪病症,熊本大学医学部和新日本氮化肥股份有限公司水俣市氮化肥厂附属医院的院长细川博士利用动物实验来探明病因。通过一系列的实验和现场调查取证,熊本大学医学部于 1963 年 2 月 16 日公布了研究报告。结论是:"水俣病发生的直接原因是新日本氮化肥股份有限公司水俣市氮化肥厂排出的废水中含有水银所致,全部责任在于公司一方。"

1968 年 9 月,日本政府公布了"关于水俣病的正式解答",并正式确认水俣病的病因与该厂的废水存在直接因果关系。

思考问题:

(1)这一事件处于外国环境与资源保护法发展中的哪一个阶段?

(2)这一事件对于日本公害立法的影响有哪些?

基本概念

八大公害事件　日本《公害对策基本法》　美国《国家环境政策法》

思考分析

1.西方国家环境与资源保护法的发展可分为哪几个阶段?每个发展阶段的主要特征是什么?

2.我国环境与资源保护立法可分为哪几个时期?每一个时期的主要立法背景是什么?

第五章

环境与资源保护法体系

【内容提要】

环境与资源保护法有其独特的体系。就国内环境与资源保护法体系而言，它由宪法中关于环境与资源保护的规定、环境与资源保护基本法、环境与资源保护单行法、环境标准、其他部门法中关于环境与资源保护的法律规范所构成。我国的中央政府环境与资源保护管理机构是保证我国环境与资源保护法实施的重要保障。

第一节　环境与资源保护法体系概述

一、环境与资源保护法体系的概念

环境与资源保护法体系是指环境与资源保护法的内部结构和层次以及它同其他法律部门之间的衔接。一个完备的部门法体系应该具备两个方面的特质：第一，就内部而言，组成其之法律规范在内容上完整，形式上得体，结构上合理，层次上有致，关系上协调，进而整体上功能健全而富有效率。第二，在对外方面，同其他部门之间存在合理的衔接和有效的协调关系。然而，需要注意的是，完备具有时空上的相对性、历史上的发展性。环境与资源保护法体系也应该如此。

二、研究环境与资源保护法体系的意义

研究环境与资源保护法体系，具有重大的理论价值和巨大的实践意义。就理论意义而言，环境与资源保护法体系的建立和完善是影响环境与资源保护法学发展的一个重要因素。研究环境与资源保护法，离不开具体的环境与资源保护法律、

法规、规章和法律规范,特别需要把各种环境与资源保护法律、法规、规章和法律规范联系起来,进行系统分析和综合研究。只有这样,才能把环境与资源保护法学基本问题的研究建立在本国立法实践的基础上,并提高到一个较高的水平。从实践意义上讲,有没有比较完备的环境与资源保护法体系,是衡量一个国家环境与资源保护法治建设和环境管理水平的重要标志。研究环境与资源保护法体系,有助于制定国家的环境与资源保护立法规划,分清主次、轻重、缓急,从而有计划地加强环境与资源保护法制建设,使各种环境与资源保护立法相互协调、互为补充,建立内部协调一致的环境与资源保护法体系。

三、环境与资源保护法体系的模式

有关环境与资源保护的法律尽管在许多国家都有悠久的历史,但是环境与资源保护法作为一个法律部门而存在,却是始于 20 世纪下半叶。因此,就比较完备体系的形成而言,环境与资源保护法在时间上比其他主要部门法要晚得多。由于环境与资源保护法所调整的是涉及环境与资源保护的各种十分广泛而复杂的社会关系,其法律文件加上有关的政策文件数量大大多于许多其他法律部门,并且形成了一个比较庞大的部门法体系。

完备的环境与资源保护法体系,不是各种环境与资源保护法律、法规等规范性法律文件乃至政策性文件的简单叠加。分析国际环境与资源保护法体系,可以说是在形式上已经形成了以《联合国宪章》有关原则和规定以及《里约宣言》为基石,以《21 世纪议程》为综合性指导,以不同群组的专门性条约和政策为构件的初具完备的体系。其主要的专门性条约和政策群组包括大气与气候变化、废物和危险物资管理、淡水资源、海洋、生物资源、南极、北极、世界文化遗产和自然遗产、国际贸易与环境资源以及外层空间等。

我国的现行环境与资源保护立法,具有社会主义特色。我国环境与资源保护法体系是以宪法中关于环境与资源保护的规定为基础,由环境与资源保护基本法、保护环境和自然资源、防止污染和破坏的一系列单行法,其他部门法中的有关环境与资源保护的法律规范,以及具有规范性的环境标准等所组成的一个相互联系、相互补充、基本协调统一的完整法律体系。对此,将在随后的五节中逐一介绍。

研究世界上其他主要国家的环境与资源保护法体系,比较完备的模式有英国的归类整理模式,美国的基本法模式,法国复合法模式,以及日本的法典化模式。

(一)英国的归类整理模式

英国是普通法的发祥地,工业革命的发源地之一,对环境与资源保护的法律传统悠久。为了解决工业革命和发展进程中的污染问题,英国国会通过一事一法的立法路径,突破并发展普通法的判例法传统。主要表现是针对特定种类的污染而制定了许多污染治理的单行法。其缺陷是,很少涉及环境污染的预防,更谈不上对环境和自然资源的有效保护。体现在法律体系上则是环境与资源保护法律之间缺乏有机统一,在管理方面则出现了数目庞大的环境管理官僚机构。

从 20 世纪 70 年代开始,英国不断适用新的环境与资源保护理念,如可持续发展理念,国会在制定法律时注重环境与资源保护法律的统一化和系统化,对已有法律在维护其体例基本不变的情况下,进行归类整理,形成不同的法群。例如,1980年《野生动物和乡村法》对有关野生动物和乡村自然资源保护的单行法律进行整合,形成了一个法群。再如,1990 年《环境保护法》基于 1974 年《污染控制法》对有关污染防治的法律进行整合,形成了以水体与大气污染及污染综合防治,固体废物污染防治,以及噪声污染防治为三部分的污染防治法群。

英国的这一归类整理模式,虽然看似体系较为完整,但是却算不上比较完备。随着欧盟环境与资源保护法体系的不断完备和加强,英国环境与资源保护法体系越来越具有欧盟化的特点,其归类整理模式可能将会走向终结。

(二)美国的基本法模式

美国是一个联邦制国家,联邦和州之间根据美国宪法规定进行分权。环境与资源保护方面的法律起初基本以州为主。随着对环境和自然资源问题认识的深入,这方面的有关事宜已经通过国会立法和联邦法院解释而基本上成为联邦管辖事项。尽管美国有联邦、哥伦比亚特区以及 50 个州共 52 个法域(jurisdiction),但是在环境与资源法领域特别是环境法领域,联邦法律居于主导地位。这里所讨论的美国基本法模式,就是指美国联邦环境与资源保护法模式。

尽管美国法律体系源于英国普通法,但是,其基于对后者的扬弃和变革,发展成为世界上最为活跃、最具活力、最能促进社会发展的法律体系;其中环境与资源保护法体系更是如此。美国环境与资源保护法体系的基本法模式主要有三个特点:

①基于美国宪法的基本理念、基本精神和基本原则,通过扩张性解释指导联邦环境与资源保护成文法的制定以及作出涉及环境与资源保护的联邦法院判决。

②以 1969 年《国家环境政策法》及其修改作为环境保护基本法。该法不仅是美国环境与资源立法史上的一个划时代创举,而且产生了巨大的国际影响。首先,它从宏观上调整着美国的国家环境与资源保护政策,对联邦执行机关和/或行政部门创设了有关环境与资源保护方面的职责。其次,它赋予环境与资源保护以预防为主和改善环境的新型理念。最后,它在世界范围内第一次推出环境影响评价制度,并为国际及其他法域的环境与资源保护法所借鉴和采纳。但是,该法并不具有超越国会其他制定法的效力的地位。

③在较具体环境与资源保护对象的层次上,内容方面形成了有关空气、土壤和水等污染防治的污染防治法体系,以及以保护公共土地、自然保护区和野生动植物等自然资源为内容的自然资源保护法体系。形式方面,则以环境与资源保护的国会制定法为主干,以执行机关和/或行政部门的成文法令、规则和政策为具体细节,以联邦法院的判决为最终界定。

④在同其他部门法的衔接方面,传统部门法已经有规定的,原则上适用该已有规定,但是根据环境与资源保护法特点作出一定的特别规定。例如,在行政程序方面就是如此。

美国这一基本法模式的优点是权威性较高,适应性较强,系统性较科学。因而,它从形式上比较适宜解决范围广泛、影响深远的环境与资源保护问题。[①]

(三)法国复合法模式

法国是传统的大陆法系国家,法治传统悠久,也是工业革命的发源地之一。其环境与资源保护法体系,深受法典化形式的影响。

在 1998 年《环境法典》形成之前,法国的污染防治立法的状况是大量单行法规并存,以各种行政命令予以补充,而自然资源保护法最初存在于《法国民法典》中有关自然资源所有权、用益物权、相邻权、地役权和侵权责任等方面的规定之中,而且它们相互之间缺乏必要的协调和/或统一。为了改变这一状况,克服这些单行法律之间的缺乏体系性和不协调性,执行和/或实施欧盟环境与资源保护法律,法国着手汇编了《环境法典》。从形式上看,该法典体系性强,结构严谨,内容广博,由卷、编、章、节、条及多个附件组成。就内容而言,该法典分为总则,物理环境,自然区域,动植物,污染、风险和害事的预防,海外领土的适用,以及,南极环境保护共六卷;主要是对单行法律的汇编,并进行了一定程度的编纂,使单行法律之间更为协调,从而形成一个比较完整的体系。

随着欧盟环境与资源保护法体系的不断完备和加强,法国环境与资源保护法体系的复合化模式在内容上越来越具有欧盟化的特点,形式上也将不断完善。

(四)日本的法典化模式

日本环境与资源保护法体系在发展和形成中借鉴、综合了上述三种模式,在形式上具备了法典形式,在内容组成上分类较为合理、相互之间基本协调,是一种比较先进的法典化模式。

首先,日本环境与资源法体系恪守可持续发展理念。构成其体系核心的 1993 年《环境基本法》第 1 条明确规定:

---

① 解振华 主编:《中国环境执法全书》,红旗出版社 1997 年版,第 678 页。

本法旨在全面而系统地促进环境保护政策,通过阐明基本原则,明确国家、地方政府、公司和公民的责任,以及,规定关于环境保护基本政策的考量因素,确保我国当代和后代的健康和体面生活,以及增进人类福祉。[①]

其次,日本环境与资源保护法体系的内容分类上比较合理。以《环境基本法》为核心,日本环境与资源保护法分为公害控制法、环境保全法、环境整治法、费用承担与资助法、公害救济法以及公害犯罪法等六大类。

总之,日本环境与资源保护法已经形成了以 1946 年《日本国宪法》中关于环境与资源保护的规定为基础,以综合性的 1993 年《环境基本法》为中心,同其他部门法衔接合理,包括公害控制法、环境保全法、环境整治法、费用承担与资助法、公害救济法以及公害犯罪法等六类内容的环境与资源保护法律、法规、制度和环境标准所组成的完备体系。

第二节　我国宪法关于环境与资源保护的规定

随着环境和自然资源问题的日益严重和加剧,对环境和自然资源保护的越来越重视,很多国家在宪法或者宪法性法律中对环境和自然资源保护作出了规定。主要体现是:将保护环境和自然资源以及维护生态平衡规定为国家的一项职责,规定为企业、团体、公民的职责和义务;规定环境和自然资源保护的基本政策和原则,并将之作为国家环境和自然资源保护活动的宪法基础;将公民享有的在良好环境中生活的权利规定为公民的基本权利之一。

宪法关于环境与资源保护的规定,是环境与资源保护法的基石,是其他各种环境与资源保护法律、法规、规章和规范性文件的立法依据。将环境与资源保护作为一项国家职责和基本国策在宪法中予以确认,把环境与资源保护的指导原则和主要任务在宪法中作出规定,就为国家和社会的环境和自然资源保护活动奠定了宪法基础,赋予了最高的法律效力和立法依据。

我国现行宪法(2004 年修正)对环境与资源保护作了一系列的规定。主要规定包括:

(1)宪法第 26 条第 1 款规定:"国家保护和改善生活环境和生态环境,防治污染和其他公害。"第 9 条第 2 款规定:"国家保障自然资源的合理利用,保护珍贵的动物和植物。禁止任何组织或者个人用任何手段侵占或者破坏自然资源。"这两款规定是中国对于环境和自然资源保护的总政策,表明环境与资源保护是国家的一项基本职责。

---

① 本章作者根据日本环境部网页 www.env.go.jp/en/laws/policy/basic/index.html (2016 - 12 - 30)上的 The Basic Environment Law 翻译。

（2）宪法第 9 条第 1 款规定："矿藏、水流、森林、山岭、草原、荒地、滩涂等自然资源，都属于国家所有，即全民所有；由法律规定属于集体所有的森林和山岭、草原、荒地、滩涂除外。"第 10 条第 1、2 款分别规定："城市的土地属于国家所有。""农村和城市郊区的土地，除由法律规定属于国家所有的以外，属于集体所有；宅基地、自留地、自留山，也属于集体所有。"这三款规定把自然资源和某些重要的环境要素宣布为国家所有，即全民所有。而全民所有的公共财产是神圣不可侵犯的，这就从所有权方面为环境和自然资源的保护提供了保证。

（3）宪法第 10 条第 5 款规定："一切使用土地的组织和个人必须合理地利用土地。"宪法第 22 条第 2 款规定："国家保护名胜古迹、珍贵文物和其他重要历史文化遗产。"第 26 条第 1 款规定："国家组织和鼓励植树造林，保护林木。"这三款规定强调了对自然资源的严格保护和合理利用，以防止因自然资源的不合理开发导致环境破坏。

此外，宪法第 51 条规定，中国"公民在行使自由和权利的时候，不得损害国家的、社会的、集体的利益和其他公民的合法的自由和权利。"该条规定是对公民行使个人权利不得损害公共利益的原则规定，而其中当然也包括防止个人滥用权利而造成对环境与自然资源的污染与破坏。

综上所述，宪法这些规定，为我国的环境和自然资源保护活动以及环境与资源保护立法提供了指导原则和立法依据。

第三节　我国环境与资源保护基本法

除宪法以外，在环境与资源保护法体系中占据核心和基础性地位的，是环境与资源保护基本法。环境与资源保护基本法是一种综合性的实体法，它对环境与资源保护方面的重大问题，例如环境与资源保护的目的、范围、方针政策、基本原则、重要措施、管理制度、组织机构、法律责任等作出原则性的规定。它常常构成一个国家有关环境与资源保护的其他单行法以及其他法律规范的立法依据。

一般而言，环境与资源保护基本法是在单行环境与资源保护法的基础上发展起来的。从 20 世纪 60 年代末开始，制定环境与资源保护基本法在世界范围内已经成为环境与资源保护立法的一种发展趋势。例如，前苏联、日本、美国、瑞士、罗马尼亚、匈牙利等国都于 20 世纪六七十年代制定了本国综合性的环境与资源保护基本法。它的出现，表明人类的环境与资源保护活动经历了一个从局部到总体的发展过程，从对局部或者单个环境要素的保护发展到把环境特别是生态系统作为一个整体来加以保护。

1989 年 12 月 26 日七届全国人大常委会第十一次会议通过、2014 年 4 月 24 日十二届全国人大常委会第八次会议修订的《环境保护法》是我国的环境与资源保

护基本法。作为我国环境与资源保护法律体系中的一部综合性的基本法,它对环境保护的重要问题作出了全面规定。具体而言:

(1)规定了环境与资源保护法的任务,即,"保护和改善环境,防治污染和其他公害,保障公众健康,推进生态文明建设,促进经济社会可持续发展"(第1条)。

(2)规定了环境与资源保护的对象,即,直接或者间接地"影响人类生存和发展的各种天然的和经过人工改造的自然因素的总体,包括大气、水、海洋、土地、矿藏、森林、草原、湿地、野生生物、自然遗迹、人文遗迹、自然保护区、风景名胜区、城市和乡村等"(第2条)。这样一种概括和列举并用的规定,把生活环境和生态环境全部纳入了环境和自然资源的保护范围,从而确定了环境与资源保护的完整对象。

(3)规定了环境与资源保护应当采用和实施的基本原则和基本制度。例如,将环境保护规划纳入国民经济和社会发展规划,实行经济社会发展与环境保护相协调的原则,实行保护优先、预防为主、综合治理、公众参与、损害担责的原则,实施环境监测制度、环境保护目标责任制度和考核评价制度、生态保护补偿制度、重点污染物排放总量控制制度、排污许可管理、环境影响评价制度、"三同时"制度、排污收费制度,等等。

(4)规定了保护自然环境的基本要求和开发利用环境资源者的法律义务。例如,它要求开发利用自然资源时,必须合理开发,保护生物多样性,保障生态安全,依法制定有关生态保护和恢复治理方案并予以实施;对具有代表性的各种类型的自然生态系统区域,珍稀、濒危的野生动植物自然分布区域,重要的水源涵养区域,具有重大科学文化价值的地质构造、著名溶洞和化石分布区、冰川、火山、温泉等自然遗迹,以及人文遗迹、古树名木,要求采取措施予以保护,严禁破坏。

(5)规定了防治环境污染的基本要求以及相应的义务。例如,它规定地方各级政府应当对本行政区域的环境质量负责;企业事业单位和其他生产经营者应当防止、减少环境污染和生态破坏,对所造成的损害依法承担责任;公民应当增强环境保护意识,采取低碳、节俭的生活方式,自觉履行环境保护义务。它要求排放污染物的单位或者其他组织建立环境保护责任制度,明确负责人和相关人员的责任;采取措施,防治在生产建设或者其他活动中产生的废气、废水、废渣、医疗废物、粉尘、恶臭气体、放射性物质以及噪声、振动、光辐射、电磁辐射等对环境的污染和危害。对严重污染环境的工艺、设备和产品实行淘汰制度;任何单位和个人不得生产、销售或者转移、使用严重污染环境的工艺、设备和产品;禁止引进不符合我国环境保护规定的技术、设备、材料和产品。

(6)规定了中央和地方环保行政主管部门和其他有关部门对环境监督管理的权限和职责。

(7)一方面规定一切单位和个人都有保护环境的义务;另一方面规定,对污染和破坏环境的单位和个人,一切单位和个人都享有监督、检举和控告的权利。

(8)规定了违反环境与资源保护法的法律责任制度体系。违法者应当承担的责任包括行政责任、民事责任或者刑事责任。

2014年《环境保护法》这部环境与资源保护基本法的公布和施行,对于促进我国环境与资源保护法体系的完备和完善,加强我国的环境管理,正在发挥重要作用。

第四节　我国环境与资源保护单行法

环境与资源保护单行法是指针对特定的保护对象(例如某种环境要素)或者特定的环境社会关系而进行专门规范和调整而制定的规范性法律文件。环境与资源保护单行法一方面以宪法和环境与资源保护基本法为依据而制定,另一方面也是宪法和环境与资源保护基本法的具体化。环境与资源保护单行法一般都比较详细和具体、具有比较强的操作性,是实施环境管理、解决环境纠纷的直接依据。环境与资源保护单行法在环境与资源保护法体系中数量最多,具有重要的地位。

鉴于环境与资源保护单行法名目多、数量大、内容广泛,对其进行分类十分必要。在分类方法上,可以按照效力层次进行分类,分为法律、法规、规章等;也可以根据所调整的环境要素或者环境问题进行分类;还可以依据所调整的社会关系进行分类。然而,由于每种分类方法都各有其优点和不足,因而,运用主要矛盾和次要矛盾、矛盾的主要方面和次要方面的理论,进行综合分类就显得更为科学、合理。常见的分类法是将环境与资源保护单行法大体上分为四类:国土利用规划法,环境污染防治法,自然资源保护法以及环境行政管理法。

一、国土利用规划法

国土(特别是陆地)是一国具有作为国际法律人格的不可或缺的要素,是一国存在和发展的物质条件和基础。国土利用规划法在环境与资源保护单行法中具有首要地位。通过国土利用规划实现工业、农业、城镇和人口的合理布局与配置,是控制环境污染与破坏、保护自然资源的重要而关键的预防途径和措施,是防重于治原则的实际贯彻,因而,国土利用规划法在环境与资源保护法体系中占有重要地位,是一国环境与资源保护立法现代化和完备化的必不可少的内容。国土利用规划法主要包括国土整治、农业区域规划、城乡规划等方面的单行法。

(一)国土整治法

国土整治包括全部国土的开发、利用、治理和保护。国土整治规划是从空间和地域上对工业、农业、城镇、人口、交通、环境和自然资源保护等事宜的总体规划与部署。在这一意义上,国土整治规划与区域规划(包括农业区域规划、城乡规划等)之间是整体与局部的关系;各种区域规划是国土整治规划的组成部分,国土规划包括了各种区域规划。在国土利用规划法中,国土整治法规居于牵头和基本法的地位。

目前,我国还没有制定国土整治法。国土整治法的制定工作需要抓紧进行。

(二)农业区域规划法

农业区域规划法属于区域性规划法,它的任务是对各地区的农业(包括林、牧、渔)进行总体规划,从而解决农业生产的合理布局和国土的合理利用问题。从环境科学、生态学和自然资源学的角度看,农、林、牧、渔的生产都是生物性生产,它们同环境与资源保护之间的关系极其密切。

我国《土地管理法》(2004年修正)中专章规定了土地利用总体规划和耕地保护,并对农业区域规划进行了规制。

(三)城乡规划法

城乡规划法是关于城乡规划管理和各项建设综合部署方面的法律。它是城乡各项建设、工程设计和城乡管理的依据。《中华人民共和国城乡规划法》(以下简称《城乡规划法》,2015年修改)规定,城乡规划的任务是协调城乡空间布局,改善人居环境以及促进城乡经济社会全面协调可持续发展。

二、环境污染防治法

环境污染是环境问题中最为突出、最为尖锐的部分。总体上讲,工业发达国家的环境法都是从污染控制法发展而来的;在环境与资源保护单行法中,污染防治法所占的比重一般是最大的。

污染防治法主要包括大气和土壤污染防治、水质保护、噪声控制、废物处置、农药及其他有毒物品的控制与管理。此外,还包括其他环境污染和环境破坏(例如震动、恶臭、放射性、电磁辐射、热污染、地面沉降等)方面的防治,环境污染(排污)税费的设征,等等。

目前,我国关于污染防治方面的单行法在形式上是基本完备的。全国人大或其常委会已经制定并经公布施行的污染防治单行法有《大气污染防治法》《水污染防治法》《海洋环境保护法》《固体废物污染环境防治法》《环境噪声污染防治法》《中华人民共和国放射性污染防治法》(以下简称《放射性污染防治法》),《中华人民共和国环境保护税法》(以下简称《环境保护税法》)等;国务院制定的单行法规有《危险化学品安全管理条例》《农药安全使用规定》《农药管理条例》等。"土壤污染防治法"也在立法规划之中。

三、自然资源保护法

自然资源保护是指对人类赖以生存和发展的自然环境和自然资源进行保护或者改善。其目的在于保护和改善自然环境,确保自然资源的合理利用,从而保持人类的生命维持系统,保存物种遗传的多样性。

我国自然环境和自然资源的状况和情势,决定了自然资源保护立法对于我国显得越来越重要、越来越迫切。这表现在三点:①自然环境复杂多样,大多数地区的自然生态系统比较脆弱,有些是十分脆弱;自然和人为原因造成的环境破坏(例如水土流失、森林锐减、草原退化、土壤沙化等)在不断加剧。②作为一个以农业为基础的国家,农业生产的状况影响到乃至决定着国计民生和整个经济发展,农业生态环境保护至关重要而且刻不容缓。③虽然幅员辽阔,自然资源丰富,但是由于人口基数大,人均自然资源占有量远远低于世界平均水平,自然资源消耗不断增加,对生态环境的压力越来越大。

改革开放以来,我国制定了大量自然资源保护法律,例如《水法》《森林法》《草原法》《土地管理法》《矿产资源法》《渔业法》《野生动物保护法》《水土保持法》等,并且对有的还进行了修改。可以说,在形式上,我国关于重要自然环境要素和自然资源保护的立法已基本完备。但是,这些法律的内容方面的质量还存在问题,环境与资源保护法学界普遍认为全国人大或其常委会应该制定一部综合性的自然资源保护法律。

四、环境行政管理法

从 20 世纪 70 年代开始,随着环境问题的严重和恶化,越来越多的国家把环境保护提高到国家职能的地位。为了加强对环境的管理,世界上几乎所有国家都已经建立和/或强化了环境管理的(专门)行政机构,规定了行政机构的相应职责,制定了系统的管理制度和规章。

从实际上看,国家的环境管理活动,通常或者主要表现为环境保护行政机构的管理活动。环境行政管理法是指关于环境管理行政机构的设置、职权、行政管理程序、行政管理制度以及行政处罚程序等方面的法律规范。这些法律规范属于环境管理行政法,多数具有行政法规范的性质。在环境基本法、污染防治法、自然保护法中有大量涉及环境行政管理的规定。

第五节　我国环境标准

在环境与资源保护法体系中,环境标准是一个既特殊又不可或缺的组成部分。我国环境标准的制定工作,始于 1973 年。在当年的 11 月 17 日,我国的第一项环境标准《工业"三废"排放试行标准》获得批准并由国家计委、国家基建委和卫生部联合发布,并于次年 1 月 1 日起实施。从那时起到"十二五"末,我国共发布国家环境标准 1941 项,其中现行标准有 1697 项,形成了基本完备的环境标准体系。

"十三五"规划提出要实施工业污染源全面达标排放计划,完善污染物排放标准体系。2016 年 11 月 24 日,国务院印发了《"十三五"生态环境保护规划》,提出要建立"以人体健康为目标的环境基准和环境标准体系",将"完善环境标准和技术政策体系"作为"夯实绿色发展基础"的主要目标和任务之一。2017 年 2 月 22 日,环保部对《国家环境保护标准制修订工作管理办法》《国家环境保护标准制修订项目计划管理办法》《关于核辐射与电磁辐射国家环境保护标准制修订项目管理工作的通知》进行修订和整合,制定了新的《国家环境保护标准制修订工作管理办法》。进一步科学地完善我国环境标准体系是未来一段时期的重要任务。

我国环境标准分为环境质量标准、污染物排放(控制)标准、环境监测类标准、环境基础类标准以及环境管理规范类标准五类,主要在第七章"环境标准"中予以讨论。本节仅简要介绍我国环境标准制定的发展概况。

一、环境质量标准

我国的环境质量标准制定工作,始于 20 世纪 80 年代。当时,为了控制局部大气污染、城市环境噪声污染和海水污染,国家于 1982 年 4 月 6 日发布了三项国家环境质量标准;它们是《大气环境质量标准》(已被 1996 年《环境空气质量标准》代替)、《城市区域环境噪声标准》(已被 1993 年《城市区域环境噪声标准》代替)和《海水水质标准》(已被 1997 年《海水水质标准》取代)。此后,国家加强了环境质量标准的系统化制定与修订("制(修)订")工作。例如,1989 年《渔业水质标准》、1992年《农田灌溉水质标准》、1995 年《土壤环境质量标准》、2002 年《地表水环境质量标准》、2008 年《声环境质量标准》、2012 年《环境空气质量标准》等。实践中,环境质量标准是评价环境状况的基本依据,是为保护人体健康和生态环境而规定的具体、明确的环境保护目标。提高环境质量达标水平是环境保护工作的根本出发点和落脚点。现行国家质量标准 15 项覆盖了空气、水、土壤、声与振动、核与辐射等主要环境要素。此外,2014 年《环境保护法》第 15 条第 3 款规定国家鼓励和支持对环境基准的科学研究。为配合《水污染防治行动计划》和《土壤污染防治行动计划》的实施,环保部将推动包括地表水、海水和河口水质标准在内的水环境质量标准,针对农用地、建设用地土壤环境质量标准的制(修)订工作。

二、污染物排放(控制)标准

我国第一个综合性的污染物排放标准就是前面所说的 1973 年《工业"三废"排放试行标准》。它对各类工业排放的气、液、渣三大类污染物分别规定了容许浓度和数量,对 20 世纪 70 年代我国的污染控制发挥了一定的积极作用。但是,这项标准中有的指标规定过严,并存在"一刀切"的缺陷,已逐步被综合性的和各种专业性的排放标准所取代。

20 世纪八九十年代,我国全面开展了综合性和行业排放标准的制定工作,综合性排放标准主要有《大气污染物综合排放标准》《污水综合排放标准》等。21 世纪以来,我国大力推进行业性污染物排放标准的制定,已经形成了以行业标准为主、综合性标准为辅的排放标准体系。

目前,国家污染物排放(控制)标准 161 项,其中 2006 年以来新制(修)订 95 项,其控制要求与国外同类标准相当、部分指标达到世界最严。从标准的覆盖面来讲,现行和正在制(修)订的污染物排放标准已经基本覆盖了环境管理的重点行业、主要控制污染物,污染物排放(控制)标准体系已基本完整。

三、环境监测类标准、基础类标准和管理规范类标准

环境监测类标准包括环境监测分析方法标准、环境监测技术规范、环境监测仪器技术要求、环境标准样品;环境基础类标准包括标准化、质量管理、技术管理、基础标准与通用方法、污染控制技术规范及自然资源环境保护等。我国不断加紧进行环境监测类、基础类和管理规范类标准的制(修)订工作,已经制定的这类标准是环境标准中数量最多的。近些年来,针对环境管理中出现的管理活动缺乏一致性、规范性不强的问题,我国也注重制定环境管理规范类标准的制(修)订工作。

第六节　我国其他部门法中的环境与资源保护法律规范

涉及环境与资源保护的社会关系具有巨大的广泛性和多样性。尽管环境与资源保护法的调整对象是涉及环境与资源保护的社会关系,但是,作为一个法律部门的环境与资源保护法不可能也没有必要对涉及环境与资源保护的社会关系全部都加以调整,有些涉及环境与资源保护的社会关系由其他法律部门(例如民法、行政

法、经济法、刑法)的规范予以调整更为合理。这些法律部门中所包含的关于环境与资源保护的法律规范,也是环境与资源保护法体系的组成部分。

一、民法中的有关规定

作为调整平等主体之间的财产关系和人身关系的民法,其中有许多规范涉及环境与资源保护。例如,2017年《民法总则》第9条规定:"民事主体从事民事活动,应当有利于节约资源、保护生态环境。"1986年《民法通则》第80和81条一方面规定了土地、森林、山岭、草原、荒地、滩涂、水面、矿藏等自然资源的所有权、使用权、经营权、收益权受法律的保护,另一方面也规定了使用单位或者个人负有管理、保护和合理利用这些自然资源的义务。第83条规定:不动产的相邻各方应当按照有利于生产、方便生活、团结互助、公平合理的精神,正确处理截水、排水、通行、通风、采光等方面的相邻关系;给相邻方造成妨碍或者损失的,应当停止侵害、排除妨碍、赔偿损失。根据第98条关于公民享有生命健康权的规定,由于污染环境而危害公民生命和健康的行为,属于民事侵权行为。根据第123和124条的规定,从事高空、高压、易燃、易爆、剧毒、放射性或者高速运输工具等对周围环境具有高度危险的作业而造成他人损害的,应当承担民事责任;违反国家关于保护环境和防止污染的规定,污染环境造成他人损害的,应当依法承担民事责任。2007年《物权法》第二编特别是其中的第五章就自然资源的所有权问题,第三编就自然资源的用益物权问题作出了更为明确和具有一定可操作性的规定。

民事责任方面,《民法通则》第119条对侵害公民身体造成伤害的有关赔偿的范围作出了规定;2009年《侵权责任法》第九章就环境污染责任作出了规定,并且特别规定"污染者应当就法律规定的不承担责任或者减轻责任的情形及其行为与损害之间不存在因果关系承担举证责任"。

《民法总则》第188条规定向法院请求保护民事权利的一般诉讼时效为三年,《环境保护法》第66条规定提起环境损害赔偿诉讼的时效也是三年。

二、行政法中的有关规定

关于行政法中有关环境与资源保护的法律规范,这里以《治安管理处罚法》(2012年修正)为例进行介绍。治安管理处罚是对扰乱社会秩序、妨碍公共安全但是尚未构成犯罪的违法行为给予的行政处罚。《治安管理处罚法》中有不少关于环境与资源保护方面的规定。

对于违反国家规定,制造、买卖、存储、运输、邮寄、携带、使用、提供、处置爆炸性、毒害性、放射性、腐蚀性物质或者传染病病原体等危险物质的,第30条规定对责任人处 10 日以上 15 日以下的拘留;情节较轻的,处 5 日以上 10 日以下拘留。

对于爆炸性、毒害性、放射性、腐蚀性物质或者传染病病原体等危险物质被盗、被抢或者丢失的事件,没有按照规定报告的,第 31 条规定对责任人处 5 日以下拘留;故意隐瞒不报的,处 5 日以上 10 日以下拘留。

对于违反关于社会生活噪声污染防治的法律规定,制造噪声干扰他人正常生活的,第 58 条规定对责任人处以警告;经警告而不改正的,处 200 元以上 500 元以下罚款。

对于刻画、涂污或者以其他方式故意损坏国家保护的文物、名胜古迹,违反国家规定在文物保护单位附近进行爆破、挖掘等活动从而危及文物安全的,第 63 条规定对责任人处警告或者 200 元以下的罚款;情节较重的,处 5 日以上 10 日以下的拘留,并处 200 元以上 500 元以下罚款。

三、经济法中的有关规定

生态环境与资源保护问题主要是在生产活动和经济活动中产生的,环境与资源保护同经济发展有着密不可分的联系,环境与资源保护法因而与经济法有着十分密切的联系。在各种经济法律、法规和规章(例如工业企业法、农业法、交通运输法、涉外经济法、基本建设法)中,都或多或少包含涉及环境与资源保护的法律规范。

例如,《全民所有制工业企业法》(2009 年修改)第 41 条规定:"企业必须贯彻安全生产制度,改善劳动条件,做好劳动保护和环境保护工作,做到安全生产和文明生产。"《对外合作开采海洋石油资源条例》(2013 年修改)和《对外合作开采陆上石油资源条例》(2013 年修改)对环境与资源保护作出了专项规定,要求作业者和承包者遵守我国有关环境保护和安全方面的法律规定,并参照国际惯例进行作业,保护渔业资源、农田、森林资源和其他自然资源,防止对大气、海洋、河流、湖泊、地下水和陆地其他环境造成污染和损害。

《对外贸易法》(2016 年修改)第 16 条第 2 项规定:基于保护人的健康或者安全,保护动、植物生命或者健康,或者保护环境,需要限制或者禁止进口或出口的,国家可以限制或者禁止有关货物、技术的进口或者出口。

四、刑法中的有关规定

《刑法》第二编第六章"妨害社会管理秩序罪"的第六节专门就"破坏环境资源保护罪"作出了规定,对各种严重污染环境和破坏自然资源的犯罪行为规定了相应的刑事责任。这将在第八章"法律责任"中详细介绍。

第七节　我国中央政府环境与资源保护管理机构

我国十分重视国家对环境与资源保护的管理;特别是,计划经济的背景加重了这一点。目前,在中央政府层次,我国环境与自然资源保护管理的主要机构有环境保护部、国土资源部、水利部、国家林业局和国家海洋局。此外,住房和城乡建设部、农业部等也负有重要的环境与自然资源管理职责。

一、环境保护部

(一)历史沿革

1974 年 5 月,国务院成立环境保护领导小组,是专设的环境保护领导机构,负责统一管理全国的环境保护工作;国务院环境保护领导小组办公室是其日常办公机构。1982 年 5 月 4 日,国家城市建设总局、国家建筑工程总局、国家测绘总局以国家基本建设委员会的部分机构,同国务院环境保护领导小组办公室合并,成立了城乡建设环境保护部,国家环境保护局属于该部管理的国家局。1988 年城乡建设环境保护部撤销,成立了建设部和直属于国务院的国家环境保护总局(下称环保总局)。2008 年 3 月 15 日,十一届全国人大一次会议通过《关于国务院机构改革方案的决定》。根据改革方案中关于"组建环境保护部,不再保留国家环境保护总局"的内容,环境保护部于 2008 年 3 月 27 日正式成立。

(二)主要职责

根据国务院批准的《环境保护部主要职责内设机构和人员编制规定》(国办发〔2008〕73 号),环境保护部的主要职责是:

(1)负责建立健全环境保护基本制度。拟订并组织实施国家环境保护政策、规划,起草法律法规草案,制定部门规章。组织编制环境功能区划,组织制定各类环境保护标准、基准和技术规范,组织拟订并监督实施重点区域、流域污染防治规划和饮用水水源地环境保护规划,按国家要求会同有关部门拟订重点海域污染防治规划,参与制订国家主体功能区划。

(2)负责重大环境问题的统筹协调和监督管理。牵头协调重特大环境污染事故和生态破坏事件的调查处理,指导协调地方政府重特大突发环境事件的应急、预警工作,协调解决有关跨区域环境污染纠纷,统筹协调国家重点流域、区域、海域污染防治工作,指导、协调和监督海洋环境保护工作。

(3)承担落实国家减排目标的责任。组织制定主要污染物排放总量控制和排污许可证制度并监督实施,提出实施总量控制的污染物名称和控制指标,督查、督办、核查各地污染物减排任务完成情况,实施环境保护目标责任制、总量减排考核并公布考核结果。

(4)负责提出环境保护领域固定资产投资规模和方向、国家财政性资金安排的意见,按国务院规定权限,审批、核准国家规划内和年度计划规模内固定资产投资项目,并配合有关部门做好组织实施和监督工作。参与指导和推动循环经济和环保产业发展,参与应对气候变化工作。

(5)承担从源头上预防、控制环境污染和环境破坏的责任。受国务院委托对重大经济和技术政策、发展规划以及重大经济开发计划进行环境影响评价,对涉及环境保护的法律法规草案提出有关环境影响方面的意见,按国家规定审批重大开发建设区域、项目环境影响评价文件。

(6)负责环境污染防治的监督管理。制定水体、大气、土壤、噪声、光、恶臭、固体废物、化品、机动车等的污染防治管理制度并组织实施,会同有关部门监督管理饮用水水源地环境保护工作,组织指导城镇和农村的环境综合整治工作。

(7)指导、协调、监督生态保护工作。拟订生态保护规划,组织评估生态环境质量状况,监督对生态环境有影响的自然资源开发利用活动、重要生态环境建设和生态破坏恢复工作。指导、协调、监督各种类型的自然保护区、风景名胜区、森林公园的环境保护工作,协调和监督野生动植物保护、湿地环境保护、荒漠化防治工作。协调指导农村生态环境保护,监督生物技术环境安全,牵头生物物种(含遗传资源)工作,组织协调生物多样性保护。

(8)负责核安全和辐射安全的监督管理。拟订有关政策、规划、标准,参与核事故应急处理,负责辐射环境事故应急处理工作。监督管理核设施安全、放射源安全,监督管理核设施、核技术应用、电磁辐射、伴有放射性矿产资源开发利用中的污染防治。对核材料的管制和民用核安全设备的设计、制造、安装和无损检验活动实施监督管理。

(9)负责环境监测和信息发布。制定环境监测制度和规范,组织实施环境质量监测和污染源监督性监测。组织对环境质量状况进行调查评估、预测预警,组织建设和管理国家环境监测网和全国环境信息网,建立和实行环境质量公告制度,统一发布国家环境综合性报告和重大环境信息。

(10)开展环境保护科技工作,组织环境保护重大科学研究和技术工程示范,推动环境技术管理体系建设。

(11)开展环境保护国际合作交流,研究提出国际环境合作中有关问题的建议,组织协调有关环境保护国际条约的履约工作,参与处理涉外环境保护事务。

(12)组织、指导和协调环境保护宣传教育工作,制定并组织实施环境保护宣传教育纲要,开展生态文明建设和环境友好型社会建设的有关宣传教育工作,推动社会公众和社会组织参与环境保护。

二、国土资源部

(一)历史沿革

1998 年 3 月 10 日,九届全国人大一次会议通过《关于国务院机构改革方案的决定》。根据改革方案中关于"组建国土资源部,拟不再保留地质矿产部"的内容,国务院决定由原来的矿产部、国家土地管理局、国家海洋局和国家测绘局共同组建国土资源部,同时保留国家海洋局和国家测绘局作为国土资源部的部管国家局。国土资源部于 1998 年 4 月 8 日正式成立。

(二)主要职责

根据国务院批准的《国土资源部职能配置、内设机构和人员编制规定》(国办发〔1998〕47 号),国土资源部的主要职责是:

(1)拟定有关法律法规、发布土地资源、矿产资源、海洋资源(农业部负责的海洋渔业资源除外,下同)等自然资源管理的规章;依照规定负责有关行政复议;研究拟定管理、保护与合理利用土地资源、矿产资源、海洋资源政策;制订土地资源、矿产资源、海洋资源管理的技术标准、规程、规范和办法。

(2)组织编制和实施国土规划、土地利用总体规划和其他专项规划;参与报国务院审批的城市总体规划的审核,指导、审核地方土地利用总体规划;组织矿产资源、海洋资源的调查评价,编制矿产资源和海洋资源保护与合理利用规划、地质勘查规划、地质灾害防治和地质遗迹保护规划。

(3)监督检查各级国土资源主管部门行政执法和土地、矿产、海洋资源规划执行情况;依法保护土地、矿产、海洋资源所有者和使用者的合法权益,承办并组织调处重大权属纠纷,查处重大违法案件。

(4)拟定实施耕地特殊保护和鼓励耕地开发政策,实施农地用途管制,组织基本农田保护,指导未利用土地开发、土地整理、土地复垦和开发耕地的监督工作,确保耕地面积只能增加、不能减少。

(5)制订地籍管理办法,组织土地资源调查、地籍调查、土地统计和动态监测;指导土地确权、城乡地籍、土地定级和登记等工作。

(6)拟定并按规定组织实施土地使用权出让、租赁、作价出资、转让、交易和政府收购管理办法,制订国有土地划拨使用目录指南和乡(镇)村用地管理办法,指导农村集体非农土地使用权的流转管理。

(7)指导基准地价、标定地价评测、审定评估机构从事土地评估的资格,确认土地使用权价格。承担报国务院审批的各类用地的审查、报批工作。

（8）依法管理矿产资源探矿权、采矿权的审批登记发证和转让审批登记；依法审批对外合作区块；承担矿产资源储量管理工作，管理地质资料汇交；依法实施地质勘查行业管理，审查确定地质勘查单位的资格，管理地勘成果；按规定管理矿产资源补偿费的征收和使用。审定评估机构从事探矿权、采矿权评估的资格，确认探矿权、采矿权评估结果。

（9）组织监测、防治地质灾害和保护地质遗迹；依法管理水文地质、工程地质、环境地质勘查和评价工作，监测、监督防止地下水的过量开采与污染，保护地质环境；认定具有重要价值的古生物化石产地、标准地质剖面等地质遗迹保护区。

（10）安排并监督检查国家财政拨给的地勘费和国家财政拨给的其他资金。

（11）组织开展土地资源、矿产资源、海洋资源的对外合作与交流。

此外，根据国务院的规定，国土资源部管理国家海洋局和国家测绘局。

三、水利部

（一）历史沿革

水利部是主管水行政的国务院组成部门，成立于 1949 年 10 月。1958 年 2 月11 日一届全国人大五次会议决定将电力工业部和水利部合并成为水利电力部。1979 年 2 月 23 日五届全国人大六次会议决定撤销水利电力部，分别设水利部和电力工业部。1982 年机构改革又将水利部和电力工业部合并设水利电力部。1988 年 4 月 9 日，七届全国人大一次会议通过国务院机构改革方案，决定撤销水利电力部，成立水利部。水利部于 1988 年 7 月 22 日成立。

（二）主要职责

根据国务院批准的《水利部主要职责内设机构和人员编制规定》（国办发〔2008〕75 号），水利部的主要职责是：

（1）负责保障水资源的合理开发利用，拟订水利战略规划和政策，起草有关法律法规草案，制定部门规章，组织编制国家确定的重要江河湖泊的流域综合规划、防洪规划等重大水利规划。按规定制定水利工程建设有关制度并组织实施，负责提出水利固定资产投资规模和方向、国家财政性资金安排的意见，按国务院规定权限，审批、核准国家规划内和年度计划规模内固定资产投资项目；提出中央水利建设投资安排建议并组织实施。

（2）负责生活、生产经营和生态环境用水的统筹兼顾和保障。实施水资源的统一监督管理，拟订全国和跨省、自治区、直辖市水中长期供求规划、水量分配方案并监督实施,组织开展水资源调查评价工作,按规定开展水能资源调查工作,负责重要流域、区域以及重大调水工程的水资源调度,组织实施取水许可、水资源有偿使用制度和水资源论证、防洪论证制度。指导水利行业供水和乡镇供水工作。

(3)负责水资源保护工作。组织编制水资源保护规划,组织拟订重要江河湖泊的水功能区划并监督实施,核定水域纳污能力,提出限制排污总量建议,指导饮用水水源保护工作,指导地下水开发利用和城市规划区地下水资源管理保护工作。

(4)负责防治水旱灾害,承担国家防汛抗旱总指挥部的具体工作。组织、协调、监督、指挥全国防汛抗旱工作,对重要江河湖泊和重要水工程实施防汛抗旱调度和应急水量调度,编制国家防汛抗旱应急预案并组织实施。指导水利突发公共事件的应急管理工作。

(5)负责节约用水工作。拟订节约用水政策,编制节约用水规划,制订有关标准,指导和推动节水型社会建设工作。

(6)指导水文工作。负责水文水资源监测、国家水文站网建设和管理,对江河湖库和地下水的水量、水质实施监测,发布水文水资源信息、情报预报和国家水资源公报。

(7)指导水利设施、水域及其岸线的管理与保护,指导大江、大河、大湖及河口、海岸滩涂的治理和开发,指导水利工程建设与运行管理,组织实施具有控制性的或跨省、自治区、直辖市及跨流域的重要水利工程建设与运行管理,承担水利工程移民管理工作。

(8)负责防治水土流失。拟订水土保持规划并监督实施,组织实施水土流失的综合防治、监测预报并定期公告,负责有关重大建设项目水土保持方案的审批、监督实施及水土保持设施的验收工作,指导国家重点水土保持建设项目的实施。

(9)指导农村水利工作。组织协调农田水利基本建设,指导农村饮水安全、节水灌溉等工程建设与管理工作,协调牧区水利工作,指导农村水利社会化服务体系建设。按规定指导农村水能资源开发工作,指导水电农村电气化和小水电代燃料工作。

(10)负责重大涉水违法事件的查处,协调、仲裁跨省、自治区、直辖市水事纠纷,指导水政监察和水行政执法。依法负责水利行业安全生产工作,组织、指导水库、水电站大坝的安全监管,指导水利建设市场的监督管理,组织实施水利工程建设的监督。

(11)开展水利科技和外事工作。组织开展水利行业质量监督工作,拟订水利行业的技术标准、规程规范并监督实施,承担水利统计工作,办理国际河流有关涉外事务。

四、国家林业局

(一)历史沿革

1949 年 10 月,中央人民政府林垦部成立,受财政经济委员会指导。1951 年 11 月,林垦部改组为林业部,其垦务工作交给农业部管理。1954 年 12 月,中央人民政府林业部改称为中华人民共和国林业部。1956 年 5 月,全国人大常委会决定从林业部划分出部分职责,另外成立森林工业部。1958 年 2 月 11 日一届全国人大五次会议决定将林业部和森林工业部合并为林业部。1970 年 6 月,农业部和林业部合并为农林部。1979 年 2 月 16 日,农林部撤销,成立农业部和林业部。1998 年 3 月 10 日,九届全国人大一次会议通过《关于国务院机构改革方案的决定》。根据改革方案中关于"拟不再保留林业部"的内容,国务院将林业部改组为国家林业局,列入国务院直属机构序列。国家林业局于 1998 年 4 月 8 日正式成立。

(二)主要职责

根据国务院批准的《国家林业局主要职责内设机构和人员编制规定》(国办发〔2008〕93 号),国家林业局的主要职责是:

(1)负责全国林业及其生态建设的监督管理。拟订林业及其生态建设的方针政策、发展战略、中长期规划和起草相关法律法规并监督实施。制定部门规章、参与拟订有关国家标准和规程并指导实施。组织开展森林资源、陆生野生动植物资源、湿地和荒漠的调查、动态监测和评估,并统一发布相关信息。承担林业生态文明建设的有关工作。

(2)组织、协调、指导和监督全国造林绿化工作。制定全国造林绿化的指导性计划,拟订相关国家标准和规程并监督执行,指导各类公益林和商品林的培育,指导植树造林、封山育林和以植树种草等生物措施防治水土流失工作,指导、监督全民义务植树、造林绿化工作。承担林业应对气候变化的相关工作。承担全国绿化委员会的具体工作。

(3)承担森林资源保护发展监督管理的责任。组织编制并监督执行全国森林采伐限额,监督检查林木凭证采伐、运输,组织、指导林地、林权管理,组织实施林权登记、发证工作,拟订林地保护利用规划并指导实施,依法承担应由国务院批准的林地征用、占用的初审工作,管理重点国有林区的国有森林资源,承担重点国有林区的国有森林资源资产产权变动的审批工作。

(4)组织、协调、指导和监督全国湿地保护工作。拟订全国性、区域性湿地保护规划,拟订湿地保护的有关国家标准和规定,组织实施建立湿地保护小区、湿地公园等保护管理工作,监督湿地的合理利用,组织、协调有关国际湿地公约的履约工作。

(5)组织、协调、指导和监督全国荒漠化防治工作。组织拟订全国防沙治沙、石漠化防治及沙化土地封禁保护区建设规划,参与拟订相关国家标准和规定并监督实施,监督沙化土地的合理利用,组织、指导建设项目对土地沙化影响的审核,组织、指导沙尘暴灾害预测预报和应急处置,组织、协调有关国际荒漠化公约的履约工作。

(6)组织、指导陆生野生动植物资源的保护和合理开发利用。拟订及调整国家重点保护的陆生野生动物、植物名录,报国务院批准后发布,依法组织、指导陆生野生动植物的救护繁育、栖息地恢复发展、疫源疫病监测,监督管理全国陆生野生动植物猎捕或采集、驯养繁殖或培植、经营利用,监督管理野生动植物进出口。承担濒危物种进出口和国家保护的野生动物、珍稀树种、珍稀野生植物及其产品出口的审批工作。

(7)负责林业系统自然保护区的监督管理。在国家自然保护区区划、规划原则的指导下,依法指导森林、湿地、荒漠化和陆生野生动物类型自然保护区的建设和管理,监督管理林业生物种质资源、转基因生物安全、植物新品种保护,组织协调有关国际公约的履约工作。按分工负责生物多样性保护的有关工作。

(8)承担推进林业改革,维护农民经营林业合法权益的责任。拟订集体林权制度、重点国有林区、国有林场等重大林业改革意见并指导监督实施。拟订农村林业发展、维护农民经营林业合法权益的政策措施,指导、监督农村林地承包经营和林权流转,指导林权纠纷调处和林地承包合同纠纷仲裁。依法负责退耕还林工作。指导国有林场(苗圃)、森林公园和基层林业工作机构的建设和管理。

(9)监督检查各产业对森林、湿地、荒漠和陆生野生动植物资源的开发利用。制定林业资源优化配置政策,按照国家有关规定,拟订林业产业国家标准并监督实施,组织指导林产品质量监督,指导赴境外森林资源开发的有关工作。指导山区综合开发。

(10)承担组织、协调、指导、监督全国森林防火工作的责任,组织、协调、指导武装森林警察部队和专业森林扑火队伍的防扑火工作,承担国家森林防火指挥部的具体工作。承担林业行政执法监管的责任,指导全国森林公安工作,监督管理森林公安队伍,指导全国林业重大违法案件的查处。指导林业有害生物的防治、检疫工作。

(11)参与拟订林业及其生态建设的财政、金融、价格、贸易等经济调节政策,组织、指导林业及其生态建设的生态补偿制度的建立和实施。编制部门预算并组织实施,提出中央财政林业专项转移支付资金的预算建议,管理监督中央级林业资金,管理中央级林业国有资产,负责提出林业固定资产投资规模和方向、国家财政性资金安排意见,按国务院规定权限,审批、核准国家规划内和年度计划内固定资产投资项目。编制林业及其生态建设的年度生产计划。

(12)组织指导林业及其生态建设的科技、教育和外事工作,指导全国林业队伍的建设。

五、国家海洋局

(一)历史沿革

国家海洋局成立于 1964 年,属于国务院机构,由海军代管。后来,成为国务院下设的统筹规划管理全国海洋工作的政府职能部门,是国务院直属机构。1993 年 4 月 19 日,国务院决定由国家科学技术委员会管理国家海洋局。1994 年国务院决定国家南极考察委员会办公室更名为国家海洋局南极考察办公室。1998 年 3 月 10 日,九届全国人大一次会议通过《关于国务院机构改革方案的决定》。根据改革方案中关于"组建国土资源部,拟不再保留地质矿产部"的内容,国务院决定由原来的矿产部、国家土地管理局、国家海洋局和国家测绘局共同组建国土资源部,同时保留国家海洋局和国家测绘局作为国土资源部的部管国家局。根据 2013 年十二届全国人大一次会议批准的《国务院机构改革和职能转变方案》和《国务院关于部委管理的国家局设置的通知》(国发〔2013〕15 号),国家海洋局的主要职责、内设机构和人员编制进行了进一步调整。

(二)主要职责

国家海洋局是监督管理海域使用和海洋环境保护、依法维护海洋权益、组织海洋科技研究的行政机构。根据国务院批准的《国家海洋局主要职责内设机构和人员编制规定》(国办发〔2013〕52 号),国家海洋局的主要职责是:

(1)负责起草内海、领海、毗连区、专属经济区、大陆架及其他海域涉及海域使用、海洋生态环境保护、海洋科学调查、海岛保护等法律法规、规章草案,会同有关部门组织拟订并监督实施海洋发展战略以及海洋事业发展、海洋主体功能区、海洋生态环境保护、海洋经济发展、海岛保护及无居民海岛开发利用等规划,推动完善海洋事务统筹规划和综合协调机制。

(2)负责组织拟订海洋维权执法的制度和措施,制定执法规范和流程。在我国管辖海域实施维权执法活动。管护海上边界,防范打击海上走私、偷渡、贩毒等违法犯罪活动,维护国家海上安全和治安秩序,负责海上重要目标的安全警卫,处置海上突发事件。负责机动渔船底拖网禁渔区线外侧和特定渔业资源渔场的渔业执法检查并组织调查处理渔业生产纠纷。负责海域使用、海岛保护及无居民海岛开发利用、海洋生态环境保护、海洋矿产资源勘探开发、海底电缆管道铺设、海洋调查测量以及涉外海洋科学研究活动等的执法检查。指导协调地方海上执法工作。参与海上应急救援，依法组织或参与调查处理海上渔业生产安全事故，按规定权限调查处理海洋环境污染事故等。

（3）负责组织编制并监督实施海洋功能区划，组织拟订并监督实施海域使用管理制度，组织开展海岸线和沿海省际间海域界线勘定工作，组织起草专属经济区和大陆架人工岛屿、设施和结构的建造、使用管理办法并监督实施。

（4）负责组织拟订海岛保护及无居民海岛开发利用管理制度并监督实施，按规定负责我国陆地海岸带以外海域、无居民海岛、海底地形地名管理工作，制定领海基点等特殊用途海岛保护管理办法并监督实施。

（5）负责组织开展海洋生态环境保护工作。按国家统一要求，组织拟订海洋生态环境保护标准、规范和污染物排海总量控制制度并监督实施，制定海洋环境监测监视和评价规范并组织实施，发布海洋环境信息，承担海洋生态损害国家索赔工作，组织开展海洋领域应对气候变化相关工作。

（6）负责拟订海洋观测预报和海洋灾害警报制度并监督实施，组织编制并实施海洋观测网规划，发布海洋预报、海洋灾害警报和公报，建设海洋环境安全保障体系，参与重大海洋灾害应急处置。

（7）负责组织拟订并实施海洋科技发展规划，拟订海洋技术标准、计量和规范，组织实施海洋调查，建立推动海洋科技创新的机制。

（8）负责组织开展海洋经济运行综合监测、统计核算、评估及信息发布工作，研究提出优化海洋产业结构的政策建议。

（9）负责开展海洋领域国际交流与合作，参与涉外海洋事务谈判与磋商，组织履行《海洋法公约》《南极条约》等国际海洋公约、条约和协定，承担极地、公海和国际海底相关事务。

（10）承担国家海洋委员会的具体工作。承办国务院、国家海洋委员会和国土资源部交办的其他事项。

基本概念

环境与资源保护法体系　　宪法　　环境与资源保护基本法　　《环境保护法》环境与资源保护单行法　　环境标准　　环境与资源保护管理机构

思考分析

1. 如何理解环境与资源保护法体系？

2. 试述世界上比较完备的环境与资源保护法体系模式。

3. 我国宪法中有关环境与资源保护的规定主要有哪些？

4.简述 2014 年《环境保护法》(修订)。

5.试述我国环境与资源保护单行法。

6.简述我国五类环境标准的制定情况。

7.分析我国中央政府层次上环境与资源保护管理机构的主要职责。

第六章

环境与资源保护法的基本原则

【内容提要】

    环境与资源保护法体系中有某些最后原则,从而引申出所有其他原则;这些最后原则就是其基本原则。基本原则的作用是作为整个环境与资源保护法的基础,并且是解释、执行和发展环境与资源保护法律各种具体规范的指引。环境与资源保护法的基本原则包括可持续发展原则、尊重和利用生态规律原则、尊重主权和国际合作原则、风险预防和损害预防原则、适当运用经济学理论和方法的原则、公众参与原则以及国家管理原则等七项基本原则。

第一节　环境与资源保护法基本原则概述

    无论在汉语还是在拉丁和斯拉夫语族的语言中,"原则"一词的核心义项都是根本规则。法学理论认为,法律在形式上由规则构成,而法律规则又有其分类和/或由其部分形成某一法律规范或者某种制度。任何一个法律体系都有某些原则作为其基础,原则的作用在于被认为是解释、执行和发展各种具体法律规则的指引。[①]法律原则应该是分层次的。可以分为最高或者首要原则(正义原则)、(一国)整体法律体系的基本原则、部门法律体系的基本原则以及一般原则四个层次。一个法律体系中的最后原则就是其基本原则,其作用是作为整个法律体系的基础,引申出所有一般原则。环境与资源保护法也是一样,有其自身的基本原则,一贯地被视为整个环境与资源保护法体系的基础,在这些原则的基础上,引申和发展环境与资源保护法的原则、规则和规章、制度。

---

① 拉兹认为,法律原则具有解释规则的基础、变更规则的根据、规则中特殊例外的基础、解决特定的案件以及制定新规则的根据这 5 种功能。See Joseph Raz, "Legal Principles and the Limits of Law", *The Yale Law Journal*, 1972, 81, pp. 839 - 842.

关于环境与资源保护法基本原则,目前并不存在一个为所有人都接受的定义。笔者认为,所谓环境与资源保护法基本原则,是指具有较强环境与资源保护法特质的,贯穿于环境与资源保护法律规范整体,在环境与资源保护法的制定、执行和实施活动过程中必须遵循和贯彻的根本性原则。所谓具有较强环境与资源保护法特质,是指或为环境与资源保护法所特有,或对于环境与资源保护法有着特别重要的意义。

至于哪些原则属于环境与资源保护法基本原则,国内外学者见仁见智。笔者认为,作为环境与资源保护法基本原则的原则,应该符合下列四项条件:为国际社会所公认;具有普遍意义;适用于环境与资源保护法的一切效力范围;构成环境与资源保护法的基础。研究环境与资源保护法基本原则的意义,一方面在于,环境与资源保护法的制定、执行和实施活动和过程中必须遵循和贯彻,从而确保环境与资源保护法体系的完整、协调和统一。另一方面在于,在缺乏具体的、具有可操作性的环境与资源保护法律规范的情形下,采取的措施或者作出的行为应该同环境与资源保护法基本原则相一致。

根据环境与资源保护法基本原则应该符合的前述四项条件,从有利于国际环境与资源保护法律及学术交流的角度,大致上遵循逻辑发展的理路,笔者认为,可以归属于环境与资源保护法基本原则的有可持续发展原则、尊重和利用生态规律原则、尊重主权和国际合作原则、风险预防和损害预防原则、适当运用经济学理论和方法的原则、公众参与原则以及国家管理原则等七项基本原则。在相互关系方面,这七项基本原则之间是一种辩证关系,但是可持续发展原则以及尊重和利用生态规律原则具有统领性的地位、作用、功能和价值。

第二节　可持续发展原则

一、可持续发展的概念

"可持续发展"第一次作为术语被明确提出,见于国际自然资源保护联合会、联合国环境规划署和世界自然基金会于 1980 年共同出版的《世界自然保护策略:为了可持续发展的生存资源保护》一书。该书指出:"可持续的发展意味着,必须既考虑经济方面又考虑社会和生态方面,必须既考虑生物资源之根本又考虑非生物资源之根本,必须既考虑可供选择行为的短期利害又考虑其长期利害。"[①]但是,作为一种理念,其形成是以世界环境与发展委员会 1987 年的报告《我们共同的未来》为

---

① IUCN, UNEP, WWF, *World Conservation Strategy*, Gland, 1980, para. 3 of Part 1.

标志的。报告指出:可持续发展是指"既满足当代人的需要,又不对后代人满足其需要的能力构成危害的发展"。它"包括两个重要的概念:'需要'的概念,尤其是世界上贫困人民的基本需要,应该将此放在特别优先的地位来考虑;'限制'的概念,技术状况和社会组织对环境满足眼前和将来需要能力施加的限制"。[①]

按照该报告的阐释,可持续发展是一种基于生态学、伦理学理念的综合发展观。1992 年联合国环境与发展大会在《里约宣言》《21 世纪议程》等国际政策法律文件中对可持续发展理论予以采纳。例如,《里约宣言》原则 1 宣告,人类"应该享有以与自然相和谐的方式过健康而富有生产成果的生活的权利";原则 3 主张,"为了公平地满足今世后代在发展与环境方面的需要,求取发展的权利必须实现"。

对于我国倡导的生态文明,可以理解为可持续发展与我国国情和实践相结合的升华产物。生态文明的提出和发展经历了从概念到内容,从哲学到应用学科,从理论到实践不断深化的过程。在 1987 年 6 月的全国生态农业研讨会上,针对我国生态环境趋于恶化的态势,生态农业科学家叶谦吉呼吁"大力提倡生态文明建设",引起了与会者的共鸣。中共十七大报告第一次在党的文件中提出生态文明的概念以及"建设生态文明""树立生态文明观念"的要求。十八大报告对生态文明理念首次做出概括,就生态文明建设首次做出全面部署,提出中国特色社会主义事业总体布局由经济建设、政治建设、文化建设、社会建设、生态文明建设构成"五位一体"。十八届五中全会提出了"创新、协调、绿色、开放、共享"五大发展理念。笔者认为,作为一种文化,生态文明是指一个地区、国家或者人类在一定时期生产生活中,遵循人、自然、社会、经济四者之间和谐发展这一客观规律,将生态优先类文化作为主导或者最高文化和伦理思想;作为一个过程,生态文明是指一个地区、国家或者人类在一定时期内于生产生活中不断发展完善和践行生态优先这种主导或者最高文化和伦理思想的过程。

二、可持续发展原则的内容

可持续发展理念的内涵极其丰富,涉及范围非常广泛。国际上有许多权威机构或者学者对之进行了解释。[②]其中,英国著名国际环境法学家菲利普·桑兹(Philippe Sands)的四要素说具有一定的代表性和合理性,因为它"抓住了可持续

---

① 世界环境与发展委员会:《我们共同的未来》,王之佳等译,吉林人民出版社 1997 年版,第 52 页。

② 参见金瑞林主编:《环境与资源保护法学》,北京大学出版社 2006 年版,第 79 页。

发展原则的主要内容",①并为许多权威学者所认可。② 他提出,可持续发展原则包含代际公平、代内公平、可持续利用以及环境与发展一体化四个核心要素。③

(1)代际公平(intergenerational equity)。有关代际公平的较完整理论是由伊迪丝·布朗·韦斯(Edith Brown Weiss)于1984年首先提出的。它是指每一代人都是后代人的地球权益的托管人,应该实现每一代人之间在开发、利用自然资源方面的权利的平等。代际公平的要求有三项:一是"保存选择原则",即每代人既应该为后代人保存自然和文化资源的多样性,又享有可与前代人相比的多样性的选择权利;二是"保存质量原则",即每代人既应该保持地球生态环境质量,又享有前代人所享有的那种地球生态质量的权利;三是"保存取得和利用原则",即每代人应该对其成员提供平等的取得和利用前代人遗产的权利并为后代人保存这项取得和利用权。④对代际公平的承认体现于不少全球性或者地区性国际条约和国际裁判文书之中,⑤并在许多国家的国内政策和法律中得到了规定。

(2)代内公平(intragenerational equity)。它是指代内的所有人,不论其国籍、种族、性别、经济发展水平和文化等方面的差异,对于利用自然资源和享受良好的环境享有平等的权利。实现代内公平,最重要的和根本的是建立国际经济新秩序和新的全球伙伴关系,把建立新的国际经济秩序同环境保护结合起来。1991年《发展中国家环境与发展部长级会议北京宣言》提出"必须建立一个有助于所有国家,尤其是发展中国家持续和可持久发展的公平的国际经济新秩序,为保护全球的环境创造必要条件"。要实现代内公平,就必然要求发达国家的财富和技术以非商业性的条件向发展中国家转移,以帮助发展中国家提高可持续发展的能力;要求发达国家改变其传统的生产和消费模式,减轻地球的负担;要求发展中国家选择可持

---

① 王曦 编著:《国际环境法》(第二版),法律出版社2005年版,第102页。

② 例如,由著名国际(环境)法学者伊迪丝·布朗·韦斯(Edith Brown Weiss)、斯蒂芬·C·麦卡弗里(Stephen C. McCaffrey)、丹尼尔·巴斯陶·马格劳(Daniel Barstow Magraw)、A·丹·塔洛克(A. Dan Tarlock)编写的影响广泛的《国际环境法律和政策》(第二版)也指出:"根据《布伦特兰委员会报告》和其后的许多国际文件……,可持续发展具有四项最主要的特征:……(代际公平);……(代内公平);必须在这样一种重要程度上保护环境,使之能够提供我们现在所说的不可或缺的环境功能;对环境、经济和文化问题不能孤立对待,而是必须一体化处理"。See Edith Brown Weiss, et al., *International Environmental Law and Policy* (2nd edn), Wolters Kluwer, 2006, pp. 46–47.

③ Philippe Sands, *Principles of International Environmental Law I* (2nd edn), Cambridge University Press, 2003, pp. 252–266.

④ 参见王曦编著:《国际环境法》(第二版),法律出版社2005年版,第102–103页。

⑤ 例如,《国际捕鲸管制公约》(1946年)序言,《濒危野生动植物物种国际贸易公约》(1973年)序言,《南太平洋自然保护公约》(1976年)序言,《禁止为军事或者任何其他敌对目的使用环境致变技术公约》(1977年)序言,《野生动物迁徙物种保护公约》(1979年)序言,《东南亚国家联盟保护自然和自然资源协定》(1985年)序言,《保护和利用跨界水道和国际湖泊公约》(1992年)序言;国际法院"关于使用或者威胁使用核武器的合法性的法律咨询意见"(1996年)(其中指出:环境代表着"人类包括其未出生的后代的健康。")。

续的经济发展模式和生活方式,避免重走发达国家"先污染后治理,先破坏后修整"的老路。

(3)可持续利用(sustainable utilisation)。它是指在自然资源利用方面,每代人应该以可以持续的方式进行利用。对于可再生资源,应该在保持它的最佳更新能力的限度内予以开发利用;对于不可再生资源,应该为后代人保存一定的量;对于非耗竭性资源,则应该鼓励尽量开发利用。[1]关于可持续利用这一要求,不仅载入许多全球性或者地区性国际条约之中,[2]而且在许多国家的国内政策和法律中有所规定。为了实现可持续利用,各国必须尽快改变现行的生产和消费方式,并推行适当的人口政策。这也是《里约宣言》原则 8 以及《人类环境宣言》原则 27(人口政策)和原则 28(消费方式)的要求。

(4)环境与发展一体化(integration of environment and development)。它是指人类应该将保护环境同社会、经济及其他方面的发展进行有机的结合、协调和统一,不能以保护环境为理由或者借口否定发展,也不能以发展为理由或者借口牺牲环境。[3]不仅从许多全球性或者地区性国际条约之中,[4]而且在许多国家的国内政策和法律中,我们都可以发现环境与发展一体化的规定。环境与发展的一体化、实现可持续发展是 1992 年联合国环境与发展大会的主题。当然,发达国家与发展中国家在处理环境与发展的关系方面可以有不同的侧重点。消除贫穷是发展中国家实现可持续发展的必不可少的条件。《里约宣言》原则 3 主张,世界各国,尤其是发展中国家,"求取发展的权利必须实现"。

三、可持续发展原则的影响

综合考察和分析可持续发展的四个核心要素,不难发现:可持续发展的前提是发展,其目的在于增进人类福祉,改善人类生活质量,同时应该维护生态系统的健康平衡。也就是说,应该把社会经济的发展同生态系统的健康平衡有机地结合起来。这就要求,对人类生存和发展基础的环境和自然资源的开发和利用,应该在利

---

[1]　参见王曦编著:《国际环境法》(第二版),法律出版社 2005 年版,第 106 - 107 页。

[2]　例如,《国际捕鲸管制公约》(1946 年)序言,《濒危野生动植物物种国际贸易公约》(1973 年)序言,《南太平洋自然保护公约》(1976 年)序言,《禁止为军事或者任何其他敌对目的使用环境致变技术公约》(1977 年)序言,《野生动物迁徙物种保护公约》(1979 年)序言,《东南亚国家联盟保护自然和自然资源协定》(1985 年)序言,《保护和利用跨界水道和国际湖泊公约》(1992 年)序言。

[3]　参见王曦编著:《国际环境法》(第二版),法律出版社 2005 年版,第 107 页。

[4]　例如,《国际捕鲸管制公约》(1946 年)序言,《濒危野生动植物物种国际贸易公约》(1973 年)序言,《南太平洋自然保护公约》(1976 年)序言,《禁止为军事或者任何其他敌对目的使用环境致变技术公约》(1977 年)序言,《野生动物迁徙物种保护公约》(1979 年)序言,《东南亚国家联盟保护自然和自然资源协定》(1985 年)序言,《保护和利用跨界水道和国际湖泊公约》(1992 年)序言。

用效率最大化和废弃(污染)物质最小化的基础之上进行,人类社会经济的发展必须控制在地球生态系统的承载能力之内。与传统的发展观念相比,可持续发展在对发展概念的理解上要求人类更新伦理道德和价值观,更新人类的生产方式和生活方式。

在政策法律领域,可持续发展原则的影响是,环境与资源保护法应该将实现人类社会经济的可持续发展作为法律所追求实现的理想目标,法律规范应该以新的发展观取代传统的发展观,从而使人类的思想和行为在法律规范的引导下发生根本性的转变。具体而言:

(1)环境与资源保护法必须立足于经济学、生态学和环境科学等自然和社会科学的知识,规定合理、有效的措施、方法和手段。只有这样,环境与自然资源才能够得到科学意义上的有效保护,可持续发展才会得以真正实现。

(2)环境与资源保护法应该在环境承载能力和可再生自然资源的可再生能力之内,制定有关的消耗标准和消费标准,鼓励或者促进单位和个人采纳。

(3)环境与资源保护法需要规范不可再生自然资源耗竭的速率,保护生物多样性,从而尽可能地少妨害或者减损后代人类的选择。

(4)为了维护生态系统的健康平衡,环境与资源保护法应该要求把对大气质量、水和其他自然因素或者自然条件的不利影响降低到最低程度。

第三节　尊重和利用生态规律原则

在环境和自然资源问题的认识和解决方面,人类社会曾经历了几次大的从思想到方法上的变革和更新。过去采取的对策和措施都由于只治“果”而不纠“因”,导致问题愈演愈烈。现代生态学研究成果为人类揭示了生态系统平衡的基本原理,得出了这样的结论,即,人类活动对自然生态系统以及能量转换的所有影响都可以简化为两个途径:①改变物质和/或能量的输入或者输出;②制造物质和/或能量转移或者转化的新路径或者改变现有路径。因此,为了保护人类生存的环境,人类就应当在其活动与生态系统关系最为密切的两个基本领域——生产和消费中改变其过去的方法。首先,生产和生活废弃物的排放量不应该超过环境容量的极限,该极限就是生态系统自动调节能力的极限;其次,生产对自然资源的需要量同环境对自然资源的可供量之间保持平衡。

生态学的原理警示我们:对于生态规律,人类只能去适应它、利用它,而不应该为所欲为或者不顾后果地违背其而行事;只有遵循生态规律,人类才能够在地球自然界中继续生存和发展下去。从开发和利用资源直到排放废弃物和污染物,人类的所有活动都可以被看作是在改变自然生态系统的物质和/或能量的输入和输出,当这种改变达到一定程度时,就有可能导致生态系统的崩溃。正如恩格斯所指出的："我们不要过分陶醉于我们人类对自然界的胜利。对于每一次这样的胜利，自然界都对我们进行报复。每一次胜利，起初确实取得了我们预期的结果，但是往后和再往后却发生完全不同的、出乎预料的影响，常常把最初的结果又消除了。"①所以，在建设环境与资源保护法治的过程中，必须在考虑保护当代人类利益的同时，还应该考虑保护生态系统这一人类的生存条件，考虑到人类近期和长期利益的实现还需要有众多的环境条件做支撑，时刻以生态规律来衡量某项调整人类行为的法律规范。

尊重和利用生态规律原则，是指在环境与资源保护法的制定和一体遵守中，应该充分考虑和尊重自然和生态演变的规律，以地球生态系统平衡的基本原理作为制定法律的科学理论基础。这一基本原则的要求如下：

(1)"物物相关"律要求，在开发或者利用某一环境要素或者自然条件时，应该考虑这种活动对其他环境要素、自然条件乃至整个生态系统的影响；在开发利用某一环境要素的某一项功能时，要考虑对该环境要素的其他功能的影响。因此，环境与资源保护法必须基于调查研究、注重统筹规划考量，对每一种环境要素和自然条件的保护以及它们之间的相互影响。环境与资源保护法中的土地利用规划、环境影响评价等规定，盖源于此。

(2)为了保护和改善环境，维护生态系统的健康平衡，根据"相生相克"律，既不能任意地向某一生态系统引进原来没有的物种，也不能在生态系统中随意除去一个物种。因为这两种做法都必然或者可能地，不仅会使被引进的物种发生种群爆发或者被除去的物种灭绝，也可能造成该生态系统生物链上其他物种的种群爆发或者灭绝，从而危及生态系统的健康平衡。例如，长白山森林生态系统引进了原来没有的美国白蛾这一物种，而该生态系统中又没有白蛾的天然捕食者，结果造成美国白蛾在该生态系统中发生种群大爆发，从而威胁着该生态系统。再如，由于江南农田生态系统中的蛇被人为地减少或者消灭，鼠类严重缺少了天敌，结果导致江南农田生态系统中鼠类发生种群大爆发，当地生态系统的健康平衡受到很大威胁。因此，环境与资源保护法应该就向原有生态系统引进原来没有的物种或者在原有生态系统中人为地消灭某一原有物种这些方面的事宜作出规范。这就是为什么物种保护、野生动植物保护以及动植物检疫内容构成环境与资源保护法重要内容的科学依据。

(3)"能流物复"律要求，为了维护生态平衡，必须尽可能充分地利用能量，不使它简单地逸散入环境。因此，环境与资源保护法需要就有关发展生态农业以及鼓励建立符合生态规律的生活方式和生产方式的事宜作出规定。尤其是，某种物质一旦进入环境，便会在环境中不断地循环，有些还会在生物体内累积(即"生物富

---

① 《马克思恩格斯选集》第 4 卷，人民出版社 1995 年版，第 383 页。

集"),发生致畸、致癌、致突变等作用,因此,环境与资源保护法中还应该有关于防止环境污染、特别是控制有毒有害物质的规定。

(4)运用"负载定额"律,为了维护某一生态系统的健康平衡,必须一方面使它所供养的生物的数量不超过其生物生产能力,另一方面还需确保排入该生态系统的污染物的数量或者能量不超过其自净能力,并且使冲击周期长于生态系统的恢复周期。因此,环境与资源保护法中需要就有关以产(生物产量)定供(畜类或其他物种数量)的事宜作出规定,就有关控制污染物排放量(包括浓度控制和总量控制)作出规定,就有关影响冲击周期方面的事宜(如春天砍树和除草、夏时捕鱼捉鳖)作出规定。

(5)根据"协调稳定"律,一个生态系统只有在结构和功能相对协调时才是稳定的。一方面,为了维护一个生态系统结构和功能的协调状态,也就是健康稳定的状态,必须千方百计地确保其生物物种的多样化,使其尽量免遭外来物种的不利干扰。另一方面,为了维护整个地球生态系统的健康稳定,需要促进、提倡或者鼓励单位和个人去创造结构和功能相对协调、生物生产能力高的人工生态系统。体现在环境与资源保护法上,就应该有关于保护生物多样性、森林和植被、水域和湿地的规定,有关于确保生态系统免遭不利干扰和有利于建设结构和功能相对协调的人工生态系统的规定。

(6)"时空有宜"律要求,在开发和利用某一特定地区的生态系统时,必须充分考虑其特性。例如,长江和黄河上游森林生态系统与苏南森林生态系统相比,有不同而特定的自然和社会经济条件组合。前者的主要功能是水土保持,而后者则可能是提供木材。所以,对前者应该在原则上禁止采伐。这就要求环境与资源保护法必须充分考虑地区特点。于是,环境管理的区域性原则在环境与资源保护法中得到了体现,常常在一定程序和条件下实行地方法规优先原则。例如,省级政府可以颁布严于国家标准的地方污染物排放标准,在颁布地方污染物排放标准的地区实施地方污染物排放标准。这在其他部门法中是很少见的。

总之,尊重和利用生态规律原则是人类应对环境和自然资源问题过程中必须遵循的基本原则,是建设环境与资源保护法治的理论基础。只有这样,才能规范和约束人类的行为,使其符合生态系统平衡的要求,从而保证人类世世代代的利益。因此,《里约宣言》原则7要求各国本着全球合作精神,开展合作,"养护、保护和恢复地球生态系统的健康和完整"。

第四节　尊重主权和国际合作原则

自 1648 年《威斯特伐利亚和约》签订以来,主权一直是国家组成之现代国际社会秩序的基石，是"国际法的基本的、最高的原则"。①根据 18 世纪著名西方国际法学家瓦特尔（Vattel）的经典表述，"任何民族，无论以什么方式自己进行治理并且不从属于任何其他民族，就是主权国家"。② 20 世纪初欧洲大陆最具权威的国际法学者之一菲德罗斯（Verdorss）对国家主权作出了进一步的阐释。他说"完全的自治构成国家主权的内侧，而独立则构成它的外面""现代概念"上的"主权国家是完全自治的、因而是独立的、不服从任何其他国家法律秩序的社会组织"。③在《联合国宪章》中，国家主权是首要原则，尽管它倡导和促进国际合作。但是，20 世纪后半叶以来，重大的环境与自然资源问题并不承认国家边界的人为分割，具有全球性质，而且全球化现实下的众多领域和事项的国际化趋势，更彰显国际合作的不可或缺。笔者认为，尊重主权和国际合作已经形成环境与资源保护法领域的一项基本原则。

所谓尊重主权和国际合作原则是指，以国家主权为基础，国家通过协商而放弃一定范围内或者程度上的主权，本着国际合作的精神，从而解决环境与资源保护领域内的全球性事项或者对国际事务具有全局性影响的事项的原则。具体而言：

第一，国际社会由主权国家所组成是一个政治现实，而且，每个国家都有自己的利益。因而，一国对于其单独管辖范围（特别是其领土范围）内的有关环境与自然资源的人、事、物等事项享有主权权利。但是，一国负有不得违法损害其管辖范围以外的环境与自然资源的责任。

第二，对于由两个或者两个以上多个国家共享的环境与自然资源，共享国家应该本着主权平等，考虑利益大小及所负历史责任等因素，放弃一定范围内或者程度上的主权，通过国际合作，共同承担保护共享环境与自然资源的责任。例如，对于由不同国家分别处于不同上、中、下游段的一条国际水道，任何水道国都不能借口对位于其领土范围的水道部分享有主权权利而置其他水道国的利益于不顾。

第三，国家管辖范围之外的环境与自然资源，属于全人类的共同财产、共同遗产或者共同关切事项，所有国家应该本着主权平等，考虑利益大小及所负历史责任等因素，放弃一定范围内或者程度上的主权，通过国际合作，共同承担保护这类环境与自然资源的责任。这类环境与自然资源包括公海以及在公海上方生存或者迁徙的鸟类和其他野生动物，公海海床和洋底及其底土，以及全球大气层（包括臭氧层）、南极地区，等等。

第四，对于一国独享、两个或者两个以上国家共享的环境与自然资源，如果存在对国际事务具有全局性影响的情形，所有国家应该本着主权平等，考虑利益大小

---

① I. Brownlie, *Principles of Public International Law* (4th edn), Clarendon Press, 1990, p. 287.

② E. de Vattel, *Le Droit des Gens, ou Principes de la Loi Naturelle*, M. DCC LVIIL, 1758, p. 18.

③ ［奥］阿·菲德罗斯 等:《国际法》,李浩培译,商务印书馆 1981 年版,第 12 页。

及所负历史责任等因素,放弃一定范围内或者程度上的主权,通过国际合作,共同承担保护这类环境与自然资源的责任。例如,尽管 1971 年《湿地公约》和 1972 年《世界遗产公约》的运作是建立在自愿性的名册或者目录的基础之上,①但是,一旦一片湿地被列为国际重要湿地,或者一个湖泊、一条河流或一个依水生态系统被列入《世界遗产名录》,那么,它们将处于国内法和国际法的双重保护之下。

尊重主权和国际合作原则既注意到国家主权和国际合作之间的形式冲突,更强调两者之间内容上的辩证关系。抛开国家主权而只讲国际合作,是脱离国际政治现实的不切实际的空想;反之,片面强调国家主权,不进行必要的国际合作,则会引发冲突,乃至毁灭人类发源于斯、生存于斯和发展于斯的地球生态系统和自然环境,导致人类自己的灭亡,而所谓国家主权也就成了无本之木、无源之水。

第五节 风险预防和损害预防原则

一、风险预防原则

风险预防原则(precautionary principle),是指应该广泛采取预防措施,遇有严重或者不可逆转损害的环境威胁时,不得以缺乏确实证据为理由,延迟采取符合成本效益的措施。

这项原则是针对环境恶化结果发生的滞后性和不可逆转性的特点而提出来的。一般情况下,只有在科学证据证实严重的环境和自然资源问题已经出现或即将出现时,国际社会或者国家政府才应该采取相应的行动。例如,1979 年《野生动物迁徙物种保护公约》第 3 条第 2 款规定,只有可靠证据,包括最佳可得科学证据,表明一迁徙物种处于濒临灭绝的危险之中时,方可将其列入公约的濒危迁徙物种名单。

风险预防原则强调不能以科学上的不确定性作为不行动或延迟行动的理由,要求在环境和自然资源问题尚未严重到不可逆转的程度之前采取行动,加以预防。1987 年《关于消耗臭氧层物质的蒙特利尔议定书》序言规定,缔约方"认识到全世界某些物质的排放会大大消耗和以其他方式改变臭氧层,对人类环境可能带来不利影响"并"念及这些物质的排放对气候的可能影响","决心采取公平地控制消耗

---

① 根据《湿地公约》第 2 条,列入国际重要湿地名册的适当湿地由缔约国自己指定。根据《世界遗产公约》第 3 条和第 11 条,每一缔约国可以自行确定并划定本国境内的属于公约第 1 条和第 2 条所规定的文化和自然遗产,申请将某一遗产列入《世界遗产名录》;在世界遗产委员会决定同意后,该遗产方可列入名录。

臭氧层物质全球排放总量的预防措施"。1992 年《生物多样性公约》序言规定,在"生物多样性遭受严重减少或损失的威胁时,不应当以缺乏充分科学定论为理由,而推迟采取旨在避免或尽量减轻此种威胁的措施"。1992 年《气候变化框架公约》第 3 条第 3 款规定,"当存在造成严重或不可逆转的损害的威胁时,不应当以科学上没有完全的确定性为理由推迟采取这类措施"。

二、损害预防原则

损害预防原则(principle of prevention,principle of preventive action),是指应该尽早地在环境损害发生之前采取措施加以预防。这是国内环境与资源保护法的原则移植到国际环境与资源保护法上的结果。为了做到在行使其对自然资源的主权权利时不违法损害其他国家的或在国家管辖范围以外地区的环境和自然资源,国家必须遵循损害预防原则。

损害预防原则得到很多国际环境与资源保护法律文件的确认。例如,1982 年《海洋法公约》第 194 条第 1 款规定,"各国应在适当情形下个别或联合地采取一切符合本公约的必要措施,防止、减少和控制任何来源的海洋环境污染"。1992 年《生物多样性公约》序言指出,"注意到预测、预防和从根源上消除导致生物多样性严重减少或丧失的原因,至为重要"。

三、风险预防原则与损害预防原则之间的关系

风险预防与损害预防既有相同之处,又有差别。相同之处主要是它们都以预防环境损害的发生为目的。差别主要表现在以下三个方面:第一、前者重在采取预防措施以避免环境恶化的可能性,而后者则重在采取措施以制止或阻碍环境损害的发生;第二、前者所针对的是严重或不可逆转的环境损害的威胁或风险,而后者主要针对实际发生的或即将发生的环境损害;第三、前者所针对的是在科学上尚未得到最终明确的证实,但如等到科学证实时才采取防范措施就会为时已晚的环境损害的威胁或风险,而后者主要是指完全具有现实可能性的环境损害。

第六节　适当运用经济学理论和方法的原则

一、适当运用经济学理论和方法的原则的概念

在第二章中,我们已经讨论了经济学上成本效益分析方法以及环境与自然资

源的外部经济性问题。经济学关于解决环境与自然资源的外部不经济性问题的理论和成本效益分析方法,在市场经济条件下具有很大的应用价值。市场经济条件下的环境与资源保护立法、执法和司法活动必须尊重市场规律,适当运用经济学的理论和方法,否则,所制定出来的环境与资源保护法律规则、规范和制度就难以符合市场规律,或难以得到有效实施,或阻碍市场经济的健康发展,或容易引发国际争端。

运用经济学理论和方法的原则,是指在环境与资源保护法中应该尊重经济规律,注重发挥市场的基础性作用和积极作用,运用激励原理、财产权理论、生态环境效益的损益分析方法、对法律规范的成本效益分析方法等经济学方法于环境与资源保护活动的预测、评价、管理以及拟定(或既定)法律制度的设计与分析之中,作为指导(制定或修改)法律以及确立法律规范的理论基础,以真正通过立法实现社会、经济、生态环境三方面效益的均衡和综合决策。世界环境与发展委员会1987年报告《我们共同的未来》指出:"经济学与生态学必须完全统一到决策和立法过程中,不仅要保护环境,而且也要保护和促进发展。"运用经济学理论和方法的原则,为《里约宣言》原则16所确认和提倡。原则16要求,"国家当局应该致力于促进环境成本内部化以及使用经济手段"。我国《环境保护法》第31条第3款规定:"国家指导受益地区和生态保护地区人民政府通过协商或者按照市场规则进行生态保护补偿。"

二、经济学方法在环境与资源保护法中的运用

经济学方法在环境与资源保护法中的运用,主要包括三个方面:

第一,环境与资源保护法应该尊重经济规律,注重发挥市场的基础性作用和积极作用。首先,市场机制是环境与资源保护领域运行的基础机制,非由于解决市场失灵问题,政府不以法律为工具直接或者间接手段干预自由、竞争的环境与资源保护市场的运行。其次,即使是解决市场失灵问题,政府干预环境与资源保护市场运行的手段或者措施也应该尽可能是间接的、短期的,不构成对市场的扭曲。

第二,作为一种法律制度或者措施,将经济学研究的成果确立于环境与资源保护立法之中。也就是采取经济效果最佳的措施并将其制度化。例如,在解决环境与自然资源的外部不经济性问题,运用财产权理论,合理增加污染者或者自然资源利用者应该承担的外部成本。污染者负担原则就是一项比较成功的机制。

第三,运用经济学的分析方法,对环境与资源保护法律制度或者措施以及国家社会经济政策的环境效果或者有效性进行评估、分析和评价。一般认为,对环境与资源保护法律规范或者机制进行经济分析首先出现在美国。罗斯福在美国国内实施"新政"期间,美国环境立法理论的一大发展是将经济学原理运用于立法活动之

中。例如,美国在 1936 年运用经济分析方法制定了《公共汽车尾气控制法》,在资源法律-成本-效益分析上作出了一项革新。

目前,对环境与资源保护立法进行经济学评估的主要范围包括评估环境与资源保护立法的经济成本,对法律实施的有效性进行经济分析,运用于环境—经济系统的投入产出分析和资源开发建设项目的国民经济评价。所有这些都与现代环境与资源保护法密切相关。

三、污染者负担原则

污染者负担原则(polluters pay principle)(又译"污染者付费原则")是一项比较成功的运用财产权理论来合理增加污染者应该承担的外部成本问题的机制。排污收费和排污许可证交易是这一机制的具体表现形式。一些经济学家在对排污收费和许可证交易等经济手段与通过法律进行的行政命令等直接管制手段进行比较后,得到的基本结论是:排污收费和许可证交易在环境效果方面是基本等同的,而且两者的经济效率一般都高于直接管制。

污染者负担原则,最早出现于欧洲经济合作组织理事会 1972 年 5 月 26 日《关于环境政策之国际经济事宜的指导原则》之中。[1]文件在第 4 段规定:"旨在于国际贸易和投资领域中鼓励合理利用稀缺环境资源以及避免扭曲的用于分配污染预防和控制措施成本的原则,是所说的'污染者负担原则'。这一原则是指,污染者应该承担公共当局为了确保环境处于一种可以接受的状态而所决定的实施上述措施的成本。换言之,这些措施的成本应该反映于那些在生产和/或消费过程中产生污染的货物和服务的成本之中。"它一经提出,很快得到了国际社会的广泛承认或者确认,并被很多国家确定为环境与资源保护法的一项原则或者机制。例如,《里约宣言》原则 16 所规定:"考虑到造成污染者在原则上应该承担污染费用的思路,正当顾及公共利益以及不扭曲国际贸易和投资,国家当局应该致力于促进环境成本内部化以及使用经济手段。"

关于污染者应该负担费用的范围,国际上主要存在两种意见。一种意见认为,污染者应该承担其污染造成的全部环境费用。所谓全部环境费用,在日本有人主张包括防治公害费用、环境恢复费用、预防费用和被害者救济费用。理由是,作为损害环境和公民健康的加害者,污染者理应承担所造成后果的全部责任。另一种意见则认为,把全部环境费用都加在生产者身上,会造成污染者负担过重而不利于经济的发展,而且在实践中也很难行得通。他们主张,污染者仅应该承担消除污染

---

① Guiding Principles concerning International Economic Aspects of Environmental Policies, C(72)128, May 26, 1972.

费用和损害赔偿费用这两项费用。消除污染费用包括治理污染源和恢复被污染的环境的费用;损害赔偿费用是指赔偿环境污染受害者的人身和财产损失。由于后一种主张提出的负担范围比较适当、合理,它为更多国家所采纳和确认。

参照污染者负担原则的精神,我国《环境保护法(试行)》中曾规定"谁污染谁治理的原则"。该法第 6 条规定:"已经对环境造成污染和其他公害的单位,应该按照谁污染谁治理的原则,制定规划,积极治理,或者报请主管部门批准转产、搬迁。"2014 年《环境保护法》涉及污染者负担原则的条款主要是:①第 5 条规定,环境保护坚持包括损害担责在内的五项原则。②第 43 条规定:"排放污染物的企业事业单位和其他生产经营者,应当按照国家有关规定缴纳排污费。……依照法律规定征收环境保护税的,不再征收排污费。"③第 64 条规定:因污染环境和破坏生态造成损害的,应当依照《侵权责任法》的有关规定承担侵权责任。《环境保护税法》第2 条规定:在我国领域和管辖的其他海域,直接向环境排放应税污染物(大气污染物、水污染物、固体废物和噪声)的企业事业单位和其他生产经营者为环境保护税的纳税人,应当依照规定缴纳环境保护税。但是,《环境保护税法》存在内在体系矛盾和名不副实的严重问题。而且,由于有些应税污染物之间可以相互转化、与非应税污染物之间可以转化,需要环境保护税与排污费两种制度之间的有效衔接和协调,这样才能够让适用于非应税污染物的排污费制度中的按日处罚、超标加倍征收规定发挥应有的作用,而不是让一些排污者通过环境保护税制度来规避或者逃避按日处罚、超标加倍征收的处罚。[①]

四、成本效益分析方法

第二章中已经讨论,经济学中的成本效益分析方法在环境与资源保护政策法律中具有重要的潜在作用和功能。但是,成本效益分析方法不应该成为决策的唯一基础。美国学者认为,在环境与资源保护领域的决策中,适当运用成本效益分析方法需要遵循以下八项原则。[②]

第一,必须认识到,成本效益分析对于比较政策的有利和不利影响具有价值。

第二,不应该禁止决策者在制定法律和政策时考虑不同方案的经济成本和经济效益,应该允许政府机构运用经济分析来帮助确定监管的优先事项。

第三,在所有重大监管决策中,应该要求运用成本效益分析方法。

[①]　胡德胜:《〈环境保护税法(草案)〉的内在体系和名实问题》,《河南财政税务高等专科学校学报》2016 年第 5 期。

[②]　See K. J. Arrow, et al., "Is There a Role for Benefit-Cost Analysis in Environmental, Health, and Safety Regulation?", *Science*, 1996, 272, pp. 221 - 222.

第四，尽管应该要求政府机构在重大决策中进行成本效益分析，并就可靠证据显示可预见效益显著低于可预见成本时为何选择有关方案作出解释，但是政府机构不应该被严格的成本效益分析方法所束缚。

第五，只要可能，对拟议决策的效益和成本应该进行量化，对不确定性的描述应该给予最佳的估算。

第六，监管分析受到的外部审查越多，监管决策就可能越好。

第七，在计算效益和成本时，应该运用经济假设的核心理论。

第八，尽管成本效益分析应该主要关注效益和成本的总体关系，但是，一项好的分析还应该包括判断重要的其他影响。

第七节　公众参与原则

一、公众参与原则的概念

公众参与（public participation，英文有时也用 public involvement）是一个起源于西方现代公共/政府治理理论和实践、经由以联合国机构系统为主推动的国际政策法律文件的推进而广泛应用于世界各地的概念。它起初是一项政治原则或者实践，后来也被视为一项权利，即公众参与权（right to public participation）。可以将公众参与视为权力（利）的产生源泉，视为民主政治不可或缺的组成部分。虽然同"利益相关者参与""公民参与""社区参与"之间存在相同或者近义表述，有时相互替换使用，但是"公众参与"一词的使用最为普遍。尽管有些文献将公众参与的历史追溯得很远，不少文献将美国的实践和 1972 年《人类环境宣言》作为公众参与的兴起之源，但是，极大地推动并切实使得公众参与进入国际和国内公共政策领域的，无疑是 1992 年 6 月联合国环境与发展会议通过的《里约宣言》原则 10。应该从以下两个方面理解公众参与：①

就其内涵而言，公众参与作为一种程序，是指因公共机构关于某一（拟）决策事项（例如，一个项目、一个方案、一项规划、一项政策）（可能）遭受其正面或者负面影响的，或者对该（拟）决策事项感兴趣的个人、法人或者其他组织，通过交流信息、发表意见以及明确表达利益诉求等方式，旨在影响公共机构关于该（拟）决策事项的决策或者结果的过程；作为一种法律上的权力/权利，是一国公民所享有的并可通过其所在国有关团体、组织或者机构实施的国内法上的权力/权利，公共机构负有职责和义务考虑国内公众的意见并给出在决策中

① 胡德胜：《"公众参与"概念辨析》，《贵州大学学报（社会科学版）》2016 年第 5 期。

采用或者不采用的理由,国内公众享有获得法律救济程序的权利。

从其外延上看,公众参与应该包括公众有权通过适当的途径获得公共机构所掌握的关于(拟)决策事项的信息,有权获得参与公共机构决策程序的机会并进行参与,以及对其本国(拟)决策事项,通过本国法律救济程序获得救济这 3 个部分,而且它原则上不宜直接涉及政党政治和国家机构及其工作人员选举,尽管可以将政党列入公众的范围。

由于环境与资源保护关系到每个人的利益,是一项涉及每个人的事业,在环境与资源保护法的发展中,公众参与成为应对环境与自然资源问题和实现可持续发展的必不可少的重要组成部分,并逐渐成为环境与资源保护法的一项基本原则,贯穿于程序法和实体法之中。在《里约宣言》中,公众参与原则得到了确认。《里约宣言》原则 10 就公众参与原则作出了如下明确规定:

环境问题最好在所有有关公民在有关一级的参加下加以处理。在国家一级,每个人应有适当的途径获得有关公共机构掌握的环境问题的信息,其中包括关于他们的社区内有害物质和活动的信息,而且每个人应有机会参加决策过程。各国应广泛地提供信息,从而促进和鼓励公众的了解和参与。应提供采用司法和行政程序的有效途径,其中包括赔偿和补救措施。

二、我国法律有关公众参与原则的规定

首先,我国公民有参与涉及环境与自然资源的国家管理的权利。这项权利可以在宪法中找到根据。宪法第 2 条第 1、3 款分别规定:"中华人民共和国的一切权力属于人民。""人民依照法律规定,通过各种途径和形式,管理国家事务,管理经济和文化事业,管理社会事务。"根据这一规定,我国公民可以广泛参与国家的环境与自然资源管理。但是,公民依法参与国家管理的具体方式,需要立法上的进一步具体化、规定具有可操作性。

其次,我国公民享有一些参与环境与资源保护事务管理的权利。2002 年《环境影响评价法》第 5 条规定"国家鼓励有关单位、专家和公众以适当方式参与环境影响评价",从而首次确立了环境决策的公众参与原则。该法还规定对环境可能造成不良影响和涉及公众环境权益的各种规划项目和建设项目,应当在报送审批前举行论证会、听证会,或者采取其他形式征求有关单位、专家和公众对环境影响报告书草案的意见。

2014 年《环境保护法》是我国目前单行法律中关于行政机关或部门社会治理方面公众参与规定最为全面的一部法律。①第 4 条将公众参与规定为环境保护应当坚持的一项原则。②用专门一章即第 5 章"信息公开和公众参与"(第 53—58 条)就环境保护公众参与中的信息获取以及参与决策这两个方面作出了比较具体

的、具有一定可操作性的规定。③第 58 条就环境公益诉讼问题作出了规定。④第 62 条针对重点排污单位违反法律不公开或者不如实公开环境信息的行为,第 67 和 68 条针对政府及其有关主管部门、监督管理部门以及它们的工作人员违反关于公众参与的法律规定的行为,规定了制裁措施。

为了落实《环境影响评价法》和《环境保护法》关于公众参与的规定,环境保护部及其前身先后公布了《环境影响评价公众参与暂行办法》(2006 年 2 月)和《环境保护公众参与办法》(2015 年 7 月),就公众参与的原则、范围、公布信息、方式和程序等作出了进一步的具体规定。

最后,我国公民有对污染和破坏生态环境的行为进行监督、检举和控告的权利。我国《环境保护法》《大气污染防治法》《水污染防治法》《海洋环境保护法》等都规定公民享有监督、检举和控告的权利,这充分体现了环境管理的公众参与原则。

但是,在实践中,公民如何真正有效地参与环境管理、参与监督以及检举,还存在着许多障碍,有待解决。例如,在如何行使权利的形式和程序方面,缺乏具体的和具有可操作性的规定。

第八节　国家管理原则

一、国家管理原则的概念

伴随人类的社会活动,特别是经济活动,环境和自然资源问题一直存在并有所恶化。在 20 世纪 70 年代以前,环境和自然资源问题基本上被看成是由于工农业生产带来的污染问题,环境与自然资源保护工作主要被视为遵守一定工艺条件、治理污染的技术性问题,国家对环境与自然资源的管理充其量是动用一定技术和资金加上一定的法律和行政的保证来治理污染。

1972 年联合国人类环境会议是一个转折点。会议指出:环境和自然资源问题不仅是一个技术问题,也是一个重要的社会经济问题,不能只用科学技术的方法去解决污染,还需要用经济的、法律的、行政的、综合的方法和措施,从其与社会经济发展的联系中全面解决环境和自然资源问题。《人类环境宣言》宣布保护和改善环境是各国政府的责任(序言第 2 段),不仅要求国与国之间广泛合作和国际组织采取行动以谋求共同的利益(序言第 7 段),而且规定各国"必须授权适当的国家机关对国家的环境资源进行规划、管理或监督,以期提高环境质量"。从而,环境与自然资源管理成为一项国家职能,国家管理成为环境与资源保护法的一项基本原则。

国家管理原则是指,国家负有保护环境与自然资源的责任,应该在国际层面上通过国际合作而采取共同行动,在国内层面上通过立法和政策制定而组织适当的国家机关对国家的环境和自然资源进行规划、管理或者监督,从而保护环境和自然资源。

关于环境管理的概念,联合国环境规划署前执行主席托尔巴(M. K. Tolba)在一篇关于环境管理的报告中认为,环境管理是指依据人类活动(主要是经济活动)对环境影响的原理,制定与执行环境与发展规划,并且通过经济、法律等各种手段影响人类的行为,从而实现经济与环境的协调发展。由于环境和自然资源问题的阶段性和不同国家具体情况的不同,环境管理的范围有大和小之分。

小范围的环境管理主要指污染控制。例如,20 世纪 70 年代以前,美、日、德等工业发达国家管理的主要任务都基本上限于对大气、水、土壤和噪声污染的控制。我国那时的地方环保机构统称"三废办公室",也主要限于对污染的防治。即使在目前,有些国家的环境管理机构仍然主要管理污染防治工作。

大范围的环境管理则把污染防治和自然(资源)保护结合起来,包括自然资源、文物古迹、风景名胜、自然保护区和野生动植物的保护。特别是更大范围的环境管理认为,协调环境保护与经济发展、土地利用规划、生产力布局、清洁生产、循环经济、水土保持、森林草原植被管理以及自然资源养护等也都是环境管理的组成部分。

二、国家管理应该遵循的原则

环境与自然资源管理是国家管理职能的重要组成部分。国家管理除了遵循国家管理的一般性原则外,根据环境与自然资源管理的特点,还需要遵循下列四项具有一定特殊性的原则。

(1)综合性原则。环境与自然资源保护具有广泛性和综合性的特点,这决定了环境与自然资源的国家管理必须采取综合性措施,管理体制、管理制度、管理措施和手段都要贯彻综合性的要求。例如,在管理措施和手段方面,需要运用行政的、经济的、法律的、科学技术的、宣传教育的等多种形式。科学技术是所有手段的科学基础,法律和经济手段的综合运用则在环境与自然资源管理中起着特别关键性的作用。

(2)区域性原则。环境和自然资源问题的区域性特征明显,这决定了国家管理必须根据不同地区的不同情况,因地制宜地采取不同措施。特别是,我国幅员广大,地理环境情况复杂,各地区的人口密度、经济发展水平、自然资源分布、管理水平等都存在差别乃至很大的差别。这一国情决定了我国的国家管理需要遵循区域性原则。

具体而言:①制定环境政策和标准时,要尽可能考虑地区之间的差异性。②对某些环境要素、自然条件和/或自然资源(例如水、土地、森林、草原、湿地、自然保护区等)的保护以及污染防治,要考虑区域性原则。③适当下放权力,注意发挥地方有关环境与资源管理机构的作用。

(3)预测性原则。国家要对环境和自然资源进行有效的管理,掌握环境和自然资源的状况和变化趋势是前提条件。这就需要进行经常性的科学考察和调查评价,进而作出科学预测。也就是说,可靠的预测是进行科学的环境与自然资源管理和决策的基础和前提。因此,考察,调查,监测,评价,情报收集、分析和交流,以及综合研究等一系列工作,是国家管理不可或缺的重要内容。

(4)规划和协调原则。国家管理不是一个单独的环境保护专门机构所能够单独完成的工作。因此,国家管理就需要由国家进行组织协调和监督活动,使不同政府机构、不同部门、不同地区、不同行业能够分工协作、互相配合、各司其职,进而完成其各自职责范围内的环境与自然资源管理工作。

大多数工业发达国家的环境与自然资源管理经验表明,制定环境和自然资源规划既是国家管理的重要内容,也是实行有效的国家管理的重要方式。全面的、综合的管理措施应该体现于环境规划之中。环境规划可以分为长远规划和短期规划,或者全国规划和地方规划,或者工业污染防治规划、水域污染防治规划和自然环境保护规划等。

许多国家的环境与自然资源管理体制都是基于这一原则而建立的。正如后面在海洋环境保护部分所讨论的,根据法律规定,我国的海洋环境保护涉及国家环境保护部、国家海洋局、交通部港务监督部门、渔政部门、军队环境保护部门、地方环保主管部门等六个部门,如果没有以国家环境保护部为首的组织协调以及其他各有关部门的分工配合,就很难有效地保护海洋环境。

案例分析

怒江建设梯级发电站事件

第二章中,华电集团同云南省政府2003年3月14日签订关于在怒江建设梯级发电站事宜的《关于促进云南电力发展的合作意向书》所发生的怒江建设梯级发电站事件。

思考问题:

本案例涉及环境与资源保护法的哪些基本原则?为什么?

基本概念

基本原则 可持续发展 代内公平 代际公平 可持续利用 环境与发展一体化 生态规律 风险预防原则 损害预防原则 适当运用经济学理论和方法的原则 污染者负担原则 公众参与原则 国家管理原则

思考分析

1.简述环境与资源保护法的基本原则。

2.试述可持续发展原则及其在我国环境与资源保护法中的体现。

3.试述尊重和利用生态规律原则及其在我国环境与资源保护法中的体现。

4.试述风险预防和损害预防原则及其在我国环境与资源保护法中的体现。

5.试述适当运用经济学理论和方法的原则及其在我国环境与资源保护法中的体现。

6.试述公众参与原则及其在我国环境与资源保护法中的体现。

7.试述国家管理原则及其在我国环境与资源保护法中的体现。

第七章

环境标准

【内容提要】
　　环境标准是环境法律体系的重要组成部分,是环境执法和管理的技术依据,是进行环境评价的准绳,是推动环境保护科技进步的动力。我国向来重视环境标准工作,组织制定和修订了许多环境标准,包括环境质量标准、污染物排放(控制)标准、环境监测类标准、环境基础类标准和环境管理规范类标准。这些环境标准总体上分为两级和五大类,构成了具有中国特色的环境标准体系。

第一节　环境标准概述

一、环境标准的概念及特征

　　环境标准,是指为防治环境污染,维护生态平衡,保护人体健康,政府或其有关行政主管部门依据国家有关法律规定,对环境保护工作所需要统一的各项技术规范和技术要求制定的标准。

　　环境标准是环境保护法律体系的重要组成部分,正确实施环境标准是加强和完善环境法制建设的重要手段。环境管理的实践证明,环境标准既是环境执法的直接依据,又可以通过定量指标为执行其他相关法律规定做出定性处理提供技术依据。因此,环境标准的制定是否合理,实施是否正确,不仅会影响污染控制目标的实现,还会影响环境执法工作。

　　一般说来,环境标准是具有法律性的技术规范。其法律性质主要表现在:①规范性。环境标准同法律一样是一种具有规范性的行为规则。②法律约束力。例如,环境质量标准是制定环境目标和环境规则的依据,也是判断环境是否受到污染和制定污染物排放(控制)标准的法定依据;污染物排放(控制)标准更是实施法律、监督各种排污活动、判定排污活动是否违法的依据;在某些情况下,违反污染物排放(控制)标准,要承担相应的法律责任。③制定程序严格。环境标准要经授权由有关国家机关制定和修订(制(修)订)、审批、颁布和废止。

二、我国环境标准的发展

我国的环境标准是与环境保护事业同步发展起来的。1973年8月第一次全国环境保护工作会议审查通过了我国第一项环境标准——《工业"三废"排放试行标准》(GBJ4-73)。它奠定了我国环境标准的基础,为我国刚刚起步的环保事业提供了管理和执法依据,在"三同时"把关、排污收费、污染源控制和污染防治等方面发挥了重大作用。

1979年3月在成都召开的第二次全国环境保护工作会议决定进一步加强环境标准工作。同年制定的《环境保护法(试行)》明确规定了环境标准的制(修)订、审批和实施权限,使环境标准工作有了法律依据和保证。

1991年12月在广州召开的环境标准工作座谈会提出了新的环境标准体系。此后,针对排放标准的时限问题和重点污染源控制问题,进一步明确了排放标准的时间段的确定依据,综合排放标准及行业排放标准的关系,着手修订综合排放标准和重点行业的排放标准,进一步理顺和解决了实施中的一些问题。到1996年,在国家环境标准清理整顿中,制定和颁布了一批水、气污染物排放(控制)标准,进一步贯彻执行了广州会议的精神。

2000年4月29日九届全国人大第十五次常委会通过的《大气污染防治法》(修订)阐明了"超标即违法"的思想,使环境标准在环境管理中的地位进一步明确。

我国在建立国内环境标准的同时,还积极参加了国际上的环境标准化活动。从1980年起,我国陆续加入了国际标准化组织(ISO)的水质、空气质量、土壤三个技术委员会,建立了日常工作制度,做了大量的国际标准草案投票验证的工作,派出多个代表团参加国际会议。1996年随着ISO14000(环境管理体系)系列标准的陆续发布,原国家环境保护局在跟踪研究国际标准的基础上,积极开展试点工作,并于1997年成立了中国环境管理体系认证指导委员会,为我国顺利推进这项国际标准,为环境管理服务奠定了有力的组织保障。

到"十二五"末,我国累计发布国家环境保护标准1941项;现行标准1697项,涉及污染物综合排放、重点行业污染控制、机动车排放及监测、总量控制及流域污染控制等方面。地方标准层面,截至2015年末,北京、上海、山东、福建、浙江、重庆等20个省级行政区完成登记备案的地方标准共182项;现行地方标准148项,全部为污染物排放(控制)标准。

三、我国的环境标准体系

(一)环境标准体系的含义、特征

环境标准体系是根据环境标准的特点和要求,将其进行全面规划,统一协调,按照它们的性质、功能和内在联系进行分级、分类,构成一个有机联系的统一整体。各环境标准之间是互相联系、互相依存、互相补充的关系。只有具备这种特性,环境标准的功能才能得到充分发挥;例如,环境质量标准,只能以环境基础标准为指导,以环境方法标准为条件,以污染物排放(控制)标准为手段,才能产生应有的效果。环境标准体系不是一成不变的。它与一定时期的科学技术和经济发展水平以及环境污染和破坏的状况相适应,随着科学技术的进步和经济的发展与环境保护工作的需要而不断发展和变化。环境保护部 2017 年《国家环境保护标准制修订工作管理办法》规定,我国实行"两级五类"的环保标准体系。"两级"是指环保标准按照制订主体分为国家、地方两级;"五类"是指环保标准按照作用定位分为环境质量标准、污染物排放(控制)标准、环境监测类标准、环境基础类标准和环境管理规范类标准。

(二)我国环境标准的分级

根据环境标准制定机关的地位和适用范围,我国的环境标准分为国家环境标准(含环境保护部标准)和地方环境标准两级。

国家环境标准是指由环境保护部制定,并由其与国务院标准化行政主管部门共同发布在全国范围内适用的环境标准。在没有国家环境标准的场合,需要在全国环境保护范围内作统一的技术要求时,可以由环境保护部制定行业标准;行业标准在国家环境标准发布后自行失效。例如,《地表水环境质量标准》《电磁辐射防护规定》《土壤中钚的测定与离子交换法》《自然保护区类型与级别划分原则》《大气污染物无组织监测技术导则》等就是国家环境标准。

地方环境标准是指由省级政府制定并在其相应辖区内执行的环境标准。例如,《北京市轻型汽车污染物排放标准》《上海市工业"废气"、"废水"排放试行标准》《包头市地区氮化物大气质量标准》等。地方环境标准是国家环境标准的补充,可以是对国家环境质量标准中未作规定的项目的补充,也可以制定严于国家污染物排放(控制)标准的地方污染物排放(控制)标准。地方环境标准在我国沿海省、市发展得比较快。

关于国家环境标准和地方环境标准之间的关系,《环境保护法》第 15、16 条规定,国家制定的环境质量标准、污染物排放(控制)标准、环境监测类标准、环境基础类标准和环境管理规范类标准,在全国范围或特定区域、特定行业内执行。对国家

环境质量标准中未作规定的项目,可以制定地方环境质量标准;对国家污染物排放(控制)标准中未作规定的项目,可以制定地方污染物排放(控制)标准;对国家污染物排放(控制)标准中已作规定的项目,可以制定严于国家污染物排放(控制)标准的地方污染物排放(控制)标准。凡是向已有污染物排放(控制)标准的区域排放污染物的,应当执行地方的污染物排放(控制)标准。国家可以有各类环境标准,地方环境标准只有环境质量标准和污染物排放(控制)标准。国家环境标准对全局性、普遍性的事物作出统一的规定,是制定地方环境标准的依据和指南;地方环境标准对局部性、特殊性的事物作出规定,是国家环境标准的补充。

(三)我国环境标准的分类

国家环境保护标准分为环境质量标准、污染物排放(控制)标准、环境监测类标准、环境基础类标准和环境管理规范类标准。

(1)环境质量标准。环境质量标准分为国家环境质量标准和地方环境质量标准,后者是国家环境质量标准的补充标准。因为,地方环境质量标准的内容属于"国家环境质量标准中未作规定的项目"。环境质量标准是国家或者地方环境保护目标的体现,也是制定国家或者地方污染物排放(控制)标准的依据。环境质量标准按环境要素可分为:水质量标准、大气质量标准以及噪声、辐射、振动、放射性物质等的质量标准。较为典型的环境质量标准有《地表水环境质量标准》(GB3838—2002)、《地下水质量标准》(GB/T14848—93)、《声环境质量标准》(GB3096—2008)、《环境空气颗粒物中水溶性阳离子(Li+、Na+、NH4+、K+、Ca2+、Mg2+)的测定−离子色谱法》(HJ800—2016)、《电子直线加速器工业CT辐射安全技术规范》(HJ785—2016)、《环境噪声监测技术规范−结构传播固定设备室内噪声》(HJ707—2014)。实践中,环境质量标准是评价环境状况的基本依据,是为保护人体健康和生态环境而规定的具体、明确的环境保护目标,提高环境质量达标水平是环境保护工作的根本出发点和落脚点。现行国家质量标准有15项,覆盖了空气、水、土壤、声与振动、核与辐射等主要环境要素。

(2)污染物排放(控制)标准。它是指为实现环境质量标准,结合技术经济条件和环境特点,限制排入环境中的污染物或者对环境造成危害的其他因素所制定的环境标准。污染物排放(控制)标准分国家污染物排放(控制)标准和地方污染物排放(控制)标准。我国幅员辽阔,地域性差异大,国家污染物排放(控制)标准是根据国家环境保护方针、政策、法律和技术经济条件制定的,是对一些普遍性或者重大的问题作出的统一规定,它不可能区别和照顾各个地方的特殊情况;地方特殊问题只能靠地方标准来解决。从这一意义上说,地方污染物排放(控制)标准是国家污染物排放(控制)标准的补充和完善。

目前,国家污染物排放(控制)标准有161项,其中2006年以来新制或修订的有 95 项；它们的控制要求与国外同类标准相当，部分指标属于世界最严。例如，水污染物排放(控制)标准中的水污染物控制项目达 158 项，与主要发达国家和地区控制水平相当；我国工业废水中 COD、氨氮排放贡献 80％以上，汞、镉、铅、砷、六价铬等重金属排放贡献 90％以上的重点行业，都有行业型水污染物排放(控制)标准。现行国家大气污染物排放(控制)标准达 74 项，大气污染物控制项目达 120 项，行业型排放标准、通用型排放标准和移动源排放标准控制的颗粒物、二氧化硫、氨氮化物大约分别占全国人为总排放量的 95％以上。此外，正在制(修)订的污染物排放(控制)标准有 82 项，《大气十条》《水十条》和《土十条》等污染防治行动计划涉及的重点行业污染物排放(控制)标准已基本纳入标准制(修)订计划中。因此，从覆盖面来讲，现行和正在制(修)订的污染物排放(控制)标准已经基本覆盖了环境管理的重点行业、主要控制污染物，污染物排放(控制)标准体系已基本完整。

(3)环境监测类标准。它又称方法标准，是指为监测环境质量和污染物排放、规范采样、分析测试、数据处理等技术所制定的国家环境标准，是对环保领域内以采样、分析、统计等方法为对象所制定的统一技术规定，在全国范围内执行。环境监测类标准包括环境监测技术规范、环境监测分析方法标准、环境监测仪器技术要求及环境标准样品。它与环境质量标准和污染物排放(控制)标准紧密联系，每一种污染物的测定均需有配套的方法标准，而且必须全国统一，才能得出正确的标准数值，否则就不可能在同一水平上对环境质量作出评价，对污染物排放作出判断。被环境质量标准和污染物排放(控制)标准等强制性标准引用的方法标准具有强制性。我国不设置地方环境监测规范，以保障所测得结果的可比性。国家环境监测规范如《水质、急件毒性的测定、发光细菌法》(GB/T15441—1995)、《环境空气、臭氧的测定、紫外光度法》(GB/T15438—1995)等。

对于地方环境质量标准和污染物排放(控制)标准中规定的项目，如果没有相应的方法标准，可由省级环保主管部门组织制定地方统一分析方法，与地方环境质量标准或地方污染物排放(控制)标准配套执行。相应的国家方法标准发布后，地方统一分析方法停止执行。

(4)环境基础类标准。它是指对环境保护工作中需要统一的技术术语、符号、代号(代码)、图形、指南、导则及信息编制等所制定的标准，国家环境基础标准只有国家级。它包括标准化、质量管理、技术管理、基础标准与通用方法、污染控制技术规范及自然资源环境保护等。

(5)环境管理规范类标准。环境管理规范类标准是指建设项目和规划环境影响评价、饮用水源地保护、化学品环境管理、生态保护、环境应急与风险防范等各类环境管理规范。较为典型的环境管理规范类标准有《饮用水水源地保护区划分技术规范》(HJ/T338—2007)、《规划环境影响评价技术导则－总纲》(HJ130—2014)、《生物多样性观测技术导则水生维管植物》(HJ710.12—2016)等。

目前,环境管理规范类标准覆盖了水、大气、土壤、固体废物、生态、建设项目管理、核与辐射安全管理、环境健康等环境管理的各个领域,发挥了重要作用。正在制(修)定的标准项目也集中反映了当前建立以排污许可证为核心的环境管理新制度、《大气十条》《水十条》和《土十条》等的最新要求,基本可以满足环境管理的新需求。然而正在修(订)制(订)定的环境管理规范类标准项目数量仍然较多,部分项目由于进展滞后已无法满足最新管理要求,亟待清理整合。

此外,以是否具有强制性为标准,环境标准可以分为强制性环境标准和推荐性环境标准。环境质量标准、污染物排放(控制)标准和法律、行政法规规定必须执行的其他环境标准属于强制性环境标准,强制性环境标准以外的环境标准属于推荐性环境标准。

第二节　环境标准的制定和实施

我国环境标准的制定、实施、修订和废止主要根据 1999 年《环境标准管理办法》和 2017 年《国家环境保护标准制修订工作管理办法》规定,"十三五"期间根据《国家环境保护标准"十三五"发展规划》的要求进行。

一、我国环境标准的制定和修订

(一)制定和修订环境标准应该依据的原则

(1)以国家环境保护方针、政策、法律、法规及规章为依据,以保护人体健康和改善环境质量为目标,促进环境效益、经济效益、社会效益的统一;

(2)环境标准应当与国家技术水平、社会经济承受能力相适应;

(3)各类环境标准之间应当协调配套;

(4)标准应当便于实施和监督;

(5)借鉴适合我国国情的国际标准和其他国家的标准。

环境标准实施后,有关政府或者部门应当根据环境管理的需要和国家经济技术的发展适时进行审查;发现不符合实际需要的,应当予以修订或者废止。

(二)制定和修订环境标准应当遵循的基本程序

环境保护部制定和修订环境标准应当遵循下列基本程序:

(1)编制项目计划的初步方案;

(2)确定项目承担单位和项目经费,形成项目计划;

(3)下达项目计划任务;

(4)项目承担单位成立编制组,编制开题论证报告;

(5)项目开题论证,确定技术路线和工作方案;

(6)编制标准征求意见稿及编制说明;

(7)对标准征求意见稿及编制说明进行技术审查;

(8)公布标准征求意见稿,向有关单位及社会公众征求意见;

(9)汇总处理意见,编制标准送审稿及编制说明;

(10)对标准送审稿及编制说明进行技术审查;

(11)编制标准报批稿及编制说明;

(12)对标准进行行政审查;环境质量标准和污染物排放(控制)标准的行政审查包括司务会、部长专题会和部常务会审查;其他标准行政审查主要为司务会审查,若为重大标准应经部长专题会审查;

(13)标准批准(编号)、发布;

(14)标准正式文本出版;

(15)项目文件材料归档;

(16)标准编制人员工作证书发放;

(17)标准的宣传、培训。

有关政府或者部门可以参照上述程序制定和修订标准。

(三)地方环境标准的制定、修订和废止

(1)地方环境标准由省级政府批准发布,由省级环保主管部门根据地方环境管理的需要拟订标准草案,报所在地省级政府批准、发布。

(2)省级环境标准的种类仅限于制定地方环境质量标准和地方污染物排放(控制)标准两类。

(3)地方环境标准须报环境保护部备案。在拟订地方环境标准草案时,根据《环境标准管理办法》第13条第2款的规定,草拟机关应征求环境保护部的意见;地方环境标准自发布之日起2个月内须报环境保护部备案;备案的材料应包括标准发布文件、标准文本和编制说明。省级环保主管部门应当根据当地环境与经济技术状况,以及环境保护部标准制(修)定情况,及时向所在地省级政府提出修订或者废止地方环境标准的建议,由其作出修订或者废止的决定。

二、环境标准的实施

(一)环境质量标准的实施

(1)县级以上地方环保主管部门在实施环境质量标准时,应当结合所辖区域环境要素的使用目的和保护目的划分环境功能区,对各类环境功能区按照环境质量标准的要求进行相应标准级别的管理。因为,我国环境质量标准的特点是按照环境功能分区制定标准,标准值与环境的使用功能密切联系,分类保护,不同功能区执行不同的标准值;另外,环境质量标准实施有明确的阶段性,分期实现不同环境目标。

(2)县级以上地方环保主管部门在实施环境质量标准时,应当按照国家规定,选定环境质量标准的监测点位或者断面。经批准的监测点位、断面,不得任意变更。

(3)各级环境监测站和有关监测机构应当按照环境质量标准和与之相关的其他环境标准规定的采样方法、频率和分析方法,进行环境质量监测。

(4)承担环境影响评价工作的单位应当按照环境质量标准进行环境影响评价。

(5)跨省级行政区河流、湖泊以及由大气传输引起的环境质量标准执行方面的争议,由有关省级环保主管部门协调解决;协调无效时,报环境保护部协调解决。

(二)污染物排放(控制)标准的实施

(1)县级以上环保主管部门在审批建设项目环境影响报告书时,应根据各种因素或者情形确定该建设项目应执行的污染物排放(控制)标准。

(2)实行总量控制区域内的建设项目,在确定排污单位应执行的污染物排放(控制)标准的同时,还应确定排污单位应执行的污染物排放总量控制指标。

(3)建设从国外引进的项目,其排放的污染物在国家和地方污染物排放(控制)标准中无相应的污染物排放(控制)标准时,该建设项目引进单位应提交发达国家现行的该污染物排放(控制)标准及有关技术资料,由市(地)环保主管部门结合当地环境条件和经济技术状况,提出该项目所执行的排污指标,经所在地省级环保主管部门批准后实行,并报环境保护部备案。

(4)建设项目的设计、施工、验收及投产后,均应执行经环保主管部门在批准的建设项目环境影响的报告书(表)中所确定的污染物排放(控制)标准。

(5)企业事业单位和个体工商业者排放污染物,应确定所属的行业类型、所处环境功能区、排放污染物的种类、污染物排放去向,执行相应的国家和地方污染物排放(控制)标准,环保主管部门应加强监督检查。

(三)国家环境监测类标准的实施

(1)在进行环境监测时,应按照环境质量标准和污染物排放(控制)标准的规定,确定采样的位量和采样频率,并按照国家环境监测方法标准的规定测试与计算。

(2)对地方环境质量标准和污染物排放(控制)标准中规定的项目,如果没有相应的国家环境监测方法标准时,可由所在地省级环保主管部门组织制定地方统一分析方法与地方环境质量标准或污染物排放(控制)标准配套执行。相应的国家环境监测方法标准发布后,地方统一分析方法标准停止执行。

(3)在环境监测活动中应当使用国家环境标准样品。要求:①对各级环境监测分析实验室及分析人员进行质量控制考核;②校准、检验分析仪器;③配制标准溶液;④分析方法验证以及其他环境监测工作。

(四)国家环境基础类标准的实施

(1)使用环境保护专业用语和名词术语时,执行环境名词术语标准;

(2)排污口和污染物处理、处置场所设置图形标志时,执行国家环境保护图形标志标准;

(3)环境保护档案、信息进行分类和编码时,采用环境档案、信息分类与编码标准;

(4)制定各类环境标准时,执行环境标准编码技术原则及技术规定;

(5)划分各种环境功能区时,执行环境功能区划分技术规范;

(6)进行生态和环境质量影响评价时,执行有关环境影响评价技术导则及规范;

(7)进行自然保护区建设和管理时,执行自然保护区管理的技术规范和标准;

(8)对环境保护专用仪器设备进行认定时,采用有关仪器设备的环境保护部标准;

(9)其他需要执行国家环境基础标准或者环境保护部标准的环境保护活动。

(五)国家环境管理规范类标准的实施

(1)配套排污许可制度的建立与实施,对各行业排污许可证的适用提供技术规范。

(2)在地表水、地下水、大气、土壤、声、振动等领域实施环境影响评价制度改革和"三同时"管理制度时,适用相应环境要素的环境影响评价技术导则。

(3)在饮用水水源、近岸海域、地下水环境保护,农业农村污染防治,环境空气质量管理,机动车环保管理领域,土壤环境质量调查和污染治理适用相应工程技术规范和技术指南。

(4)在核电与核工业领域适用有关放射性物品和放射性废物的安全标准、保护标准、检测标准、应急标准。

(5)在生态保护红线监管平台建设领域,适用成效评估和监管技术指南。

第三节　环境标准的法律作用

环境标准是为了保护人体健康,防治环境污染和维护生态平衡,对有关技术要求所做的统一规定。它在我国环保工作特别是国家环境管理工作中,有着重要的地位和不可替代的作用。

(1)环境标准是制定国家环境计划和规划的主要依据。国家在制定环境计划和规划时,必须有一个明确的环境目标和一系列环境指标。它需要在综合考虑国家的经济、技术水平的基础上,使环境质量控制在一个适宜的水平上,也就是说要符合环境标准的要求。环境标准便成为制定环境计划与规划的主要依据。

(2)环境标准是环境法制定与实施的重要基础与依据。在各种单行环境法律法规中,通常只规定污染物的排放必须符合排放标准,造成环境污染者应承担何种法律责任等。怎样才算造成污染?排放污染物的具体标准是什么?则需要通过制定环境标准来确定。而环境法的实施,尤其是确定合法与违法的界限,确定具体的法律责任,往往依据环境标准。因此,环境标准是环境法制定与实施的重要依据。

(3)环境标准是国家环境管理的技术基础。国家的环境管理,包括环境规划与政策的制定、环境与资源保护立法、环境监测与评价、日常的环境监督与管理都需要遵循和依据环境标准,环境标准的完善反映一个国家环境管理的水平和效率。

(4)污染物排放(控制)标准是确定排污行为是否合法的根据。污染物排放(控制)标准是为污染源规定的最高容许排污限额。从理论上来说排污者如以符合排污标准的方式排放污染物,则它的排污行为是合法的;反之,则是违法排污。很多国家在法律上都规定:超标排污行为违法,甚至是犯罪行为,需要承担一系列法律后果。合法排污者只有在其排污造成了环境污染危害时,才依法承担民事责任。违法排污者的排污行为不受法律保护。超标排污将承担一系列法律责任,包括民事责任、行政责任;情节严重的,还要依法承担刑事责任。

(5)环境样品标准是标定环境监测仪器和检验环境保护设备的根据。环境质量标准、污染物排放(控制)标准、环境监测分析方法标准等所规定的各种数值和监测方法都要通过一定的监测仪器和设备来测定,而各种仪器设备的性能是否符合要求,直接关系到环境监测结果的准确性。为了保持全国环境监测设备性能统一,就需要有对各种环境监测仪器设备的性能进行标定和检验的标准;这一标准就是环境样品标准。如果环境监测仪器设备对环境样品的测试所得出的数值与环境样品标准中所标明的数值相一致,就说明该仪器设备的性能是符合要求的,否则就是不合格的。只有合格的仪器设备监测所得的结果才是有效的,否则就是无效的。《中华人民共和国计量法》规定,对于环境监测仪器实行强制检定,检定环境监测仪器所适用的标准就是环境样品标准。

案例分析

凉州区环保局责令动感酒吧限期整改案

甘肃省武威市凉州区环境保护局（下称"区环保局"）接到其辖区内陆羽茶楼对动感酒吧环境噪声污染的投诉后，依法先后于 2012 年 11 月 23 日、12 月 20 日和 12 月 22 日 22 时零 5 分至 23 时零 5 分，对动感酒吧环境噪声及环境噪声污染防治情况实施了现场检查（勘查）和采样检测。检查检测结果是：夜间场界 4 个检测点环境噪声排放值分别达到 58.9、55.4、52.9 和 56.9 分贝，均超过国家《社会生活环境噪声排放标准》（GB22337—2008）规定的环境噪声排放标准。区环保局于 2012 年 12 月 22 日制作检测报告，认定动感酒吧夜间噪声达 58.9 分贝，超过国家规定的排放标准，其行为违反了《环境噪声污染防治法》第 43 条第 2 款规定，并依据该法第 59 条规定，于 2013 年 1 月 18 日对动感酒吧作出行政处罚决定：责令其立即停止超标排放环境噪声的违法行为，限于 2013 年 2 月 28 日前采取隔音降噪措施进行整改，并于 2013 年 2 月 28 日前书面报告改正情况。动感酒吧于 2013 年 2 月 27 日向区环保局提交防噪音处理报告及申请，证明其已整改，同时申请对整改后的噪音再次测试。但是，区环保局未予答复，也未再组织测试。同年 4 月 17 日，动感酒吧就区环保局于 1 月 18 日作出的上述责令改正违法行为决定向武威市环保局申请复议，复议机关以逾期为由不予受理。动感酒吧遂以区环保局为被告，诉请法院撤销上述责令改正违法行为的决定。

武威市凉州区法院一审认为：被告区环保局执法主体资格、执法程序合法。被告的检测报告所适用的检测标准（《社会生活环境噪声排放标准》）与原告所述的检测标准（《标准声环境质量标准》）都是法律规定的标准，前者是适用于对营业性文化娱乐场所、商业经营活动中使用的向环境排放噪声的设备、设施的管理、评价与控制的排放标准，后者是适用于声环境质量评价与管理的环境质量标准；被告检测噪音的方式方法并不违背法律规定，其检测结果合法有效。遂判决维持被告作出的责令改正违法行为的决定。

动感酒吧不服，提起上诉。武威市中级人民法院二审认为，上诉人在夜间经营期间环境噪声排放及环境噪声污染噪声已超过《社会生活环境噪声排放标准》规定限度，其行为违反了《环境噪声污染防治法》第 43 条第 2 款"经营中的文化娱乐场所，其经营管理者必须采取有效措施，使其边界噪声不超过国家规定的环境噪声排放标准"的规定，原判认定事实清楚，适用法律准确。于是，判决驳回上诉、维持原判。

思考问题：

本案一审法院和二审法院适用法律和标准是否正确，判决是否合理？为什么？

基本概念

环境质量标准、污染物排放（控制）标准、环境监测类标准、环境基础类标准、环境管理规范类标准

思考分析

1. 试述我国环境标准体系的构成。
2. 简述我国环境标准的法律作用。

第八章

环境与资源保护法律责任

【内容提要】
环境与资源保护法律责任是指环境与资源保护法律关系主体违反其应当承担的义务或虽未违反义务但却造成了环境与资源损害后果,依法应当承担的不利法律后果。其构成要件一般包括主体要件、主观要件、客观要件。我国环境与资源保护法律责任包括民事责任、行政责任和刑事责任。

第一节 国际环境与资源保护法律责任概述

一、国际环境与资源保护法律责任的概念

通常认为,国际环境与资源保护法律责任是指国际环境与资源保护法律关系主体违反其应当承担的国际义务或虽未违反国际义务但却造成了环境与资源损害后果,依法应当承担的不利法律后果。它一般由国际环境与资源保护争端引起。

国际环境与资源保护法律责任是国际环境法的重要制度和组成部分,包括违反国际义务的环境责任和不违反国际义务的环境责任两类。前者也称为国际不当行为环境责任,是指国际环境与资源保护主体实施了国际条约、惯例等规定的不可为行为而应该承担的法律责任,责任形式既可以表现为国际环境民事责任,也可以表现为国际环境刑事责任,[①]这种责任的产生以故意或过失的存在为前提,遵循过错责任原则。如《海洋法公约》第235条规定,各国有责任履行其关于保护和保全海洋环境的国际义务。后者是国际环境法的主体实施了国际条约、惯例等所不禁止的行为,但该行为造成了环境和资源的损害,因而应该承担的法律责任。这种责

---

① 蔡守秋 等主编:《国际环境法》,法律出版社2004年版,第119页。

任的产生不以故意或过失的存在为前提,遵循结果责任原则或严格责任原则。如《国际油污损害民事责任公约》第 3 条规定,对于船舶溢出或排放出的油类而造成的污染损害,如果不能证明具有免责事实事由,船舶所有人就要对所有的损害承担赔偿责任。1972 年《空间实体造成损失的国际赔偿责任公约》规定,任一发射国的空间物体在地球表面以外的其他地方对另一发射国的空间物体或其所载人员或财产造成损害时,只有损害是因前者的过失或其负责人员的过失而造成的情况下,该国才对损害负有责任。一般来说,国际损害责任只是国际民事责任,不涉及国际刑事责任。本部分概述民事责任问题。

二、国际环境与资源保护法律责任的构成要件

构成要件解决环境法主体尤其是国家在什么条件下承担环境法律责任。参考联合国国际法委员会《关于国家责任的条文草案》的规定,国际环境与资源保护法律责任的构成要件包括主体要件、主观要件和客观要件。

(一)主体要件

根据国际法的一般规则,确定一个国家承担责任的前提是某不当行为可归咎于国家,某不当行为是否可归咎于国家,只能按照国际法而不能按照国内法来判断。《关于国家责任的条文草案》规定:一个国家机关,无论是属于制宪、立法、行政、司法或其他权力之下,不论担任国际性或国内性职务,也不论在国家组织中处于上级或下级地位,其行为依国际法应视为该国的行为。

(二)主观要件

国家承担国际环境与资源保护责任有两种情形。一是国家因违反国际环境与资源保护义务,作出了国际不当行为。该种情形要求国家有故意或过失的主观状态的存在,主观状态可以采取客观过错的方法判断。所谓客观过错,是指存在某些注意标准,国家如果尽到了符合这些标准的注意义务,损害是不可能发生的;如果损害发生了,说明国家没有尽到注意义务,就具有过错。如联合国安理会 1991 年作出了关于伊拉克侵略科威特的第 687 号决议;该决议认为,伊拉克非法动用武力,使科威特的环境和资源受到损害,应当负国家责任。第二种情形是国家虽然没有违反国际环境保护义务但却造成了实际的环境资源损害,依照条约或惯例应承担责任。这种情况不需要国家有过错,是国家基于无过错的行为所应当承担的责任。无过错责任原则包括绝对无过错责任原则和相对无过错责任原则两种情况。绝对无过错责任原则是指不论损害是由什么原因引起的,行为人都要承担民事责任,即使是不可抗力和自然灾害。如 1971 年《核原料海运民事责任公约》规定其宗

旨是保证核能装置操作者对海运核原料期间发生核能意外事件造成的损害负完全的责任。再如 1972 年《空间实体造成损失的国际赔偿责任公约》规定,发射国对其空间实体在地球表面,或给飞行中的飞机造成损害的,应负绝对责任。① 相对无过错责任原则是指环境损害如果完全是由加害的环境法主体意志或能力以外的原因引起的,如不可抗力和自然灾害,则不承担责任。如 1969 年《国际油污损害民事责任公约》第 3 条规定,如果船舶所有人能够证明,油污损害全部或部分是由受害者的故意或过失的作为或不作为引起的,则可全部或部分地免除该所有人对该受害人的赔偿责任。

(三)客观要件

国际环境与资源保护法律责任的客观要件包括行为和结果两个方面,即国家应对其造成跨国环境损害结果的行为负责。但遗憾的是,并非所有的国际公约都规定国家应对其行为造成的国际环境损害负责。如 1972 年《空间实体造成损失的国际赔偿责任公约》规定的损害指生命的丧失,健康的损害,国家、自然人、法人的财产损失以及其他损害等;这似乎排除了对外层空间环境(如月球和其他天体)损害的责任以及国家管辖权行使范围以外的地球环境(如南极、公海、大气层等)的损害责任。此外,关于什么是环境损害、环境损害严重到什么程度才引起国家赔偿责任等问题,在国际环境条约中也找不到统一的答案。如 1988 年《南极矿产资源活动管理公约》将环境损害解释为"对该环境或生态系统的生命的或非生命的组成部分的任何影响,包括除那些可以忽略不计的或按照本公约的规定被评价和判定为可以接受的损害之外的,对大气、海洋或陆地生命的损害。"而 1982 年《海洋法公约》并没有明确界定环境损害的概念或者范围。环境损害的程度界定更是五花八门,"严重性""实质性""临界负荷""重大的"等词汇出现在了不同的公约中,这些词汇又非常具有弹性和不宜把握,有待相关公约进一步的解释。

要确定致害国的环境与资源保护法律责任,还需要证明环境资源的损害与加害行为之间具有因果关系。同国内环境法一样,这种因果关系的证明有一定的难度。主要原因在于:①国际环境污染跨越国界,污染物在不同的国家漂浮、沉积、出现,覆盖的受害范围之大增加了证明难度。②污染物造成的跨国损害结果出现与污染行为不同步,很多污染行为过后好多年损害后果可能才出现,时间的流逝使得证据的采集变得极为不易。③许多跨国环境污染事故的发生往往呈现出极强的"多因一果"性,把污染事故赔偿责任归结到某一污染源的产生国似乎也很难让人信服。因果关系的证明规则,有待有关公约对跨国环境污染作出解释。

---

① 全国人大环境保护委员会办公室编:《国际环境与资源保护条约汇编》,中国环境科学出版社 1993 年版,第 276 页。

三、国际环境与资源保护损害赔偿责任

根据现有的国际条约,承担方式主要有道歉、终止不法行为、保证不再重犯,恢复原状、赔偿损失、暂停或取消成员权利和限制主权。其中赔偿责任相比其他形式的国际责任而言,规范更为完善。赔偿损失分为全额赔偿和限额赔偿,对于加害国实施的是违反国际义务的环境污染行为,一般应该全额赔偿该行为造成的损害;如果加害国实施的行为没有违反国际义务却造成了环境损害,环境法学界存在全额赔偿和限额赔偿的争议。

(一)全额赔偿

全额赔偿是指跨国环境污染事故发生后,加害国要对环境污染所导致的受害国的生命、健康、财产、环境损害等损失全部足额的赔付。该赔偿额度要与受害国遭受到的直接和间接损失以及环境损害相当。对于没有过错的加害国而言,因其生产经营活动具有社会妥当性、合法性、价值性和公益性,[①]如果让他们承担全部赔偿责任,可能会对其国内生产和就业产生巨大的影响,因而也不是很公平。

(二)限额赔偿

限额赔偿,又称部分赔偿,是指跨国环境污染事故发生后,加害国要对环境污染所导致的受害国的生命、健康、财产、环境损害等损失予以不足额的赔付。作为与全额赔偿相对立的原则,限额赔偿是随着国际社会对全额赔偿对无过错的加害国是不公正的认识出现而出现的,其保护无过错加害国促进就业的作用得到了各国的一致认同,被认为具有相当的合理性,因而限额赔偿在不少国际公约当中都有体现。如 1960 年《核能领域第三方责任公约》规定,对于每一次事故,操作者的最大责任限额是 1500 万美元。1969 年《国际油污损害民事责任公约》规定,船舶所有人有权将他依该公约对任何一个事件的责任限定为按船舶吨位计算赔偿总额,每吨 2000 法郎,但这种赔偿总额绝对不得超过 2.1 亿法郎。

(三)环境污染损害赔偿基金和环境污染损害责任保险的出现

限额赔偿虽然减轻了无过错加害国的责任,有利于企业和经济的发展,但这一原则又带来了另外一项不公正——对受害国的不公正。国际环境损害赔偿基金制度和责任保险制度的出现弥补了限额赔偿的这一不足,解决了加害国限额赔偿与受害国全部损失之间的资金缺口,是加害国分散风险的有力工具。

---

① 梁慧星 主编:《从近代民法到现代民法》,中国法制出版社 2001 年版,第 124 页。

　　环境污染损害赔偿基金是基于加害国相互分担风险的初衷，通过缴费和捐助建立起来的一种环境风险赔偿基金。当环境污染事故发生之后，就不能足额得到赔付的损害额，受害国可以向基金要求支付。如欧洲执委会1993年关于环境责任问题的绿皮书建议成员国建立联合赔偿基金。加勒比海地区沿海国家在1981年的第一次政府间会议上决定建立加勒比信托基金，以解决有关的环境污染损害民事责任问题。为了解决1969《国际油污损害民事责任公约》的遗留问题，减轻船舶所有者或运营者的责任，保证受害者得到充分的赔偿，1971年该公约的成员国召开资金会议，通过了《建立国际赔偿油污损害基金公约》。该公约的主要目的是建立一项国际基金，以便为石油污染损害提供相应的赔偿，如果受害人不能从《国际油污损害民事责任公约》规则中获得"全面而充分"的赔偿，他可以从基金中得到偿付。环境污染损害责任保险是指以被保险人（潜在加害国）因污染环境而应当对第三人（潜在受害国）承担的损害赔偿责任为保险标的的财产保险。环境责任保险产生于20世纪60年代，它随着环境污染事故的大量出现和公众环境意识的提高应运而生。环境责任保险强大的分散和转嫁风险功能，深受污染企业和污染事故受害者的青睐，同时其促进环保科技和保险企业发展的潜在功能，又得到了各国政府和保险业的积极支持。目前，《海洋法公约》《国际油污损害民事责任公约》等诸多条约建议了强制性或任意性的环境责任保险制度。

第二节　我国环境与资源保护法律责任概述

一、环境与资源保护法律责任的概念

　　学术界对环境与资源保护法律责任的概念也有不同的理解。有学者认为，环境与资源保护法律责任是指："环境法主体由于实施了环境法律行为，而应当承受的某种不利的法律后果。"[①]也有学者认为，环境与资源保护法律责任是指："违法者对其环境违法行为所应承担的具有强制性的法律后果。"[②]还有学者认为，环境与资源保护法律责任是指："环境法律关系主体因违反环境法律法规的规定，或违反环境行政和民事合同的约定，破坏了法律上或合同中的功利关系或道义关系所应承担的对人、单位、国家、社会和环境的补偿、惩罚或其他性质的具有强制性的不利法律后果。"[③]综合以上观点，结合法律责任的概念，环境与资源保护法律责任是

---

① 蔡守秋 主编：《环境法学教程》，科学出版社2003年版，第141页。
② 吕忠梅：《环境法》，法律出版社1997年版，第170页。
③ 黄霞 等主编：《环境法学》，机械工业出版社2002年版，第245页。

指环境与资源保护法律关系主体因违反环境法律义务或虽未违反环境法律义务但造成了环境损害后果而依法应当承担的不利法律后果。

同一般的法律责任相比,环境与资源保护法律责任具有其自身的特点:

(1)主体的广泛性。凡是对环境和资源进行开发利用者,或对环境保护负有监督、管理职责者,都可能成为环境法律责任的主体;包括国家、国家机关、企事业单位、其他组织、公职人员和公民个人。

(2)产生原因的多样性。引起环境法律责任的原因是复杂多样的,其既可以由环境污染行为引起,也可以由环境破坏行为引起;既可以由相关人的违法行为引起,也可以由相关人的合法行为引起;既可以由当事人的过错行为引起,也可以由不可抗力引起;既可以由加害人的故意或过失行为引起,也可以由受害人自身或第三人的行为引起。

(3)因果关系认定的复杂性。在环境污染和破坏所引起的环境法律责任中,加害原因与结果之间的关系是复杂多样的。因为污染物种类众多,相互之间的作用形式复杂,环境污染和破坏一般都是综合作用的结果,加害既可能是一种污染物对环境权利的侵害,也可能是复合污染,加害既可能是一次污染所造成的,也可能是二次污染的结果。此外,环境污染损害既可以直接导致对环境权益的侵害,也可以是污染物经过长时间的积累缓慢而间接地侵害环境权益。

二、环境与资源保护法律责任的分类

根据不同的分类标准,可以把环境与资源保护法律责任做不同的分类:

(1)按照主体不同,可分为自然人环境与资源保护法律责任、单位环境与资源保护法律责任和国家环境与资源保护法律责任。

(2)按照侵权人的主观因素不同,可分为过错环境与资源保护法律责任、无过错环境与资源保护法律责任和公平环境与资源保护法律责任。

(3)按照产生的原因不同,可分为侵权的环境与资源保护法律责任、违约的环境与资源保护法律责任。

(4)按照法律责任的性质不同,可分为环境与资源保护民事责任、环境与资源保护行政责任和环境与资源保护刑事责任。

(5)按照法律责任承担的主体数量不同,可分为单一主体的环境与资源保护法律责任、多主体的环境与资源保护法律责任。

(6)按照是否有涉外因素的不同,可分为国内的环境与资源保护法律责任、涉外的环境与资源保护法律责任。

综观我国的环境与资源保护单行法律,在法律责任一章中其遵循的立法体例基本都是先民事责任、再行政责任、最后刑事责任的立法模式。所以按照法律责任的性质不同对法律责任所做的分类,在我国环境与资源保护法律规范中具有不可替代的地位。以下各节分别介绍这三种责任。

第三节 我国环境与资源保护民事责任

环境与资源保护民事责任是指环境与资源保护民事法律关系主体因违反环境与资源保护民事法律义务或虽未违反环境与资源保护民事法律义务但造成了环境与资源损害后果而依法应当承担的不利法律后果。

一、关于环境侵权

何谓环境侵权? 长期以来,学界众说纷纭,莫衷一是。笔者认为,环境侵权是因人为原因,致生态环境和自然资源的污染或破坏,并因而对他人人身权、财产权、环境权益等造成损害或有造成损害之虞的事实。较之于传统侵权行为,环境侵权具有如下四个特征:

(1)主体实力地位的通常不平等性。在环境侵权中,法律关系主体的地位是不平等的,环境侵权的加害者往往是经济实力雄厚的企业或企业集团,而受害者则往往是欠缺抵抗能力的一般公民。双方实力、地位相差悬殊,无平等性可言。尤其是随着社会的发展,企业的巨型化、高科技化,使弱小的社会个体无法与之抗衡,而受害人由于"信息偏在"的问题,使得双方地位悬殊差距越来越大。

(2)价值判断的双重性。环境侵权行为与经济发展具有相伴相随的孪生关系,造成环境侵权的原因事实,如工业生产中的大气污染、水污染等,其本身往往是各种创造社会财富、增进公众福利的活动在进行过程中的附带行为。这样,环境侵权行为在侵害他人权益的同时,还具有相当程度的价值正当性或社会有用性,即在某种程度上,环境侵权属于一种有价值的侵害,有时属于一种"可容许的危险"。

(3)行为认定的复杂性。环境污染造成的损害往往同时侵害多数人的生命、身体、健康、财产,且环境侵权除同时侵害多数人的权益外,更表现为继续性、持续性的侵害形态。此外,环境侵权的污染源众多,如大气污染、水污染、固体废物污染、环境噪声污染等等,并且环境侵权往往是以环境为介质,经过转化、代谢等一系列过程而最终导致污染结果的。因此,环境侵权行为的认定显得尤为复杂。

(4)侵害客体的广泛性。传统的侵权行为,侵害的客体无外乎人身权或财产权。而环境侵权侵害的客体不仅包括人身权或财产权,还包括一类重要客体即自然人的环境权益。自然人的环境权益的确立不仅有利于保护人的权利,更是从保护自然环境和资源出发而有必要作出的慎重选择。

二、环境与资源保护民事责任的归责原则

无过失责任是环境与资源保护民事责任的基本归责原则。无过失责任,又称无过错责任,是为弥补过错责任不足而建立的一种制度。环境与资源保护法上的无过失责任原则是指因环境污染或破坏而给他人造成人身损害、财产损失和其他损失的行为人,即使主观上没有过错,也要对其行为所造成的损害承担民事责任。

无过失责任原则是社会生产力发展到一定阶段的产物,是随着近代社会高度危险作业和交通运输业的迅速发展逐步产生的。20世纪50年代以后,环境问题日益突出并直接对人类的生存和发展构成威胁,因环境污染和破坏而引发的民事责任案件日益增多,法院在遵循传统的过错责任原则处理此类案件的时候遇到了诸如以下的困惑:①大多数的环境污染和破坏事件,行为人主观上并无故意和过失等过错出现,如果沿用过错责任的归责原则,此类案件的民事责任就不能让实施污染和破坏的行为人承担,也即因污染和破坏造成的损害最终无法找到责任主体。②环境污染和破坏等环境侵权行为与传统侵权行为在产生原因的价值判断上存在着明显的不同。传统侵权行为本身就是违反社会生活常规,危害社会秩序和安全的行为,在道德和法律的价值判断上,均属于应严格禁止并加以制裁的行为。而环境侵权行为,如建设水坝等开发行为和排放废水废气等排污行为,往往本身就是必要的经济活动或者伴随正常的生产、生活活动而产生的副产品,在价值判断上属于符合社会生活常规、有价值、有意义的行为,有的甚至是应该鼓励的活动。③尽管大多数环境污染和破坏行为的行为人主观上并无过错,而且它们是社会进步和发展的伴生品,但是人们也注意到毕竟行为人也从该行为中获得了经济利益,根据"利之所生,损之所归"的民法公平原则,行为人似乎又应当承担责任。而且,环境侵权中如果采用过错责任就意味着无责任,这显然不利于激励行为人保护环境,防治污染事故的发生,同时大量的环境侵权受害者的合法权益就得不到保障,也不利于整个社会的安定与和谐。

综合以上各项考虑,适用无过失责任原则,由加害者向受害人承担责任也是合情合理的。适用无过失责任原则,有利于消除在诉讼上导致难以确定致害人主观过错的混乱,有利于诉讼的顺利进行和保护受害者的合法权益,保护生态环境和自然资源。

我国关于环境与资源保护民事责任的归责规定,主要体现于《民法总则》《民法通则》《环境保护法》和《侵权责任法》以及有关司法解释之中。《民法总则》第9条规定:"民事主体从事民事活动,应当有利于节约资源、保护生态环境。"这一原则适用于民事责任的归责。《民法通则》第106条规定:"没有过错,但法律规定应当承担民事责任的,应当承担民事责任。"《环境保护法》第64条规定,因污染环境和破坏

生态造成损害的,应当依照《侵权责任法》的有关规定承担侵权责任。《侵权责任法》第八章专章用四条规定了环境污染责任,其中第 65 条规定,因污染环境造成损害的,污染者应当承担侵权责任。第 66 条规定,因污染环境发生纠纷,污染者应当就法律规定的不承担责任或者减轻责任的情形及其行为与损害之间不存在因果关系承担举证责任。另外,《侵权责任法》第 6 条第 2 款规定:"根据法律规定推定行为人有过错,行为人不能证明自己没有过错的,应当承担侵权责任。"第 7 条规定:"行为人损害他人民事权益,不论行为人有无过错,法律规定应当承担侵权责任的,依照其规定。"虽然《侵权责任法》仅规定了"环境污染责任",但《环境保护法》第 64 条规定的对破坏生态的行为造成的环境损害也适用《侵权责任法》第八章的相关规定。① 2015 年 2 月最高法院《关于审理环境侵权责任纠纷案件适用法律若干问题的解释》第 1 条规定:因污染环境造成损害,不论污染者有无过错,污染者应当承担侵权责任;污染者以排污符合国家或者地方污染物排放标准为由主张不承担责任的,法院不予支持。

三、环境与资源保护民事责任的构成要件

(一)发生了损害事实或有损害之虞

环境侵权的致害状态包括实际损害和有发生实际损害之虞。环境侵权行为具有累积性、复合性的特点,决定了损害结果往往具有滞后性、潜伏性。污染物质在进入到水体、大气、土壤等环境介质中之后,往往会发生复杂的物理、化学或生化反应,甚至经过多种因素的化合、累积之后,经过长久的时间,其损害结果才会表现出来,更因不同个体对污染物质的承受能力的不同,其损害结果的具体表征亦不尽相同。而且,在环境侵权中,侵害一旦发生,后果不堪设想,无论是对自然人,还是对环境而言,都可能造成无法弥补的损害。所以,只要有损害事实的发生或者有发生实际损害的危险,就构成了环境侵权。

(二)行为与损害事实之间具有因果关系

侵权法中的因果关系,是指违法行为作为原因,损害事实作为结果,在它们之间存在的前者引起后者,后者被前者所引起的客观联系。在环境损害产生的民事责任中,因果关系作为构成要件之一,学界不存在任何异议。但是环境侵权的因果关系认定比一般侵权损害的因果关系的认定要困难和复杂得多。由于环境污染具有流动性、交叉性等特征,一种危害后果的形成往往是由多种危害行为造成的,或者某种危害行为可以造成多种危害后果,即存在"一果多因"或"一因多果"的现象。

---

① 信春鹰 主编:《中华人民共和国环境保护法释义》,法律出版社 2014 年版,第 224 页。

同时,环境污染还具有潜伏性等特征,有些污染物质对生物和人体健康造成的危害是逐步形成的,有一个很长的过程,或者对某种污染物质对生物和人体健康造成的危害进行科学论证和说明需要很长的时间,有的甚至难以论证和说明,因而也难以取得因果关系的直接证据。

由于环境与资源保护民事法律责任中因果关系的特殊性,目前一些国家在认定因果关系时,采用了一些特殊原则,主要有:①"因果关系推定"原则。即把因果关系的直接认定改为因果关系的"推定"。例如,日本《关于危害人体健康公害犯罪处罚法》规定,在公害案件中,废止因果关系的直接认定,采取因果关系"推定"原则。②"举证责任倒置"原则。即在环境污染案件中,本应由原告承担的举证责任,改为由被告举证,或者原告只需提出受到损害的事实的证据,如果被告否认应承担民事责任,则需要提出反证。

四、环境与资源保护民事责任的实现程序

(一)行政处理

行政处理是指自然人、法人或其他组织就其因环境污染造成的损害请求环境行政监督主管部门对该纠纷作出的调解处理。1989 年《环境保护法》第 41 条规定,造成环境污染危害的,有责任排除危害,并对直接受到损害的单位或者个人赔偿损失。赔偿责任和赔偿金额的纠纷,可以根据当事人的请求,由环保主管部门或者其他依照该法规定行使环境监督管理权的部门处理。由于实践中对"处理"二字的性质有"裁决说"和"调解说"之分,原国家环保总局于 1991 年 11 月向全国人大法律工作委员会请示,认为"处理"在性质上属于行政机关居间对当事人之间民事争议的调解处理。1992 年 1 月全国人大法律工作委员会办公厅作出答复,同意国家环保总局的意见。1989 年后,全国人大常委会制定的单行污染防治法律中均规定,当事人可以就赔偿责任和赔偿金额的纠纷,请求环保主管部门等作出"调解处理"。2014 年《环境保护法》未就调解处理作出规定。① 也就是说,行政调解处理必须由当事人向环保主管部门或其他环境行政机关申请,并不是诉讼前的必经程序。一方当事人不服调解处理决定,可以向法院起诉,法院仍以民事纠纷进行审理,而不能以作出处理决定的环境行政监督管理部门为被告提起行政诉讼。

(二)仲裁

仲裁是指当事人双方之间的纠纷由专门的仲裁机构居中做出判断或裁决的活

---

① 　汪劲:《环境法学(第三版)》,北京大学出版社 2014 年版,第 327 页。

动。1994年《仲裁法》第2条规定:"平等主体的公民、法人和其他组织之间发生的合同纠纷和其他财产权益纠纷,可以仲裁。"由此可见,因环境污染损害而产生的纠纷,只要当事人之间一致同意采用仲裁的方式解决,就可以提交仲裁机构解决。然而,到目前为止,我国的环境仲裁还没有真正的开展起来,有明确规定的环境仲裁只适用于海洋环境污染纠纷,即发生了海洋环境污染损害后,当事人可以请求海事仲裁委员会仲裁。2004年《中国海事仲裁委员会仲裁规则》第2条规定,该仲裁委员会以仲裁的方式解决"关于海洋环境的污染损害的争议"。

(三)民事诉讼

民事诉讼是指环境法主体在其环境民事权利受到或者可能受到损害时,为保护自己的合法权利依据民事诉讼的条件或者程序,向法院对侵权行为人提起的诉讼。在我国,环境民事诉讼的程序与一般民事诉讼程序基本相同,都需要严格依照《民事诉讼法》的规定进行诉讼。由于引发诉讼的环境侵权行为与传统的侵权行为相比具有自身的特点,环境民事诉讼主要具有与一般民事诉讼不同的三个特点。

(1)起诉资格的放宽。由于环境污染本身具有复杂性和间接性的特点,致使在环境民事诉讼中,很多受害者并不是直接受害者,而且环境侵害与一般民事侵害相比有着特殊性,对受害人的侵害多为"无形的"和"间接的"。间接性是指环境侵害行为是通过"环境"这一载体间接作用于受害人。而且在环境污染中有的受害人并非直接受害人,是间接受到了污染的损害,由于环境污染的复杂性在污染损害的认定上并不一定能够确定受害人到底是属于直接受害人还是间接受害人。根据传统的诉权理论,只有直接利害关系人才可以作为诉讼主体。但是,如果这样,就会剥夺间接受害者的诉权,其结果必然淡化人们维护公共利益的热情,同时也影响公众参与环境事务的积极性。因此,环境民事诉讼的起诉资格应该适当放宽。美国《清洁大气法》和《清洁水法》均规定任何人都可以向环境污染、破坏者提起诉讼。1972年,美国最高法院通过"塞拉俱乐部诉莫顿案"确认了环保团体的诉讼权。我国2012年修订《民事诉讼法》时增加了民事公益诉讼制度。该法第55条规定:"对污染环境、侵害众多消费者合法权益等损害社会公共利益的行为,法律规定的机关和有关组织可以向人民法院提起诉讼。"2014年《环境保护法》第58条规定:"对污染环境、破坏生态,损害社会公共利益的行为,符合下列条件的社会组织可以向法院提起诉讼。"可见,我国对环境民事公益诉讼的主体资格也在逐渐放宽之中。

(2)举证责任倒置。举证责任是民事诉讼中的当事人就自己主张的事实提出证据的义务。然而,在环境案件的审理过程中,举证是一项极其复杂的事情。对于原告人来讲,收集充分的或大量的证据是十分困难的。考虑到受害人和致害人之间信息不对称和实力地位不对等等因素,在举证责任分配上,诉讼中原告的举证责任将有一部分转移给被告。许多国家在有关法律中都规定了举证责任倒置的制度。

例如,美国密执安州《环境保护法》第 3 条规定:"原告只需要举出简单的证据,证明被告已经或可能污染水、空气等资源和公共信托在其中的财产,请求便可成立。被告若想不承担责任,则需要举出相反的证据。"

在我国,除前面提到的《侵权责任法》第 6 条第 2 款规定外,该法第 66 条规定,因污染环境发生纠纷的,污染者应当就法律规定的不承担责任或者减轻责任的情形及其行为与损害之间不存在因果关系承担举证责任。最高法院在 1992 年《关于适用〈民事诉讼法〉若干问题的意见》第 74 条第 3 款规定:因环境污染引起的损害赔偿诉讼,对原告提出的侵权事实,被告否认的,由被告负举证责任。2008 年最高法院《关于民事诉讼证据的若干规定》第 4 条第 1 款第 3 项规定:因环境污染引起的损害赔偿诉讼,由加害人就法律规定的免责事由及其行为与损害结果之间不存在因果关系承担举证责任。因此,我国在环境侵权纠纷中确立了举证责任倒置的规则。

举证责任倒置原则,并不意味着将原告的一切举证责任都转移给被告承担,而只是将原告的部分举证责任转移给被告承担,原告本身仍然负有一定的举证责任。2015 年最高法院《关于审理环境侵权责任纠纷案件适用法律若干问题的解释》第 6 条规定:"被侵权人根据侵权责任法第 65 条规定请求赔偿的,应当提供以下事实的证据材料:①污染者排放了污染物;②被侵权人的损害;③污染者排放的污染物或者其次生污染物与损害之间具有关联性。"即,原告应就污染行为与损害结果之间存在关联性提供初步证明材料。

(3)诉讼时效。诉讼时效是指权利人在法定期间内不行使权利即丧失请求法院依法保护其民事权利的制度。法定期间亦即诉讼时效期间,一旦诉讼时效期间届满,权利人则不再享有请求法院保护的权利。1986 年《民法通则》第 135 条规定:"向人民法院请求保护民事权利的诉讼时效期间为二年,法律另有规定的除外。"然而,2017 年《民法总则》第 188 条第 1 款规定:"向人民法院请求保护民事权利的诉讼时效期间为三年。法律另有规定的,依照其规定。"对于环境污染损害赔偿,《环境保护法》第 66 条规定:提起环境损害赔偿诉讼的时效期间为三年,从当事人知道或者应当知道其受到损害时起计算。根据新法优于旧法、特别法优于一般法的法律效力原则,环境损害赔偿的诉讼时效为三年。

第四节　我国环境与资源保护行政责任

一、环境与资源保护行政责任的概念

环境与资源保护行政责任,是指环境与资源保护法律关系主体违反环境与资源保护法律规范,给生态环境或者自然资源造成污染和破坏,依法所应承担的行政法上的不利法律后果。行政责任包括行政处分和行政处罚。行政处分是行政机关内部，上级对有隶属或者管辖关系的下级违反纪律的行为或者是尚未构成犯罪的轻微违法行为给予的纪律制裁。其种类有警告、记过、记大过、降级、降职、撤职、开除留用察看、开除。行政处罚的种类有警告、罚款、行政拘留、没收违法所得、没收非法财物、责令停产停业、暂扣或者吊销许可证、暂扣或者吊销执照等。

二、环境与资源保护行政责任的构成要件

环境与资源保护行政责任的构成要件，是指形成环境与资源保护行政责任所必须具备的各种要件之总和，具体包括行为的违法性和行为人主观上有过错两项。

（一）行为的违法性

行为的违法性是指行为人实施了法律禁止的行为或违反了法律规定的义务。没有实施环境与资源保护行政违法行为，就谈不上追究行为人的环境与资源保护行政责任。环境与资源保护行政违法行为包括两大类：环境与资源保护行政主体及其工作人员在环境与资源保护行政管理中的违法行为，环境与资源保护行政管理相对人所造成的污染和破坏环境的行为。

（二）行为人主观上有过错

这是实施污染或破坏环境行为者主观上的一种心理状态或动机，包括故意和过失两种，如果行为人主观上没有过错就不应承担行政责任。故意是指行为人明知自己的行为会造成污染和破坏环境的结果，并且希望或放任这种结果的发生。过失是指行为人应当预见自己的行为可能给环境带来损害，因疏忽大意没有预见或者已经预见而轻信能够避免，以致发生了环境污染或环境破坏的结果。分析行为人的心理状态，对是否承担行政责任以及责任的轻重具有重要的法律意义。过失的心理较之故意的社会危害性要轻些，因此在对待同一危害结果适用法律时，对过失的制裁比对故意的制裁为轻。实践中，对环境和资源的破坏多表现为故意，对环境的污染多表现为过失的心理状态。

关于行为有危害结果是否是环境与资源保护行政责任的构成要件，需要注意的是，我国环境与资源保护立法中在大多数情况下并不把"危害结果"作为承担行政责任的必要条件，如《环境保护法》第62条等的规定就不要求产生危害后果。而在有些情况下，"危害后果"则作为追究行为人行政责任的必要条件，如《环境保护法》第68条的规定。由此可知，"危害结果"在某种情况下是追究行为人法律责任的选择条件，而不是必要条件。

(三)违法行为与危害结果之间存在因果关系

法律上的因果关系大体分为直接因果关系和间接因果关系两种。直接因果关系是指原因与结果之间存在着内在的、必然的联系。甲行为出现,必然出现乙结果,甲不出现,乙也不出现;间接因果关系,一般表现为,甲行为的出现,产生了乙、丙、丁等几种危害结果(或尚无危害结果),而乙、丙、丁又和其他条件结合(可能是自然条件或其他人为原因)产生了戊危害结果,则甲行为只是原因或条件之一,其与戊结果之间就没有必然因果关系。在认定环境行政责任过程中,要求违法行为与危害结果之间必须是一种内在的、必然的因果关系。需要注意的是,在法律规定不要求危害结果作为承担行政责任的条件时,则不存在因果关系的认定问题。

第五节　我国环境与资源保护刑事责任

一、环境与资源保护刑事责任概述

环境与资源保护刑事责任是指行为人因违反环境法律、法规造成或可能造成环境严重污染或破坏,依法应当以刑罚进行处罚的法律行为。它是与环境犯罪的特定社会现象紧密联系的一种特殊刑事责任,是刑事责任在环境与资源保护领域的具体运用。

环境与资源保护刑事责任的产生和演变,具有现代工业飞速发展的特殊社会经济背景,它是随着人类社会经济的发展、环境污染和环境资源破坏日趋严重,国家通过立法形式确认的公民或法人因其污染环境或破坏资源的犯罪行为而应承受的刑事否定性评价和实体性刑事法律后果。1990 年联合国第八届预防犯罪和罪犯待遇大会讨论和通过了《刑法在保护自然和环境中的作用》的决议;1979 年《关于国家责任的条款》和 1991 年《危害人类和平犯罪法典草案》两部联合国国际法委员会决议文件,把大规模污染大气层和海洋的行为、故意严重危害环境的行为,规定为侵犯国际社会安全和秩序的国际犯罪,适用"要么起诉,要么引渡"的原则。1994 年 3 月在美国亚特兰大召开的运用刑罚手段保护环境国际专家研讨会,通过了环境犯罪的示范法律。我国 1997 年《刑法》在其第六章"妨碍社会管理秩序罪"中专设"破坏环境资源保护罪"一节,对污染环境、破坏资源的各种犯罪行为规定了相应的刑事责任。在第九章"渎职罪"中规定了"违法发放林木采伐许可证罪"和"环境监管失职罪"。为降低我国破坏环境资源保护的犯罪入罪门槛、增强可操作性,2011 年 5 月 1 日起施行的《刑法修正案(八)》对相关条款进行了修正,形成了我国环境与资源保护刑事责任制度体系。

二、环境与资源保护犯罪的构成要件

环境与资源保护犯罪是承担环境刑事责任的前提条件。它是指行为人违反环境与资源保护法律,污染和破坏生态环境,造成人身健康或生命财产的损害或者风险,情节严重,应受刑罚处罚的行为。

(一)环境与资源保护犯罪的主体

环境与资源保护犯罪的主体是指实施了污染或破坏环境的行为,依法应负刑事责任的人。环境与资源保护犯罪的主体具有二元性,包括自然人和单位。

(1)自然人主体。是指达到刑事责任年龄、具有刑事责任能力的自然人。《刑法》规定环境与资源保护犯罪的自然人主体应是年满 16 周岁、具有刑事责任能力的人。相对于一般自然人主体,还有一类特殊自然人主体,是指具有某种特殊身份的国家工作人员,他们在职务上对环境和资源保护负有特别的义务。《刑法》第407 条规定:林业主管部门的工作人员违反森林法的规定,超过批准的年采伐限额发放林木采伐许可证或者违反规定滥发林木采伐许可证,情节严重,致使森林遭受严重破坏的,处三年以下有期徒刑或者拘役。

(2)单位主体。是指违反环境资源保护法律,严重污染或破坏生态环境,依法应承担刑事责任的单位。《刑法》规定单位可以成为环境与资源保护犯罪的主体,并对犯罪单位和有关责任人员实行"双罚制"。

(二)环境与资源保护犯罪的主观方面

环境与资源保护犯罪的主观方面是指行为人对所实施的污染或破坏环境的行为可能引起的危害环境的后果所持的心理态度。我国采取故意和过失为要件,也有的国家遵循严格责任原则(无过失责任原则)。

(1)故意形态。环境与资源保护犯罪的故意形态包括直接故意和间接故意两种。前者是指行为人明知自己的行为会造成污染或破坏环境的危害结果,希望这种危害结果发生的心理状态;后者是指行为人明知自己的行为会造成污染或破坏环境的危害结果,主观上放任这种结果发生的心理状态。实践中,这类犯罪往往与单位的生产经营相关,行为人的主观动机往往是为了经济利益,而放任破坏和污染环境的结果发生,此时行为人往往是间接故意心态。

(2)过失形态。环境与资源保护犯罪的过失形态包括疏忽大意的过失和过于自信的过失两种。前者是指行为人应当预见自己的行为会造成环境污染或破坏,因为疏忽大意而没有预见,以致发生了危害结果;后者是指行为人已经预见自己的行为会造成污染或破坏环境的危害结果,但轻信能够避免,以致发生了危害后果。

目前,由于我国社会大众的环境保护意识普遍不强,加之环境问题的复杂性,生产经营活动对环境的不良影响和危害后果尚未被广泛而清晰地认识,环境与资源保护犯罪中虽然不乏故意实施法律明令禁止的行为的人,但大多是因为对生产经营活动所造成的环境危害没有预见或预见不足,或虽有预见但轻信能够避免所造成的。实践中,环境与资源保护犯罪大多数属于过失犯罪。

（三）环境与资源保护犯罪的客体

环境与资源保护犯罪的客体是指受刑法所保护的,被环境与资源保护犯罪行为所侵害的社会关系,即在开发、利用、保护和改善环境资源过程中所形成的人与人之间的社会关系。自然环境只是一个媒介,若没有两个以上的人与之发生联系,便不会有社会关系,人与自然之间的关系,也很难说是一种社会关系。对人与环境的关系可以作出两个方面的基本概括:人是环境的产物;人是环境的改造者。法律只能通过调整这种关系的状态、程度,而无法调整这种关系本身。[①]

（四）环境与资源保护犯罪的客观方面

环境与资源保护犯罪的客观方面是指环境与资源保护犯罪行为的客观外在表现,是犯罪行为人在有意识、有意志的心理态度支配下表现于外的事实特征,主要涉及三个问题:犯罪行为、危害结果、犯罪行为与危害结果之间的因果关系。

三、环境与资源保护犯罪刑事立法

我国《刑法》规定了十六种环境与资源保护犯罪的罪名。第六章第六节"破坏环境资源保护罪"规定了十四种罪名,第九章"渎职罪"规定了"违法发放林木采伐许可证罪"和"环境监管失职罪"两种罪名。

（一）污染环境罪

污染环境罪,指违反防治环境污染的法律规定,造成环境污染,后果严重,依照法律应受到刑事处罚的行为。

《刑法》第 338 条规定:违反国家规定,排放、倾倒或者处置有放射性的废物、含传染病病原体的废物、有毒物质或者其他有害物质,严重污染环境的,处三年以下有期徒刑或者拘役,并处或者单处罚金;后果特别严重的,处三年以上七年以下有期徒刑,并处罚金。

---

① 徐祥民 主编:《环境法学》,北京大学出版社 2005 年版,第 207 页。

(二)非法处置进口的固体废物罪

非法处置进口的固体废物罪,是指违反国家规定,将境外的固体废物进境倾倒、堆放、处置的行为。本罪的主体既包括自然人,也包括单位。本罪的成立并不要求行为造成具体的污染环境的危害后果,只要行为人实施了将境外的固体废物进境倾倒、堆放、处置的行为即可构成犯罪。《刑法》第339条第1款规定,犯本罪的,处五年以下有期徒刑或者拘役,并处罚金;造成重大环境污染事故,致使公私财产遭受重大损失或者严重危害人体健康的,处五年以上十年以下有期徒刑,并处罚金;后果特别严重的,处十年以上有期徒刑,并处罚金。单位犯本罪的,对单位判处罚金,并对直接负责的主管人员和其他直接责任人员,依照上述规定处罚。

(三)擅自进口固体废物罪

擅自进口固体废物罪,是指未经国务院有关主管部门许可,擅自进口固体废物用作原料,造成重大环境污染事故,致使公私财产遭受重大损失或者严重危害人体健康的行为。本罪的主体既可以是自然人,也可以是单位。《刑法》第339条第2款规定,犯本罪的,处五年以下有期徒刑或者拘役,并处罚金;后果特别严重的,处五年以上十年以下有期徒刑,并处罚金。单位犯本罪的,对单位判处罚金,并对直接负责的主管人员和其他直接责任人员,依照上述规定处罚。

(四)非法捕捞水产品罪

非法捕捞水产品罪,是指违反保护水产资源法规,在禁渔区、禁渔期或者使用禁用的工具、方法捕捞水产品,情节严重的行为。本罪的主体既可以是自然人,也可以是单位。《刑法》第340条规定,犯本罪的,处三年以下有期徒刑、拘役、管制或者罚金。

(五)非法猎捕、杀害珍贵、濒危野生动物罪

非法猎捕、杀害珍贵、濒危野生动物罪,是指违反野生动物保护法规,未经有关部门批准,非法猎捕、杀害国家重点保护的珍贵、濒危野生动物的行为。《刑法》第341条第1款规定,犯本罪的,处五年以下有期徒刑或者拘役,并处罚金;情节严重的,处五年以上十年以下有期徒刑,并处罚金;情节特别严重的,处十年以上有期徒刑,并处罚金或者没收财产。

(六)非法收购、运输、出售珍贵、濒危野生动物,珍贵、濒危野生动物制品罪

非法收购、运输、出售珍贵、濒危野生动物,珍贵、濒危野生动物制品罪,是指违

反野生动物保护法规,未经有关部门批准,非法收购、运输、出售国家重点保护的珍贵、濒危野生动物或其制品的行为。《刑法》第 341 条第 1 款规定,犯本罪的,处五年以下有期徒刑或者拘役,并处罚金;情节严重的,处五年以上十年以下有期徒刑,并处罚金;情节特别严重的,处十年以上有期徒刑,并处罚金或者没收财产。

(七)非法狩猎罪

非法狩猎罪,是指违反狩猎法规,在禁猎区、禁猎期或者使用禁用的工具、方法进行狩猎,破坏野生动物资源,情节严重的行为。本罪的主体既可以是自然人,也可以是单位。本罪在主观上只能是故意。情节严重一般是指:多次非法狩猎的;狩猎数量较大的;抗拒有关主管部门的监督、管理的;等等。《刑法》第 341 条第 2 款规定,犯本罪的,处三年以下有期徒刑、拘役、管制或者罚金。

(八)非法占用农用地罪

非法占用农用地罪,是指违反土地管理法规,非法占用耕地改作他用,数量较大,造成耕地大量毁坏的行为。本罪的主体既可以是自然人,也可以是单位。本罪在客观方面表现为违反土地管理法规,非法占用耕地改作他用,数量较大,造成耕地大量毁坏的行为。本罪在主观方面表现为故意。《刑法》第 342 条规定,犯本罪的,处五年以下有期徒刑或者拘役,并处或者单处罚金。

(九)非法采矿罪

非法采矿罪,是指违反矿产资源法的规定,未取得采矿许可证擅自采矿的,擅自进入国家规划矿区、对国民经济具有重要价值的矿区和他人矿区范围采矿的,擅自开采国家规定实行保护性开采的特定矿种,经责令停止开采后拒不停止开采,造成矿产资源破坏的行为。本罪的主体既可以是自然人,也可以是单位。犯本罪的,根据《刑法》第 343 条第 1 款的规定,处三年以下有期徒刑、拘役或者管制,并处或者单处罚金;造成矿产资源严重破坏的,处三年以上七年以下有期徒刑,并处罚金。

(十)破坏性采矿罪

破坏性采矿罪,是指违反矿产资源法的规定,采取破坏性的开采方法开采矿产资源,造成矿产资源严重破坏的行为。本罪的主体既可以是自然人,也可以是单位。所谓破坏性的开采方法是指违反矿产资源法规定的开采方法。犯本罪的,根据《刑法》第 343 条第 2 款的规定,处五年以下有期徒刑或者拘役,并处罚金。

(十一)非法采伐、毁坏珍贵树木或者国家重点保护植物罪

非法采伐、毁坏珍贵树木或者国家重点保护植物罪,是指违反国家规定,非法

采伐、毁坏珍贵树木或者国家重点保护的其他植物的行为。本罪的主体既可以是自然人,也可以是单位。珍贵树木,包括由省级以上林业主管部门或者其他部门确定的具有重大历史纪念意义、科学研究价值或者年代久远的古树名木,国家禁止、限制出口的珍贵树木以及列入国家重点保护野生植物名录的树木。犯本罪的,根据《刑法》第344、346条的规定,处三年以下有期徒刑,拘役或管制,并处罚金;情节严重的,处三年以上七年以下有期徒刑,并处罚金。单位犯本罪的,对单位判处罚金,并对其直接负责的主管人员和其他直接责任人员,依照上述规定处罚。

(十二)盗伐林木罪

盗伐林木罪,是指以非法占有为目的,盗伐国家、集体所有的森林或者其他林木,以及盗伐他人自留山上成片林木,数量较大、破坏森林资源的行为。根据《刑法》第345条第1款的规定,盗伐森林或者其他林木,数量较大的,处三年以下有期徒刑、拘役或者管制,并处或者单处罚金;数量巨大的,处三年以上七年以下有期徒刑,并处罚金;数量特别巨大的,处七年以上有期徒刑,并处罚金。

(十三)滥伐林木罪

滥伐林木罪,是指违反森林法的规定,未经林业行政主管部门及法律规定的其他主管部门的批准并核发采伐许可证,或者虽持有采伐许可证,但违背采伐证所规定的地点、数量、树种、方式而任意采伐本单位所有或管理的树木,以及本人自留山上的森林或其他林木,数量较大的行为。犯本罪的,根据《刑法》第345条第2款的规定,数量较大的,处三年以下有期徒刑、拘役或者管制,并处或者单处罚金;数量巨大的,处三年以上七年以下有期徒刑,并处罚金。

(十四)非法收购、运输盗伐、滥伐的林木罪

非法收购、运输盗伐、滥伐的林木罪,是指以牟利为目的,在林区非法收购明知是盗伐、滥伐的林木,情节严重的行为。所谓情节严重,是指多次非法收购、非法收购数量较大、非法收购被处罚过的。犯本罪的,根据《刑法》第345条第3款的规定,处三年以下有期徒刑、拘役或者管制,并处或者单处罚金;情节特别严重的,处三年以上七年以下有期徒刑,并处罚金。

(十五)违法发放林木采伐许可证罪

违法发放林木采伐许可证罪,是指林业主管部门的工作人员违反森林法的规定,超过批准的年采伐限额发放林木采伐许可证或者违反规定滥发林木采伐许可证,情节严重,致使森林遭受严重破坏的行为。

《刑法》第407条规定:林业主管部门的工作人员违反森林法的规定,超过批准

的年采伐限额发放林木采伐许可证或者违反规定滥发林木采伐许可证,致使森林遭受严重破坏的,处三年以下有期徒刑或者拘役。

(十六)环境监管失职罪

环境监管失职罪,是指负有环境保护监督管理职责的国家机关工作人员严重不负责任,不履行或者不认真履行环境保护监管职责导致发生重大环境污染事故,致使公私财产遭受重大损失或者造成人身伤亡的严重后果的行为。

《刑法》第408条规定:负有环境保护监督管理职责的国家机关工作人员严重不负责任,导致发生重大环境污染事故,致使公私财产遭受重大损失或者造成人身伤亡的严重后果的,处三年以下有期徒刑或者拘役。

案例分析

废气污染致损案

1995年,曲忠全承包一处集体土地种植樱桃。2001年,山东富海实业股份有限公司(下称"富海公司")迁至曲忠全樱桃园毗邻处从事铝产品生产加工。2009年4月,曲忠全提起民事诉讼,请求富海公司停止排放废气、赔偿损失501万余元。为证明自己的主张,曲忠全提交了烟台市牟平区公证处勘验笔录、烟台市农产品质量检测中心出具的樱桃叶片氟含量检测报告等证据。后经双方共同选定和取样,一审法院委托山东省农业科学院中心实验室对樱桃叶片的氟化物含量予以检测。检测报告表明:距离富海公司厂区越近,樱桃叶片氟化物含量越高。富海公司提供樱桃树叶氟含量检测报告、厂区大气氟化物含量检测报告、烟台市牟平区气象局出具的2008年2月至2009年5月的气候情况等证据,拟证明其不存在排污行为,曲忠全樱桃园受到损害系气候原因所致。

山东省烟台市中级人民法院一审判令富海公司停止排放氟化物,赔偿曲忠全损失204万余元。曲忠全、富海公司均不服、提起上诉。山东省高级法院经审理,判令富海公司赔偿曲忠全224万余元。关于赔偿金额的确定,二审法院是酌按富海公司承担损失的70%计算的,其中考虑了确实存在天气恶劣等影响樱桃生产的原因。富海公司不服,向最高法院申请再审。

在最高法院再审过程中,富海公司提交了樱桃树叶氟化物含量检测报告,得出距离厂区越近浓度越低的结论;厂区大气氟化物含量检测报告系2010年5月7日作出。富海公司主张,恶劣天气原因也可以否定排污行为和损害之间的因果关系。

思考问题:

(1)原告曲忠全需要提供哪些方面的证据?在本案中,他提供的证据足够吗?

(2)本案应该采取何种举证原则?如何确定因果关系?富海公司如果想要免除其侵权责任,必须就哪些方面予以举证?

（3）进一步查阅与本案相关的信息资料，你认为本案应该如何判决？为什么？

基本概念

国际环境与资源保护法律责任　全额赔偿　限额赔偿　环境与资源保护民事法律责任　环境侵权无过错责任　举证责任倒置　因果关系推定　环境与资源保护行政责任　环境与资源保护行政处分　环境与资源保护行政处罚　环境与资源保护刑事责任　污染环境罪

思考分析

1. 简述国际环境与资源保护法律责任的概念。

2. 简述国际环境与资源保护法律责任的构成要件。

3. 简述国际环境与资源保护民事赔偿法律责任。

4. 试述环境与资源保护民事责任的构成要件。

5. 试述环境与资源保护民事诉讼与传统民事诉讼的不同。

6. 简述环境与资源保护行政责任的构成要件。

7. 简述环境与资源保护行政处罚的种类。

8. 试述环境与资源保护犯罪的构成要件。

9. 简述污染环境罪的犯罪构成要件。

10. 简述非法处置进口的固体废物罪的犯罪构成要件。

第三编

污染防治法篇

第九章

环境污染防治法总论

【内容提要】

环境污染防治法是现代环境与资源保护法的起点和重要组成部分。科学、完整、全面地理解环境污染是正确认识环境污染防治法及其基本制度、体系构成以及单行环境污染防治法的基础。本章讨论环境污染的概念,环境污染防治法的体系构成以及主要基本制度。基本法律制度包括生态环境保护规划制度、环境影响评价制度、"三同时"制度、环境许可证制度、限期治理制度等。

第一节 环境污染和环境污染防治法

一、环境污染的概念

(一)理解环境污染

环境污染和生态破坏是环境问题的两大主要类型。一方面,相对于生态破坏而言,环境污染的危害更为直接和显见;另一方面,环境污染常常又是生态破坏的重要直接原因。因此,绝大多数国家和国际的环境与资源保护事业都直接起源于对环境污染的治理。

汉语中的环境污染一词,在英文中的相应术语是 pollution(污染)。目前有关污染概念的最为科学和有影响的概念是经济合作与发展组织(OECD)在其 1974 年 C(74)224 号建议书中提出的,并为该组织各成员国共同接受的如下定义:"污染是指人类将物质或者能量直接或者间接地导入环境,导致对自然的有害影响,以至危及人类健康、危害生命资源和生态系统,以及损害或者妨害舒适性和环境的其他合法用途的现象"。这一定义明确指出了：①环境污染的原因——人类活动；②可能造成环境污染的事物(污染物)——物质或者能量；③构成环境污染所需要达到的危害程度。

在理解污染物时，必须注意两点：第一，污染物不仅包括固体、液体或者气体物质，而且还包括诸如噪声、振动、热辐射以及放射性物质。这是不少教材和著述在讨论具体环境污染防治方面时经常忽略的。第二，应该运用唯物主义关于量变和质变规律的理论，立足于全面和预防的视角进行理解。有人认为，不能将向环境排放的所有不能为人类完全利用的物质或能量都视为污染物，而仅仅只将那些危害程度可以延伸到一定水平的物质或因素视为污染物；[①]该观点为我国一些学者所赞成。[②]笔者认为，这种观点是不全面的，体现的是"先污染、后治理"时代下的不科学的落后理念。简单的例子是：某一湖泊的接纳生活废水的总量是 100 吨，但是因被排入 101 吨而造成了水体污染；我们不能说最先排入的 100 吨不是污染物，而最后排入的 1 吨才是污染物。

在理解构成环境污染需要达到的危害程度时，需要注意三个方面：第一，既要考虑已然发生的危害，更要关注根据科学规律，特别是环境或者生态系统的纳污能力或者自净能力，确然会发生的危害，乃至解决虽然已有科学证据尚不能确定但是可能发生不可逆转危害的风险或者威胁。第二，从人类中心主义的角度来讲，既要关注那些直接危害人类的环境污染，也要考虑那些经由危害生态系统平衡而间接危害人类的环境污染。第三，既要解决物质损害问题，还应该考虑对人(类)的精神损害问题。

(二)公害一词

在我国，1978 年宪法第 11 条规定："国家保护环境和自然资源，防治污染和其他公害。"从此，我国用"环境污染和其他公害"这一术语来表述环境污染现象。例如，现行宪法第 26 条第 1 款规定："国家保护和改善生活环境和生态环境，防治污染和其他公害。"1979 年《环境保护法(试行)》第 1 条规定：根据宪法第 11 条"关于'国家保护环境和自然资源，防治污染和其他公害'的规定，制定本法"。现行《环境保护法》在第四章"防治环境污染和其他公害"中，通过第 42 条第 1 款列举了"环境污染和其他公害"，即"在生产建设或者其他活动中产生的废气、废水、废渣、医疗废物、粉尘、恶臭气体、放射性物质以及噪声、振动、光辐射、电磁辐射等对环境的污染和危害"。从字面上看，这种表述形式的主要内涵是指"环境污染"，而"其他公害"则是对环境污染的补充。但是，我国法律中从未对"公害"一词有过具体规定和明

---

① A. Kiss, D. Shelton, *Manual of European Environmental Law*, Cambridge University Press, 1994, p. 5.

② 例如，金瑞林主编：《环境与资源保护法学》(第三版)，北京大学出版社 2013 年版，第 133 页。

确解释。

　　我国有关环境与资源保护的法律将污染和公害并列,似受日本环境法律的影响。日本现代环境法律中首次定义公害一词的是 1967 年《公害对策基本法》。该法第 2 条第 1 款规定,公害"是指由于工业或人类其他活动所造成的相当范围的大气污染、水质污染(包含水质以外水的状态或者水底底质恶化,第 9 条第 1 款除外)、土壤污染、噪声、振动、地面沉降(采矿致土地挖掘者除外)以及恶臭,导致危害人体健康或者生活环境的现象"。[1]可见,在日本环境法上,公害就是指环境污染;而且,日本环境法律中也正在逐渐弃用公害的表述。难怪有学者认为:"中国环境立法中的'环境污染和其他公害'的概念,只是欧美国家环境立法中的'环境污染'概念和日本环境立法中的'公害'概念的复合词,而其本质含义可以作'环境污染'解释。"[2]

　　因此,无论从与国际惯例接轨的角度,还是从立法技术方面,或是从普法的视角上,乃至出于少印少写文字而保护环境和节约自然资源的考量,笔者认为,我国都宜在立法上废弃"公害"一词。[3]

(三)环境污染的类型和特征

　　根据不同的标准,可以将环境污染分为不同的种类。根据污染物所介入环境要素的不同,可以将环境污染分为大气污染、水污染、海洋环境污染、土壤(土地)污染等。

　　根据污染物的形态不同,可以将环境污染分为固体废物污染,废气污染,废水污染,噪声污染,振动污染,辐射污染等。

　　根据污染物的特性不同,可以将环境污染分为生物污染、化学污染、物理污染、放射污染等。

　　环境污染具有三个特征:①原因的人为性。这是指环境污染是伴随着人类的生产、生活活动而产生的。②后果的致害性。这是指环境污染具有已然的、必然的或者可能性极大但一经发生就不可逆转的这样三类损害结果。③损害的系统性。这是指环境污染以环境质量的改变和自然生态的破坏为媒介,能够对人类或者自然生态系统造成一环套一环的系列影响和危害。

二、环境污染防治和环境污染防治法

(一)环境污染防治

　　环境污染主要起因于环境与自然资源开发、利用活动,或者建设、工农业生产

---

①　转引自金瑞林 主编:《环境与资源保护法学》,北京大学出版社 2006 年版,第 210 页。

②　金瑞林 主编:《环境与资源保护法学》,北京大学出版社 2006 年版,第 211 页。

③　胡德胜、黄靖:"环境法中的'公害':历史和比较的视角",《青海社会科学》2012 年第 5 期。

以及日常生活活动中所排放的污染物。因此,从理论上讲,直接而有效的防治方法是对污染源进行管理,从而将所排放污染物的量和质控制在环境的纳污能力或者自净能力之内。但是,在现实生活中,社会和经济等各项事业在不断发展,受此影响,仅仅依靠直接的污染源控制和点源治理的方法尚不能够完全满足环境污染防治的需要,因为这种方法并不能够解决污染物总量不断增加的问题。因此,间接地运用经济学的方法、结合对环境与自然资源的开发和利用活动以及工业生产等全过程,由污染者进行自我管理、由国家进行干预和管理,通过对开发和利用或者生产行为进行合理规划布局以及实施科技进步和技术改造等措施,从而提高自然资源或能源的利用效率、实现清洁生产、减少污染物排放,也是防治环境污染的有效方法。

在污染防治方法论上,基于环境污染的类型,主要有对环境要素的污染防治以及针对污染源或污染因子的防治或者控制两种。前者如对大气、海洋、水等环境要素的污染防治,后者如关于噪声、固体废物、放射性、危险物质等污染源或者污染因子的防治或者控制。然而,环境要素的划分难以穷尽且各环境要素之间存在着相互联系、相互影响和相互制约的关系,而且污染源和污染因子在不断发展变化。因此,无论哪种方法论,都难以独自解决环境污染问题。这就是两种方法论在国际和国内层次都并用或者并存的原因。需要注意的是,对污染源或污染因子应该从比较宽泛的范围上进行理解。这是因为,许多可能造成环境污染原因的物质或者能量(例如有毒、有害物质以及放射性物质等)在正常情况下的使用并不一定会造成环境污染,只有当对这些物质或者能量的使用不当或者管理不善从而导致其泄漏或者逸失时,才会造成环境污染。这样,防治环境污染不仅仅要控制正常向环境排放的废弃物质或者能量,还要控制和加强对环境有毒或者有害的非废弃物质或者能量的管理和使用。

在污染防治的具体方法上,可以大体上将有关防治环境污染的方法分为技术的、经济的、行政的以及法律的方法等。法律的实施有国家法律的强制力予以保障,如果某一技术的、经济的、行政的方法或者手段通过法律的形式予以确定并且规范地展现在人们面前,那么,它就转化成为法律手段。也就是说,法律手段同其他手段之间并不是严格的逻辑并列关系。而且,其他各种手段所具有的或者所需要的制裁或者补救、补偿、赔偿等措施,可以通过立法而事先加以明确。因此,法律的方法在环境污染的预防、治理和救济等各个过程和环节中都起着重要的指引、预测、评价、警示、教育和管理等作用。

从预防的角度来看,环境保护行政是国家进行环境污染防治以及环境管理的主要手段。为了防治环境污染,国家必须确立环境污染防治行政所追求的基本目标和要求。在我国,环境污染防治的行政目标主要由环保主管部门通过制定环境保护规划和计划以及实施环境污染防治活动的基本法律制度来实现。理论上,环境污染防治行政的基本目标及其确立和实施过程主要包括下列三个方面：

（1）在实施环境污染防治行政之前，环境保护部应该根据法律规定的程序和方法，制定国家环境标准。

（2）为了实现国家环境标准的要求，国家应该制订环境保护规划，并且针对各种污染物和有害物质的排放等制定国家污染物排放标准，从而规范向环境排放污染物的行为。

（3）确立一系列的环境污染防治行政法律制度，从而促成国家环境保护目标的实现。主要制度有环境影响评价制度、"三同时"制度、排污许可制度、排污收费制度、限期治理制度等。

通过一系列环境污染防治的管理，最终的目标就是要使污染物以及有害物质的排放达到国家环境标准所规定的要求，从而实现保护和改善环境的目的。

需要注意的是，环境污染防治具有浓厚的科学技术色彩，其中环境污染防治行政同其他行政在行政管理权力方面存在着某些交叉和重叠。为了预防人类行为对环境的危害，环境行政决策还具有科学的不确定性以及动态调整利益分配关系等特征。因此，相对于其他行政而言，环境污染防治行政具有强烈的计划性、指导性和依赖市场方法的特性，并且更具有积极的预防性。

（二）环境污染防治法

环境污染防治法是指，为了预防和治理环境污染，保护生活环境和生态环境，进而保护人体健康和财产安全，国家、政府间国际组织单独地或者共同地对产生或者可能产生环境污染的原因活动，包括但不限于各种对环境不利的人为活动，实施管理或者控制而制定的法律规范的总称。不难理解的是，环境污染防治法不是指一部单独的法律，而是环境与资源保护法体系内有关环境污染防治的同一类法律规范的全部。

由于许多造成环境污染原因的物质或行为并不能用"污染防治"来概括，而且目前许多国家的环境管理方法也在发生改变（如从末端治理转变为全过程管理），因此有关环境污染防治法的立法也在不断扩大。仅依靠控制环境污染物质（因子）来进行环境污染防治法的立法已经不能适应新形势发展的需要。

从体系上来讲，由于环境污染防治立法活动是基于污染防治的方法论而进行的，所以，环境污染防治法体系也同污染防治的方法论密切相关。以环境要素污染防治为主线进行污染防治立法的优点在于，可以将所有与该环境要素有关的污染防治法律规范纳入该环境要素污染防治法，从而便于在科学研究上对该类污染防治法律进行整理，而不问具体的法律措施如何。例如，可以将与水污染防治相关的法律规范全部归纳在有关水污染防治法的范围之内。这种方法的缺陷在于，当一个国家针对某一类环境要素的保护制定有多部不同目的的法律时，就容易因为学理上的论述而混淆各法之间所确定的不同的权利义务关系。

以污染源或者污染因子防治为主线进行污染防治立法的优点在于，有利于管理或者控制重要污染源或者污染因子。考察工业发达国家的环境污染防治立法，其主要是从控制污染物和对有关生产工艺流程、可能造成环境污染的原因物质或者能量的管理两方面来进行。但是，其缺陷在于不能很好地考虑生态环境特别是生态系统的统一性和整体性。

因此，综合考虑两个主线进行污染防治立法的优点和缺点，在绝大多数国家以及在国际层次上，形成了以环境要素污染防治以及以污染源或者污染因子防治两条主线而同时展开的纵横交错的、网络状的环境污染防治法体系。

（三）我国的环境污染防治法

1979 年《环境保护法（试行）》制定以来，我国的环境污染防治立法迅速发展。目前，我国现行的有关环境污染防治的专门法律有《固体废物污染环境防治法》（1995 年）、《环境噪声污染防治法》（1996 年）、《海洋环境保护法》（1999 年修订）、《大气污染防治法》（2015 年修订）、《放射性污染防治法》（2003 年）和《水污染防治法》（2008 年修订）共六部。除这些专门法律外，国务院制定了大量综合性或者单行环境污染防治的行政法规，国务院有关工作部门单独或者共同制定或者批准了一些环境污染防治的部门规章或者环境标准，各地方还根据本地方的特点制定或者批准了许多地方性环境污染防治的法规、规章或者地方性环境标准。可以说，目前，我国的环境污染防治法体系已经基本形成，而且处于进一步的健全和完善过程之中。

我国的环境污染防治法体系主要是由大气污染防治、水污染防治、海洋污染防治、环境噪声污染防治、固体废物污染环境防治、放射性污染防治以及其他危险物质污染防治等七个方面的法律、行政法规、部门规章以及地方性法规或规章所组成。有关具体内容，详见随后七章的介绍和讨论。

第二节　环境污染防治法基本制度概述

环境污染防治法基本制度是围绕环境法而建立起来的，它是指由调整人们在环境污染防治过程中所产生的各种特定环境社会关系的一系列法律规范及其运行机制所组成的相对完整的规则系统。它是环境资源管理制度的法律化。

1989 年第三次全国环境保护会议曾经将我国环境保护法的主要制度归纳为八项，即环境影响评价制度、"三同时"制度、排污收费制度、环境保护目标责任制度、城市环境综合整治定量考核制度、排污许可证制度、污染集中控制制度、限期治理制度；因建立的时间先后不同，前三项被统称为"老三项"，后面五项被称为"新五项"。这八项制度是在计划经济体制向市场经济转轨以前建立的,不可避免地带有强烈的时代色彩;而且各项制度之间缺乏协调,如总量控制与浓度控制的冲突、分散治理和集中控制的矛盾、各项制度适用范围不够明确统一、内容规定较原则,缺乏配套法规,缺乏操作性。

进入 20 世纪 90 年代后,我国在加强环境保护工作中加快了环境与资源保护立法进程,在总结环境管理实践经验的基础上,改进和完善了环境管理的基本法律制度,并建立了一些新的法律制度。其中,比较成熟的基本法律制度有生态环境保护规划制度、环境影响评价制度、"三同时"制度、环境许可证制度、限期治理制度、清洁生产和循环经济制度、经济激励制度等。本章介绍前五种制度,其他制度将在有关章节中进行适当讨论。

第三节　生态环境保护规划制度

生态环境保护规划是指各级政府或其有关部门对一定时期和范围内的生态环境保护目标和所要采取的措施的总体安排。生态环境保护规划制度就是关于生态环境规划的编制、实施、检查等法律规范的总和,是生态环境保护规划的制度化和法制化。制定和实施生态环境保护规划的目的是为了保证生态环境保护作为国民经济和社会发展计划的重要组成部分参与综合平衡,发挥计划的指导作用和宏观调控作用,强化生态环境管理,推动污染防治和自然保护,改善环境质量,促进环境与国民经济和社会的协调发展。生态环境保护规划是协调经济发展与生态环境保护关系的重要手段,为制定国民经济和社会发展规划、国土规划、区域(流域)规划及城市总体规划提供了科学的依据;是各级政府开展生态环境保护工作的重要依据;是贯彻落实预防原则的重要手段。

2014 年《环境保护法》第 13 条规定:县级以上政府应当将环境保护工作纳入国民经济和社会发展规划;环境保护部会同有关部门,根据国民经济和社会发展规划编制国家环境保护规划,报国务院批准并公布实施;县级以上地方环保主管部门会同有关部门,根据国家环境保护规划的要求,编制本行政区域的环境保护规划,报同级政府批准并公布实施;环境保护规划的内容应当包括生态保护和污染防治的目标、任务、保障措施等,并与主体功能区规划、土地利用总体规划和城乡规划等相衔接。

随着 2015 年 4 月《中共中央国务院关于加快推进生态文明建设的意见》的出台和实施,国务院批准以"生态环境保护规划"为题名的五年期规划,而不是以"环境保护规划"为题名的五年期规划。《"十三五"生态环境保护规划》由国务院于2016 年 11 月 24 日印发,《全国生态保护"十三五"规划纲要》由环境保护部于 2016年 10 月 28 日印发。

根据规划期限的长短,可以分为短期规划、中期规划和长期规划。通常,短期规划期限为5年,中期规划期限为15年,长期规划期限为20年、30年、50年。根据规划的内容,可以分为生态保护规划以及其他各种专项规划等。根据规划的适用范围,可以分为国家、省级、市(地)级和县级规划。国家《"十三五"生态环境保护规划》的指导思想是:统筹推进"五位一体"总体布局和协调推进"四个全面"战略布局,牢固树立和贯彻落实创新、协调、绿色、开放、共享的发展理念,按照党中央、国务院决策部署,以提高环境质量为核心,实施最严格的环境保护制度,打好大气、水、土壤污染防治三大战役,加强生态保护与修复,严密防控生态环境风险,加快推进生态环境领域国家治理体系和治理能力现代化,不断提高生态环境管理系统化、科学化、法治化、精细化、信息化水平,为人民提供更多优质生态产品。

它确定了生态环境保护的基本原则:坚持绿色发展、标本兼治;坚持质量核心、系统施治;坚持空间管控、分类防治;坚持改革创新、强化法治;坚持履职尽责、社会共治。

它确定了生态环境保护的目标是:到2020年,生态环境质量总体改善。生产和生活方式绿色、低碳水平上升,主要污染物排放总量大幅减少,环境风险得到有效控制,生物多样性下降势头得到基本控制,生态系统稳定性明显增强,生态安全屏障基本形成,生态环境领域国家治理体系和治理能力现代化取得重大进展,生态文明建设水平与全面建成小康社会目标相适应。

第四节　环境影响评价制度

一、环境影响评价制度概述

(一)概念

环境影响评价,又称环境影响质量预测评价,有狭义和广义之分。狭义上是指在一定区域内进行开发建设活动,事先对拟建项目可能对周围环境造成的影响进行调查、预测和评定,并提出防治对策和措施,为项目决策提供科学依据;广义上是指进行某项重大活动(如经济发展政策、规划、重大经济开发计划等)之前,事先对该项活动可能给环境带来的影响进行评价。

我国2016年《环评法》第2条规定:环境影响评价是指对规划和建设项目实施后可能造成的环境影响进行分析、预测和评估,提出预防或者减轻不良环境影响的对策和措施,进行跟踪监测的方法与制度。

(二)特点及意义

1. 特点

环境影响评价制度是环境保护法的一项重要制度,具有以下三个特点:

(1)预测性。环境影响评价和环境质量现状评价不同。后者是指通过环境调查和监测,对一定区域的环境质量现状进行评定;而环境影响评价是指对拟建项目可能对环境造成哪些影响进行预测和评价。

(2)客观性。环境影响评价应避免主观臆断,从实际情况出发,深入细致地调查环境状况并进行必要的环境监测,然后作出科学的预测和评价。

(3)综合性。环境影响评价是一项综合性的科学技术工作,涉及多种学科,包括环境学、法学、化学、生态学等,因此需要由具有相应环境影响评价资质的设计、科研等单位互相协作,共同完成评价任务。

2. 意义

经过多年的实践证明,环境影响评价制度作为一项行之有效的环境法律制度,是贯彻预防原则的重要措施之一,对预防开展建设项目活动可能产生的环境污染和生态破坏、改善环境质量方面发挥了不可替代的重要作用。随着我国环境保护事业的发展逐渐得到充实、完善,它在我国的可持续发展中发挥着越来越重要的作用,具有重要意义。

(1)是贯彻"预防为主"方针,实现经济效益和环境效益相统一的重要手段。我国环境污染防治法的许多基本制度均属于末端治理制度,如征收排污费制度、限期治理制度等。但实践证明,在现代科学技术带来的巨大且不可逆转的环境损害面前,单纯的末端治理不可能从根本上扭转日益严重的环境污染和生态破坏的局面。环境影响评价制度的最大特点在于它是一种预断性评价,是贯彻"预防为主"原则的具体制度,属于源头控制制度,可以把人类经济活动对环境的影响减少到最低限度。

(2)可以为确定某一地区的发展方向和规模提供科学依据。通过环境影响评价,尤其是《环评法》实施后对规划的环境影响评价,能够弄清该地区的环境现状,掌握区域的环境特征和环境容量,及开发建设活动对环境可能产生影响的范围和程度,从而可为某一地区的总体规划、产业结构、工业布局和环境功能区划以及编制区域污染物总量控制规划提供依据,也可以为区域环境综合整治和污染集中控制创造条件。这样,就可以优化规划方案,取得最大的经济效益、社会效益和最小的环境影响,使区域开发活动与资源的合理利用和环境质量的保护和改善相适应。

(3)是加强建设项目环境管理的重要内容。建设项目的环境管理,既是环境管理的重要方面,又是建设项目管理的重要内容。我们应当将建设项目的环境管理纳入建设项目管理的轨道,唯有如此才能有效地防止新污染源的产生。

二、环境影响评价制度的建立和发展

环境影响评价起源于美国,一般认为最早是由美国的柯德威尔教授提出的,并于 1964 年在加拿大召开的一次国际环境质量评价会议上被环境保护界所认可。美国 1969 年《国家环境政策法》首创了这项以预防环境侵害为目的的环境法律制度,称为环境报告书制度。这项制度要求,联邦政府在作出可能对人类环境产生影响的规划和决策时,采用一切能够确保综合利用自然科学和社会科学以及环境设计工艺的系统的多学科方法,并与环境质量委员会协商确定、开发各种方法和程序,以确保与环境舒适和环境价值不符的要求能够在作出决定时与经济和技术问题一并得到适当的考虑,对拟议中的对环境质量可能产生重大影响的行动提供各种可供选择的替代方案,并取得享有管辖权或者具有专门知识的机关对可能引起的任何环境影响所作的评价,向公众宣布并审查通过。

由于环境影响评价制度的实施对防止环境受到人类行为的侵害具有科学的预见性,因此这项制度很快便在世界上广为传播,为大多数国家的环境与资源保护法所确立。经过近 50 多年的发展,现已有 100 多个国家建立了环境影响评价制度。环境影响评价的内涵不断扩大和增加,从自然环境影响评价发展到社会环境影响评价;自然环境的影响不仅考虑环境污染,还注重了生态影响;开展了风险评价;关注累积性影响并开始对环境影响进行后评估;环境影响评价从最初单纯的工程项目环境影响评价,发展到区域开发环境影响评价和战略影响评价,环境影响评价的技术方法和程序也在发展中不断地得以提高和完善。[①]

在中国,环境影响评价制度的实施始于 20 世纪 70 年代末。1978 年在批转国务院关于《环境保护工作汇报要点》的报告中,中共中央第一次提出了进行环境影响评价工作的意向。1979 年《环境保护法(试行)》对这项制度作出了原则性规定;1981 年《基本建设项目环境保护管理办法》规定了环境影响评价的基本内容和程序;1989 年《环境保护法》规定,建设项目的环境影响报告书必须对建设项目产生的污染和对环境的影响作出评价;1989 年《建设项目环境影响评价证书管理办法》对申领《评价证书》的条件和程序、职责、考核及罚则作了规定;1998 年《建设项目环境保护管理条例》对评价范围、内容、程序、法律责任等作了修改、补充和更具体的规定。从而确立了完整的环境影响评价制度。

2002 年 10 月 28 日九届全国人大常委会第三十次会议通过的《环评法》,以专门立法的形式确立了环境影响评价制度。它标志着我国对建设项目有关决策的环

---

① 　周旭红、王瑛:"我国环境影响评价法律制度特点和发展趋势",《能源环境保护》2008 年第 1 期。

境约束已进入了制度化、规范化和可操作化的阶段。2016 年 7 月 2 日,十二届全国人大常委会第二十一次会议对《环评法》进行了修改。《环境保护法》中也有关于环境影响评价的规定。国务院制定了 1998 年《建设项目环境保护管理条例》、2009年《规划环境影响评价条例》等行政法规。环境保护部单独或者与其他部门联合,制定了一些实施《环评法》的配套规章;例如,2006 年《环境影响评价公众参与暂行办法》,2009 年《建设项目环境影响评价文件分级审批规定》,2015 年《建设项目环境影响评价分类管理名录》《建设项目环境影响评价资质管理办法》《建设项目环境影响后评价管理办法(试行)》等。

三、环境影响评价制度的法律规定

(一)环境影响评价制度的分类

我国环境影响评价有规划环评、建设项目环评和后环评三种。

1. 规划环评

规划环评是指在规划编制和审批过程中,对规划的内容进行环境影响评价,通过对生态－环境－资源承载能力的分析,将环境因素置于重大宏观经济决策链的前端,对重大开发、生产力布局、资源配置等提出更为合理的战略安排,从而实现在开发建设活动源头预防环境问题的目的。

根据《环评法》和《规划环境影响评价条例》的规定,应当进行环境影响评价的规划分为综合性规划和专业规划,进行规划环评是编制机关的法定义务。规划环评可以促使规划编制机关站在可持续发展的高度,正确对待经济发展和环境保护的关系问题。综合性规划包括国务院有关部门、设区的市级以上地方政府及其有关部门,对其组织编制的土地利用的有关规划以及区域、流域、海域的建设、开发利用规划。专项规划包括国务院有关部门、设区的市级以上地方政府及其有关部门组织编制的工业、农业、畜牧业、林业、能源、水利、交通、城市建设、旅游、自然资源开发的有关专项规划。对于综合规划以及指导性的专项规划,在编制规划时应当编写该规划有关环境影响的篇章或者说明;实施后对环境影响较大的,用"篇章"的形式;对环境影响较小的,用"说明"或者"专项说明"的形式。对于非指导性的专项规划,应当在规划草案上报审批前编写环境影响报告书。

规划的环境影响评价报告书包括三个方面的内容:①实施该规划对环境可能造成影响的分析、预测和评估;②预防或者减轻不良环境影响的对策和措施;③环境影响评价结论。

关于规划环境影响评价的程序,《环评法》第 13 条规定,设区的市级以上政府在审批专项规划草案,作出决策前,应当先由政府指定的环保主管部门或者其他部门召集有关部门代表和专家组成审查小组,对环境影响报告书进行审查。审查小组应当提出书面审查意见。

2.建设项目环评

广义的建设项目环评是指对拟建项目可能造成的环境影响(包括环境污染和生态破坏,也包括对环境的有利影响)进行分析、论证的全过程,并在此基础上提出采取的防治措施和对策。狭义的是指对拟议中的建设项目在兴建前即可行性研究阶段,对其选址、设计、施工等过程,特别是运营和生产阶段可能带来的环境影响进行预测和分析,提出相应的防治措施,为项目选址、设计及建成投产后的环境管理提供科学依据。

《环评法》第三章专门规定了建设项目环评制度。根据建设项目对环境影响的程度大小,建设项目分三类进行环评管理。

第一类是对环境可能造成重大影响的建设项目。对于这类项目,《环评法》规定必须执行环境影响报告书的审批制度,进行全面、详细的评价。建设单位报批的环境影响报告书,应当附具对有关单位、专家和公众的意见采纳或者不采纳的说明;也就是要求在环评中必须有公众参与。

第二类是对环境可能造成轻度影响的建设项目。对于这类项目,应当编制环境影响报告表,对可能产生的影响进行分析或专项评价。

第三类是对环境影响很小的建设项目。对于这类项目,不需进行环境影响评价,但是应当填报环境影响登记表。

这表明,并不是所有的新建项目都需要进行环境影响评价,而要视它对环境影响程度的大小而定。

3.后评价制度

环境影响后评价是指编制环境影响报告书的建设项目在通过环境保护设施竣工验收且稳定运行一定时期后,对其实际产生的环境影响以及污染防治、生态保护和风险防范措施的有效性进行跟踪监测和验证评价,并提出补救方案或者改进措施,提高环境影响评价有效性的方法与制度。

《环评法》第27条规定,在项目建设、运行过程中产生不符合经审批的环境影响评价文件的情形的,建设单位应当组织环境影响的后评价,采取改进措施,并报原环境影响评价文件审批部门和建设项目审批部门备案;原环境影响评价文件审批部门也可以责成建设单位进行环境影响的后评价,采取改进措施。

《建设项目环境影响后评价管理办法(试行)》对应当开展环境影响后评价的范围、遵循的原则、建设项目环境影响后评价文件应当包括的内容作出了明确规定。

4.规划环评与建设项目环评的比较

(1)环评的时间不同。规划环评是在规划编制过程中进行的;对于建设项目的环评是在建设项目的可行性研究阶段完成的。

（2）法律形式不同。规划环评只有一种，即环境影响评价报告书；建设项目环境影响评价成果包括环境影响报告书和环境影响报告表。

（3）内容和要求不同。除国家规定需要保密的情形外，公众参与是规划环评的必经程序。对环境可能造成重大影响、应当编制环境影响报告书的建设项目，建设单位应当在报批建设项目环境影响报告书前，举行论证会、听证会，或者采取其他形式，征求有关单位、专家和公众的意见。其他的建设项目，则并不必然要求公众参与。

（二）环境影响评价的法律效力及法律责任

经批准的环境影响评价文件具有行政审批的法律效力。按照法律要求应进行环境影响评价的建设项目和开发活动，都必须履行相关的法定程序，未履行环境影响评价或环境影响评价未获批准的建设项目，建设单位不得开工建设，其他相关部门也不得为建设单位开工建设提供条件。

《环评法》对法律责任作了明确规定。第29条至33条分别对规划编制机关，规划审批机关，建设单位，接受委托为建设项目环境影响评价提供技术服务的机构以及负责预审、审核、审批建设项目环境影响评价文件的部门规定了相应的法律责任。《环境保护法》第61条规定，建设单位未依法提交建设项目环境影响评价文件或者环境影响评价文件未经批准，擅自开工建设的，由负有环境保护监督管理职责的部门责令停止建设，处以罚款，并可以责令恢复。

第五节　"三同时"制度

一、"三同时"制度概述

"三同时"制度，亦称环境保护设施配套制度，是指对环境有影响的一切基本建设项目、技术改造项目、区域开发建设项目和外商投资建设项目，其中防治污染和生态破坏的设施及其他环境保护设施，必须与主体工程同时设计、同时施工、同时投产使用的法律制度。

"三同时"制度是我国所独创的一项重要的控制新的环境污染和破坏的法律制度，在环境法律关系的调整时间顺序中仅次于环境影响评价制度，而先于其他制度。它是环境影响评价制度的有益补充，与环境影响评价制度相辅相成共同构成完整的建设项目环境管理制度，是贯彻预防为主原则的支柱性制度，为建立可持续发展的循环经济模式提供了强有力保障。"三同时"制度的核心是对三个"同时"的要求,其实质在于设计、施工和投产使用之时把好关。只有要求同时设计和同时施工,才能为同时投产使用创造条件,从而保证项目建成后企业污染排放符合国家或地方规定的标准。随着实践的深入,它已由污染防治领域扩展到其他防治方面,成为生态环境保护中一项全面的预防制度。

二、"三同时"制度的意义

建立和实施"三同时"制度主要具有以下三个方面的意义。

(1)是加强建设项目环境管理的重要手段。环境影响评价制度是项目决策阶段的环境管理,而"三同时"制度是项目实施阶段的环境管理,"三同时"制度与环境影响评价制度结合在一起,成为环境污染防治基本制度,共同体现着环境污染防治的"预防为主"原则。可行性论证阶段的环境影响评价,与防治环境污染的设施与主体工程同时设计、同时施工、同时投产使用结合起来,是加强建设项目环境管理的重要手段,可以真正做到合理布局,最大限度地消除和减轻污染,防患于未然。

(2)是实现环境保护与经济、社会协调发展的基本保证。环境保护与经济、社会发展相协调是我国环境法的基本原则之一。从这一原则出发,在发展经济过程中一定要统筹兼顾环境保护工作,妥善处理和协调经济建设与环境保护的相互关系,做到经济建设与环境保护相互促进,相互发展,以实现经济效益与环境效益的统一。确立和实施"三同时"制度,可以避免重复近代西方工业国家走过的"先污染,后治理"的老路,变被动治理为主动预防。通过对建设项目实施全过程环境管理,可以促使各项环境保护措施落到实处,有效地防止环境污染和生态破坏,保证环境保护与经济建设、社会发展相协调。

(3)"三同时"制度是防止环境污染和生态破坏的重要手段。环境污染、生态破坏是当今经济、社会发展中存在的突出问题。如果不加强对建设项目的环境管理,很多项目在建成投产后就极有可能成为新的污染源,产生大量的"三废",造成环境污染和生态破坏。执行"三同时"制度,不但可以有效控制建设项目对环境造成的不利影响,防止产生新的环境污染和生态破坏,而且还可以根据"以新带老"的原则,在扩建、改建项目或生产活动中对原有污染源也进行积极有效的治理。只有这样,才能从根本上遏制环境污染和生态破坏的上升势头,改善和优化生态环境。

三、"三同时"制度的建立和发展

"三同时"制度,是我国环保工作的一项创举。1972年,国务院批转的《国家计委,国家建委关于官厅水库污染情况和解决意见的报告》中,首次提出"工厂建设和三废利用工程要同时设计、同时施工、同时投产"的要求。

1979 年《环境保护法（试行）》第 6 条规定：建设项目中防治污染的设施，必须与主体工程同时设计、同时施工、同时投产使用。防治污染的设施必须经原审批环境影响报告书的环保主管部门验收合格后，该建设项目方可投入生产或者使用。防治污染的设施不得擅自拆除或者闲置；确有必要拆除或者闲置的，必须征得所在地环保主管部门的同意。

1984 年，国务院《关于环境保护工作的决定》把"三同时"制度的适用范围扩大到可能对环境造成污染和破坏的一切工程建设项目和自然开发项目。

1986 年《建设项目环境保护管理办法》明确了有关部门和建设单位的职责及管理程序和审查、审批的时限要求，确立了"以新带老"的原则和"建设项目环境保护设施竣工验收报告"制度等。

1996 年，国务院《关于环境保护若干问题的决定》重申了必须严格执行"三同时"制度，在建设项目审批和竣工验收过程中，对不符合环保标准和要求的建设项目，环保行政主管部门不得批准环保设施竣工验收报告，其他各有关审批机关一律不得批准建设或投产使用，有关银行不予贷款。凡违反规定的，必须追究有关审批机关和审批人员的责任。

1998 年《建设项目环境保护管理条例》进一步完善了"三同时"制度的规定。

2014 年《环境保护法》第 41 条规定：建设项目中防治污染的设施，应当与主体工程同时设计、同时施工、同时投产使用。防治污染的设施应当符合经批准的环境影响评价文件的要求，不得擅自拆除或者闲置。

四、"三同时"制度的法律规定

1986 年的《建设项目环境保护管理办法》和 1998 年颁布的《建设项目环境保护管理条例》就"三同时"制度的执行作出了如下具体规定：

（1）凡从事对环境产生影响的建设项目，都必须执行"三同时"制度。

（2）各级环保主管部门对建设项目的环境保护实施统一的监督管理，包括设计任务书中有关环境保护内容的审查、环境影响报告书（表）的审批、建设施工的检查、环境保护设施的竣工验收、环保设施运转和使用情况的检查和监督。

（3）建设项目的初步设计，必须有环境保护内容，包括环境保护设施的设计依据，防治污染的处理工艺流程、预期效果，对资源开发引起的生态变化所采取的防范措施，绿化设计，监测手段，环境保护投资的预算。

（4）建设项目在正式投产使用前，建设单位要向环保主管部门提交"环境保护设施竣工验收报告书"，说明设施运行情况、治理效果和达到的标准。经验收合格并发给《环境保护设施验收合格证》后，方可正式投入使用。

第六节　环境许可证制度

一、环境许可证制度的概念

环境许可通常是指国家环保主管部门根据当事人的申请,准许其从事某种影响环境的活动的一种行政行为。在法律上,许可表现为认可、登记、承认等,并通常以证书的形式表现。

环境许可证既是国家对环境行政管理相对人从事某种活动的一种法律上的认可,又是环境行政管理相对人得到法律保护的凭证。其种类主要有:排污许可证,海洋倾废许可证,林木采伐许可证,捕捞许可证,采矿许可证,取水许可证,特许猎捕证,驯养繁殖许可证,建设用地许可证,进出口许可证,核设施建造、运行许可证,化学危险物品生产、经营许可证,危险废物经营、转移许可证,放射性药品生产、经营、使用许可证等。

环境许可证制度是指环境法所确认的,对从事可能对环境造成影响的开发、建设或经营活动的当事人,必须事先向有关管理机关提出申请,经审查批准,发给许可证后才能开展活动的一系列管理制度,是有关许可证的申请、审核、颁发、中止和废止以及监督管理等方面法律规范的总称。

二、许可证制度的意义

建立和实施许可证制度主要具有以下四个方面的意义。

(1)是加强对排污者监督管理的有效手段。随着环境保护工作的深化,我国环保主管部门对污染源的管理应该从以往的粗放式管理逐步过渡到精细化管理,从定性管理过渡到定性与定量相结合管理,从静态管理过渡到动态管理,实行排污许可证制度有利于推动这一转变。

排污行为是一个持续的过程,因此预防和控制排污行为是一个持续的动态的过程。作为加强环境管理而采用的直接管制的一种制度,排污许可证制度是强化对排污者监督管理的有效管理形式,可以成为排污者守法和管理者执法的依据,建立一个持续的许可及其监督过程,把影响环境的各种开发、建设、经营等活动的排污行为纳入国家统一管理的轨道,并将其严格控制在法律规定的范围内。排污许可证制度有利于环境保护机关及时掌握各方面情况,及时制止违反规定排放污染物、损害环境的活动,并可深化和带动相关的环境管理制度,使环境保护科学化、环境管理定量化。

（2）是保护自然资源的合理利用和维护生态平衡的重要途径。许可证制度在环境管理活动中发挥着重要的作用，它可以保护自然资源的合理利用和维护生态平衡，如通过发放林木采伐许可证，可以达到控制森林树木采伐数量，保证森林资源的消耗量低于生产量，维持森林资源的大体平衡；通过发放采矿许可证，可以促使采矿者采用科学合理的开采方法，防止矿产资源的浪费和不合理利用。

（3）是实现总量控制和全面达标排放的主要措施。排污许可证制度与总量控制制度是紧密联系的。一方面，在浓度控制方式的基础上，对重点污染实行总量控制制度，污染物排放标准从单纯的浓度限制扩展到总量限制。另一方面，强化污染物排放标准施行的强制性、法律的权威性，再作出禁止超标排污的规定，使得污染物排放标准具有许可性质；排污者有直接遵守的义务。这种污染物排放控制策略，要求环境行政管理部门对法律允许的排放行为进行审查许可管理。

落实总量控制，需要把增加污染治理设施和强化监督管理结合起来。排放许可证制度是分解、落实污染物削减的主要管理手段之一。其根据排放标准、环境质量要求、企业生产及环保设施运行情况在不超标的前提下，通过排污许可证制度将区域排污总量分解下达到企业事业单位，并通过相应的证后管理措施来落实总量控制任务。

（4）是实现我国环境管理理念转变、协调各种污染物排放控制制度的具体手段。实行许可证制度，将有助于推动污染防治等环境管理工作由末端治理向全程监控转变，由单一的浓度控制向浓度和总量双轨控制转变，由分散治理向集中控制转变，并且促进环境管理逐步向科学化、法制化和规范化的方向发展。排污许可证制度作为一种持续性和动态性的环境管理制度，在实际管理中可以起到协调的作用。排污许可证应当成为企业环境责、权、利的法律文书和凭证，与环境影响评价制度、"三同时"制度、限期治理制度以及排污收费制度互相配合、衔接，依证管理，按证排污，违证处罚，规范排污者的环境行为。排污许可证制度的产生，为环境管理中的其他各项制度提供了一个衔接点，从而使环境管理成为一个更为科学的体系。

三、排污许可证制度的建立和发展

早在 1970 年，澳大利亚就把排污许可证制度列为废物污染控制的核心。在我国的环境保护工作中，对污染物排放的管理最初采用的是浓度控制的方法，也就是要求排污单位排放的废水、废气、固体废物等污染物在浓度上达到国家或地方规定的浓度标准。但是随着经济的发展，生产的总体规模不断地扩大，生产单位排放的污染物的总量随之也在不断地增加。即便达标排放，环境质量仍在继续恶化。为了改变这种局面，在实行污染物排放浓度控制的基础上，对一些重点污染源实施排污总量控制，发放排污许可证，才能从总体上和宏观上有效地控制污染。20 世纪80 年代中后期，为了推动总量控制的实施，我国开始在水环境管理方面试行排污许可证制度。

　　我国于 1987 年开始在水污染防治领域进行排污许可证制度的试点工作。1988 年 3 月,国家环保局发布了《水污染物排放许可证管理暂行办法》,并在上海、北京等 18 个市(县)开展"水污染物排放许可证"试点工作。在 1989 年召开的第三次全国环境保护会议上,确定在全国范围内逐步推行这项制度。

　　1989 年《环境保护法(试行)》规定:排放污染物的企业、事业单位,必须依照国务院环保主管部门的规定申报登记。这一规定说明我国的环境污染防治法采纳了排污申报登记和排污许可证制度。国家环保局于 1991 年 4 月决定在上海、天津等 16 个城市进行排放大气污染物许可证制度的试点工作。其后,在水污染防治领域、大气污染防治领域、固体废物污染防治领域、噪声污染防治领域等环境保护的具体领域,也先后规定了这一制度。

　　2014 年修订后的《环境保护法》第 45 条规定:国家依照法律规定实行排污许可管理制度。实行排污许可管理的企业事业单位和其他生产经营者应当按照排污许可证的要求排放污染物;未取得排污许可证的,不得排放污染物。

四、排污许可证制度的法律规定

　　2016 年 11 月 10 日,国务院办公厅印发了《控制污染物排放许可制实施方案》。它确立了控制污染物排放的目标:到 2020 年,完成覆盖所有固定污染源的排污许可证核发工作,全国排污许可证管理信息平台有效运转,各项环境管理制度精简合理、有机衔接,企事业单位环保主体责任得到落实,基本建立法规体系完备、技术体系科学、管理体系高效的排污许可制,对固定污染源实施全过程管理和多污染物协同控制,实现系统化、科学化、法治化、精细化、信息化的"一证式"管理。

　　为了落实这一方案的要求,加快推动实施控制污染物排放许可制,环境保护部次月 23 日印发了《排污许可证管理暂行规定》。它是我国排污许可管理的首个规范性文件,根据《环境保护法》《水污染防治法》《大气污染防治法》《中华人民共和国行政许可法》(以下简称《行政许可法》)等法律和《实施方案》的要求,从国家层面统一了排污许可管理的相关规定,用于指导各地排污许可证申请、核发等工作。它是实现 2020 年排污许可证覆盖所有固定污染源的重要支撑,同时为国家下一步制定出台排污许可条例奠定基础。

　　《排污许可证管理暂行规定》主要包括以下五个方面的内容:

　　(1)实行排污许可差异化管理。环境保护部按行业制订并公布排污许可分类管理名录,分批分步骤推进排污许可证管理。环境保护部根据污染物产生量、排放量和环境危害程度的不同,在排污许可分类管理名录中规定对不同行业或同一行业的不同类型排污单位实行排污许可差异化管理。对污染物产生量和排放量较小、环境危害程度较低的排污单位实行排污许可简化管理。县级环保主管部门负责实施简易管理的排污许可证核发工作，其余的排污许可证原则上由地(市)级环保主管部门负责核发。

(2)排污许可证应当载明许可事项。排污许可证应当载明下列许可事项：排污口位置和数量、排放方式、排放去向等；排放污染物种类、许可排放浓度、许可排放量；法律法规规定的其他许可事项。地方政府制定的环境质量限期达标规划、重污染天气应对措施中，对排污单位污染物排放有特殊要求的，应当在排污许可证中载明。排污许可证应当载明下列环境管理要求：污染防治设施运行、维护，无组织排放控制等环境保护措施要求；自行监测方案、台账记录、执行报告等要求；排污单位自行监测、执行报告等信息公开要求；法律法规规定的其他事项。

(3)排污许可证申请、核发、管理的具体程序。对排污许可证申请、核发、管理的具体程序、申请材料和办理期限作出了详尽规定。明确，现有排污单位应当在规定的期限内向具有排污许可证核发权限的核发机关申请领取排污许可证；新建项目的排污单位应当在投入生产或使用并产生实际排污行为之前申请领取排污许可证。环境保护部制定排污许可证申请与核发技术规范，排污单位依法按照排污许可证申请与核发技术规范提交排污许可申请，申报排放污染物种类、排放浓度等，测算并申报污染物排放量。排污单位对申请材料的真实性、合法性、完整性负法律责任。

(4)加强监管执法。环保主管部门应依据排污许可证对排污单位排放污染物行为进行监管执法。对投诉举报多、有严重违法违规记录等情况的排污单位要提高抽查比例。对检查中发现违反排污许可证行为的，应记入企业信用信息公示系统。鼓励社会公众、新闻媒体等对排污单位的排污行为进行监督。

(5)建立国家排污许可证管理信息平台。排污许可证的申请、受理、审核、发放、变更、延续、注销、撤销、遗失补办工作应当在国家排污许可证管理信息平台上进行。排污许可证的执行、监管执法和社会监督等信息应当在国家排污许可证管理信息平台上记录。环境保护部负责建设、运行、维护、管理国家排污许可证管理信息平台，各地现有的排污许可证管理信息平台应当实现数据的逐步接入。

第七节　限期治理制度

一、限期治理制度概述

(一)概念

限期治理制度是指，针对污染或者破坏生态环境和自然资源的行为，由主管行政机关责令或者司法机关裁判责任者在一定期限内采取措施，停止侵害，并由责任者自担费用对遭受污染或者破坏的生态—环境—资源进行补救、整治、恢复，或者由责任者支付货币赔偿而由主管行政机关组织补救、整治、恢复的制度。就其性质而言，限期治理制度是国家公权力机关作为社会公共利益的代表者，依法要求破坏生态环境和自然资源这种公共物品的责任者承担停止侵害、排除妨碍、消除危险、恢复原状的民事侵权责任。

考察其他国家的类似制度（例如澳大利亚的生态损害治理补救措施行政决定制度），其程序上有两类。第一类程序的步骤包括：①由行政机关作出限期治理的行政决定，责任者的限期治理责任构成其对行政主管机关的民事债务。②在责任者不履行或者不正确履行债务（即，采取措施进行补救、整治、恢复）的情形下，由主管行政机关代为履行或者授权有资格的第三人代为履行。③主管行政机关通知责任者在规定期限内支付货币赔偿或者治理费用。④责任者没有在指定期限内支付的，主管行政机关向法院申请强制执行。

第二类程序的步骤包括：①在主管行政机关没有行动和对责任者作出限期治理的行政决定的情形下，由其他单位或者个人依法提起公益诉讼，请求法院判决责任者承担限期治理的责任。②法院判决责任者承担限期治理的责任的，应当指定主管行政机关作为管理人负责监督责任者履行责任，或者在责任者不履行或者不正确履行责任的情形下代为履行或者授权有资格的第三人代为履行。

（二）特点

限期治理制度具有以下三个特点：

（1）法定的强制性。限期治理的行政决定和司法裁决具有法律拘束力。责任者不履行或者不正确履行责任的，由主管行政机关代为履行或者授权有资格的第三人代为履行，并由责任者承担费用。

（2）明确的时间要求。在该制度中，决定限期治理的主管行政机关或者法院会根据污染源的具体情况、治理的难度以及治理能力等因素来合理确定一个明确的时间，也就是期限，要求限期治理的责任主体必须在规定的时间内完成既定的目标。

（3）具体的治理任务。为了在规定的时间内完成既定的治理目标，决定限期治理的机关一般会给限期治理的责任主体设定具体的、明确的、具有很强操作性的指标体系，要求对方完成一系列污染治理任务。

（三）意义

限期治理制度很好地体现了世界上流行的"市场主导经济、政府主导环保"的环境保护路径。它的意义主要体现在以下三个方面：

（1）加大了环境法的刚性力度。市场经济固有的一些缺陷，如"外部性问题"等导致市场本身无法解决环境问题，反而有可能加剧环境恶化，这就需要政府加强环境管理，借助政府的行政强制性弥补环境法强制性力度不够、刚性不足的缺陷，通过限期治理制度这样一个非常好的措施，可以取得治理污染立竿见影的效果，使环境污染防治的法律规范得以落到实处。

（2）实行限期治理制度可以有效地控制污染源，改善区域环境质量。限期治理一般是对重点污染源限定在一定期限内进行治理，它的实施既有明确的时间要求，规定了完成治理任务的时间，又有具体的任务要求，将是否在规定时间内达到治理目标作为衡量标准，对这些重点污染源进行限期治理，就可以有效地控制新污染源，从而达到防治污染的目的。同时，这一制度把行业管理和区域管理结合起来，能够提高各部门、各行业和各地区的积极性，有效控制行业污染，改善区域环境质量。

（3）可以集中利用资金，提高经济效益。有些企业的污染同时也是资源、能源的浪费，通过限期治理，可以更新、改进生产工艺，综合利用、开发新产品。这既改善了环境，又降低了成本，促进了经济效益的提高。

二、我国限期治理制度的建立和发展

（一）限期治理制度在我国的出现

限期治理制度最初在我国是作为行政管理手段出现的。1973 年 8 月在国家计委给国务院的《关于全国环境保护会议情况的报告》中明确提出：对污染严重的城镇、工矿企业、江河湖泊和海湾，要一个一个地提出具体措施，限期治理好。这是第一次在正式文件中提出"限期治理"。第一次全国环境保护会议之后，各地都开始运用限期治理手段，积极地防治污染。

（二）限期治理制度在我国的发展

限期治理制度首次以法律的形式确立于 1979 年《环境保护法（试行）》中。该法第 17 条规定：在城镇生活居住区、水源保护区、名胜古迹、风景旅游区、温泉、疗养区和自然保护区，不准建立污染环境的企业、事业单位。已建成的，要限期治理、调整或者搬迁。1984 年《水污染防治法》对造成水体污染的排污单位作出了限期治理的规定，国务院《关于加强乡镇、街道企业环境管理的规定》对乡镇、街道企业排放的工业"三废"和产生的噪声污染的限期治理问题也作出了规定。它们与 1987 年《大气污染防治法》对向大气排放污染物的企事业单位必须执行限期治理的规定及 1989 年的《噪声污染防治条例》对工业噪声防治的限期治理的规定，共同构成了我国早期的限期治理制度。

(三)限期治理制度的进一步完善

1989 年《环境保护法》对限期治理制度作了进一步的肯定和完善。该法第 18 条和第 29 条明确规定了限期治理制度,并在第 39 条对不执行限期治理制度的法律责任作了明确的规定。这些规定可以被看作是我国环境法律制度关于限期治理制度的总则性规定。另外,1996 年修改后的《水污染防治法》对造成水体严重污染的排污单位的限期治理责任和不予执行的法律责任作出了规定;2000 年修订后的《大气污染防治法》对造成大气污染的企事业单位的限期治理责任和不予执行的法律责任作出了规定;1997 年《噪声污染防治法》对严重的环境噪声污染的限期治理和违反限期治理制度应承担的法律责任作出了规定。2014 年修订后的《环境保护法》第 60 条对超过污染物排放标准或者超过重点污染物排放总量控制指标排放污染物的违法行为,规定了限期治理制度。

《环境保护法》以及具体领域内的污染防治法的细化规定,使我国法律关于限期治理制度的规定有了更加完整的体系,限期治理制度得到了进一步的完善。

四、限期治理制度的法律规定

《环境保护法》关于限期治理制度的规定体现在第 60 条之中,《海洋环境保护法》《水污染防治法》《大气污染防治法》以及有关法规中也规定了相关内容。

(一)限期治理的对象

根据我国环境保护法律的规定,限期治理的对象主要包括对特别保护区域内生态环境造成污染或者破坏的单位以及在其他区域对生态环境造成严重污染或者破坏的单位两大类:

(1)特别保护区域内的。特别保护区域是指对区域环境要求较严,需要特别保护的地域环境,这类区域有些是人类生活环境的基本要素,有些在生态平衡方面具有重要意义,有的具有较高的经济、文化和历史价值,是环境保护的重点对象。

《海洋环境保护法》第 76 条规定:违法造成珊瑚礁、红树林等海洋生态系统及海洋水产资源、海洋保护区破坏的,由依照本法规定行使海洋环境监督管理权的部门责令限期改正和采取补救措施,并处 1 万元以上 10 万元以下的罚款;有违法所得的,没收其违法所得。

《水污染防治法》第 75 条第 1 款规定:在饮用水水源保护区内设置排污口的,由县级以上地方政府责令限期拆除,处 10 万元以上 50 万元以下的罚款;逾期不拆除的,强制拆除,所需费用由违法者承担,处 50 万元以上 100 万元以下的罚款,并可以责令停产整顿。第 2 款规定:未经水行政主管部门或者流域管理机构同意,在江河、湖泊新建、改建、扩建排污口的,由县级以上水行政主管部门或者流域管理机构依据职权,责令限期拆除,处 2 万元以上 10 万元以下的罚款;逾期不拆除的,强制拆除,所需费用由违法者承担,处 10 万元以上 50 万元以下的罚款。

(2)在其他区域内对生态环境造成严重污染或者破坏的。对于实施这类违法行为的单位,《环境保护法》《海洋环境保护法》《水污染防治法》《大气污染防治法》和《噪声污染防治法》等法律,根据不同的情况,规定了限期治理制度。

(二)限期治理内容

限期治理的内容包括限期治理的目标和期限。

(1)限期治理的目标。它是指通过限期治理所要达到的标准。对于具体污染源的限期治理目标是排放物达到国家或地方规定的污染物排放标准;对于行业的限期治理,可以规定分期分批逐步使所有的污染源都达到排放标准;对于区域环境的限期治理项目,则要求达到适用于该地区的环境质量标准。

(2)限期治理的期限。它是指完成限期治理的时间期限,由有权决定限期治理的机关,根据实际情况来确定。在确定限期治理期限时,应该从污染源、污染的程度和治理污染的条件等方面综合考虑。限期治理的时间不宜过长,尽量做到科学、合理。计划性限期治理项目,多为一年,也有二、三年的;随机性限期治理项目期限较短,一般从几个月到一年。

案例分析

环境影响评价获批文件效力争议案

2012 年 12 月,山东省威海甲电子有限公司迁至威海火炬高技术产业开发区一处厂房。该处厂房系乙公司为汽车线束生产项目所建,而且该项目的环境影响评价文件已获威海市环保局批准。甲公司在该处厂房内生产打印机硒鼓等产品。2014 年,市环保局工作人员实施生产现场检查,发现甲公司未取得环保主管部门批准的在该处厂房内进行生产的环境影响评价文件。依法定程序履行相关手续后,市环保局对甲公司作出责令立即停止生产、罚款人民币 12 万元的行政处罚决定。甲公司不服行政处罚决定,申请行政复议。理由是:不仅自己取得了在原生产场所生产打印机硒鼓等产品的环境影响评价文件,而且现生产场所所使用厂房也取得了汽车线束生产项目的环境影响评价文件。复议机关维持处罚决定后,甲公司又诉至法院,请求判决撤销市环保局的处罚决定。

思考问题:

就其原有生产项目在已取得其他项目环境影响评价文件的生产场所进行生产,甲公司是否需要重新办理环境影响评价手续?

基本概念

环境污染　污染物　环境污染防治　环境污染防治法　环境污染防治法体系　生态环境保护规划制度　环境影响评价制度　"三同时"制度　环境许可证制度　限期治理制度

思考分析

1. 如何理解环境污染和污染物。

2. 谈谈你对环境污染防治和环境污染防治法之间关系的理解。

3. 什么是环境影响评价制度？它在环境管理中有何意义？我国环境影响评价的范围、内容和审批程序是怎样的？

4. 什么是"三同时"制度？为了有效地贯彻"三同时"制度,我国有关法律作了哪些主要规定？

5. 许可证制度的管理程序是怎样的？它在环境管理中有何作用？

6. 应该如何整合我国现行环境保护单行法律中的限期治理制度？

第十章

大气污染防治法

【内容提要】

随着经济的快速增长,大气污染问题越来越突出,成为全世界关注的环境保护问题。我国大气污染现象严重,并主要呈煤烟型污染。在国际社会制定相关国际公约和文件的同时,我国也制定了一系列防治大气污染的法律、法规和规章。我国《大气污染防治法》规定了大气污染防治的监督管理制度与措施、大气环境质量标准及其制定权限、排污收费和大气污染监测等制度,以控制我国大气污染加重的趋势。

第一节　大气污染概述

一、大气污染的概念和类型

大气是指从地球周围的表面直到距地球表面空间一定范围的大气圈存在的由多种气体所构成的混合体。大气的主要组成成分包括恒定的、可变的和不定的三部分。大气的恒定组分是指氮、氧、氩以及微量的氖、氦、氪、氙等稀有气体,它们的含量在近地层空气中的各处都是恒定不变的。大气的可变组分是指恒定组分以外的水蒸气、二氧化碳等气体,它们的含量因地域、季节、气象条件的不同以及受人类的生产生活活动等因素的影响而会发生变化。大气的不定组分主要是指因正常的自然变化而引发的自然灾害(如火山爆发、森林大火以及地震等)或由于人类的生产生活活动向环境排放废弃物质等原因而在大气中形成的尘埃、硫及其化合物、氮氧化物、盐类以及恶臭气体等;其中,由于人类生产生活活动向环境排放的各种物质是大气中不定组分的主要来源。

按照大气圈的温度、组分及其他方面的物理性质在垂直方向上的变化,可以将大气圈分为对流层、平流层、中间层、暖层和散逸层五层。对流层位于大气圈最下部的层次,其底与地面相接。对流层厚度在赤道约 17～18 千米,在中纬度平均约 12 千米,在极地约 8 千米。平流层是从对流层顶至约 50 千米高度的大气层。中间层是从平流层顶至 85 千米左右的大气层。暖层也称热层、电离层,是从中间层顶至 250 千米(太阳宁静期)或 500 千米左右(太阳活动期)的大气层。散逸层即外层,一般指距地表 500 千米以上的大气区域。

大气是人类以及其他生物赖以生存和发展的基本环境要素之一。一切生命过程都离不开大气;大气具有热量调节功能,为一切生物提供适宜的温度;大气通过自身的运动完成生态平衡所必需的热量、动量和水、汽的交换以及水源分布的循环、调节过程,大气还阻挡、稀释或吸收有害的宇宙射线和紫外线。

参照 OECD 关于污染的定义,可以将大气污染定义为:人类将物质或者能量直接或者间接地导入大气这一环境要素,导致其化学、物理、生物或者放射性等方面特性的改变,从而影响大气的有效利用,对自然造成不利影响,以至危及人类健康、危害生命资源和生态系统,以及损害或者妨害舒适性和大气的其他合法用途的现象。大气污染的特点是污染速度快,范围大,持续时间较长。

按照大气污染物的来源,可以将大气污染分为燃煤所造成的煤烟型污染,生产、使用石油及其制品所造成的石油型污染,以及特殊性污染(废气或粉尘)三类。按照大气污染的高度范围,可以将大气污染分为低空污染、高空污染和全球污染三种。

二、大气污染的主要危害

大气污染的危害主要包括以下四个方面:

(1)对人体健康的危害。大气污染对人体健康的侵害主要有直接和间接两个途径。直接侵害是指大气污染物直接通过空气传播造成对人体呼吸和消化系统以及对体表肌肤等的侵害;间接侵害是指降落在食品、水体、土壤等物体上的大气污染物或二次污染物(如酸雨等),随人类进餐或饮水等途径进入人体内造成对人体的侵害。大气污染物进入人体以后可以引起急性或慢性疾病,如接触性皮炎、急性肺炎、鼻炎、慢性支气管炎以及哮喘等。还可以导致癌症、心脑血管和神经系统的疾病。

(2)对工农业生产的危害。大气污染物可侵蚀建筑物、腐蚀金属、使高压电线短路,对油漆涂料、皮革制品、纸制品、纺织衣料、橡胶制品以及精密仪器、高科技产业的危害也很大。大气污染每年给各国工业生产造成巨大经济损失。大气污染还可使农作物生长减缓、发育受阻、品质下降、产量减少,严重的还会造成或死亡或绝收。研究表明,酸雨可使农作物大幅度减产;例如小麦在 PH 值为 3.5 的酸雨影响下可减产 13.7%，PH 值为 3.0 时减产 21.6%，PH 值为 2.5 时减产 34%。

（3）对动植物的危害。大剂量的大气污染物，会使野生动物、家畜大批死亡；在小剂量的大气污染物长期作用下，会使鸟类、爬行动物、家禽的呼吸道感染而患病。大气污染会使动物发生畸变、癌变，破坏遗传基因。大气污染还会使大片森林、草原枯死。

（4）对自然生态的危害。大气污染对生态的危害主要表现为全球变暖和臭氧层变薄。人们对矿物质（煤、石油、天然气等）燃料消耗量不断增加，所排放的碳氧化物进入大气层就会产生"温室效应"而使全球气候变暖[①]。这有可能导致海平面上升，沿海和入海口河流三角地区将大量被淹没，农业生产节气将被打乱，各种恶劣气候如台风、暴雨将更具破坏性，湿地、热带雨林、草原和野生动植物将会大批从地球上消失。人们排放到大气层中的氟氯烃的不断增加，使臭氧层变薄而出现"空洞"，从而导致到达地球表面的太阳紫外线增强，使农作物受损，皮肤癌增多，动植物的正常生长发育遭受危害。

三、我国大气污染的现状

我国大气污染的主要类型呈煤烟型污染特征，以煤尘和酸雨（二氧化硫）污染危害最大。主要特点有如下五个：

（1）二氧化硫排放量大。我国是一个以煤为主要能源的国家，由于我国的煤质尤其是南方地区煤质，含硫成分过高，所以我国大气污染物中烟尘排放量的 70%、二氧化硫排放量的 90% 都来自于燃煤，工业和人口集中城市产生了比较严重的大气污染。因此，燃煤是形成我国大气煤烟型污染的主要原因。从我国大气环境的现状分析，大气中主要污染物为二氧化硫和烟尘。《2015 年中国环境状况公报》显示，我国二氧化硫排放总量为 1859 万吨，超过发达国家现有水平。

（2）酸雨危害严重。酸雨是指 pH 值低于 5.6 的雨水，也包括所有 pH 值小于 5.6 的雾、雪、露、霜等形式的降水。它是由硫化物的大量排放所造成的。由于二氧化硫的排放量不断增大，因此我国也出现了大范围的酸雨，并呈蔓延之势，是继欧洲、北美之后世界第三大重酸雨区。酸雨危害是多方面的，包括对人体健康、生态系统和建筑设施都有直接或潜在的危害。酸雨可使农作物大幅度减产，对森林和其他植物危害也较大，常使植物叶子枯黄、病虫害加重，最终造成大面积死亡。

---

① "温室效应"是指二氧化碳及其微量气体能让太阳的短波辐射无阻挡地射向地球，并部分吸收地球向外发射的长波辐射，而使地面温度升高，宛如玻璃温室一般，人们形象地把二氧化碳与微量气体的这种功能称作"温室效应"，将具有"温室效应"的气体称作"温室气体"。科学研究表明，大气中二氧化碳浓度加倍，全球平均气温可能上升 1.5℃～4.5℃。

(3)大气中总悬浮微粒浓度高。总悬浮颗粒物是指飘浮在空气中各种不同粒径,在重力作用下不易沉降到地面的液体或固体微粒。总悬浮颗粒物的化学组成十分复杂,随来源不同而有很大差异,含有硫酸盐、硝酸盐及各种对人体有害的重金属和苯并芘等多环芳烃化合物等。燃烧排烟是人为产生悬浮颗粒物的重要来源,地面扬尘也有一小部分贡献。空气中总悬浮微粒的多少,反映了空气质量的好坏程度,国内外都将其作为空气质量的一个重要指标进行监测。2015 年,我国 338个地级以上城市全部开展空气质量新标准监测。监测结果显示,有 73 个城市环境空气质量达标,占 21.6%;265 个超标,占 78.4%。超标天数中以细颗粒物(PM2.5)、臭氧(O_3)和可吸入颗粒物(PM10)为首要污染物的居多,分别占超标天数的66.8%、16.9%和 15.0%;以二氧化氮(NO_2)、二氧化硫(SO_2)和一氧化碳(CO)为首要污染物的天数分别占 0.5%、0.5%和 0.3%。颗粒物是我国城市空气中的主要污染物。

(4)大气中的氮氧化物剧增。由于我国的机动车辆急剧增加,车辆尾气造成氮氧性大气污染,一些城市的交通干道的一氧化氮、二氧化氮都出现超标现象,且日益严重。一些化工厂的设备陈旧落后,在一些局部地区经常有含氮、氯、汞、砷、铅等有毒物质的气体排出,也给大气带来了污染。

(5)温室气体的排放增加。从总量上看,目前我国主要的温室气体二氧化碳(CO_2)排放量位居世界第一,甲烷、氧化亚氮等温室气体的排放量也居世界前列。

第二节　大气保护的国际法律制度

人类共用一个大气圈,大气圈是没有国界的。如果对局部的大气污染不加防治,就必然导致污染的扩散,并可能产生区域性甚至全球性的大气污染效应。因此,需要各国和国际社会共同采取行动,从国内和国际层次来防治大气污染。国际社会对大气污染防治问题非常重视,形成了一系列国际公约和文件。例如,欧洲委员会 1979 年《长程越界空气污染公约》及其后来的议定书,1985 年《保护臭氧层公约》,1987 年《蒙特利尔议定书》,1988 年联大《关于保护气候的第 43/53 号决议》,1992《21 世纪议程》《气候变化框架公约》,1997 年《京都议定书》,2002 年《约翰内斯堡可持续发展宣言》,等等。与此同时,多数国家也纷纷制定了国内法对大气污染加以控制,例如日本 1968 年《空气污染防治法》、美国 1977 年《清洁空气法》、法国 1996 年《空气和合理使用能源法》和 2000 年《控制温室效应国家计划》,等等。本节讨论全球气候变暖、长程越界大气污染以及臭氧层保护问题。

一、全球气候变暖问题

20 世纪以来,在众多严重威胁人类生存和发展的全球性环境问题中,首当其冲的是全球气候变化问题。大气层中存在二氧化碳等强烈吸收红外线的气体成分,它们能使太阳光透过,却能吸收地面向空间的辐射,从而维持地球表面较高的温度。伴随大量能源的消耗、矿质燃料的利用,主要温室气体(甲烷、二氧化碳、氧化氮、氢氟碳化物、全氟烃和六氟化硫)排放量急剧增加,导致全球范围内的温室效应日趋严重,全球气候发生明显变化:气候变暖,并有不断升高的趋势。全球变暖带来的负面影响包括:危及海洋生物生存,威胁人类食物安全;恶化农作物的生长环境,影响农、林、牧业生产;气象灾害加剧;危害人类健康;生物多样性的丧失加剧;水资源更加紧缺;影响沿海和岛国居民的生活。

为了有效地应对气候变化问题,国际社会 1992 年制定了《气候变化框架公约》,以求控制人类活动产生的温室气体排放,减少人为活动对气候系统的危害,减缓气候变化,增强生态系统对气候变化的适应性,确保粮食生产和经济可持续发展。公约确立了五项基本原则:①共同但有区别责任和各自能力的原则,要求发达国家应率先采取措施,应对气候变化;②考虑发展中国家的具体需要和国情;③各缔约方应当采取必要措施,预测、防止和减少引起气候变化的因素;④尊重各缔约方的可持续发展权;⑤加强国际合作,应对气候变化的措施不能成为国际贸易的壁垒。

1997 年的公约缔约方会议又制定了《京都议定书》。《京都议定书》按照经济学成本与收益的原理,为了以最小的成本实现最大的温室气体减排量,建立了三种基于市场机制的、旨在成功有效地实现减排目标的国际合作减排机制,即,国际排放贸易(IET)、联合履行机制(JI)、清洁发展机制(CDM)。它们是实现减缓气候变化国际合作的重要机制,可以给予各国在温室气体减排投资费用上的灵活性,从而实现全球气候变化问题上费用的有效分配。《京都议定书》中规定了各类国家降低温室气体排放的指标:2010 年发达国家温室气体排放要比 1990 年减少 5.2%(如,欧盟 8%,日本 6%,美国 7%),而对发展中国家未做限定;附件一规定了发达国家温室气体减排的第一个承诺期,从 2008 年开始,到 2012 年结束。公约的核心是节约能源、提高能源利用效率,以达到控制和减少 CO_2 排放的目的。

2009 年 12 月世界各国在丹麦首都哥本哈根召开会议,即《气候变化框架公约》缔约方第 15 次会议,商讨《京都议定书》一期承诺到期后的后续方案,就未来应对气候变化的全球行动签署新的协议。由于不同国家间立场和态度的巨大差异,谈判艰难。直到 2015 年 12 月 12 日,才在巴黎气候变化大会上达成基于国家自主贡献的《巴黎协定》。

《巴黎协定》旨在进一步加强《联合国气候变化框架公约》的全面、有效和持续实施,是一项全面、均衡、有效并具有法律约束力的国际条约,涵盖了长期目标、减缓、适应、损失损害、资金、技术、能力建设、透明度及全球盘点等主要内容,体现了"公平、正义、全面、平衡"的原则,为开启全球绿色和低碳发展的新征程提供了法律基础。它于2016年11月4日生效,截至2017年2月底有133个缔约方;我国于2016年9月3日递交批准书,是缔约国之一。

《巴黎协定》的核心要点包括五个方面:①实现净零排放的"长期目标";②每五年盘点一次的不断加强的"行动力度";③保证实现气候承诺的加强"透明度";④帮助发展中国家的"气候资金";⑤帮助世界最易受气候变化影响人群的"适应(行动)"。从巴黎气候大会的情况来看,《巴黎协定》在促进全面参与方面的成功是空前的,目前已经有188个缔约方提交了国家自主决定贡献,接近全球排放的100%。《巴黎协定》能否实现各国目标的逐步提高从而最终实现全球目标仍然有待观察,但至少未来仍有希望。

我国相继于1993年和2002年无任何保留地批准或者核准《气候变化框架公约》和《京都议定书》,并为履行国际义务作出了巨大努力。具体而言,一是坚持走可持续发展道路;二是切实发挥技术在应对气候变化中的作用;三是认真处理适应气候变化的问题,制定五年规划,研发与转让适应气候变化的技术,提供适应气候变化的资金,提高发展中国家适应气候变化的能力;四是正确发挥市场在应对气候变化中的作用,与发达国家开展清洁发展机制合作。

二、长程越界大气污染问题

国际社会对于大气的长程越界污染非常重视。越界污染是指污染源完全处于一国管辖或一国管辖地区内对另一国管辖的地区产生有害的影响,并在相隔距离一般情况下不可能区分其来源为个别污染源或污染源群。1979年《长程越界空气污染公约》是一个关于大气污染,尤其是长程大气污染的区域性专门公约,是第一个涉及西欧、北美国家的环境协定。该公约对于"大气污染""长程越界大气污染"等专门性术语作了定义。它以控制远程越界大气污染为手段,旨在解决日益严重的酸雨问题。公约确立了控制和预防大气污染的原则、大气污染管理制度、情报交换制度以及协商制度。公约要求缔约方:通过资料交换、协商、研究和监测等手段,及时制订防治空气污染物的政策和策略;就硫化物等主要空气污染物的控制技术、监测技术、对健康和环境的影响、社会经济评价以及传输机制的模型方面进行合作研究;在欧洲经济委员会环境高级顾问团内设立执行机构,审查公约的执行情况。此外,1982年国际法协会通过的《适用于跨国界污染的国际法规则》,1996年国际法委员会拟定的《国际法未加禁止之行为引起有害后果之国际责任草案》等都对大气的长程越界污染有所涉及。

三、臭氧层保护问题

臭氧层被誉为地球上生物生存繁衍的保护伞。它是指距离地球 25～30 千米处臭氧分子相对富集的大气平流层。它吸收着 99％以上对人类有害的太阳紫外线,保护地球上的生命免遭短波紫外线的伤害。20 世纪以来,臭氧层在人类活动的影响下逐渐耗损,甚至在南北极出现了臭氧空洞。日益严重的臭氧层耗损问题引起了国际社会的关注,《保护臭氧层公约》于 1985 年制定,是国际社会保护臭氧层的法律原则和制度的基本条约。它系统地规定了保护臭氧层的目的和缔约方的一般义务,要求缔约方采取措施保护人类健康和环境不受那些改变或可以改变臭氧层的人类活动的不利影响。公约对"臭氧层""替代技术"等专业术语下了定义,并包含一系列关于程序性问题的规定。

在此基础上,1987 年《蒙特利尔议定书》明确规定了为减少生产和使用对消耗臭氧层的化学物质采取具体的管制措施。议定书制订了明确的淘汰计划,要求缔约方在实施管制的基础上,至少每四年对这些控制措施进行一次评估。议定书在1990 年、1992 年、1995 和 1997 年作了四次重大修正,包括以法律的形式确定了保护臭氧层的多边基金机制,要求发达国家向发展中国家提供无偿资金资助和转让替代技术,并对淘汰的受控物质的种类和时间表提出了更严格的要求。

我国于 1989 年和 1991 年分别签订了《保护臭氧层公约》和《蒙特利尔议定书》。作为缔约国之一,中国政府向国际社会承诺:将与世界各国联手拯救臭氧层。国务院 1993 年 1 月批准实施《中国逐步淘汰消耗臭氧层物质国家方案》,1999 年11 月批准实施该国家方案的修订稿,承诺逐步减少或淘汰使用消耗臭氧层的化学物质。

第三节　我国大气污染防治法

一、我国大气污染防治法的发展

我国防治大气污染的法规有一个逐步完善的过程。1956 年 5 月国务院颁布了《关于防治厂矿企业中矽尘危害的决定》,该决定主要是为了保护厂矿企业中的清洁空气,消除矽尘对职工的危害。1962 年,国家计委和卫生部颁发了《工业企业设计卫生标准(试行)》。20 世纪 70 年代,大气污染防治以改造锅炉和消除烟尘为主要内容。国家建委于 1972 年和 1974 年分别在上海、沈阳召开了烟尘除尘现场会和消除烟尘经验交流会。1973 年,国家计委发布了《关于加强防治矽尘和有毒物质危害工作的通知》,制定了《防治企业中矽尘和有毒物质的规划》。国家计委、国家建委、卫生部还联合发布了《工业"三废"排放试行标准》,规定了二氧化硫、一氧化碳等 13 类有害物质的排放标准,提出"三同时"等重要措施和制度。1973 年起,国家有关部门着手对超过排放标准的锅炉进行改造。1979 年《环境保护法(试行)》对大气污染防治作了原则性的规定。这些规定是中国大气污染方面重要的法律规范,也是以后制定《大气污染防治法》的重要依据。1979 年 9 月,卫生部、国家经委、国家计委和国家劳动总局联合颁布了经过修订的《工业企业设计卫生标准》,该标准规定,在设计工业企业时,要积极采取行之有效的先进技术,将粉尘、毒物和其他有害因素消除在生产过程中,使工业"三废"排放标准符合有关规定。该标准还规定了居住区大气中 34 种有害物质的最高容许浓度和车间空气中 111 种有害物质的最高容许浓度,以及 9 种生产性粉尘的最高容许浓度。这是中国最早颁布的工业区大气环境质量标准和车间空气质量标准。

20 世纪 80 年代以来,国家在防治大气污染方面,除了继续做好锅炉改造和消烟除尘工作之外,防治工作的重点转向了改变城市能源结构和煤炭的加工改造方面,特别是大力发展成型煤燃烧。在这期间,国家先后颁布了《关于结合技术改造防治工业污染的几项规定》《关于防治煤烟性污染技术政策的规定》《大气环境质量标准》《锅炉烟尘排放标准》《关于发展民用型煤的暂行办法》《城市烟尘控制区管理办法》等。

为了加强大气环境管理,防治大气污染,六届全国人大常委会第二十二次会议于 1987 年 9 月 5 日通过了《大气污染防治法》。为了适应市场经济的要求,全国人大常委会对该法进行了三次修改。第一次修改由八届全国人大常委会第十五次会议于 1995 年 8 月 29 日通过,第二次修改由九届全国人大常委会第 15 次会议于 2000 年 4 月 29 日通过,第三次修改由十二届全国人大常委会第十六次会议于 2015 年 8 月 29 日通过。

现行《大气污染防治法》的立法目的是:保护和改善环境,防治大气污染,保障公众健康,推进生态文明建设,促进经济社会可持续发展。它规定:防治大气污染应当以改善大气环境质量为目标,坚持源头治理,规划先行,转变经济发展方式,优化产业结构和布局,调整能源结构;防治大气污染,应当加强对燃煤、工业、机动车船、扬尘、农业等大气污染的综合防治,推行区域大气污染联合防治,对颗粒物、二氧化硫、氮氧化物、挥发性有机物、氨等大气污染物和温室气体实施协同控制。

二、大气污染防治的行政管理职责

我国大气污染防治工作实行政府领导,政府各行政主管部门按职权划分,实施统一监督管理与部门分工负责管理的行政管理体制。

（一）各级政府对大气污染防治的主要职责

各级政府在防治大气污染方面的主要职责包括以下四个方面：

（1）将大气环境保护工作纳入国民经济和社会发展计划。在经济社会发展和环境保护之间做好综合平衡,将大气环境保护工作作为国家发展工作的有机组成部分,在国民经济和社会发展计划中同时规定经济、社会发展与大气环境保护的目标、措施、方法和指标。

（2）合理规划工业布局。合理的工业布局既可以充分利用大气的自净能力,也可以减轻对大气的污染,是解决大气污染问题的重要途径。它既包括对新建工业进行合理布置,也包括调整现有的不合理的工业布局,有计划地迁移严重污染大气的工业企业。

（3）加强防治大气污染的科学研究。我国大气污染严重的主要原因之一是防治大气污染的科学技术相对落后。大气污染的最终解决有赖于科学技术的发展。加强防治大气污染的科学研究,是解决我国大气污染问题的根本措施之一。

（4）采取防治大气污染的措施,保护和改善大气环境。各级政府应当采取防治大气污染的其他措施,包括划定大气污染防治重点城市和区域、积极发展城市集中供热、加强机动车污染控制等。

（二）各行政主管部门在大气污染防治行政上的职权范围与分工

1. 各级环保主管部门的职责权限

县级以上环保主管部门对大气污染防治实施统一监督管理。主要权责包括：制定国家和地方的大气环境质量标准和大气污染物排放标准、审查批准建设项目环境影响报告书、征收排放大气污染物的单位的排污费、划定酸雨控制区或者二氧化硫污染控制区、对管辖范围内的排污单位进行现场检查、建立大气污染监测制度并组织监测网络、定期发布大气环境质量状况公报等。

2. 其他有关行政机关对大气污染实行监督管理的职责权限

各级公安、交通、铁道、渔业管理等行政主管部门根据各自的职责,对机动车船污染大气实施监督管理。公安机关负责对道路机动车辆的尾气排放实行监督管理；交通行政主管部门对通航水域内的船舶造成的大气污染实行监督管理；铁道部门对铁路车辆造成的大气污染实行监督管理；渔业行政主管部门主要负责渔业机动船舶大气污染防治的监督管理。

国务院经济综合主管部门会同国务院有关部门,公布限期禁止采用的严重污染大气环境的工艺名录和限期禁止生产、销售、进口和使用的严重污染大气环境的设备名录。

　　国务院有关主管部门(如技术监督部门、劳动部门)根据国家规定的锅炉烟尘排放标准,在锅炉产品质量标准中规定相应的要求。

三、大气环境标准及其制定权限

　　大气污染防治标准是执行大气环境保护法律、实施大气环境管理的依据。它主要包括大气环境质量标准和大气污染物排放标准。

(一)大气环境质量标准及其制定权限

　　大气环境质量标准是指由环境保护部或省级政府依照法定程序对环境空气质量功能区分类、标准分级、污染物项目、平均时间及浓度限值、监测方法、数据统计的有效性以及实施与监督所作的规定。国家大气环境质量标准由环境保护部制定。在地方大气环境质量标准的制定权限方面,省级政府可以对国家大气环境质量标准中未作规定的项目制定地方标准,并报环境保护部备案。

　　目前,我国大气环境质量标准将环境空气质量功能区分为三类:①自然保护区、风景名胜区和其他需要特殊保护的地区;②城镇规划中确定的居住区、商业交通居民混合区、文化区、一般工业区和农村地区;③特定工业区。对这三类功能区分别执行三级不同的标准。

(二)大气污染物排放标准及其制定权限

　　大气污染物排放标准是为了控制污染物的排放量,使空气质量达到环境质量标准,对排入大气中的污染物数量或浓度所规定的限制标准。

　　《大气污染防治法》规定,环境保护部根据国家大气环境质量标准和国家经济、技术条件,制定国家大气污染物排放标准。目前,我国制定的大气污染物排放标准主要是《大气污染物综合排放标准》。省级政府可以对国家大气污染物排放标准中未作规定的项目制定地方标准,并报环境保护部备案。对国家大气污染物排放标准中已作规定的项目,可以制定严于国家排放标准的地方排放标准并报环境保护部备案。凡是向已制定有地方排放标准的区域排放大气污染物的,应当执行地方排放标准。

　　按照综合性排放标准与行业性排放标准不交叉执行的原则,我国还按行业的不同分别制定了《水泥厂大气污染物排放标准》《工业窑炉大气污染物排放标准》《炼焦炉大气污染物排放标准》《火电厂大气污染物排放标准》《恶臭污染物排放标准》《锅炉大气污染物排放标准》《汽车大气污染物排放标准》《摩托车排气污染物排放标准》等。与之相关的各行业应当执行上述各行业性的排放标准。

四、大气污染防治的监督管理制度与措施

(一)执行环境污染防治的基本法律制度

根据《大气污染防治法》的规定,关于环境污染防治的行政监督管理制度包括:①执行环境影响评价和"三同时"制度;②执行排污申报登记制度;③实施征收超标排污费制度;④对造成大气严重污染者实行限期治理制度;⑤实行大气污染事故报告处理和采取应急措施制度。因发生事故或者其他突发性事件,排放和泄漏有毒有害气体和放射性物质,造成或者可能造成大气污染事故、危害人体健康的单位必须立即采取防治大气污染危害的应急措施,通报可能受到大气污染危害的单位和居民,并报告当地环保主管部门,接受调查处理。

(二)针对大气污染物及其产生设施实行的控制

(1)推行清洁生产,淘汰落后生产工艺和设备。《大气污染防治法》规定:国家对严重污染大气环境的落后生产工艺和严重污染大气环境的落后设备实行淘汰制度;为了减少大气污染物的产生,企业应当在力所能及的情况下优先采用能源利用效率高、污染物排放量少的清洁生产工艺。淘汰制度是通过由国务院有关部门公布淘汰工艺与设备名录的方式进行的。1997 年 6 月,国家经贸委、原国家环保总局和原机械工业部联合公布了首批严重污染大气环境的淘汰工艺与设备名录,主要涉及炼焦、建材、冶金和气溶胶等生产行业。

(2)推广清洁能源的使用。《大气污染防治法》规定,城市建设应当统筹规划,统一解决热源,发展集中供热。在燃料质量方面,国家推行煤炭洗选加工,降低煤的硫分和灰分,限制高硫分、高灰分煤炭的开采。

(3)加强区域性大气污染防治,实行酸雨和二氧化硫控制区划定制度。目前,我国的二氧化硫排放总量已经跃居世界首位,致使大气污染程度加剧,酸雨污染区域不断扩大。对此,在大气污染防治的对策方面,国家将从过去单一的对烟尘的治理逐步转向对烟尘、二氧化硫、氮氧化物等多因子控制,并由单个污染源治理向区域性污染控制的方向转变。

(4)逐步减少生产和使用含铅汽油。《大气污染防治法》规定,国家鼓励、支持生产和使用高标号的无铅汽油,限制生产和使用含铅汽油。以实现逐步减少含铅汽油的产量,直至停止含铅汽油的生产和使用。

(三)防治燃煤大气污染

我国的大气污染主要是因燃煤产生的烟尘和二氧化硫污染,因此控制煤烟污

染也是防治大气污染的主要途径之一。主要措施包括：

（1）提高燃煤品质，减少燃煤污染。《大气污染防治法》规定，新建的所采煤炭属于高硫分、高灰分的煤矿，必须建设配套的煤炭洗选设施，使煤炭中的含硫分、含灰分达到规定的标准。新建造的工业窑炉、新安装的钳炉，烟尘排放不得超过规定的排放标准。在人口集中地区存放煤炭、煤矸石、煤灰、石灰，必须采取防燃、防尘措施，防止污染大气。为防止开采的煤炭因有毒有害物质含量较大而造成污染，它还规定禁止开采含放射性和砷等有毒有害物质超过规定标准的煤炭。

（2）加强对城市燃煤污染的防治。国务院有关部门和地方各级政府应当采取措施，改进城市燃料结构，发展城市煤气，推广成型煤的生产和使用。大、中城市政府应当制定规划，对市区内的民用炉灶，限期实现燃用固硫型煤或者其他清洁燃料，逐步替代直接燃用原煤。

（3）对酸雨控制区和二氧化硫污染控制区实行严格的区域性污染防治措施。国家鼓励企业采用先进的脱硫、除尘技术。对在国家有关部门划定的酸雨控制区和二氧化硫污染控制区内排放二氧化硫的火电厂和其他大中型企业，属于新建项目不能用低硫煤的，必须建设配套脱硫、除尘装置或者采取其他控制二氧化硫排放、除尘的措施，属于已建企业不能用低硫煤的，应当采取控制二氧化硫排放、除尘的措施。

五、防治废气、粉尘和恶臭等污染

（一）防治废气污染

严格限制向大气排放含有毒物质的废气和粉尘；确需排放的，应当经过净化处理，不超过规定的排放标准。工业生产中产生的可燃性气体应当回收利用，不具备回收利用条件而向大气排放的，应当进行防治污染处理。因回收利用装置不能正常作业确需排放可燃性气体的，应当将排放的可燃性气体充分燃烧或者采取其他减轻大气污染的措施。炼制石油、生产合成氨、煤气和燃煤焦化、有色金属冶炼过程中排放含有硫化物气体的，应当配备脱硫装置或者采取其他脱硫措施。向大气排放含放射性物质的气体和气溶胶，必须符合国家有关放射性防护的规定，不得超过规定的排放标准。向大气排放恶臭气体的排污单位，必须采取措施防止周围居民区受到污染。

（二）防治粉尘污染

向环境排放粉尘的单位必须采取除尘措施。禁止任何单位或个人在人口集中地区焚烧沥青、油毡、橡胶、塑料、皮革以及其他产生有毒有害烟尘和恶臭气体的物质;特殊情况下确需焚烧的,须报当地环保主管部门批准。运输、装卸、贮存能够散发有毒有害气体或者粉尘的物质,必须采取密闭措施或者其他防护措施。

(三)防治油烟污染

城市饮食服务业的经营者必须遵守国务院有关饮食服务业环境保护管理的规定,采取措施,防治油烟对附近居民居住环境的污染。为防止大气污染造成对附近居民生活的妨害,原国家环保总局和国家工商行政管理局在 1995 年 2 月联合发布了《关于加强饮食娱乐服务企业环境管理的通知》,对饮食娱乐服务企业的油烟排放、燃煤锅炉等的选址、设备装置、燃料等作出了明确的规定。

(四)防治机动车船尾气污染

在机动车船尾气污染的控制方面,规定向大气排放污染物不得超过规定的排放标准,对超过规定的排放标准的机动车船,应当采取治理措施。污染物排放超过国家规定排放标准的汽车,不得制造、销售或者进口。国家鼓励生产和消费使用清洁能源的机动车船。

案例分析

"三废"达标排放污染造成农林损害纠纷案

福建省(屏南)榕屏化工有限公司(榕屏公司)自 1995 年投产后,一直排放废水、废气、废渣。周边地区大片树林、竹林、果树、庄稼枯死,鱼虾不能生存。张长健等 1721 人认为,这些结果都是因为榕屏公司所排放废水、废气、废渣造成的污染所致。从 1995 年榕屏公司投产后,山地陆续出现毛竹等死亡现象时,他们就陆续向有关部门反映。后来,张长健等人委托有关机构对树林、竹林、果树、庄稼枯死和水域鱼虾生存情况进行了现场勘验,当地乡政府出具了《屏城乡溪坪村受榕屏公司污染情况》,江西惠普会计师事务所根据前两者提出了损失计算标准。

张长健等 1721 人提起诉讼,请求判令榕屏公司立即停止侵害,赔偿农作物及竹、木等损失,清除厂内及后山废渣。

思考问题:

(1)对于这类问题,可供选择的解决方案有哪些? 如何选择?

(2)达标排放是否不构成污染,为什么?

(3)如果构成污染,是否应当免除榕屏公司的侵权责任? 为什么?

(4)如果构成污染,污染行为与原告所主张损害结果之间因果关系的举证责任,应该如何承担?

基本概念

大气　大气污染　酸雨　温室效应　气候变化　长程越界空气污染　臭氧层保护

思考分析

1.简述大气污染的主要危害。

2.简述大气污染的类型。

3.简述防治燃煤大气污染的措施。

4.简述防治废气污染的措施。

5.简述防治粉尘污染的措施。

第十一章

水污染防治法

【内容提要】
　　水污染防治法是污染防治法的重要组成部分。我国水污染防治法对水污染的概念、水污染防治的基本原则和制度、水污染防治的监督管理以及具体的预防污染措施和污水处理、饮用水特殊保护等作出了比较具体的规定,并规定了违法者应当承担的行政责任、民事责任和刑事责任,对于水污染防治和相关生态环境保护具有重要意义。

第一节　水污染防治法概述

一、水污染的概念及其危害

　　参照 OECD 关于污染的定义,可以将水污染(或称水体污染)定义为:人类将物质或者能量直接或者间接地导入水这一环境要素或者水体(不包括海洋),导致其化学、物理或者生物等方面特性的改变,从而造成水质恶化,影响水或者水体的有效利用,对自然产生不利影响,以至危害人类健康、危害生命资源和生态系统,以及损害或者妨害舒适性和水或者水体的其他合法用途的现象。我国《水污染防治法》(2008 年修订)(如无特别说明,下文中"《水污染防治法》"即指该修订)第 91 条对水污染的概念做出了明确界定:"水污染,是指水体因某种物质的介入,而导致其化学、物理、生物或者放射性等方面特性的改变,从而影响水的有效利用,危害人体健康或者破坏生态环境,造成水质恶化的现象。"这一界定存在一个严重缺陷,即,没有包括能量造成的水污染。

　　从主观上考察,水污染都源于人类的生产行为和生活行为。造成水体污染的因素是多方面的。例如,向水体中排放未经妥善处理的生活废水和工业废水;化肥、农药残留及城市地面污染物进入水体;随大气扩散的有毒物质通过重力沉降或降水过程而进入水体等。污染水体的物质成分也极为复杂:从化学角度可分为无机有害物、无机有毒物、有机有害物、有机有毒物;从环境科学角度则可分为病原体、植物营养物质、需氧物质、石油、放射性物质、有毒化学品、酸碱盐类及热能。就其后果而言,水污染的危害极其严重;这是因为,虽然水污染仅是污染了水这一种环境要素,但却对人类健康、环境质量、生态系统等许多方面造成危害,其危害结果是全方位、多层面、综合性的。这些危害结果主要包括以下三个方面:

(1)对人类健康的危害。水污染直接影响饮用水的水质,饮用不洁的水会发生消化系统疾病,人们与不洁的水接触会染上皮肤病等疾病。被寄生虫、病毒或其他致病菌污染的水,会引起多种传染病和寄生虫病。特别是重金属污染的水能够导致人类神经性、精神性疾病,而且影响范围广,衰减周期长,直接影响人类的生活质量和健康。

(2)对工、农业生产的危害。水经污染后,不能直接在工、农业生产中使用,而必须投入更多的处理费用,从而造成资源、能源的浪费,提高经济成本,降低生产效益。许多工业产品在加工过程中需要用水,水质恶化不仅直接影响到产品质量,还会造成冷却水循环系统的堵塞、腐蚀、结垢等问题。农业灌溉使用污水不仅会使作物减产,降低农产品质量,而且其污染物会通过饮食等路径进入人体后会扩大污染的范围和后果。用污水灌溉的农田还会直接导致土壤污染,从而使污水中的污染物通过土壤和植物广为传播,形成全方位的污染后果。

(3)对相关生态系统的危害。氧在水中有一定溶解度。含有大量氮、磷、钾的生活污水的排放,大量有机物在水中降解放出营养元素,会促进水中藻类丛生、植物疯长,使水体通气不良、溶解氧下降甚至出现无氧层,以致出现水生植物大量死亡,水面发黑、水体发臭形成"死湖""死河""死海",进而出现沼泽水体的富营养化现象,从而使相关的生态系统因水污染而失去平衡,扩大影响范围。

二、我国的水污染问题状况

我国是一个水资源短缺、水灾害频繁的国家。水资源总量虽然居世界第六位,但人均占有量只有约 2200 立方米,仅约世界人均量的 1/3,属于贫水国家。[①] 随着经济的快速发展,中国的水资源、水环境、水生态和水灾害四大水问题相互作用,彼此叠加,正在形成影响未来中国发展和安全的多重水危机,其中水污染的威胁尤为突出。

[①] 胡德胜、左其亭 等:《我国生态系统保护机制研究——基于水资源可再生能力的视角》,法律出版社 2015 年版,第 37 页。

目前,我国水环境质量状况不容乐观,2015年,全国地表水国控断面中劣Ⅴ类水质断面比例8.8%,基本丧失水体使用功能;23%的重点湖泊呈富营养状态,不少流经城镇的河流沟渠黑臭。[①] 我国水污染防治和水环境保护面临的主要问题体现在以下五个方面:[②]

(1)污染物排放量大,农业和农村水污染防治问题突出。2014年,我国化学需氧量、氨氮排放量分别为2294.6万吨和238.5万吨。农业源和生活源已上升为主要的水污染物排放源,合计约占化学需氧量排放量的85.7%、氨氮排放量的89.6%。工业结构性污染特征明显,造纸、农副食品加工、化学原料和化学制品制造业、纺织业等四个行业占到工业源排放量的一半以上。农业和农村水污染防治基础设施建设滞后,缺乏污水收集和处理系统,农村环境监管能力和水平低,大多数生活污水和垃圾随意排放倾倒。

(2)水生态受损重。一些地方水生态受损严重,部分河流水资源遭过度开发,河流干枯、湖泊萎缩、湿地退化,生态流量难以保障,水生态系统遭到严重破坏。

(3)水环境隐患多。一些地方产业布局不合理,约80%的化工、石化企业布设在江河沿岸,带来较高环境风险隐患,还有一些缺水地区、水污染严重地区和敏感地区仍未有效遏制高耗水、高污染行业的快速发展。2014年,环境保护部直接调查处理的重大及敏感突发环境事件中,超过60%涉及水污染。

(4)饮用水水源保护区制度落实不够到位,水源地存在安全隐患。2014年,全国329个城市中,集中式饮用水水源地水质全部达标的比例为84.5%;86个地级以上城市141个水源一级保护区、52个水源二级保护区内未完成整治工作,且缺乏明确的考核制度和责任规定。农村地区分散式饮用水水源保护工作基础薄弱,缺乏必要的卫生防护措施和检测设备。

(5)水污染防治长效机制尚不健全。一是污水处理设施建设运营投入保障机制不完善,市场化融资困难。多数地方治污资金主要依靠国家和地方财政投入,资金来源有限。二是监管机制尚不健全。"多龙治水"体制下的部门职责交叉问题突出,部门间分工协作、数据共享、优势互补的水质监测体系尚未形成。企业在线监控装置运行质量、管理水平、数据的准确性尚未达到环境监管要求,部分企业仍存在伪造和篡改监测数据的行为。基层环保机构和队伍建设相对滞后。三是流域管理和区域监管的制度建设与协作机制滞后,生态补偿制度不完备。

严重的水污染不仅降低了水体的使用功能,进一步加剧了水资源短缺的矛盾,而且严重威胁人民群众的饮水安全和身体健康。诸多证据表明,水污染已经成为

---

① 环保部:《2015中国环境状况公报》,2016年5月20日。

② 陈昌智:"全国人民代表大会常务委员会执法检查组关于检查《水污染防治法》实施情况的报告",《全国人民代表大会常务委员会公报》2015年第5期。

现阶段对社会经济发展及其他水问题有重大影响并仍待解决的关键问题。

三、水污染防治立法

(一)国际法领域的水污染防治立法

关于淡水利用和保护的国际法律文件可以追溯到 16 世纪,当时主要是解决跨界河流相关的国际合作问题。[①]目前,国际法对水污染防治的规定主要集中于一些双边或区域性条约中,比较分散。主要相关国际法规则如下:

(1)1966 年《国际河流利用规则》(简称《赫尔辛基规则》)。该规则在国际法协会主持下制定。《赫尔辛基规则》尽管不具有法律约束力,却是该领域最早、最经常被引用的国际文件。它在承认国际河流流域的每个国家有权公平合理地利用流域内水资源的同时,要求各国采取一切合理措施,不对流域内的水造成任何新形式的污染或加重现有的污染程度,以免可能对流域内的另一个国家境内造成严重损害。[②]

(2)1992 年《21 世纪议程》。《21 世纪议程》第 18 章对包括水资源水质在内的水资源的综合开发与管理做出了专门规定。

(3)1992 年《保护和利用跨界水道和国际湖泊公约》。该公约主张使用新的方法对跨界河流进行管理,包括水质的标准化、法律、行政和经济措施的应用以及一般法律原则的适用。

(4)1997 年联合国《国际水道非航行使用法公约》。该公约规定了用于国际水道的原则性规则及程序性规则,关于淡水保护、保持和管理的实体规则和水道国缔结协定的条款。它于 2014 年 8 月 17 日生效,2016 年底有 36 个缔约国。

(5)2004 年《关于水资源法的柏林规则》。作为国际法协会对流域水资源管理法方面的全面总结,它在综合其以前规则的基础上又增加了水人权、环境流量、影响评价、极端情况、跨界含水层、国家责任及法律赔偿等方面的规定,是目前理念最为前沿、内容最全面的示范性水资源法律规则。

(二)我国水污染防治立法概况

新中国成立不久,我国就开始关注水污染防治工作。但是,其关注范围仅局限于饮用水卫生管理方面,立法也体现了这方面的需要和要求,而且多是一些位阶低、效力弱的行政规范和规章,如 1955 年《自来水质暂行标准》和 1956 年《工厂安

---

① 　金瑞林 主编:《环境与资源保护法学》,北京大学出版社 2006 年版,第 492 页。
② 　[英]帕特莎·波尼,埃伦·波义尔:《国际法与环境》,那力等 译,高等教育出版社 2007 年版,第 292 页。

全卫生规程》等。这与我国当时的社会经济发展状况是相适应的。直到 1979 年颁布的《环境保护法(试行)》,才首次以法律的形式对水污染防治作了原则性的规定,成为水污染防治的重要法律规范。此后,国务院于 1981 年颁布了《关于国民经济调整时期加强环境保护工作的决定》,1983 年和 1984 年又先后颁布了《关于结合技术改造防治工业污染的几项规定》和《关于环境保护工作的决定》。1984 年 5 月11 日全国人大常委会通过了《水污染防治法》;该法对防治陆地水污染作了系统的规定,是我国防治陆地水污染方面的综合性法律。根据我国社会经济生活发展状况和现实需要,先后于 1996 年、2008 年两次修订。1989 年国务院颁行了《水污染防治法实施细则》。《水法》(2002 年修订)也对合理开发、利用水资源和防治水污染作出了一些规定。

在 2016 年 12 月召开的十二届全国人大常委会第二十五次会议上,国务院提交了《水污染防治法(修正案草案)》,正式启动了对该法的修改工作。修改重点将集中在强化地方政府责任、加强流域水污染联合防治与生态保护、完善水污染防治监督管理制度、强化重点领域水污染防治措施、强化饮用水安全保护制度、严格法律责任等方面。

第二节　我国水污染防治法的主要规定

一、水污染防治的一般性规定

(一)《水污染防治法》的适用范围和立法宗旨

《水污染防治法》适用于我国领域内的江河、湖泊、运河、渠道、水库等地表水体以及地下水体的污染防治,不适用于海洋的污染防治。其立法宗旨是防治水污染,保护和改善环境,保障饮用水安全,促进经济社会全面协调可持续发展。特别是,同修订前相比,为确保城乡居民饮用水安全,《水污染防治法》在立法宗旨中明确增加了"保障饮用水安全"的规定,并专门增设了"饮用水水源和其他特殊水体保护"一章,进一步完善饮用水水源保护区管理制度,对城乡居民的饮用水安全进行特殊保护,体现了以人为本的理念。

(二)水污染防治的原则

水污染的防治除了要遵循《环境保护法》的基本原则之外,还应当坚持预防为主、防治结合、综合治理的原则,并在这一原则指导下优先保护饮用水水源,严格控制工业污染、城镇生活污染,防治农业面源污染,积极推进生态治理工程建设,预防、控制和减少水环境污染和生态破坏。但其核心是"预防为主",防治结合只是"预防为主"的补充和补救。

(三)地方政府的水环境质量责任

水污染主要是工业污染。对工业污染的防治既是水污染防治的重点,也是水污染防治的难点。因为很多大的污染项目,往往是地方政府决定的,且与当地经济发展休戚相关,可能是当地的经济支柱。面对地方政府的本位经济利益和水污染防治的公共环境利益,地方政府取其前而舍其后,"把政绩留给自己,把污染留给社会,把治理留给下一任政府,把后患留给老百姓"也就在所难免。① 为此,《水污染防治法》强化了地方政府对本行政区域的水环境质量的责任,这主要体现在:政府应当将水环境保护工作纳入国民经济与社会发展规划;县级以上地方政府应当采取防治水污染的对策和措施,对本行政区域的水环境质量负责;国家实行水环境保护目标责任制和考核评价制度,将水环境保护目标完成情况作为对地方政府及其负责人考核评价的内容。

(四)水污染防治的监督管理体制

由于水污染防治与水资源的开发利用密切相关,因而它常常涉及多个行政主管部门的职责范围。为此,《水污染防治法》对水污染的防治规定了统一监督管理与协同管理相结合的监督管理体制:县级以上环保主管部门对水污染防治实施统一监督管理;交通主管部门的海事管理机构对船舶污染水域的防治实施监督管理;县级以上水行政、国土资源、卫生、建设、农业、渔业等部门以及重要江河、湖泊的流域水资源保护机构,在各自的职责范围内,对有关水污染防治实施监督管理。

(五)明确排污违法界限

《水污染防治法》第 9 条规定:"排放水污染物,不得超过国家或者地方规定的水污染物排放标准和重点水污染物排放总量控制指标。"本条规定明确了违法行为的界限,将企业超标排污作为违法行为的构成要件。不仅如此,排放水污染物,还应当符合国家和地方规定的重点水污染物排放总量控制指标,违反这些标准也是违法行为,需要承担相应的法律责任。也就是说,向水体排放污染物要受污染物排放标准和污染物排放总量的双重制约。之前的《水污染防治法》仅把超标准排放水污染物作为征收超标排污费的构成要件。新法较之旧法,无论是对排污人的监管力度还是水污染防治的理念,都有了较大飞跃。

---

① "强化认识 明确各级政府职责——分组审议水污染防治法修订草案发言摘登(七)",中国人大网 ht-tp://www.npc.gov.cn/npc/zt/2007 - 09/06/content_371653.htm(2009 - 6 - 31)。

二、水污染防治的具体规定

（一）水污染防治的标准和规划

1. 水环境质量标准

水环境质量标准是为控制和消除污染物对水体的污染，根据水环境长期和近期保护目标而提出的、在一定时期内需要达到的水环境的指标，是水体水质管理的标准之一。按水域的用途分类分级，我国制定了《地表水环境质量标准》《渔业水质标准》《饮用水卫生标准》《农田灌溉水质标准》等。除制定全国水环境质量标准外，各地区还可参照实际水体的特点、水污染现状、经济发展状况和治理水平以及水域主要用途，会同有关单位共同制定地区水环境质量标准。

水环境质量标准的制定权限为：环境保护部制定国家水环境质量标准；省级政府可以对国家水环境质量标准中未作规定的项目，制定地方标准，并报环境保护部备案；环境保护部会同国务院水行政主管部门和有关省级政府，可以根据国家确定的重要江河、湖泊流域水体的使用功能以及有关地区的经济、技术条件，确定该重要江河、湖泊流域的省界水体适用的水环境质量标准，报国务院批准后施行；环境保护部和省级政府，应当根据水污染防治的要求和国家或者地方的经济、技术条件，适时修订水环境质量标准。

2. 水污染物排放标准

污染物排放标准是国家对人为污染源排入环境的污染物的浓度或总量所作的限量规定。其目的在于通过控制污染源排污量来实现环境质量标准或环境目标。水污染物排放标准的制定权限为：环境保护部根据国家水环境质量标准和国家经济、技术条件，制定国家水污染物排放标准；省级政府对国家水污染物排放标准中未作规定的项目，可以制定地方水污染物排放标准；对国家水污染物排放标准中已作规定的项目，可以制定严于国家水污染物排放标准的地方水污染物排放标准。地方水污染物排放标准须报环境保护部备案；向已有地方水污染物排放标准的水体排放污染物的，应当执行地方水污染物排放标准；环境保护部和省级政府，应当根据水污染防治的要求和国家或者地方的经济、技术条件，适时修订水污染物排放标准。

3. 水污染防治规划

《水污染防治法》规定了按照流域或区域水污染防治统一规划的原则，并对编制、批准程序及其法律地位作了具体规定：

（1）对于国家确定的重要江河、湖泊的流域水污染防治规划，由环境保护部会同国务院经济综合宏观调控、水行政等部门和有关省级政府编制,报国务院批准。

（2）对于国家确定的重要江河、湖泊外的其他跨省级行政区域的江河、湖泊的流域水污染防治规划,根据国家确定的重要江河、湖泊的流域水污染防治规划和本地实际情况,由有关省级环保主管部门会同同级水行政等部门和有关市、县政府编制,经有关省级政府审核,报国务院批准。

（3）对于省级行政区域内跨县江河、湖泊的流域水污染防治规划,根据国家确定的重要江河、湖泊的流域水污染防治规划和本地实际情况,由省级环保主管部门会同同级水行政等部门编制,报省级政府批准,并报国务院备案。

（4）经批准的水污染防治规划是防治水污染的基本依据,规划的修订须经原批准机关批准;县级以上地方政府应当根据依法批准的江河、湖泊的流域水污染防治规划,组织制定本行政区域的水污染防治规划。

（二）水污染防治监督管理制度

1. 建设项目的水污染防治

环境影响评价制度与"三同时"制度相辅相成,是防止新污染和生态环境破坏的两大支点,是我国环境保护预防为主原则的具体化、制度化,因而也是有效预防水污染的重要措施。《水污染防治法》对这两种制度的适用做出了专门规定:新建、改建、扩建直接或者间接向水体排放污染物的建设项目和其他水上设施,应当依法进行环境影响评价;建设单位在江河、湖泊新建、改建、扩建排污口的,应当取得水行政主管部门或者流域管理机构同意;涉及通航、渔业水域的,环保主管部门在审批环境影响评价文件时,应当征求交通、渔业主管部门的意见;建设项目的水污染防治设施,应当与主体工程同时设计、同时施工、同时投入使用。水污染防治设施应当经过环保主管部门验收,验收不合格的,该建设项目不得投入生产或者使用。

2. 重点水污染物排放总量控制制度

污染物排放总量控制制度是控制污染物排放的有效手段,是实行排污许可的基础。为了体现预防为主的原则,加强对水污染物的源头削减和排放控制,《水污染防治法》规定,国家对重点水污染物排放实施总量控制制度:省级政府应当按照国务院的规定削减和控制本行政区域的重点水污染物排放总量,并将重点水污染物排放总量控制指标分解落实到市、县政府;市、县政府根据本行政区域重点水污染物排放总量控制指标的要求,将重点水污染物排放总量控制指标分解落实到排污单位。省级政府可以根据本行政区域水环境质量状况和水污染防治工作的需要,确定本行政区域实施总量削减和控制的重点水污染物;对超过重点水污染物排放总量控制指标的地区,有关环保主管部门应当暂停审批新增重点水污染物排放总量的建设项目的环境影响评价文件。

3. 排污许可证制度

作为一种行政管制手段,许可证制度在我国环境与资源保护法领域广泛存在和应用。排污许可证制度是落实水污染物排放总量控制制度、加强环境监管的重要手段。《水污染防治法》明确规定了排污许可制度:直接或者间接向水体排放工业废水和医疗污水以及其他按照规定应当取得排污许可证方可排放的废水、污水的企业、事业单位,应当取得排污许可证;城镇污水集中处理设施的运营单位,也应当取得排污许可证。排污许可的具体办法和实施步骤由国务院规定;禁止企业事业单位无排污许可证或者违反排污许可证的规定向水体排放前款规定的废水、污水。

《水污染防治法》还在排污行为方面进行了进一步的规范,规定向水体排放污染物的企业事业单位和个体工商户,应当按照法律、行政法规和环境保护部的规定设置排污口;在江河、湖泊设置排污口的,还应当遵守国务院水行政主管部门的规定;禁止私设暗管或者采取其他规避监管的方式排放水污染物。

4. 水环境监测网络和水环境信息统一发布制度

《水污染防治法》第 23 条规定,重点排污单位应当安装水污染物排放自动监测设备,与环保主管部门的监控设备联网,并保证监测设备正常运行。排放工业废水的企业,应当对其所排放的工业废水进行监测,并保存原始监测记录。《水污染防治法》第 25 条规定,国家建立水环境质量监测和水污染物排放监测制度。环境保护部负责制定水环境监测规范,统一发布国家水环境状况信息,会同国务院水行政等部门组织监测网络。经验证明,水环境监测是严格执法的基础,而完善的水环境监测网络能及时准确地反馈水体污染物排放的相关信息,为水污染防治和监督提供可靠的依据。建立水环境监测制度的前提,就是对单位的排污行为进行连续自动在线监测,并要与当地环保主管部门的监控设备联网。在此基础上,完善水环境质量监测网络,规范水环境监测制度,建立统一的水环境状况的信息发布制度。

5. 现场检查制度

现场检查制度是指环保主管部门或者其他依法行使环境监督管理权的部门,对管辖范围内排污单位的排污情况和污染治理等情况进行现场检查监督的法律规定。实行现场检查制度的目的在于督促排污单位遵守环境保护法律规定,采取措施积极防治污染;促进排污单位加强环境管理,减少污染物的排放和消除污染事故隐患,提高排污单位领导及有关人员的环境保护意识和环境法治观念,自觉履行保护环境的义务;督促管理部门履行自己的职责,提高污染防治水平,克服和减少有法不依的现象。《水污染防治法》对现场检查制度作出了具体规定:环保主管部门和其他依照该法规定行使监督管理权的部门,有权对管辖范围内的排污单位进行现场检查,被检查的单位应当如实反映情况,提供必要的资料。

此外,为了避免地方政府推诿责任,逃避监督,《水污染防治法》还对跨行政区域水污染纠纷的解决作出了规定。

(三)水污染防治措施

1.一般规定

(1)有关污染物排放的禁止性规定。主要是禁止向水体排放、倾倒有毒有害物质。这些物质包括:油类、酸液、碱液或者剧毒废液;放射性固体废物或者含有高放射性和中放射性物质的废水;工业废渣、城镇垃圾和其他废弃物;含有汞、镉、砷、铬、铅、氰化物、黄磷等可溶性剧毒废渣。

(2)有关污染物排放的限制性排放规定。主要是要求对地表水排放其他污染物必须符合国家有关标准,主要包括:向水体排放含低放射性物质的废水,应当符合国家有关放射性污染防治的规定和标准;向水体排放含热废水,应当采取措施,保证水体的水温符合水环境质量标准;含病原体的污水应当经过消毒处理,符合国家有关标准后,方可排放。

(3)对于非直接排污行为的规范。这些行为主要涉及:多层地下水的含水层水质差异大的,应当分层开采;对已受污染的潜水和承压水,不得混合开采;兴建地下工程设施或者进行地下勘探、采矿等活动,应当采取防护性措施,防止地下水污染;人工回灌补给地下水,不得恶化地下水质。

2.工业水污染防治

(1)清洁生产制度。清洁生产是国际社会在总结工业污染治理的经验教训后提出的一种新型污染预防和控制战略,以后又将清洁生产的要求逐步扩展到了服务领域和产品,并开始探索构建循环经济和循环型社会。清洁生产的实质,是贯彻污染预防原则,从生产设计、能源与原材料选用、工艺技术与服务源头减少资源的浪费,促进资源的循环利用,控制污染的产生,实现经济效益和环境效益的统一。[①]《水污染防治法》关于工业水污染防治的规定既体现了清洁生产的内容和原则,也要求企业应当采用原材料利用效率高、污染物排放量少的清洁工艺,并加强管理,减少水污染物的产生。

(2)严重污染水环境的落后工艺和设备淘汰制度。《水污染防治法》规定,国家对严重污染水环境的落后工艺和设备实行淘汰制度:国务院经济综合宏观调控部门会同国务院有关部门,公布限期禁止采用的严重污染水环境的工艺名录和限期禁止生产、销售、进口、使用的严重污染水环境的设备名录;生产者、销售者、进口者或者使用者应当在规定的期限内停止生产、销售、进口或者使用列入前款规定的设

---

① 黄震:"浅谈清洁生产与《清洁生产促进法》",《今日印刷》2003年第6期。

备名录中的设备。工艺的采用者应当在规定的期限内停止采用列入前款规定的工艺名录中的工艺。依照前述规定被淘汰的设备,不得转让给他人使用。

(3)禁止新建严重污染水环境的小企业。《水污染防治法》规定,国家禁止新建不符合国家产业政策的小型造纸、制革、印染、染料、炼焦、炼硫、炼砷、炼汞、炼油、电镀、农药、石棉、水泥、玻璃、钢铁、火电以及其他严重污染水环境的生产项目。

3. 城镇水污染防治

城镇水污染防治包括污水集中处理制度和对污水排放行为的法律规制。

(1)城镇污水集中处理制度。城市污水是城市地区范围内的生活污水、工业废水和径流污水的总称。城市污水通常由管道汇集排入水体,或者通过城市污水处理厂处理后排入水体。城市污水具有排放地点集中、排放量大、污染物成分复杂等特点。如果分散处理,不仅经济上不合理,而且处理效果差。为此,《水污染防治法》规定了城镇污水集中处理制度。

(2)对城镇污水排放行为的规范。依照《水污染防治法》,向城镇污水集中处理设施排放水污染物,应当符合国家或者地方规定的水污染物排放标准;城镇污水集中处理设施的出水水质达到国家或者地方规定的水污染物排放标准的,可以按照国家有关规定免缴排污费;城镇污水集中处理设施的运营单位,应当对城镇污水集中处理设施的出水水质负责;环保主管部门应当对城镇污水集中处理设施的出水水质和水量进行监督检查。除了规范相关排放行为之外,《水污染防治法》还规定,建设生活垃圾填埋场的,应当采取防渗漏等措施,防止造成水污染。

4. 农业和农村水污染防治

长期以来,我国的环保工作重点放在大中城市,忽视了占全国总面积近 90% 的广大农村,从而致使农村环境问题日益恶化,其中水污染问题尤为突出。加强对农业和农村水污染防治,对于全面建设社会主义新农村,保护广大农民的身体健康,促进我国生态环境的全面改善具有深远的影响。为此,《水污染防治法》对农业和农村水污染防治作出了专门规定,主要内容包括以下四个方面:

(1)对于化肥和农药的使用予以规范。使用农药,应当符合国家有关农药安全使用的规定和标准。运输、存贮农药和处置过期失效农药,应当加强管理,防止造成水污染。县级以上地方农业主管部门和其他有关部门,应当采取措施,指导农业生产者科学、合理地施用化肥和农药,控制化肥和农药的过量使用,防止造成水污染。

(2)对畜禽养殖场、养殖小区的相关养殖行为予以规范。国家支持畜禽养殖场、养殖小区建设畜禽粪便、废水的综合利用或者无害化处理设施。畜禽养殖场、养殖小区应当保证其畜禽粪便、废水的综合利用或者无害化处理设施正常运转,保证污水达标排放,防止污染水环境。

（3）对水产养殖行为予以规范。从事水产养殖应当保护水域生态环境,科学确定养殖密度,合理投饵和使用药物,防止污染水环境。

（4）对农田灌溉行为予以规范。向农田灌溉渠道排放工业废水和城镇污水,应当保证其下游最近的灌溉取水点的水质符合农田灌溉水质标准。利用工业废水和城镇污水进行灌溉,应当防止污染土壤、地下水和农产品。

5.船舶水污染防治

为了加强内河船舶的污染防治,减少和降低船舶作业活动对内河水域的污染,《水污染防治法》主要规定了以下五个方面:

（1）对船舶排污行为的限制和禁止性规定。船舶排放含油污水、生活污水,应当符合船舶污染物排放标准。从事海洋航运的船舶进入内河和港口的,应当遵守内河的船舶污染物排放标准。船舶的残油、废油应当回收,禁止排入水体。禁止向水体倾倒船舶垃圾。船舶装载运输油类或者有毒货物,应当采取防止溢流和渗漏的措施,防止货物落水造成水污染。

（2）明确船舶应当采取的防污措施。船舶应当配置相应的防污设备和器材,持有合法有效的防止水域环境污染的证书与文书;进行涉及污染物排放的作业时,要严格遵守操作规程并如实记载。

（3）加强对船舶污染物、废弃物处理单位的管理。港口、码头、装卸站和船舶修造厂要备有足够的船舶污染物、废弃物的接收设施;从事船舶污染物、废弃物接收作业或者从事装载油类、污染危害性货物船舱清洗作业的单位,应当具备相应的接收处理能力。

（4）加强对船舶作业的污染监控。船舶进行残油、含油污水、污染危害性货物残留物的接收作业,或者进行装载油类、污染危害性货物船舱的清洗作业;船舶进行散装液体污染危害性货物的过驳作业以及进行船舶水上拆解、打捞或者其他水上、水下船舶施工作业的,应当报作业地海事管理机构批准;在渔港水域进行渔业船舶水上拆解活动的,应当报作业地渔业主管部门批准。

（5）对船舶其他相关活动的规范。船舶进行残油、含油污水、污染危害性货物残留物的接收作业,或者进行装载油类、污染危害性货物船舱的清洗作业;进行散装液体污染危害性货物的过驳作业;进行船舶水上拆解、打捞或者其他水上、水下船舶施工作业以及在渔港水域进行渔业船舶水上拆解活动,应当报作业地渔业主管部门批准。

（四）饮用水水源保护区制度

随着工业的迅速发展,我国饮用水源污染越来越严重。2005 年松花江水污染和 2007 年太湖蓝藻事件造成的恶劣影响,让人至今无法忘记。保障饮用水安全,已成为事关国计民生和社会稳定的重要任务。

为确保城乡居民饮用水安全,《水污染防治法》在立法宗旨中明确增加了"保障饮用水安全"的规定,并专门增设了"饮用水水源和其他特殊水体保护"一章,对城乡居民的饮用水安全进行特殊保护,从而形成了饮用水水源保护区制度。国家环保总局、卫生部、建设部、水利部和地矿部1989年7月10日联合发布的《饮用水水源保护区污染防治管理规定》,在不与《水法》(2002年修订)、《水污染防治法》(2008年修订)抵触的范围内,仍然有效。饮用水水源保护区制度的主要内容包括:

1. 饮用水水源保护区分级管理

饮用水水源保护区分为一级保护区和二级保护区;必要时,可以在饮用水水源保护区外围划定一定的区域作为准保护区。

2. 饮用水水源保护区划定机关

饮用水水源保护区的划定,由有关市、县政府提出划定方案,报省级政府批准;跨市、县饮用水水源保护区的划定,由有关市、县政府协商提出划定方案,报省级政府批准;协商不成的,由省级环保主管部门会同同级水行政、国土资源、卫生、建设等部门提出划定方案,征求同级有关部门的意见后,报省级政府批准。跨省级行政区域的饮用水水源保护区,由有关省级政府商同有关流域管理机构划定;协商不成的,由环境保护部会同国务院水行政、国土资源、卫生、建设等部门提出划定方案,征求国务院有关部门的意见后,报国务院批准。国务院和省级政府可以根据保护饮用水水源的实际需要,调整饮用水水源保护区的范围,确保饮用水安全。

3. 对饮用水水源保护区严格管理

对饮用水水源保护区规定了严格的管理制度,主要内容包括:①在饮用水水源保护区内,禁止设置排污口。②禁止在饮用水水源一级保护区内新建、改建、扩建与供水设施和保护水源无关的建设项目。已建成的与供水设施和保护水源无关的建设项目,由县级以上政府责令拆除或者关闭;禁止在饮用水水源一级保护区内从事网箱养殖、旅游、游泳、垂钓或者其他可能污染饮用水水体的活动。③禁止在饮用水水源二级保护区内新建、改建、扩建排放污染物的建设项目;已建成的排放污染物的建设项目,由县级以上政府责令拆除或者关闭;在饮用水水源二级保护区内从事网箱养殖、旅游等活动的,应当按照规定采取措施,防止污染饮用水水体。④饮用水水源受到污染可能威胁供水安全的,环保主管部门应当责令有关企业事业单位采取停止或者减少排放水污染物等措施。

4. 对饮用水水源准保护区内的特殊保护措施

县级以上地方政府应当根据保护饮用水水源的实际需要,在准保护区内采取工程措施或者建造湿地、水源涵养林等生态保护措施,防止水污染物直接排入饮用水水体。对饮用水水源准保护区和其他特殊水体保护,《水污染防治法》也作出了相关规定。

(五)水污染事故处置

为了增强水污染应急反应能力,减少水污染事故对环境造成的危害,积极有效地防止危害扩大和危害程度加重,《水污染防治法》主要规定了以下四个方面的内容:

(1)各级政府及其有关部门,可能发生水污染事故的企业事业单位,应当依照《突发事件应对法》的规定,做好突发水污染事故的应急准备、应急处置和事后恢复等工作。

(2)可能发生水污染事故的企业事业单位,应当制定有关水污染事故的应急方案,做好应急准备,并定期进行演练。生产、储存危险化学品的企业事业单位,应当采取措施,防止在处理安全生产事故中产生的可能严重污染水体的消防废水、废液直接排入水体。

(3)企业事业单位发生事故或者其他突发性事件,造成或者可能造成水污染事故的,应当立即启动本单位的应急方案,采取应急措施,并向事故发生地的县级以上地方政府或者环保主管部门报告。

(4)造成渔业污染事故或者渔业船舶造成水污染事故的,应当向事故发生地的渔业主管部门报告,接受调查处理。其他船舶造成水污染事故的,应当向事故发生地的海事管理机构报告,接受调查处理;给渔业造成损害的,海事管理机构应当通知渔业主管部门参与调查处理。

第三节　水污染防治法律责任

"守法成本高、违法成本低"一直是水污染治理的瓶颈。《水污染防治法》加大了对违法排污行为的处罚力度,尝试增加了违法排污人的违法成本,试图从主观方面遏止行为人违反法律污染水体行为的发生。

一、法律责任形式

根据《水污染防治法》的规定,违法行为人将承担以行政责任为主的法律责任,突出各种行政处罚手段的综合运用,加大了行政处罚力度。同时也强化了违法排污者的民事责任和治理责任。构成犯罪的,依法追究刑事责任。

二、违反《水污染防治法》的具体法律责任

(一)行政责任方面

《水污染防治法》根据违法行为的不同,综合运用了多种行政处罚手段,包括责令改正、责令停止违法行为、罚款、责令停业、责令关闭等措施;同时要求对直接负责的主管人员和其他直接责任人员依法给予处分。对未完成重点水污染物排放总量控制指标的地方政府、违反该法规定严重污染水环境的企业,要求予以公布。另外,完善了行政措施,强化了环保主管部门的执法手段,将责令限期治理、停产整治等行政强制权赋予环保主管部门。

(二)对私设暗管等规避监管行为的处罚力度

首先,对于违反法律、行政法规和环境保护部的规定设置排污口或者私设暗管的,由县级以上地方环保主管部门责令限期拆除,处 2 万元以上 10 万元以下的罚款;逾期不拆除的,强制拆除,所需费用由违法者承担,处 10 万元以上 50 万元以下的罚款;私设暗管或者有其他严重情节的,县级以上地方环保主管部门可以提请县级以上地方政府责令停产整顿。其次,如果私设暗管,还具有超标排污行为的,依据第 74 条的规定处罚,即排放水污染物超过国家或者地方规定的水污染物排放标准,或者超过重点水污染物排放总量控制指标的,由县级以上环保主管部门按照权限,责令限期治理,处应缴纳排污费数额 2 倍以上 5 倍以下的罚款。限期治理期间,由环保主管部门责令限制生产、限制排放或者停产整治。限期治理的期限最长不得超过 1 年;逾期未完成治理任务的,责令关闭。

(三)违法排污者的民事责任和治理责任

(1)因水污染受到损害的当事人,有权要求排污方排除危害和赔偿损失。当事人可以请求环保主管部门或者相关机构、渔业主管部门按照职责分工调解处理;调解不成的,当事人可以向法院起诉。当事人也可以直接向法院起诉。

(2)实施举证责任倒置制度。《水污染防治法》第 87 条规定,因水污染引起的损害赔偿诉讼,由排污方就法律规定的免责事由及其行为与损害结果之间不存在因果关系承担举证责任。

(3)规定共同诉讼制度。根据《水污染防治法》第 88 条第 1 款、第 2 款的规定,因水污染受到损害的当事人人数众多的,当事人可以依法推选代表人进行共同诉讼;环保主管部门和有关社会团体可以依法支持因水污染受到损害的当事人向法院提起诉讼。

（4）建立对污染受害者的法律援助制度。《水污染防治法》第88条第3款规定,国家鼓励法律服务机构和律师为水污染损害诉讼中的受害人提供法律援助。

（5）为了有利于解决水污染民事纠纷,为民事纠纷的解决提供有效的证据。《水污染防治法》第89条还规定,因水污染引起的损害赔偿责任和赔偿金额的纠纷,当事人可以委托环境监测机构提供监测数据。环境监测机构应当接受委托,如实提供有关监测数据。

（四）刑事责任方面

违反《水污染防治法》的规定,构成犯罪的,依法追究刑事责任。

案例分析

水污染事件发生后的"官告民"损害赔偿纠纷案

刁胜先从2010年5月起向江阴市高宏贸易有限公司(高宏公司)租用四只罐体经营煤焦油生意。刁胜先未取得危险废物经营资质,高宏公司对此知悉。2012年12月25日,刁胜先以180元/吨的价格委托王文峰处理其经营中产生的煤焦油分离废液。次日下午,王文峰租用马正勇驾驶的由江阴市城郊化工有限公司(城郊公司)所有但挂靠在江苏省江阴市腾飞物流有限公司(腾飞公司)名下的危险品车辆至该市周庄镇华宏村何家巷,从刁胜先经营的罐体内装载了30.24吨煤焦油分离废液。当天晚上9点左右,王文峰、马正勇将废液倾倒到冯泾河河道内,致使冯泾河水体大面积污染破坏。

王文峰、马正勇因犯污染环境罪,分别被判处有期徒刑1年9个月和有期徒刑9个月,缓刑1年。

江阴市环境保护局起诉王文峰、马正勇,诉请被告承担损害赔偿责任。主要理由是:(1)作为地方环保主管部门,它有职责、义务保护环境,对重特大环境污染事故和生态破坏事件及时进行调查、处理,恢复生态环境,是法律所赋予的职责、义务,它对被告污染环境资源所造成的损失提起民事诉讼赔偿,符合有关法律规定和立法精神。(2)污染事件发生后,它及时启动应急处置措施,委托江苏省环科院编制应急处置方案,并依据方案委托当地综合污水处理公司和水利部门调水处理,共产生治理等费用689176元。

2013年8月5日,江阴市法院受理后,依法追加刁胜先、高宏公司、城郊公司为共同被告参加诉讼。

王文峰和马正勇对原告主张的事实和诉请均无异议。王文峰辩称:已受到刑事处罚,无赔偿能力。马正勇辩称:只听王文峰说废液没有问题,虽有过错但责任不严重,且已在刑事案件中缴纳罚金1万元,并主动赔偿了5万元,没有能力再赔偿损失。

刁胜先、高宏公司辩称:江阴市环境保护局不具有民事诉讼的职能,不是环境损害的直接受害人,作为原告主体不适格,所造成的损失因由损害人承担行政责任进行补偿,而非民事赔偿,要求其承担连带责任没有法律依据。

城郊公司辩称:不是涉案污染事故的加害人,也没有与加害人共同实施侵权行为,不应该成为本案被告,请求驳回要求它承担连带责任的诉讼请求。

思考问题:

(1)江阴市环境保护局是否具有提起环境损害民事赔偿诉讼的主体资格? 为什么?

(2)污染物的产生者、运输者和倾倒者是否构成共同侵权? 是否应该承担连带赔偿责任? 为什么?

基本概念

水污染　水污染防治的监督管理制度　饮用水水源保护区制度

思考分析

1.如何理解《水污染防治法》和《水法》的关系?

2.简述《水污染防治法》关于饮用水水源保护的规定。

3.你认为《水污染防治法》存在哪些缺陷? 如有,如何完善?

第十二章

海洋污染防治法

【内容提要】

海洋环境是地球整体环境的基本组成要素之一,对于人类生存和发展具有非常重要的意义。全球日益严重的海洋污染已经影响了人类对海洋的开发和利用,进而威胁到人类未来的进一步发展。本章主要讨论海洋环境污染的概念和特点,海洋污染防治法的立法概况和海洋污染防治法的主要法律制度。

第一节 海洋污染问题

一、海洋和海洋环境污染

(一)海洋与人类

海洋是人类赖以生存和发展的自然环境的重要组成部分,系统意义上的海洋环境包括海洋水体、海底和海水表层上方的大气空间,以及同海洋密切相关并受到海洋影响的沿岸和河口区域。人类和海洋环境有着密切的关系,海洋对于人类社会的发展有着至关重要的作用。

海洋约占地球表面积的 71%,占地球储水总量的 97%,全部海水的体积达 13.7 亿立方千米,相当于高出海面的陆地体积的 14 倍,可以为人类提供巨大的未来发展空间。海洋是人类生命的摇篮,地球上的生物就是从海洋中产生和发展来的,人体血清化学元素的比值与海水成分的比值有着亲缘关系,就是一项重要的证据。海洋也是地球的气候调节器,直接影响着地球的气候,调节着地球的温度和湿度。海洋中的藻类每年能产生 360 亿吨氧气,高达大气含氧量的 3/4,同时海洋吸收的二氧化碳占大气中的二氧化碳总含量的 2/3,维持着地球上的生命,保持着大气中的气体平衡。目前已知的海洋生物有 30 多万种,为人们提供了丰富的食物和药物资源。海洋中埋藏的矿产资源同样极为丰富,据估计,地球上的石油总埋藏量约有 3000 亿吨,其中的 900 多亿吨埋藏在海底。海洋中还富含锰、溴、碘、金、铜、镍、铀等矿产资源。另外,海浪可以成为人类发展永续性的动力资源。随着人类社会经济的不断发展,陆地自然资源可开发利用量的逐渐减少,海洋将成为人类未来生存和发展的重要物质基础。

海洋对于人类社会发展具有如此重要的意义,因此必须加强海洋环境保护。长期以来,随着海洋资源开发和海上交通的发展,海洋环境已经在不同程度上遭到了污染或者破坏,有些海域的污染或者破坏情况十分严重。长此下去,必将会给人类带来难以想象的后果。海洋环境污染,是危害海洋环境的首要问题,是人类活动影响海洋环境的主要表现;防治海洋污染,是海洋环境保护的主要任务。

(二)海洋环境污染的概念和特点

参照 OECD 关于污染的定义,可以将海洋环境污染定义为:人类将物质或者能量直接或间接地导入海洋这一环境要素,导致其化学、物理或者生物等方面特性的改变,从而影响海洋的有效利用,对自然造成不利影响,以至危及人类健康、危害海洋生物资源和生态系统,以及损害或者妨害舒适性和海洋的其他合法用途的现象。对于海洋污染的概念,国内外学者的认识基本一致。1982 年《海洋法公约》把海洋污染表述为:"人类直接地或间接地把物质或能量引入海洋环境(包括河口湾),以致造成或可能造成损害生物资源和海洋生物、危害人类健康,妨碍包括捕鱼和海洋的其他正当用途在内的各种海洋活动、损害海水使用质量和减损环境优美等有害影响。"

我国《海洋环境保护法》采用了类似于《海洋法公约》中的定义:海洋环境污染损害是指"直接或间接地把物质或能量引入海洋环境,产生损害海洋生物资源、危害人体健康、妨害渔业和海上其他合法活动、损害海水使用素质和减损环境质量等有害影响"(第 94 条)。根据这一定义,海洋污染主要包括以下四个方面的危害:

(1)损害海洋生物资源。大量的污染物质和有害能量进入海洋,导致海洋生物赖以生存的生态环境发生非自然的变化,从而影响到海洋生物资源的种类、质量和数量。在一些污染严重的海域,鱼、虾、贝类等质量下降、数量锐减甚至绝迹。频繁发生的海上污染事故,如油轮触礁泄油、海洋油井井喷和管道泄漏等,均造成海洋生物资源的巨大损失。

(2)危害人体健康。海洋是地球水循环的重要一环,海洋中的各种生物是人类食物和药物的主要来源之一,其质量的下降必然会对人体健康产生不利的影响。尤其严重的是许多有毒有害的污染物质,如汞、镉、DDT 等,能通过食物链关系在海洋生物体内逐级富集,最终在被人食用后对人体健康造成严重危害。日本公害史上有名的"水俣病",就是海洋汞污染损害人体健康的典型案例。

(3)妨碍渔业和海上其他合法活动。海洋环境污染对渔业的妨碍包括造成渔产品质量和数量的降低,渔场的外移、减少乃至消失,海水富营养化导致的赤潮对海产养殖的损害等。海洋环境污染对海上其他合法活动的妨碍,包括污染物阻塞航道、妨碍船舶航行,破坏海洋景观对海上旅游业的损害等。

(4)损害海水使用素质和减损环境质量。人类活动产生的大量污染物质和有害能量不断地进入海洋,逐渐超过了一些海域的自然净化能力,使海洋环境的构成发生变化,恶化海水水质和环境质量,造成海水使用素质的下降。由于人类活动对海洋环境的影响主要集中在沿岸和近海海域,海水水质和海洋环境质量的恶化也主要发生在这些区域。

由于海洋环境自身的特殊性,海洋环境污染与大气、土壤等其他环境要素的污染有所不同,其特点主要表现在以下四个方面:

(1)污染源多。除人类在海洋和海岸的活动造成的污染外,人类在陆地的其他活动所产生的各种污染物,最终也都将通过径流、降水、大气扩散等形式汇入海洋。可以说,人类生产和生活中产生的种类繁多、成分复杂的污染物大部分都直接或间接排入了海洋。仅《海洋环境保护法》中所规定的主要海洋污染防治对象就有海岸工程、海洋石油勘探开发、陆源污染物、船舶、倾倒废弃物五大类。

(2)持续性强。海洋是地球上地势最低的区域,它不可能像大气通过一次暴雨或江河通过一个汛期使污染得以减轻。一旦污染物进入海洋后,就很难再转移出去,其中不易降解物质在海洋中日积月累,往往通过生物的浓缩作用和食物链的传递,对人类造成严重威胁。

(3)扩散范围广。全球海洋是相互连通的一个整体,一个海域出现的污染,往往会扩散到周边海域,甚至扩散到邻近大洋,有的后期效应会波及全球。例如,DDT等有毒化合物的污染,即使在杳无人迹的南极区域,也在当地环境中和动物体内检测到了。

(4)防治难、危害大。海洋污染有很长的积累过程,不易及时发现,一旦形成污染,需要长期治理才能消除影响,而且治理费用较高,造成的危害会波及各个方面;特别是对人体产生的毒害,更是难以彻底清除。

二、我国海洋环境污染现状

我国既是一个有着960万平方千米土地的大陆国家,又是一个海岸线总长达3.2万千米、大陆海岸线长达1.8万千米的海洋国家,海域濒临太平洋,纵跨热带、亚热带、温带三大气候带,自然条件优越,海洋资源丰富。然而,我国海洋环境整体状况不容乐观。沿海地区排放的工业和生活污水将大量污染物携带入海,给近岸海域,尤其是排污口邻近海域环境造成巨大压力。长期连续大量排污使排污口邻近海域污染严重,沉积物质量恶化,生物质量低劣,生物多样性降低,陆源污染物排海已严重制约了排污口邻近海域海洋功能的正常发挥。同时,溢油事故、违法倾倒垃圾以及养殖污染等海洋环境污染灾害的发生频率持续增加,使我国海洋环境污染损害不断加剧。

国家海洋局公布的数据显示,2015 年实施监测的排污口邻近海域中,高达 82% 的排污口邻近海域水质不能满足海洋功能区水质要求。5 月监测显示,66 个排污口邻近海域水质劣于第四类海水水质标准,高达监测总数的 65%;8 月监测显示,67 个排污口邻近海域水质劣于第四类海水水质标准,高达监测总数的 72%。近 34% 的排污口邻近海域沉积物质量不能满足海洋功能区要求,排污口邻近海域沉积物质量等级为第三类和劣于第三类的比例减小,主要污染物为石油类和重金属。高达 58% 的排污口邻近海域贝类生物质量不能满足所在海洋功能区生物质量要求,个别排污口生物体中 DDT 含量超标。近 26% 的入海排污口全年各次监测均超标。入海排污口排放的主要污染物为总磷、$CODC_r$、悬浮物和氨氮,导致区内水体富营养化趋势加剧,生物质量降低。[①]

第二节　海洋污染防治立法概况

一、国外和国际的海洋污染防治立法

为了保护海洋环境,防止污染损害,大多数国家通常采用法律、行政、经济、技术等各种手段综合防控。早在 20 世纪 20 年代,一些沿海国家就曾尝试运用法律防止船舶排放油污造成海洋石油污染。然而,海洋环境保护的专门立法的产生和发展则始于第二次世界大战后,最初立法用以防止海洋石油污染,而后扩大至其他领域,再发展为生态保全和保护、污染防治与资源保护和管理相结合的实行整体性海洋环境保护对策的综合性立法。20 世纪五六十年代,海洋污染日益加重,沿海国家相继制定了保护海洋环境的法律。例如,日本在 1967 年制定了《船舶油类污染海洋防治法》,1970 年制定了《海洋污染防止法》(1976 年更名为《海洋污染及海上灾害防止法》);美国在 1972 年制定了《海洋倾倒法》《海洋保护、研究和自然保护区法》和《海岸带管理法》;爱尔兰在 1956 年制定了《海洋油污法》。法国在 1964 年至 20 世纪 80 年代,制定了十余部海洋环境保护法律。英国、西班牙、瑞典、挪威、加拿大等国也制定了有关海洋环境保护的法律。

---

① 　国家海洋局:《2015 年中国海洋环境状况公报》,2016 年 4 月。

海洋污染防治法率先在工业发达的沿海国家的立法中出现。尽管各国根据本国立法传统及海域特征制定的海洋污染防治法在立法体例、基本原则和立法的侧重点上都多有不同,但基本都对陆源污染、船舶石油污染和倾倒废物污染海洋作出了规定,并明确了海洋环境污染防治的主管机构,一些国家还规定了海洋污染清污费用的分担以及倾倒废弃物许可证交易制度。

由于海洋污染的跨国界性和全球性,国际社会也陆续制定了一系列防治海洋环境污染的国际法律文件。国际海洋环境保护法的发展主要分为三个阶段。

第一阶段,1954—1972 年。从 1954 年签订《国际防止海上油污公约》到 1972年人类环境会议前夕,是海洋污染防治国际立法的起步时期,这一时期为以后的发展奠定了基础。这一阶段,国际社会对海洋环境保护的关心主要在防止海洋油污方面,还未考虑到从生态、景观等更多方面来保护海洋环境。这些协定所制定的某些规则,都没有突破传统国际法的范围,保护的范围还比较狭窄。

第二阶段,1972—1982 年。从斯德哥尔摩《人类环境宣言》的发表到《海洋法公约》签订前夕,国际海洋环保协定大量签订,是国际海洋环境保护立法的发展时期。1972 年斯德哥尔摩人类环境会议是人类环境保护的重大事件,为国际也为各国国内海洋环保立法及制定海洋保护政策提供了方针及原则。同年 11 月,在伦敦召开了由 92 个国家和 8 个国际组织参加的国际会议,会议通过了《防止倾倒废弃物及其他物质污染海洋公约》(1972 年《倾倒废弃物伦敦公约》)。这一阶段所签订的协定,不再只局限于防治油类污染源,还涉及海洋所有污染源的防治;协定多包括一些较为严格的执行条款,不仅具有更大的约束力,而且成员国也易于执行,在内容上有从单一向综合发展的趋势。

第三阶段,1982 年至今。从 1982 年《海洋法公约》签署到现在,是海洋环境保护立法的成熟时期。《海洋法公约》将 1982 年以前所签署的国际社会保护海洋环境的条约进行了综合而全面的总结,标志着国际保护海洋环境的体制已经初步建立,进而使海洋环境保护法律制度更加成熟、规范。1996 年 11 月通过了《〈防止倾倒废弃物及其他物质污染海洋公约〉1996 年协定书》,该协定书吸收了国际环保领域一些新的原则,标志着《伦敦公约》缔约国在海洋污染防治方面进入了一个新的历史时期,体现了海洋污染防控观念上的根本转变。

二、中国海洋污染防治立法

中国海洋环境污染防治立法工作起步于 20 世纪 70 年代。针对一些沿海水域污染十分严重的情况,1974 年国务院转发了交通部制定的《防止沿海水域污染暂行规定》,这是我国第一个海洋环境保护的规范性法律文件。1979 年《环境保护法(试行)》对海洋环境污染防治作了一些原则性的规定。

1982年8月23日,五届全国人大常委会第二十四次会议通过了《海洋环境保护法》;这是中国第一部保护海洋环境、防治海洋污染的综合性法律。此后,国务院相继颁布了《防止船舶污染海域管理条例》(1983年制定,已废止)、《海洋石油勘探开发环境保护管理条例》《海洋倾废管理条例》《防止拆船污染环境管理条例》《防治陆源污染物损害海洋环境管理条例》《防治海岸工程建设项目污染损害海洋环境管理条例》《防治船舶污染海洋环境管理条例》(2013年、2015年两年间先后三次修订)等。从1982年国务院环境保护领导小组颁布《海水水质标准》以来,中国又陆续颁布了一些防治海洋环境污染的污染物排放标准,如《船舶污染物排放标准》《渔业水质标准》《海洋石油开发工业含油污水排放标准》《景观娱乐用水水质标准》等。

随着我国沿海经济的发展和海洋管理活动实践的检验,1999年12月底,九届全国人大常委会第十三次会议对《海洋环境保护法》进行了修订,将立法目的界定为:"保护和改善海洋环境,保护海洋资源,防治污染损害,维护生态平衡,保障人体健康,促进经济和社会的可持续发展。"

1982年制定,后经1999年修订、2013年和2016年两次修正的《海洋环境保护法》,对于防治海洋环境污染、保护海洋自然生态、促进我国海洋资源的可持续利用、有效维护中国海洋主权,发挥了非常重要的作用。

除此之外,为吸收国际海洋环境保护的先进经验、与国际海洋环境法的规定和标准接轨以及加强与其他国家在海洋污染防治领域的交流与合作,中国还加入了一些防止海洋环境污染的国际公约,如《国际油污损害民事责任公约》《国际干预公海油污事故公约》《防止倾倒废弃物及其他物质污染海洋公约》《干预公海非油类物质污染议定书》《国际防止船舶污染公约》《海洋法公约》等。

第三节　我国海洋污染防治法的主要规定

一、适用范围

《海洋环境保护法》的适用范围包括我国的内海、领海以及我国管辖的一切其他海域。"内海",是指位于领海基线面向陆地的一侧,即领海基线与海岸之间的海域。"领海",是指领海基线面向海洋一侧一定宽度的海域;中国的领海宽度为12海里。内海和领海是国家领土的组成部分,在国家的完全主权管辖之下。国家"管辖的一切其他海域",是指在内海和领海之外根据国际法由国家管辖的一定范围的海域,如《海洋法公约》中所规定的200海里专属经济区和大陆架等。在上述我国管辖的海域之内,从事航行、勘探、开发、生产、科学研究及其他活动的任何船舶、平台、航空器、潜水器、企业事业单位和个人,都必须遵守该法。

　　由于海洋的整体性和海水的流动性,污染物的扩散和危害并不受人为界线的限制,在国家管辖海域之外的排污和倾废行为也可能会损害到国家管辖范围以内的海洋环境,各国海洋污染防治法一般都规定了对于跨界污染损害的管辖权。所以,《海洋环境保护法》特别规定了这种"域外适用"的情况,即,在我国管辖海域以外排放有害物质,倾倒废弃物,造成我国管辖海域污染损害的,也适用该法。

二、我国的海洋污染防治监督管理体制

　　根据《海洋环境保护法》的规定,可以将我国海洋污染防治监督管理体制概括如下:

　　(1)环境保护部作为对全国环境保护工作统一监督管理的部门,对全国海洋环境保护工作实施指导、协调和监督,并负责全国防治陆源污染物和海岸工程建设项目对海洋污染损害的环境保护工作。

　　(2)国家海洋行政主管部门负责海洋环境的监督管理,组织海洋环境的调查、监测、监视、评价和科学研究,负责全国防治海洋工程建设项目和海洋倾倒废弃物对海洋污染损害的环境保护工作。

　　(3)国家海事行政主管部门负责所辖港区水域内非军事船舶和港区水域外非渔业、非军事船舶污染海洋环境的监督管理,并负责污染事故的调查处理;对在我国管辖海域航行、停泊和作业的外国籍船舶造成的污染事故登轮检查处理。船舶污染事故给渔业造成损害的,应当吸收渔业行政主管部门参与调查处理。

　　(4)国家渔业行政主管部门负责渔港水域内非军事船舶和渔港水域外渔业船舶污染海洋环境的监督管理,负责保护渔业水域生态环境工作,并调查处理第5条第3款规定的污染事故以外的渔业污染事故。

　　(5)军队环境保护部门负责军事船舶污染海洋环境的监督管理及污染事故的调查处理。

　　(6)沿海县级以上地方政府行使海洋环境监督管理权的部门的职责,由省级政府根据该法及国务院有关规定确定。

三、海洋污染防治管理制度

(一)海洋功能区划制度

　　海洋功能区划是指为了合理使用海域和科学开发海洋自然资源,依照海洋的自然属性和社会属性以及自然资源和环境的特定条件,协调各海洋行业在海洋利用中的活动,从而划定海洋利用的主导功能和使用范围。国家海洋局会同国务院

有关部门和沿海省级政府根据全国海洋主体功能区规划,拟定全国海洋功能区划,报国务院批准。沿海地方各级政府应当根据全国和地方海洋功能区划,保护和科学合理地使用海域。国家根据海洋功能区划制定全国海洋环境保护规划和重点海域区域性海洋环境保护规划。毗邻重点海域的有关沿海省级政府及行使海洋环境监督管理权的部门,可以建立海洋环境保护区域合作组织,负责实施重点海域区域性海洋环境保护规划、海洋环境污染的防治和海洋生态保护工作。

(二)海洋环境标准制度

海洋环境标准是确定和衡量海洋环境好坏的一种尺度,具有法律约束力。它一般分为海洋水环境质量标准和海洋污染物排放标准。我国海水质量标准目前执行的是1997年公布的《海水水质标准》(GB 3097—1997)。国家和地方水污染物排放标准的制定,应当将国家和地方海洋环境质量标准作为重要依据之一。各地方海洋环境标准的确定要考虑适用海区的自净能力或环境容量,以及该地区社会、经济的承受能力。

(三)污染物总量控制和排污收费制度

国家建立并实施重点海域排污总量控制制度,确定主要污染物排海总量控制指标,并对主要污染源分配排放数量;在国家建立并实施排污总量控制的重点海域,污染物排放标准的制定,还应当将主要污染物排海总量控制指标作为重要依据。直接向海洋排放污染物的单位和个人,必须按照国家规定缴纳排污费。但是,依照法律规定缴纳环境保护税的,不再缴纳排污费。向海洋倾倒废弃物,必须按照国家规定缴纳倾倒费。收取的排污费、倾倒费,必须用于海洋环境污染的整治,不得挪作他用。

(四)海洋环境监测制度

国家海洋行政主管部门按照国家环境监测、监视规范和标准,管理全国海洋环境的调查、监测、监视,制定具体的实施办法,会同有关部门组织全国海洋环境监测、监视网络,定期评价海洋环境质量,发布海洋巡航监视通报。按照国家制定的环境监测、监视信息管理制度,还负责管理海洋综合信息系统,为海洋环境保护监督管理提供服务。

(五)海上重大污染事故应急制度

海上重大污染事故往往具有突发性、严重性、扩散性;如果不能及时处理,后果不堪设想。针对海上重大污染事故,《海洋环境保护法》规定了包括报告制度、应急计划制度在内的一系列制度。因发生事故或者其他突发性事件,造成或者可能造成海洋环境污染事故的单位和个人,必须立即采取有效措施,及时向可能受到危害者通报,并向依照该法规定行使海洋环境监督管理权的部门报告,接受调查处理。国家根据防止海洋环境污染的需要,制定国家重大海上污染事故应急计划。国家海洋行政主管部门负责制定全国海洋石油勘探开发重大海上溢油应急计划和全国船舶重大海上溢油污染事故应急计划,报环境保护部备案。沿海可能发生重大海洋环境污染事故的单位,应当依照国家的规定,制定污染事故应急计划,并向当地环保主管部门、海洋行政主管部门备案。沿海县级以上地方政府及其有关部门在发生重大海上污染事故时,必须按照应急计划解除或者减轻危害。

(六)海洋生态保护制度

为保护海洋生态,法律规定对有特殊价值的海区建立海洋自然保护区和海洋特别保护区。建立海洋自然保护区,应具备以下条件之一:①典型的海洋自然地理区域、有代表性的自然生态区域以及遭受破坏但经保护能恢复的海洋自然生态区域;②海洋生物物种高度丰富的区域,或者珍稀、濒危海洋生物物种的天然集中分布区域;③具有特殊保护价值的海域、海岸、岛屿、滨海湿地、入海河口和海湾等;④具有重大科学文化价值的海洋自然遗迹所在区域;⑤其他需要予以特殊保护的区域。凡具有特殊地理条件、生态系统、生物与非生物资源及海洋开发利用特殊需要的区域,可以建立海洋特别保护区,采取有效的保护措施和科学的开发方式进行特殊管理。

除此之外,《海洋环境保护法》规定应当合理开发利用海洋资源。国家建立健全海洋生态保护补偿制度。开发利用海洋资源,应当根据海洋功能区划合理布局,不得造成海洋生态环境破坏。引进海洋动植物物种,应当进行科学论证,避免对海洋生态系统造成危害。开发海岛及周围海域的资源,应当采取严格的生态保护措施,不得造成海岛地形、岸滩、植被以及海岛周围海域生态环境的破坏。沿海地方各级政府应当结合当地自然环境的特点,建设海岸防护设施、沿海防护林、沿海城镇园林和绿地,对海岸侵蚀和海水入侵地区进行综合治理。禁止毁坏海岸防护设施、沿海防护林、沿海城镇园林和绿地。国家鼓励发展生态渔业建设,推广多种生态渔业生产方式,改善海洋生态状况。新建、改建、扩建海水养殖场,应当进行环境影响评价。海水养殖应当科学确定养殖密度,并合理投饵、施肥,正确使用药物,防止造成海洋环境污染。

四、防治海洋环境主要污染源的规定

(一)防治陆源污染物对海洋环境的污染

陆源污染物是指陆地污染源排放的污染物质,主要有石油、农药、有机污染物、固体废弃物、放射性物质、热污染和传染病原体等。邻接海洋的陆地是人类社会生活和生产的集中区域,产生的废弃物大多数进入了海洋。内陆的污染物质排入水体会通过河流转入海洋,排入空中的则可能随着大气的流动飘向海洋上空并沉降入海。陆源污染物是海洋环境污染,尤其是近海污染的主要原因。为了防止陆源污染物对海洋环境的污染,《海洋环境保护法》以及《防治陆源污染物污染损害海洋环境管理条例》作出了专门规定,主要包括以下四项制度:

(1)排污口管理制度。入海排污口位置的选择,应当根据海洋功能区划、海水动力条件及相关规定,经科学论证后,报设区的市级以上环保主管部门审查批准。环保主管部门在批准设置入海排污口之前,必须征求海洋、海事、渔业行政主管部门和军队环境保护部门的意见。在海洋自然保护区、重要渔业水域、海滨风景名胜区和其他需要特别保护的区域,不得新建排污口。在有条件的地区,应当将排污口深海设置,实行离岸排放。

(2)排污标准控制制度。向海域排放陆源污染物,必须严格执行国家或者地方规定的标准及相关规定。向海域排放低水平放射性废水、含病原体的医疗废水、生活污水和工业废水、含热废水等,必须采取防治措施,进行无害化或减害化处理,达标排放;禁止向海域排放油类、酸液、碱液、剧毒液、高、中水平放射性废水以及含不易降解的有机物和重金属废水;严格控制向海湾、半封闭海及其他自净能力较差的海域排放含有机物和营养物质的工业废水、生活污水,以防止引起赤潮等富营养化污染。

(3)岸滩废弃物管理制度。任何单位不经省级环保主管部门批准,不得在岸滩弃置、堆放尾矿、矿渣、煤灰渣、垃圾和其他废弃物。经依法批准在岸滩设置废弃物堆放场和处理场的,应当建造防护堤,防止废弃物流失入海。

(4)入海河流管理和沿海城市污水综合治理制度。沿海省级环保主管部门和水系管理部门,应当加强入海河流的管理,防治污染,使入海口处的水质处于良好状态。沿海城市政府应当建设和完善城市排水管网,有计划地建设城市污水处理厂或者其他污水集中处理设施,加强城市污水的综合整治。

(二)防治海岸工程建设项目对海洋环境的污染

根据《防治海岸工程建设项目污染损害海洋环境管理条例》规定,海岸工程是指位于海岸或者与海岸连接,工程主体位于海岸线向陆一侧,对海洋环境产生影响的新建、改建、扩建工程项目。具体包括:港口、码头、航道、滨海机场工程项目;造船厂、修船厂;滨海火电站、核电站、风电站;滨海物资存储设施工程项目;滨海矿山、化工、轻工、冶金等工业工程项目;固体废弃物、污水等污染物处理处置排海工程项目;滨海大型养殖场;海岸防护工程、砂石场和入海河口处的水利设施;滨海石油勘探开发工程项目;环境保护部会同国家海洋主管部门规定的其他海岸工程项目。

防治海岸工程对海洋环境的污染主要包括以下内容:新建、改建、扩建海岸工程建设项目,必须遵守国家有关建设项目环境保护管理的规定,海岸工程建设项目单位,必须对海洋环境进行科学调查,根据自然条件和社会条件,合理选址,编制环境影响报告书(表)。在建设项目开工前,将环境影响报告书(表)报环保主管部门审查批准。并把防治污染所需资金纳入建设项目投资计划。

在依法划定的海洋自然保护区、海滨风景名胜区、重要渔业水域及其他需要特别保护的区域,不得从事污染环境、破坏景观的海岸工程项目建设或者其他活动。禁止在沿海陆域内新建不具备有效治理措施的化学制浆造纸、化工、印染、制革、电镀、酿造、炼油、岸边冲滩拆船以及其他严重污染海洋环境的工业生产项目。兴建海岸工程建设项目,必须采取有效措施,保护国家和地方重点保护的野生动植物及其生存环境和海洋水产资源。严格限制在海岸采挖砂石。露天开采海滨砂矿和从岸上打井开采海底矿产资源,必须采取有效措施,防止污染海洋环境。

(三)防治海洋工程建设项目对海洋环境的污染

《防治海洋工程建设项目污染损害海洋环境管理条例》中所指的海洋工程是广义的海洋工程,是指以开发、利用、保护、恢复海洋资源为目的,并且工程主体位于海岸线向海一侧的新建、改建、扩建工程。包括前述的海岸工程和狭义的海洋工程。海洋工程建设项目必须严格执行环境影响评价和"三同时"制度。海洋环境影响报告书由海洋行政主管部门核准,报环保主管部门备案,并受其监督。海洋工程建设项目,不得使用含超标准放射性物质或者易溶出有毒有害物质的材料;需要爆破作业时,必须采取有效措施,保护海洋资源。海洋石油勘探开发及输油过程中,必须采取有效措施,避免溢油事故的发生。勘探开发海洋石油,必须按有关规定编制溢油应急计划,报国家海洋行政主管部门审查批准。海洋石油勘探开发及输油过程中,必须采取有效措施,避免溢油事故的发生。海洋石油钻井船、钻井平台和采油平台的含油污水和油性混合物,必须经过处理达标后排放;残油、废油必须予以回收,不得排放入海。经回收处理后排放的,其含油量不得超过国家规定的标准。海洋石油钻井船、钻井平台和采油平台及其有关海上设施,不得向海域处置含油的工业垃圾。处置其他工业垃圾,不得造成海洋环境污染。

(四)防治倾倒废弃物对海洋环境的污染

海洋倾废是指通过船舶、航空器、海上作业平台或其他运载工具,向海洋处置废弃物或其他有害物质的行为。包括弃置船舶、航空器、平台和其他浮游工具的行为,以及向海洋处置与海底矿物勘探开发相关的废弃物的行为。向海洋倾倒废物,如果在数量、浓度和毒性等方面超过了海洋的自净能力,就会污染海洋环境。《海洋环境保护法》《海洋倾废管理条例》等规定了以下四项制度：

（1）倾倒许可制度。任何单位未经国家海洋行政主管部门批准，不得向我国管辖海域倾倒任何废弃物。需要倾倒废弃物的单位，必须向国家海洋行政主管部门提出书面申请，经国家海洋行政主管部门审查批准，发给许可证后，方可倾倒。禁止我国境外的废弃物在我国管辖海域倾倒。

（2）废弃物分级管理制度。向海洋倾倒废弃物，应当按照废弃物的类别和数量实行分级管理。由国家海洋行政主管部门经过评价，拟定可以倾倒的废弃物名录，该名录经国务院批准后施行。1985年《海洋倾废管理条例》根据废弃物的毒性、有害物质含量和对海洋环境影响等因素，将废弃物分为三类：禁止倾倒的物质、需要获得特别许可证才能倾倒的物质以及不属于前两种物质的其他低毒或无毒的废弃物。《海洋环境保护法》还作出了禁止在海上处置放射性的废弃物或者其他放射性物质以及禁止在海上燃烧废弃物的规定。

（3）海洋倾废区域制度。国家海洋行政主管部门按照科学、合理、经济、安全的原则选划海洋倾倒区，经环境保护部提出审核意见后，报国务院批准。临时性海洋倾倒区由国家海洋行政主管部门批准，并报环境保护部备案。在选划海洋倾倒区和批准临时性海洋倾倒区之前，必须征求国家海事、渔业行政主管部门的意见。

（4）海洋倾废跟踪管理制度。获准倾倒废弃物的单位，必须按照许可证注明的期限及条件，到指定的区域进行倾倒。废弃物装载之后，批准部门应当予以核实。获准倾倒废弃物的单位，应当详细记录倾倒的情况，并在倾倒后向批准部门作出书面报告。倾倒废弃物的船舶必须向驶出港的海事行政主管部门作出书面报告。利用船舶运载出港的，应当在离港前通知就近港务监督核实。凡在军港装运的，应当通知军队有关部门核实。如发现实际装载与倾倒许可证注明内容不符，则不予放行，并及时通知发证主管部门处理。进行倾倒作业的船舶、飞机和其他载运工具应将作业情况如实详细填写在倾倒情况记录表和航行日志上，并在返港后15日内将记录表报发证机关。

（五）防治船舶及有关作业活动对海洋环境的污染

海洋环境保护法所谓的"船舶"，是指一切类型的机动和非机动船只，但不包括海上石油勘探开发作业中的固定式和移动式平台。船舶向海洋排放的污染物主要是石油类，其次还有油性混合物、其他废弃物和有害物质。随着人类对海洋的开发利用不断深入，船舶已成为海洋污染的主要污染源之一。

早在1983年，我国就出台了《防止船舶污染海域管理条例》，在防止船舶污染海域、保护海洋生态环境方面发挥了重要作用。近年来，为了应对国际海运业快速发展对海洋环境带来的威胁，有关国际组织制定出台了一些加强防治船舶污染海洋环境的国际公约。我国作为国际海事组织的A类理事国，积极推动并加入了

1969 年《国际油污损害民事责任公约》、1990 年《国际油污防备、反应和合作公约》等多个防治船舶污染海洋环境的国际公约。根据修订后的《海洋环境保护法》,以及我国加入的国际公约的要求,2009 年 9 月,我国对原有的《防止船舶污染海域管理条例》进行全面修改,制定了新的《防治船舶污染海洋环境管理条例》,并于 2013、2014 两年间先后三次修订,主要建立了以下六项制度:

(1)排污控制制度。在我国管辖海域、海港内的一切中国籍船舶、外国籍船舶以及船舶所有人和其他个人,均须遵守我国关于防止船舶污染海洋环境的规定。任何船舶及相关作业不得违反法律规定向海洋排放污染物、废弃物、压载水、船舶垃圾及其他有害物质。从事船舶污染物、废弃物、船舶垃圾接收和船舶清舱、洗舱作业活动的,必须具备相应的接收处理能力。船舶进行加油和装卸油作业时,必须遵守操作规程,采取有效的预防措施,防止发生漏油事故。

(2)配备防污设备和文书制度。船舶必须配置相应的防污设备和文书。载运具有污染危害性货物的船舶,其结构与设备应当能够防止或者减轻所载货物对海洋环境的污染。根据《防止船舶污染海洋环境管理条例》和相关国际条约的规定,150 总吨以上的油轮和 400 总吨以上的非油轮,应当设有相应的防污设备和器材,如油水分离器、生活污水处理设备等。不足 150 总吨的油轮和不足 400 总吨的非油轮,应当设有专用容器,回收残油、废油,而不要求配备废弃物处理设施。此外,船舶必须按照有关规定持有防止海洋环境污染的证书与文书。在进行涉及污染物排放及操作时,应当如实记录。这里所谓的"证书与文书"是指 150 总吨以上的油轮和 400 总吨以上的非油轮,应当备有油类记录簿,载运 2000 吨以上的散装货油船舶应持有《油污损害民事责任保险或其他财务保证证书》或者《油污损害民事责任信用证书》或者其他财务信用保证文书。

(3)装运危险货物特殊管理制度。船舶装运易燃、易爆、腐蚀、有毒害和放射性的危险货物,必须经过申报审批,采取必要的安全和预防污染措施,并悬挂规定的信号,遵守我国《船舶装载危险货物监督管理规则》和国际海事组织的《国际海上危险货物运输规则》,防止发生事故,造成危险货物散落或者溢漏污染海域。

(4)船舶油污损害的民事赔偿责任。造成海洋环境污染损害的责任者,应当排除危害,并赔偿损失;完全由于第三者的故意或者过失,造成海洋环境污染损害的,由第三者排除危害,并承担赔偿责任。船舶油污损害赔偿责任由船东和货主共同承担并在此原则的基础上建立船舶油污保险、油污损害赔偿基金制度。在我国管辖水域接收海上运输的持久性油类物质货物的货物所有人或者代理人应当缴纳船舶油污损害赔偿基金。船舶油污损害赔偿基金由有关行政机关和主要货主组成的船舶油污损害赔偿基金管理委员会负责管理。

(5)特许制度。船舶进行散装液体污染危害性货物的过驳作业,应当事先按照有关规定报经海事行政主管部门批准。

（6）海上污染事故处理制度。船舶在我国管辖海域发生污染事故,或者在我国管辖海域外发生污染事故造成或者可能造成我国管辖海域污染的,应当就近向有关海事管理机构报告;接到报告的海事管理机构应当立即核实有关情况,并向上级海事管理机构或者国务院交通运输主管部门报告,同时报告有关沿海设区的市级以上地方政府。此外,为了有效处置船舶污染事故,对不同等级事故的应急指挥机构作了明确规定,发生特别重大船舶污染事故,国务院或者国务院授权国务院交通运输主管部门成立事故应急指挥机构;发生重大、较大和一般船舶污染事故,由有关省级政府或者设区的市级政府会同海事管理机构成立事故应急指挥机构。

案例分析

康菲（中国）公司蓬莱 19 - 3 油田发生重大溢油事故

2011 年 6 月至 9 月,康菲石油（中国）有限公司（康菲（中国）公司）位于渤海海域的蓬莱 19 - 3 油田发生重大海洋溢油污染责任事故。6200 平方千米的海域海水污染,沉积物污染面积为 1600 平方千米,沉积物中石油类含量最大超标 71 倍,影响范围涉及辽宁、河北、天津、山东等多个省市。

9 月 2 日,国家海洋局对康菲（中国）公司作出五项处罚措施:（1）责令蓬莱 19 - 3 全油田停止回注、停止钻井、停止油气生产作业。（2）责令康菲（中国）公司必须采取有力有效的措施,继续排查溢油风险点、封堵溢油源,并及时清除溢油事故油污。（3）重新编制蓬莱 19 - 3 油田开发海洋环境影响报告书,经核准后逐步恢复生产作业。（4）在实施"三停"期间,康菲（中国）公司为开展溢油处置的一切作业应在确保安全、确保不再产生新的污染损害的前提下进行。为保证安全、保护油藏和减轻地层压力而必须实施的泄压作业或为封堵溢油源实施的钻井作业,应抓紧制定可行有效的方案并经合作方中国海洋石油总公司认可,主动接受中国海洋石油总公司的严格监管,确认作业确有必要并保证不再发生新的溢油和其他环境风险。同时将泄压作业等有关处置的方案向社会及时公布,接受公众的监督。（5）有关事故处置工作进展的信息,应当在第一时间向国家海洋行政主管部门报告,同时及时向社会公布,接受公众监督。

国家海洋局将此次溢油事故定性为中国迄今最严重的海洋生态事故和漏油事故,给渤海海洋生态环境和生物资源造成严重危害,给三省一市的渔民造成重大损失。

2011 年 12 月 30 日,天津海事法院受理该事故引发的 29 名养殖户损害赔偿纠纷案,被告是康菲（中国）公司、中国海洋石油总公司（中国海油）。原告要求赔偿养殖海产品损失 23457.46 万元,鉴定费用 707.72 万元,并承担诉讼费用。2014 年 12 月 9 日、10 日,天津海事法院开庭审理;2015 年,判决赔偿 168 万余元。9 月,天津法院二审维持原判。

2012 年 1 月 25 日,中国海油称:经过行政调解,农业部、中国海油、康菲(中国)公司以及有关省级政府就解决该事故渔业损失赔偿和补偿问题,达成一致意见。康菲(中国)公司出资 10 亿元,用于解决河北、辽宁省部分区县养殖生物和渤海天然渔业资源损害赔偿和补偿问题;康菲(中国)公司和中国海油从其所承诺启动的海洋环境与生态保护基金中,分别列支 1 亿元和 2.5 亿元,用于天然渔业资源修复和养护、渔业资源环境调查监测评估和科研等方面工作。有关资金到位后,河北、辽宁省政府将组织做好资金发放落实工作。资金发放落实工作接受社会监督,确保资金发放公开透明、公平公正,确保资金落实到相关养殖渔民手中。农业部将制订并组织实施渤海天然渔业资源修复和养护计划,组织地方渔业主管部门和有关单位开展增殖放流、人工鱼礁和海洋牧场建设、渔民培训以及资源环境跟踪调查、监测评估和有关研究工作。2014 年 4 月财政部《关于下达蓬莱 19-3 油田事故生态损害赔偿资金预算(第一批)的公示》中,山东、天津、河北、辽宁分别分配到了 1.76 亿元、1.41 亿元、1.54 亿元、1.7 亿元。该文件强调,这些资金"用于近岸海域修复等工作"。

2016 年,青岛海事法院受理了来自山东烟台 205 名渔民起诉康菲(中国)公司、中国海油的损害赔偿案,索赔约 1.7 亿元。12 月 28 日上午启动了证据交换。

在民事诉讼中,被告主张:已经履行了行政调解下的补偿责任,赔偿了损失,因此不应再承担赔偿责任。

思考问题:

(1)农业部和有关省级政府是否有权代表遭受损失的渔民和养殖户,就海洋污染造成损失的赔偿问题与中国海油、康菲(中国)公司达成协议? 为什么?

(2)没有从农业部或有关省级政府处获得赔偿,或者没有获得与实际损失相当赔偿的渔民和养殖户,是否有权向康菲(中国)公司、中国海油提起民事诉讼,要求赔偿损失? 为什么?

基本概念

海洋环境污染　海洋功能区划　海岸工程　海洋倾废　海上污染事故处理

思考分析

1.海洋环境污染的危害有哪些?

2.海洋环境污染的特点是什么?

3.我国《海洋环境保护法》的适用范围是如何规定的?

第十三章

环境噪声污染防治法

【内容提要】

环境噪声广泛存在于人类社会生活的各个方面,环境噪声污染严重影响人们正常的工作与生活。采取法律措施消除与防治环境噪声危害,是现代环境保护工作的重要内容之一。本章主要讨论环境噪声污染的特点及危害,我国环境噪声污染的现状和环境噪声污染防治立法的沿革及主要法律规定。本章的重点是我国环境噪声污染防治的监督管理体制和各项基本制度。

第一节　环境噪声污染防治法概述

一、环境噪声及环境噪声污染

(一)环境噪声

不同的学科,关于噪声的定义不同。例如,物理学上,噪声是指各种频率和声强杂乱无序组合的声音;心理学上,凡是人们不需要的声音都是噪音;医学上,超过60分贝的声音是噪音。一般认为,噪声是来源于物体运动过程的振动而产生的有害于人体健康的声音。

我国《环境噪声污染防治法》第2条规定,环境噪声"是指在工业生产、建筑施工、交通运输和社会生活中所产生的干扰周围生活环境的声音"。据此,我国环境法所指的环境噪声应当具备以下两个条件:

(1)噪声须是由人为因素引起。产生噪声的因素可以是自然现象,如地震、山崩、海啸、惊雷等;也可以是人为原因,如工业噪声、建筑施工噪声、交通运输噪声和社会生活噪声。环境法上的环境噪声仅指人为原因引起的噪声。

(2)噪声须是干扰周围生活环境的声音。虽有噪音存在,但未对周围生活环境产生影响,却并不是环境法所管理的噪声。如远离生活区的工厂所产生的噪声。

噪声从发声处产生,通过介质作为载体予以传播,最后到达声音的接收处,从而完成整个声音传播的全过程。因此,噪声控制可以从声源处、传播过程中以及人耳处三个方面入手。

(二)环境噪声污染

参照 OECD 关于污染的定义,可以将环境噪声污染定义为:人类将噪声直接或者间接地导入环境,导致其化学、物理或者生物等方面特性的改变,从而影响环境的有效利用,对自然造成不利影响,以至危及人类健康、危害生命资源和生态系统,以及损害或者妨害舒适性和环境的其他合法用途的现象。

我国《环境噪声污染防治法》所称的环境噪声污染,是指所产生的噪声超过国家规定的环境噪声排放标准,并干扰他人正常生活、工作和学习的现象。因此,构成环境噪声污染,须同时具备两个条件:①所排放的噪声超过国家规定的噪声排放标准。不超标,则不构成噪声污染。②排放的噪声干扰了他人的正常生活、工作和学习。如果排放的噪声并未干扰他人的正常生活、工作和学习,即使噪声是超标排放,也不构成噪声污染。

与其他类型的环境污染相比,环境噪声污染有以下三个特点:

(1)感觉性污染。噪声可通过人的感觉器官为人们直接感知并对人们的身体和心理产生作用,从而引起烦恼,影响健康。由于身体健康状况、生理素质和心理素质有差异,以及所处的环境条件的不同,同等强度的声音,对不同的人有不同的影响。被一个人认为是噪音的声音,却可能被另一人喜爱。这就使得噪声对人类的危害性难以衡量,致使噪声污染评估具有复杂性。

(2)局部性和分散性污染。噪声污染的局部性是指它对周围环境的影响只波及附近区域,不像大气污染或海洋污染那样范围非常广泛。噪声污染的分散性是指噪声源的分布多而分散,给集中管理和控制造成困难。噪声污染是局部的、多发性的,一般不会影响到很大的区域。

(3)暂时性污染。噪声污染具有瞬时性,只有当声源振动辐射声能时才存在。声源一停止发声或声源经过之后,污染就会立即停止,不会像其他污染物一样残留、积累和迁移;只会影响环境质量,而不会破坏环境。

噪声污染对人类的危害主要表现在以下三个方面:

(1)危害人体健康。一是,噪声对人体最直接的危害是听力损伤。当人在 100分贝左右噪声环境中工作时会感到刺耳、难受,甚至引起暂时性耳聋。超过 140 分贝的噪声会使鼓膜破裂,导致双耳完全失聪。二是,噪声能够诱发多种疾病。通过听觉器官作用于大脑中枢神经系统,噪声可以影响全身各个器官,给人体其他系统带来危害。如对神经系统的损害,可使人出现头痛、全身疲乏无力、精神紧张及记忆力减退等神经衰弱症状;对心血管系统的损害,可引发高血压、动脉硬化和冠心病;对消化系统的损害,可使消化系统功能紊乱,引起消化不良、食欲不振、恶心呕吐,使肠胃病和溃疡病发病率升高。三是,噪声对视觉器官、内分泌机能及胎儿的正常发育等方面会产生一定的不利影响。

(2)影响人们的正常生活和工作学习。适宜于人们正常生活、工作和学习的比较安静的环境的声级为 30 到 40 分贝;超过 50 分贝的噪声则破坏安静,对人们的学习、休息产生干扰;60 分贝以上的噪声使人烦躁不安,会使大多数人难以入睡;70 分贝以上的噪声使人们精神不振,身体乏力,难以集中精力;90 分贝以上的强声级噪声则会造成人们反应迟钝,导致生产和交通事故增多。①

(3)危害和损坏财物。研究表明,强噪声会危害生产、损伤机器设备,甚至使仪器设备失效。在强噪声的作用下,建筑物也会受到不同程度的破坏,从而影响生产和建设。

噪声污染已经成为现代社会的一大污染类型(历史上的噪声污染事件,请见栏目 13-01);城市市区噪声污染和危害尤其严重,被称为城市四大危害之一。在城市居民反映污染的投诉中,有关环境噪声污染投诉的比例逐年上升。

栏目 13-01

历史上的噪声污染事件

1960 年,美国一种新型超音速飞机问世后,频繁地进行试飞试验。每天有 8 架次从某农场上空掠过,飞机强大的噪声震碎了农场的窗子。6 个月后,这家农场的 1 万只鸡被这一强烈噪音"杀死"了 6000 只;剩下的 4000 只,有的羽毛脱落、有的不再下蛋。农场里所有的奶牛也不出奶了。农场主控告飞机制造商,要求赔偿损失。

1961 年 7 月,一名日本青年从新泻到东京找工作。由于住在铁路附近,日夜被频繁过往的客货车的噪声折磨,患了严重失眠症。由于不堪忍受痛苦,后来自杀身亡。

1961 年 10 月,东京都品川区一个家庭的母子 3 人,由于忍受不了附近建筑器材厂发出的噪声,试图自杀,未遂。

1981 年,在美国举行的一次现代派露天音乐会上,当震耳欲聋的音乐声响起后,有 300 多名听众突然失去听觉、昏迷不醒,100 辆救护车到达现场抢救。

《2015 年中国环境状况公报》显示:(1)区域声环境方面,昼间检测的 321 个地

---

① 周珂 主编:《环境与资源保护法》,中国人民大学出版社 2007 年版,第 357 页。

级以上城市中,昼间区域声环境质量为一级的占 4.0%,二级的占 68.5%,三级的占 26.2%,四级的占 0.9%,五级的占 0.3%。(2)道路交通声环境方面,昼间监测的 324 个地级以上城市中,道路交通声环境质量为一级的占 65.4%,二级的占 29.6%,三级的占 2.8%,四级的占 2.2%。(3)城市功能区声环境方面,308 个开展城市功能区声环境监测的地级以上城市中,昼间监测点次达标率平均为 92.4%,夜间监测点次达标率平均为 74.3%。这表明,做好噪声污染防治工作,仍是我国环境保护工作中的一项重要任务。

二、环境噪声污染防治法

工业革命以来,随着工业化的快速发展和城市化的加剧,噪声污染问题日渐突出,大多数国家纷纷采取多种措施,防治噪声污染。其中,制定污染控制法律、依法防治噪声危害是普遍采取的基本手段之一,防治噪声污染法在世界范围内逐渐发展起来。在瑞士 1914 年第一部关于机动车辆的法规中,规定机动车辆必须装配有效的消声器。美国密执安州的庞蒂亚克城于 1929 年颁布了《噪声控制法令》。20 世纪 60 年代后期,美国一些州制定了地方噪声控制法规。美国联邦政府先后制定了《小客车和轻型载货车噪声级》(1967 年)、《重型载货汽车和客车的车外噪声级》(1969 年)、《噪声控制法》(1972 年)。日本 1951 年制定《道路车辆法》,对汽车等噪声源作出了规定;1967 年和 1968 年分别制定了《机场噪声防治法》和《噪声控制法》。德国于 1965 年制定了《建筑噪声法》,1968 年制定并于 1998 年修订了《噪声技术导则》,1971 年制定了《飞机噪声法》,1974 年制定并于 2005 年修订了《联邦排放控制法》,1980 年制定了《噪声防护法》。法国 1980 年制定了《反噪声法》。目前,噪声污染防治立法已成为多数国家污染防治立法的重要组成部分,且已基本完备。

我国对噪声污染的防治始于 20 世纪 50 年代。1956 年,劳动部颁发《工厂安全卫生规程》,对防治劳动场所的噪声危害作出了规定。1957 年《治安管理处罚条例》中也有关于环境噪声的规定。然而,我国实质意义上的噪声污染防治工作是从 20 世纪 70 年代开始的,这一时期正是我国环境法制建设的起步时期。1973 年国务院颁布《关于保护和改善环境的若干规定(试行草案)》,其中专门对工业和交通噪声的控制作出了规定。

1979 年《环境保护法(试行)》对城市区域、工业和交通运输等环境噪声的污染防治作出了原则性规定。同年,原国家标准总局颁布了《机动车辆允许噪声标准》,卫生部、原国家劳动总局联合颁布了《工业企业噪声卫生标准(试行)》,对工业噪声的管理和控制作出了具体规定。

1982 年《城市区域环境噪声标准》是我国在噪声污染防治方面颁布的第一个

综合性环境噪声标准,为评价噪声污染提供了法律依据。该标准于 2008 年 8 月被《声环境质量标准》取代。1989 年,国务院发布《环境噪声污染防治条例》,对防治工业、建筑施工、交通运输和社会生活中所产生的噪声作出了较为具体的规定,为全面防治噪声污染提供了法律依据。1991 年原国家环保总局、物价局和财政部联合发布《关于调整超标污水和统一超标噪声排污费征收标准的通知》,使排污费征收标准与法规、标准配套,强化环境管理。1994 年,为防治军队环境噪声污染,解放军总后勤部颁布了《军队环境噪声污染防治规定》。

为了进一步严格控制噪声污染,保护和改善生活环境,保障人体健康,促进经济和社会发展,八届全国人大常委会第 22 次会议于 1996 年 10 月通过了《环境噪声污染防治法》,自 1997 年 3 月 1 日起施行。这是我国目前防治环境噪声污染的基本法律。截至 2016 年底,环保部及其前身原国家环保总局、发改委等发布了 20 余项关于噪声污染防治的部门规章以及有关方法、标准和规范等文件,为我国环境噪声污染防治提供了明确的法律依据。目前,我国的环境噪声污染防治法律体系已基本建立,并在不断健全和完善。

此外,其他法律、法规和规章中也有涉及环境噪声的规定。例如,《中华人民共和国建筑法》第 42 条对建筑施工企业噪声防治作出了规定。《中华人民共和国治安管理处罚法》(2012 年修订)第 58 条对违反噪声污染防治法而制造噪声干扰他人正常生活的行为作出了明确的行政处罚规定。《环境保护法》(2014 年修订)规定,排放污染物的企业事业单位和其他生产经营者应当采取措施,防治在生产建设或者其他活动中产生的噪声对环境造成污染和危害。2016 年《环境保护税法》规定噪声属于应税污染物,直接向环境排放噪声的企事业单位和其他生产经营者为环境保护税的纳税人。

第二节　我国环境噪声污染防治法的主要规定

一、政府职责和监督管理体制

《环境噪声污染防治法》第一章"总则"规定,政府负有防治环境噪声污染的职责。具体而言:地方各级政府应当将环境噪声污染防治工作纳入环境保护规划,并采取有利于声环境保护的经济、技术政策和措施;在制定城乡建设规划时,应当充分考虑建设项目和区域开发、改造所产生的噪声对周围生活环境的影响,统筹规划,合理安排功能区和建设布局,预防或者减轻环境噪声污染。

关于环境噪声污染防治的监督管理体制,该总则作出了如下规定:

(1)环境保护部对全国环境噪声污染防治实施统一监督管理,负责下列主要工作:①区别不同的功能区,制定国家声环境质量标准;②根据国家声环境质量标准和国家经济、技术条件,制定国家环境噪声排放标准;③建立环境噪声监测制度,制定监测规范,并会同有关部门组织监测网络等。

(2)县级以上地方环保主管部门对本行政区域内的环境噪声污染防治实施统一监督管理,负责下列主要工作:审批建设项目环境影响报告书;对建设项目中的环境噪声污染防治设施进行验收;审批企事业单位拆除或者闲置环境噪声污染防治设施的申报;对排放环境噪声的单位进行现场检查;接受工业企业使用产生环境噪声污染的固定设备的申报;接受城市市区范围内施工单位使用机械设备产生环境噪声的申报;接受城市市区噪声敏感建筑物集中区域内商业企业使用固定设备造成环境噪声污染的申报;依法对违法行为给予行政处罚等。

(3)各级公安、交通、铁路、民航等主管部门和港务监督机构,根据各自的职责,对交通运输和社会生活噪声污染防治实施监督管理。例如,城市公安机关可以根据本地城市市区区域声环境保护的需要,划定禁止机动车辆行驶和禁止其使用声响装置的路段和时间,并向社会公告;同时,进行监督管理,对违反者予以处罚等。

二、声环境质量标准与环境噪声排放标准

声环境质量标准是衡量区域环境是否受到环境噪声污染的客观判断标准,也是制订环境噪声排放标准的主要依据。《环境噪声污染防治法》第10、11条规定,环境保护部区别不同的功能区制定国家声环境质量标准,并根据国家声环境质量标准和国家经济、技术条件,制定国家环境噪声排放标准。

2008年8月19日,国家环境保护部和国家质量监督检验检疫总局联合发布了国家环境质量标准《声环境质量标准》,该标准规定了五类声环境功能区的环境噪声限值及测量方法,适用于声环境质量评价与管理。此外,其他相关的声环境质量标准还有《机场周围飞机噪声环境标准》(1988年8月11日)、《城市区域环境振动标准》(1988年12月10日)等。

我国已颁布的环境噪声排放标准主要有:《工业企业厂界环境噪声排放标准》(2008年8月19日),适用于工业企业噪声排放的管理、评价及控制;《社会生活环境噪声排放标准》(2008年8月19日),适用于对营业性文化娱乐场所、商业经营活动中使用的向环境排放噪声的设备、设施的管理、评价与控制;《建筑施工场界环境噪声排放标准》(2011年12月5日),适用于城市建筑施工期间施工场地产生的噪声;《铁路边界噪声限值及其测量方法》(2008年7月30日),适用于对城市铁路边界噪声的评价。此外,还颁布了《汽车定置噪声限值》《机动车辆允许噪声标准》《摩托车和轻便摩托车定置噪声排放限值及测量方法》《三轮汽车和低速货车加速行驶车外噪声限值及测量方法》等多个环境噪声排放标准和有关的噪声测量方法

标准。

《环境噪声污染防治法》第16、17条规定：超过噪声环境标准产生环境噪声污染的单位，应当采取措施进行治理，并按照国家规定缴纳超标准排污费；对于在噪声敏感建筑物集中区域内造成严重环境噪声污染的企业事业单位，限期治理。

三、环境噪声污染防治的监督管理制度

（一）总体规划及地方声环境功能区规划制度

在总体上，各级政府应当将环境噪声污染防治工作纳入环境保护规划，并采取有利于声环境保护的经济、技术政策和措施。县级以上地方各级政府在制定城乡建设规划时，应当充分考虑建设项目和区域开发、改造所产生的噪声对周围生活环境的影响，统筹规划，合理安排功能区和建设布局，预防或者减轻环境噪声污染。根据国家声环境质量标准，划定本行政区域内各类声环境质量标准的适用区域，并进行管理，即实行城市声环境功能分区控制制度。城市规划部门在确定建设布局时，应当依据国家声环境质量标准和民用建筑隔声设计规范，合理划定建筑物与交通干线的防噪音距离，并提出相应的规划设计要求。修订后的《声环境质量标准》对功能区的划定作出了新的规定。

（二）建设项目管理制度

建设项目可能产生环境噪声污染的，必须执行环境影响评价和"三同时"制度。在建设项目的环境影响报告书中，必须规定环境噪声污染的防治措施，并按照规定的程序报环保主管部门批准。在环境影响报告书中，应当有建设项目所在地单位和居民的意见。

（三）落后设备淘汰制度

国家对环境噪声污染严重的落后设备实行淘汰制度。国务院经济综合主管部门应当会同国务院有关部门公布限期禁止生产、禁止销售、禁止进口的环境噪声污染严重的设备名录。生产者、销售者或者进口者必须在国务院经济综合主管部门会同国务院有关部门规定的期限内分别停止生产、销售或者进口列入前款规定的名录中的设备。

（四）排放偶发性强烈噪声的行政许可及公告制度

在城市范围内从事生产活动确需排放偶发性强烈噪声的，必须事先向当地公安机关提出申请，经批准后方可进行。当地公安机关应当向社会公告。

（五）环境噪声监测制度

环境保护部应当建立环境噪声监测制度，制定监测规范，并会同有关部门组织监测网络。环境噪声监测机构应当按照环境保护部的规定报送环境噪声监测结果。

（六）现场检查制度

县级以上地方环保主管部门和其他环境噪声污染防治工作的监督管理部门、机构，有权依据各自的职责对管辖范围内排放环境噪声的单位进行现场检查。被检查的单位必须如实反映情况，并提供必要的资料。检查部门、机构应当为被检查的单位保守技术秘密和业务秘密。

（七）超标环境噪声排污征费制度

产生环境噪声污染的单位，应当采取措施进行治理，并按照国家规定缴纳超标准排污费。征收的超标准排污费必须用于污染防治，不得挪作他用。不按照国家规定缴纳超标准排污费的，县级以上地方环保主管部门可以根据不同情节，给予警告或者处以罚款。

四、工业噪声污染防治

工业噪声，是指在工业生产活动中使用固定的设备时产生的干扰周围生活环境的声音。它的声级一般较高，对周围生活环境有较大影响。工业噪声是我国主要的噪声污染源，也是环境噪声污染防治的重点，因此，《环境噪声污染防治法》设专章对工业噪声污染防治作了规定，主要内容包括：

（一）噪声排放申报登记

在工业生产中因使用固定的设备造成环境噪声污染的工业企业，必须按照环境保护部的规定，向所在地的县级以上地方环保主管部门申报拥有的造成环境噪声污染的设备的种类、数量以及在正常作业条件下所发出的噪声值和防治环境噪声污染的设施情况，并提供防治噪声污染的技术资料。

造成环境噪声污染的设备的种类、数量、噪声值和防治设施有重大改变的，必须及时申报，并采取应有的防治措施。

产生环境噪声污染的企业事业单位，必须保持防治环境噪声污染的设施的正常使用；拆除或者闲置环境噪声污染防治设施的，必须事先报经所在地的县级以上地方环保主管部门批准。

（二）噪声达标排放要求

在城市范围内向周围生活环境排放工业噪声的，应当符合国家规定的工业企业厂界环境噪声排放标准。产生环境噪声污染的工业企业，应当采取有效措施，减轻噪声对周围生活环境的影响。

（三）工业设备噪声限值规定

国务院有关主管部门对可能产生环境噪声污染的工业设备，应当根据声环境保护的要求和国家的经济、技术条件，逐步在依法制定的产品的国家标准、行业标准中规定噪声限值。

五、建筑施工噪声污染防治

建筑施工噪声是指在建筑施工过程中产生的干扰周围生活环境的声音。它主要来源于建筑施工过程中各类建筑机械的使用及建筑器材的装卸，特点是强度较大，且多发生在人口密集地区，因此对居民的休息与生活影响较大。《环境噪声污染防治法》设专章规定了建筑施工噪声污染防治，主要内容包括：

（一）噪声达标排放要求

在城市市区范围内向周围生活环境排放建筑施工噪声的，应当符合国家规定的建筑施工场界环境噪声排放标准。目前，我国适用的是 2012 年 7 月 1 日实施的《建筑施工场界环境噪声排放标准》。

（二）噪声排放申报登记

在城市市区范围内，建筑施工过程中使用机械设备，可能产生环境噪声污染的，施工单位必须在工程开工 15 日以前向工程所在地县级以上地方环保主管部门申报该工程的项目名称、施工场所和期限、可能产生的环境噪声值以及所采取的环境噪声污染防治措施。

（三）禁止在噪声敏感建筑物集中区域进行夜间施工

"噪声敏感建筑物集中区域"是指医疗区、文教科研区和以机关或居民住宅为主的区域。"夜间"是指晚 22 点至次日晨 6 点之间的期间。禁止在噪声敏感建筑物集中区域进行夜间施工，但抢修、抢险作业和因生产工艺上要求或者特殊需要必须连续作业的除外。因特殊需要必须连续作业的，须有县级以上政府或有关主管部门的证明，并向附近居民公告。

六、交通运输噪声污染防治

交通运输噪声是指机动车辆、铁路机车、机动船舶、航空器等交通运输工具在运行时所产生的干扰周围生活环境的声音。它已经成为城市主要的噪声来源。《环境噪声污染防治法》设专章规定了交通运输噪声污染防治，主要内容包括：

（一）规定机动车辆车况及维护

禁止制造、销售或者进口超过规定的噪声限值的汽车。在城市市区范围内行驶的机动车辆的消声器和喇叭必须符合国家规定的要求。机动车辆必须加强维修和保养，保持技术性能良好，防治环境噪声污染。

（二）控制交通运输工具在城市市区使用声响装置

在城市市区范围内行驶的机动车辆的消声器和喇叭必须符合国家规定的要求。机动车辆必须加强维修和保养，保持技术性能良好，防治环境噪声污染。机动车辆在城市市区范围内行驶，机动船舶在城市市区的内河航道航行，铁路机车驶经或者进入城市市区、疗养区时，必须按照规定使用声响装置。消防车、工程抢险车、救护车等机动车辆安装、使用警报器，必须符合国务院公安部门的规定；在执行非紧急任务时，禁止使用警报器。城市公安机关可以根据本地城市市区区域声环境保护的需要，划定禁止机动车辆行驶和禁止其使用声响装置的路段和时间，并向社会公告。

（三）采取措施减轻、避免交通噪声影响

建设经过已有的噪声敏感建筑物集中区域的高速公路和城市高架、轻轨道路，有可能造成环境噪声污染的，应当设置声屏障或者采取其他有效的控制环境噪声污染的措施。在已有的城市交通干线的两侧建设噪声敏感建筑物的，建设单位应当按照国家规定间隔一定距离，并采取减轻、避免交通噪声影响的措施。

（四）控制交通枢纽地区噪声污染

在车站、铁路编组站、港口、码头、航空港等地指挥作业时使用广播喇叭的，应当控制音量，减轻噪声对周围生活环境的影响。穿越城市居民区、文教区的铁路，因铁路机车运行造成环境噪声污染的，当地城市政府应当组织铁路部门和其他有关部门，制定减轻环境噪声污染的规划。铁路部门和其他有关部门应当按照规划的要求，采取有效措施，减轻环境噪声污染。除起飞、降落或者依法规定的情形以外，民用航空器不得飞越城市市区上空。城市政府应当在航空器起飞、降落的净空周围划定限制建设噪声敏感建筑物的区域；在该区域内建设噪声敏感建筑物的，建设单位应当采取减轻、避免航空器运行时产生的噪声影响的措施。民航部门应当采取有效措施，减轻环境噪声污染。

七、社会生活噪声污染防治

社会生活噪声是指人为活动所产生的除工业噪声、建筑施工噪声和交通运输噪声以外的干扰周围生活环境的声音。它是现代社会中环境噪声污染的主要来源之一，由于和人们的日常生活紧密相连，极易影响人们的健康及引发邻里纠纷。《环境噪声污染防治法》设专章对社会生活噪声污染防治作出了如下规定：

（一）噪声排放申报登记

在城市市区噪声敏感建筑物集中区域内，因商业经营活动中使用固定设备造成环境噪声污染的商业企业，必须按照环境保护部的规定，向所在地的县级以上地方环保主管部门申报拥有的造成环境噪声污染的设备的状况和防治环境噪声污染的设施的情况。

（二）噪声达标排放要求

新建营业性文化娱乐场所的边界噪声必须符合国家规定的环境噪声排放标准；不符合国家规定的环境噪声排放标准的，文化行政主管部门不得核发文化经营许可证，工商行政管理部门不得核发营业执照。经营中的文化娱乐场所，其经营管理者必须采取有效措施，使其边界噪声不超过国家规定的环境噪声排放标准。在商业经营活动中使用空调器、冷却塔等可能产生环境噪声污染的设备、设施的，其边界噪声不得超过国家规定的环境噪声排放标准。

（三）控制声响器材

禁止在商业经营活动中使用高音广播喇叭或者采用其他发出高噪声的方法招揽顾客；禁止任何单位、个人在城市市区噪声敏感建筑物集中区域内使用高音广播喇叭；在城市市区街道、广场、公园等公共场所组织娱乐、集会等活动，使用音响器材可能产生干扰周围生活环境的过大音量的，必须遵守当地公安机关的规定。

（四）控制家庭噪声

使用家用电器、乐器或者进行其他家庭室内娱乐活动时，应当控制音量或者采取其他有效措施，避免对周围居民造成环境噪声污染；在已竣工交付使用的住宅楼进行室内装修活动，应当限制作业时间，并采取其他有效措施，以减轻、避免对周围居民造成环境噪声污染。

八、法律责任

《环境噪声污染防治法》规定了行为人因其违法行为应当承担的法律责任,包括行政责任、民事责任和刑事责任。

(一)行政责任

行政责任主要是行政处罚,包括警告、责令改正、罚款、加收超标准排污费、责令停止生产或使用、责令停业、搬迁、关闭。关于行政处分,只适用于铁路机车不按规定使用音响装置的有关责任人员和违法失职的环境噪声污染防治监督管理人员。同时,该法赋予了公安机关在防治环境噪声污染中的管理权,对在城市市区噪声敏感建筑物集中区域内使用高音广播喇叭的、在城市市区公共场所组织娱乐、集会等活动使用音响器材产生干扰周围生活环境的过大音量的、违反规定从家庭室内发出严重干扰周围居民生活的环境噪声的,由公安机关给予警告、罚款。

(二)民事责任

《环境噪声污染防治法》第61条对造成环境噪声污染危害的民事责任形式作出了如下规定:受到环境噪声污染危害的单位和个人,有权要求加害人排除危害;造成损失的,有权要求赔偿损失。赔偿责任和赔偿金额的纠纷,可以根据当事人的请求,由环保主管部门或者其他环境噪声污染防治工作的监督管理部门、机构调解处理;调解不成的,当事人可以向法院起诉。当事人也可以直接向法院起诉。

(三)刑事责任

与其他污染防治法不同,《环境噪声污染防治法》没有关于重大污染事故刑事责任的规定,仅规定对环境噪声污染防治监督管理人员滥用职权、玩忽职守、徇私舞弊构成犯罪的,依法追究刑事责任。

案例分析

噪声污染责任纠纷案

原告:吴国金

被告:中铁五局(集团)有限公司(下称中铁五局),中铁五局集团路桥工程有限责任公司(下称路桥公司)

在两被告施工期间,距离施工现场约20至30米的吴国金养殖场出现蛋鸡大量死亡、生产软蛋和畸形蛋等情况。吴国金聘请三位动物医学和兽医方面的专家到养殖场进行探查,认为蛋鸡不是因为疫病死亡,而是在突然炮声或长期噪声影响下受到惊吓,卵子进入腹腔内形成腹膜炎所致。吴国金提起诉讼,请求中铁五局、路桥公司赔偿损失 150 万余元。

贵州省清镇市法院一审认为:吴国金养殖场蛋鸡的损失与中铁五局、路桥公司施工产生的噪声之间具有因果关系,中铁五局、路桥公司应承担相应的侵权责任。按照举证责任分配规则,吴国金应当证明其具体损失数额。虽然吴国金所举证据无法证明其所受损失的具体数额,但中铁五局、路桥公司对于施工中产生的噪声造成吴国金损失的事实不持异议,表示愿意承担赔偿责任。在此情况下,一审法院依据公平原则,借助养殖手册、专家证人所提供的基础数据,建立计算模型,计算出吴国金所受损失并判令中铁五局、路桥公司赔偿 35 万余元。

被告不服,提起上诉。贵阳市中级人民法院二审肯定了一审法院以养殖手册及专家意见确定本案实际损失的做法,判决中铁五局、路桥公司赔偿吴国金 45 万余元。

思考问题:

法院判决所遵循的总体思路是否正确? 为什么?

基本概念

环境噪声污染　声环境质量标准　环境噪声排放标准　工业噪声　建筑施工噪声　交通运输噪声　社会生活噪声

思考分析

1. 什么是环境噪声污染? 有何特点?

2. 针对社会生活噪声污染防治,我国立法有哪些规定?

3. 简述我国环境噪声污染防治的监督管理体制。

第十四章

固体废物污染环境防治法

【内容提要】

固体废物污染是影响环境质量的一个重要因素。随着问题的日趋严重,许多国家制定并不断完善防治固体废物污染环境的法律。国际社会对危险废物的越境转移和处置也十分重视,《巴塞尔公约》是目前全球唯一控制危险废物越境转移的多边环境公约,为控制危险废物越境转移国际法律制度提供了法律框架。我国《固体废物污染环境防治法》规定了固体废物的管理原则,固体废物污染防治的行政管理体制,工业固体废物,城市生活垃圾污染防治,以及管理医疗废物和废弃电子电气设备等方面的内容。

第一节　固体废物污染环境防治法概述

一、固体废物污染概述

(一)固体废物污染的概念

固体废物是指被丢弃的固体和泥状物质,包括从废水、废气中分离出来的固体颗粒,简称废物或废弃物。固体废物主要来源于人类的生产和消费活动,是人类在开发自然和改造自然的过程中产生的。我国《固体废物污染环境防治法》第 88 条规定:固体废物"是指在生产、生活和其他活动中产生的丧失原有利用价值或者虽未丧失利用价值但被抛弃或者放弃的固态、半固态和置于容器中的气态的物品、物质以及法律、行政法规规定纳入固体废物管理的物品、物质"。

废物是一个相对的概念。从时间上看,它只是在当前科技和经济条件下无法加以利用,随着社会发展、科技进步以及人们需求的变化,今天的废物可能成为明天的资源。从空间上看,在某些场合,某一生活生产过程中产生的废物往往是另一过程的原料。可见,固体废物的概念随时间和空间的变化而具有相对性。因此,废物常常被科学家和再利用者看作是"放错地点的原料"。基于固体废物的这一特点,产生了"固体废物资源化利用"的概念,即充分利用资源,减少废物处置的数量,增加社会与经济效益,促进绿色生态社会建设。

参照 OECD 关于污染的定义,可以将固体废物污染定义为:人类将固体废物直接或者间接地导入环境,导致其化学、物理、生物或者放射性等方面特性的改变,从而影响环境的有效利用,对自然造成不利影响,以至危及人类健康、危害生命资源和生态系统,以及损害或者妨害舒适性和环境的其他合法用途的现象。

(二)固体废物污染的危害

固体废物污染具有多方面的严重危害。主要表现在以下四个方面:

(1)占用大量土地资源,严重破坏耕地。固体废物的堆存需要占用土地。随着固体废物产生量的不断增加,目前未能处理垃圾的堆存量巨大、占用的土地越来越多。我国堆积的工业固体废物有 60 亿吨,生活垃圾有 5 亿吨,每年有约 1000 万吨固体废物无法处理而堆积在城郊或道路两旁。我国有许多城市处于垃圾的包围中,数万公顷土地被固体废物占用。堆放在城市郊区的废物大多未经处理或未经严格处理,不但侵占了大量耕地,而且由于废物中含有大量玻璃、金属、碎砖瓦等杂质,破坏了土壤的结构以及物理、化学性质,致使土壤保水、保肥能力降低。

(2)严重污染大气,造成环境事故。据统计,1 吨固体废物在完全厌氧条件下大约可以产生 $300\sim400m^3$ 的气体,其中甲烷和二氧化碳分别约占 50% 和 40%,而且甲烷对温室效应的影响要比二氧化碳高约 22 倍。有的固体废弃物经发酵分解后甚至会产生有毒气体,并向大气中飘散,对大气造成严重污染。目前基本上没有或者无法对这些气体采取有效控制和回收措施,而且当垃圾堆放场周围甲烷达到一定浓度时,还容易引起火灾和爆炸。

(3)严重污染水体。垃圾中不但含有病原微生物,在堆存过程中还会产生大量的酸性有机污染物,并会将垃圾中的重金属溶解出来,形成有机物、重金属和病原微生物三位一体的污染源。由于堆放在城市郊区和道路两旁的废物大多未经处理或未经严格处理,许多垃圾堆放和填埋场沥滤液防渗及处理设施不完善甚至根本没有,会造成对周围地表水或地下水的严重污染。堆放在地下水补给区的垃圾,在长期雨水的淋滤作用下,其中的有害有毒物质会随雨水向地下渗透,污染地下水。而地下水深埋在地下且流动性小,一旦遭受污染,水质基本恢复需要数十年或更长的时间,真正恢复几乎不可能。此外,由于管理不善,许多天然河流被当作垃圾消纳场,大量垃圾被倾入河流,致使河流沿岸垃圾成堆,不仅减少了水域面积、淤塞航道,而且污染水体,造成水质下降。

(4)污染或者破坏景观。由于城市固体废物处理能力不足和管理不善,大量的垃圾特别是塑料类包装物被随意抛弃,流失在环境中,给城市景观带来很大破坏,形成了"白色污染"和"垃圾长城"。散落在城市、旅游区、水体、道路旁的垃圾给人们的视觉带来不良刺激,影响城市、风景点的整体美感。不仅损害环境,而且损害国家和国民的形象。

此外,由于固体废物导致的大气、土壤和水体污染,对人体健康也造成极大威胁。

(三)固体废物的种类

按照不同的标准,可以对固体废物进行不同的分类。按照化学性质,可以分为有机废物和无机废物;按照形状,可以分为固态废物(如颗粒状废物、粉状废物、块状废物等)和半固态废物(如泥状废物、污泥等);按照危害程度的大小,可以分为危险废物和一般废物;按照来源的不同,可以分为矿业固体废物、工业固体废物、城市垃圾、农业废弃物和放射性固体废物。此外,固体废物还可分为有毒和无毒的两大类。有毒有害固体废物通常是指具有毒性、易燃性、腐蚀性、反应性、放射性和传染性的固体、半固体废物。[①]

《固体废物污染环境防治法》将固体废物分为工业固体废物、生活垃圾和危险废物三类,并就控制和防治它们所产生的污染作出了比较详细的规定。

(四)我国固体废物污染的现状

《2014 年中国环境状况公报》显示:全国工业固体废物产生量为 325620 万吨,综合利用量为 204330 万吨,贮存量为 45033 万吨,处置量为 80388 万吨,综合利用率仅为 62.13%;全国设市城市粪便清运量为 1546 万吨,处理量为 691 万吨,处理率仅为 44.7%。《2015 年中国环境状况公报》则没有公布工业固体废物的产生量,估计情况很不乐观;设市城市生活垃圾清运量为 1.92 亿吨,城市生活垃圾处理量 1.80 亿吨(其中,卫生填埋处理量为 1.15 亿吨,焚烧处理量为 0.61 亿吨);全国生活垃圾焚烧处理设施无害化处理能力为 21.6 万吨/日,仅占总处理能力的 32.3%。

固体废物污染已经成为我国社会经济发展过程中面临的一项紧迫环境问题,垃圾围城现象对我国土壤、大气、水等环境要素以及相关生态系统造成了严重威胁(见栏目 14-01)。加强固体废物的无害化处理和监管是建设美丽中国不可忽视的问题。

---

① 王黎 主编:《固体废物处置与处理》,冶金工业出版社 2014 年版,第 3 页。

栏目 14 - 01

我国垃圾围城的现状

当前,我国每年产生"城市垃圾"超过 $1.5×10^8t$,绝大部分是露天堆放。这不仅影响城市景观,同时造成空气、水和土壤严重污染,对城镇居民的健康构成极大威胁,成为制约城市发展的沉重包袱。在巨量城市垃圾中,包括建筑垃圾、工业废弃物等在内的固态垃圾占了较高比例,而且这类垃圾存在着较大的回收与处理难度。加强对这类垃圾的回收、处理以及再利用,成为城市发展的重要内容。

统计数据表明,我国城市人均年产垃圾约 440kg;全国主要城市年产生活垃圾 $1.6×10^8t$,足可以将一个 100 万人口的城市覆盖 1m 的厚度。而且,城市生活垃圾还在以 8%～10% 的年增长率增长。目前全国城市每年因垃圾造成的损失(运输费、处理费等)近 300 亿元。但是,如果将其综合利用,却可能创造 2500 亿元的效益,市场空间巨大。

(节选自舟丹:《我国垃圾围城现状堪忧》,《中外能源》2013 年第 9 期。)

二、国外固体废物污染环境防治立法

在 20 世纪五六十年代,由于固体废物污染环境问题日趋严重,许多国家制定了包括防治固体废物污染环境和促进废物资源化的专门法律。例如,德国 1972 年制定了《废物处理法》,旨在关闭无人管理的垃圾场,代之以地方政府严格监管的垃圾处理场;1986 年制定了《废物防止和管理法》,改变了此前对于固体废物的末端处理模式,将注意力转向了固体废物的回收利用;1991 年和 1996 年先后制定了《垃圾减量法》《循环经济和废物处置法》,开辟了德国发展循环经济之路,是德国规制固体废物回收利用的综合性法律。它们要求对原材料进行最大限度的循环利用,从源头上减少废物产生,确保对废物按有利于环境的方式进行处置;规定了优先避免产生废物,减少废物量及其危害性,利用废物的循环经济的原则;规定了废物产生者和拥有者的无害化利用的义务,按对公共福祉和环境有利的原则处置废物的义务。除了以上规制固体废物的综合性立法以外,德国还制定了很多专门法律,例如《防止和再生利用包装废弃物条例》《商业废物条例》《废汽车条例》《污水污泥条例》《废木材条例》《电池条例》《废电子、电器设备法》《居住区废物存储和生物废物处理设施条例》《垃圾填埋条例》等。[①] 1990 年,德国政府制定了针对一次性聚

---

① 　徐伟敏:《德国废物管理立法的制度特色与启示》,《中国人口·资源与环境》2007 年第 5 期。

乙烯饮料瓶的《押金法》。

　　从 20 世纪 80 年代开始,荷兰日益注重废物管理立法程序和技术工艺的协调,逐步推进各项垃圾废物管理和处理的法律、法规和技术标准的和谐统一。荷兰废物管理立法的主体部分是在 1988 年至 1991 年期间制定的。1995 年又制定了综合性的《环境管理法》;它是除法国《环境法典》之外,世界上目前综合性最强的一部环境法。这部法律对各项垃圾废物管理和处理的法律在基本法的层面上进行了协调统一。2000 年 11 月,荷兰议会修订了废物管理法,于 2002 年实施。[①] 2003 年 3 月,荷兰开始实施国家废物管理计划。

　　欧盟 1975 年通过了有关废物管理的《废物指令》(75/442)。1990 年又通过了《废物政策决议》,强调欧共体确立一个旨在保护环境的综合性废物政策的重要性。1991 年,欧盟制定了处理有害废物的规定,1993 年通过了《监督和控制欧共体内部以及进、出口欧共体的废物运输条例》,1994 年出台了《包装和包装废弃物指令》,对物品包装及包装废弃物设定了具体目标。2003 年发布了《关于废弃电子电气设备指令》(2002/95/EC),要求成员国在 18 个月内将该指令转化为本国法律并予以实施。2007 年,欧洲议会通过了一项关于废弃物减量框架的决议,明确规定了成员国实现垃圾减量和资源回收的目标。[②] 2008 年,欧盟制定了《废物管理指令》,在共同体范围内确立废物管理的法律框架。2012 年 7 月,欧洲议会和理事会批准和公布《关于废弃电器电子电气设备的指令》(2012/19/EU)。[③]

　　日本 1970 年制定了《废弃物处理和清扫法》,20 世纪 90 年代相继制定了《资源有效利用促进法》(1993 年)、《容器和包装物的分类收集与循环法》(1995 年)、《特种家用机器循环法》(1998 年)。2000 年制定了《建设循环型社会基本法》以及配套法律《可循环性食物资源循法》《建筑材料循环建设法》《绿色采购法》等。2001 年《食品再生利用法》旨在减少食品废物排放、缩小食品废物体积和减少最终填埋量。2002 年《汽车回收利用法》规定了"生产者责任延伸"制度,要求汽车生产商对废旧汽车进行有效的回收利用和安全处置。[④]

　　美国国会 1965 年和 1976 年先后制定了《固体废弃物处理法》和《资源保护与回收法》。1986 年修改后的《资源保护与回收法》是美国固体废物管理的基础法律,规定了固体废物管理的各项纲要,建立了固体废物的管理体系,授权联邦环保署为实施各项纲要制定具体的法规和制度。联邦环保署据此制定了固体废物管理战略及其细节。截至 2013 年年底,美国有 25 个州或特区制定了关于电子废物管理法律。[⑤]

①　张瑞久、逄辰生、陈洁:《荷兰城市固体废物的管理与综合处理》,《节能与环保》2010 年第 3 期。
②　陈洁、逄辰生、张瑞久:《欧盟城市固体废物立法管理及实践》,《节能与环保》2008 年第 8 期。
③　曲扬:《欧盟电子废物法律问题研究》,华北电力大学 2015 年硕士学位论文。
④　钱光人 主编:《国际城市固体废物立法管理与实践》,化学工业出版社 2009 年版,第 2—4 页。
⑤　王琼:《美国各州的电子废物管理概况》,《文史博览(理论)》2015 年第 4 期。

第二节　危险废物管理及越境转移控制的国际法律制度

一、概述

进入 20 世纪 70 年代后,由于一系列危险废物污染事件的发生,发达国家大都制定了严格的环境标准,造成废弃物处置费用高昂。相反,在许多发展中国家,处置危险废物的费用很低或者缺乏监管。由于两者之间的差价,驱使发达国家的企业将大批有害废物越境转移到发展中国家。为了有效解决危险废物越境转移问题,国际社会不断发展危险废物越境转移领域的国际法,20 世纪 80 年代以来逐步通过了一些区域性文件。例如,美国与加拿大 1986 年《关于危险废物越境转移的合作协定》、美国与墨西哥 1986 年《关于危险废物和危险物质越境运输的合作协定》、1984 年经合组织委员会《关于危险废物越境转移原则的决议和建议》、1984 年欧共体部长理事会第 83/631 号《关于监督和控制危险废物越境转移的指令》、1986 年欧共体部长理事会第 86/297 号《关于监督和控制危险废物越境转移指令》、1988 年欧洲议会《关于危险废物越境转移进入第三世界国家的决议》。20 世纪八九十年代通过的区域性文件主要有 1989 年《禁止欧共体向非洲—加勒比—太平洋国家出口危险废物的洛美公约(IV)》、1991 年《禁止向非洲进口危险废物和在非洲内控制危险废物的越境转移和管理的巴马科公约》、1992 年《关于危险废物越境转移的巴拿马协定》、1993 年欧盟《关于监督和控制废物在欧共体之内和进出口运输的259/93 号条例》、1995 年《南太平洋区域条约》等。

1989 年 3 月,《巴塞尔公约》在瑞士巴塞尔签署,是目前全球唯一控制危险废物越境转移的多边环境公约。它为控制危险废物越境转移国际法律制度提供了法律框架。该公约由序言、29 条和 9 个附件组成,基本内容包括公约的管理对象和范围、定义、一般义务、缔约国之间危险废物越境转移的管理、非法运输的管制、缔约方的合作和解决争端的办法等。

二、危险废物管理及其越境转移控制的法律制度

(一)危险废物管理法律制度

《巴塞尔公约》关于危险废物管理的法律制度主要有危险废物鉴定、清洁生产和危险废物全过程管理三项制度。

(1)危险废物鉴定制度。《公约》确立了危险废物鉴定制度。通过鉴定制度,将

危险废物与一般废物区别开来,进行不同的管理。各国一般都对废物和危险废物采取了不同的管制措施,适用不同的程序要求,甚至适用不同的法律。

(2)清洁生产制度。清洁生产是将综合性预防的环境战略持续应用于生产过程、产品和服务中,以增加生态效率和减少人类及环境的风险。对生产过程,要求节约原材料和能源,淘汰有毒原材料,削减所有废物的数量和毒性;对产品,借由生命周期分析,使得从原材料取得至产品最终处置过程中,尽可能将对环境的影响减至最低;对服务,要求将预防性的环境战略结合到服务的设计和提供服务的活动中。清洁生产制度是风险预防原则和危险废物产生最小化原则的集中体现。

(3)危险废物全过程管理制度。也称从"摇篮到坟墓"的危险废物管理制度,是指对危险废物从其产生、收集、运输、贮存、处理和处置以及处置以后废物填埋场的后期管理和清除等各个环节都实行严格管理的制度。

(二)控制危险废物越境转移法律制度

《巴塞尔公约》关于控制危险废物越境转移的法律制度主要有以下五项:

(1)危险废物环境无害化管理制度。危险废物环境无害化管理是指采取一切可行步骤,确保危险废物或其他废物的管理方式将能保护人类健康和环境,使其免受这类废物可能产生的不利后果。首先,公约制定了危险废物环境无害化管理的技术准则,并进一步要求应当适用一般标准来评估危险废物作业的环境无害性。其次,公约为进一步改善和实现危险废物及其他废物的环境无害化管理,为缔约方设定了严格的义务,危险废物的越境转移仅仅在特定情况下才被允许。此外,公约还规定缔约国应当在信息交换、效果监督、环境无害化管理技术的开发和转让等方面予以合作。

(2)事先知情同意制度。事先知情同意以国家主权为基础,是指每个国家有权根据其本国主权的需要,对进口危险废物的危险和效益进行分析,决定本国的政策。《公约》为进出口国之间危险废物的越境转移以及过境国此类货物的转移设定了具体程序,即出口国必须得到废物进口国的事先知情同意和书面许可——事先知情同意制度。该制度具体程序包括:①事先通知。《公约》允许危险废物的越境转移,但要求必须根据《公约》规定的事先知情同意机制进行。即,出口国应当将危险废物或其他废物任何拟议的越境转移书面通知有关国家的主管当局,或要求产生者或出口者通过出口国主管当局的渠道书面通知,并将有关信息提供给进口国。②允许转移或者过境。进口国应当在收到书面通知后 60 日内书面答复通知者,表示无条件或有条件的同意转移、不允许转移或者要求提供更多资料。在危险废物经由过境国转往进口国的情形下,过境国同样有权要求适用事先通知的规定。进口国或者过境国最后答复的副本应当送交有关缔约国的主管当局。③知情同意。它包括进口国的同意、过境国的同意;既包括明示同意,也包括默示同意。

（3）危险废物名录制度。危险废物名录制度是指采取一定的标准和方法，将那些目前科学技术水平可以理解或了解的对环境或人身健康具有一定不利影响或几乎没有什么影响的危险废物编制目录，提供给管理者进行管制的制度。《巴塞尔公约》附件列出了应加控制的废物类别和须加考虑的废物类别。附件一主要列举的是应加控制废物类别的名录。附件二列举了从住家收集的废物和从焚化住家废物产生的残余物。附件八列举了四类危险废物：金属和含金属废物；主要为无机成分但可能含有金属和有机物质的废物；主要为有机成分但可能含有金属和无机物质的废物；以及，含有无机成分或有机成分的废物。去除名录主要规定在附件九中，但公约还通过其除外条款进行了规定。附件九主要列举的废物为不含有附件三的危险特征的废物。

（4）非法运输控制制度。除非存在一项有关越境转移的双边、多边或区域协定公约，禁止缔约国将危险废物或其他废物出口至非缔约国或从非缔约国进口危险废物或其他废物。根据非法运输控制制度，各国应当相互配合，采取措施，建立报告制度、监督检查制度、刑事惩罚制度以及国际合作机制等。

（5）特别控制区制度。《巴塞尔公约》将南纬 60 度以南的区域设定为危险废物特别控制区，缔约国同意禁止将危险废物出口至该区域，不论此类废物是否涉及越境转移。1959 年《南极条约》也对此作了规定。

第三节　我国固体废物污染环境防治法

一、我国的固体废物污染环境防治立法

为了防治固体废物污染，我国于 1991 年制定了《防止含多氯联苯电力装置及其废物污染环境的规定》，1992 年颁布了《防治尾矿污染环境管理规定》（2010 年 12 月修改）、《关于防治铬化合物生产建设中环境污染的若干规定》和《城市市容和环境卫生管理条例》（2011 年 1 月修订），1993 年颁布了《城市生活垃圾管理办法》（2015 年 5 月修改）。

1995 年 10 月 30 日，八届全国人大常委会第十六次会议通过了《固体废物污染环境防治法》，2004 年 12 月 29 日，十届全国人大常委会第十三次会议进行了修订。此后，全国人大常委会先后于 2013 年 6 月 29 日、2015 年 4 月 24 日、2016 年 11 月 7 日对《固体废物污染环境防治法》进行了修正。其他涉及固体废物污染环境防治的法律主要还有《环境保护法》《循环经济促进法》《中华人民共和国清洁生产促进法》（以下简称《清洁生产促进法》），《水污染防治法》等。特别是，《循环经济促进法》旨在促进循环经济的发展，提高资源利用率，保护和改善环境，实现可持续

发展,对于固体废物污染环境防治具有重要作用。它标志着我国的固体废物管理从单纯的污染防治开始转变为积极的循环利用,固体废物管理法治开始迈入新阶段。

关于固体废物污染环境防治的行政法规主要有 2004 年《危险废物经营许可管理办法》(2013 年修订、2016 年修改)、2009 年《废弃电器电子产品回收处理管理条例》等。

部门规章主要是由环境保护部(及其前身)单独或者联合其他有关部委制定的规章和规章性文件,包括 1996 年的《关于进一步开展资源综合利用的意见》和《废物进口环境保护管理暂行规定》,1999 年的《危险废物转移联单管理办法》,2001 年的《畜禽养殖污染防治管理办法》《关于有效控制城市扬尘污染的通知》和《报废汽车回收管理办法》,2003 年的《医疗废物管理条例》(2011 年修订)、《关于加强含铬危险废物污染防治的通知》、《关于加强废弃电子电气设备环境管理的公告》,2004 年的《医疗废物管理行政处罚办法》(2010 年修改),2005 年的《废弃危险化学品污染环境防治办法》,2007 年的《电子废物污染环境防治管理办法》和《危险废物出口核准管理办法》等。2016 年 3 月 20 日,环境保护部对《国家危险废物名录》进行了修订。

标准、规范和规程方面,有《生活垃圾填埋污染控制标准》《进口废物环境保护控制标准》《危险废物鉴别标准》等几十项固体废物污染控制标准,有关生活垃圾的行业标准有《生活垃圾焚烧厂运行监管标准》《生活垃圾卫生填埋场运行监管标准》《生活垃圾堆肥处理技术规范》《生活垃圾堆肥处理厂运行维护技术规程》《生活垃圾产生源分类及其排放》等 30 余项。

我国固体废弃物防治的法律、法规、规章以及标准、规范和规程不断趋于健全,基本形成了法律体系,为固体废弃物污染环境防治提供了一定的法律保障。

二、固体废物管理的法律原则

我国固体废物管理的法律原则主要有"三化"管理原则、全过程管理原则、禁止排放工业固体废物和产生者处置原则以及分类管理原则四项。

(一)"三化"管理原则

"三化"是指对固体废物采取减量化、资源化和无害化的措施。这是各国防治固体废物污染立法中普遍适用的原则。我国《固体废物污染环境防治法》第 3 条也明确确定:"国家对固体废物污染环境的防治,实行减少固体废物的产生量和危害性、充分合理利用固体废物和无害化处置固体废物的原则,促进清洁生产和循环经济发展。"

固体废物减量化,是指减少固体废物的产生,包括减少/小固体废物的种类、数量和危害性质。固体废物资源化,亦称资源综合利用,是指通过回收、再利用、循环利用、再生利用、替代、提取、转换、交换等方式,对固体废物进行全部或部分直接利用,或使之转化为可利用的二次原料或再生资源予以利用。固体废物无害化是指对不能利用或暂时不能利用的固体废物,进行符合环境保护的要求和标准的,或者有利于环境安全的无害化处置,使其不对生态环境和人身财产安全造成危害。

"三化"管理原则的各个环节互为因果、相辅相成,在具体的措施方面不能将它们截然分开。减量化需以资源化为依托,资源化可以促进减量化、无害化的实现,无害化又可以实现和达成减量化和资源化的目的。减量化是基础,即对固体废物,首先应通过采取清洁生产、节约资源能源、提高资源能源利用效率、原材料替代使用以及少产生或不产生固体废物的工艺、技术、包装物等减量化措施,少产生或不产生固体废物。其次,对产生的固体废物,根据经济技术条件可以进行综合利用的,应当充分合理利用。最后,对暂时不利用或不能利用的固体废物,必须进行无害化贮存或处置。

为了落实"三化"管理原则,国家应该采取的措施包括:①采取有利于固体废物综合利用活动的经济、技术政策和措施,对固体废物实行充分回收和合理利用;②鼓励、支持采取有利于保护环境的集中处置固体废物的措施,促进固体废物污染环境防治产业的发展;③组织编制城乡建设、土地利用、区域开发、产业发展等规划,统筹考虑减少/小固体废物的产生量和危害性,促进固体废物的综合利用和无害化处置;④鼓励单位和个人购买、使用再生产品和可重复利用产品;⑤加强防治固体废物污染环境的宣传教育,倡导有利于环境保护的生产生活方式。[①]

(二)全过程管理原则

全过程管理原则是指对固体废物的产生、收集、贮存、运输、利用、处置等环节的全过程实行一体化管理。我国《固体废物污染环境防治法》对贯彻固体废物的全过程管理原则作出了一系列规定:

(1)在源头控制环节,产品和包装物的设计、制造应当遵守国家关于清洁生产的规定。国务院标准化行政主管部门应当组织制定有关标准,防止过度包装造成环境污染;国家鼓励科研、生产单位研究、生产易回收利用、易处置或者在环境中可降解的薄膜覆盖物和商品包装物。

(2)在固体废物产生环节,产生固体废物的单位和个人应当采取措施,防止或者减少固体废物对环境的污染。

(3)在固体废物排放环节,收集、贮存、运输、利用、处置固体废物的单位和个

---

① 张璐 主编:《环境与资源保护法学》(第2版),北京大学出版社2015年版,第251页。

人,必须采取防扬散、防流失、防渗漏或者其他防止污染环境的措施,并且不得在运输过程中沿途丢弃、遗撒固体废物;禁止任何单位或者个人向江河、湖泊、运河、渠道、水库及其最高水位线以下的滩地和岸坡等法律、法规规定禁止倾倒、堆放废弃物的地点倾倒、堆放固体废物。

(4)在固体废物回收环节,生产、销售、进口依法被列入强制回收目录的产品和包装物的企业,必须按照国家有关规定对该产品和包装物进行回收;使用农用薄膜的单位和个人,应当采取回收利用等措施,防止或者减少农用薄膜对环境的污染;从事畜禽规模养殖的,应当按照国家有关规定收集、贮存、利用或者处置养殖过程中产生的畜禽粪便,防止污染环境。

(5)在固体废物处理环节,对收集、贮存、运输、处置固体废物的设施、设备和场所,应当加强管理和维护,保证其正常运行和使用;禁止在自然保护区、风景名胜区、饮用水水源保护区、基本农田保护区和其他需要特别保护的区域内,建设工业固体废物集中贮存、处置的设施、场所和生活垃圾填埋场;禁止在人口集中地区、机场周围、交通干线附近以及政府依法划定的区域露天焚烧秸秆;拆解、利用、处置废弃电器产品和废弃机动车船,应当遵守有关法律、法规的规定,采取措施,防止污染环境。[①]

(三)禁止排放工业固体废物和产生者处置原则

为防治固体废物的污染,必须对向环境排放固体废物的行为实行严格控制和强制管制。禁止排放是工业固体废物无害化处理的必然要求,也有利于促进固体废物资源化。《固体废物污染环境防治法》确立了禁止向环境排放工业固体废物和危险废物的原则。排放是未按环境保护要求进行安全、无害化贮存、处置固体废物或者贮存、处置不符合国家和地方固体废物污染控制要求和标准的行为。处置一般分为陆地处置和海洋处置。处置包括对固体废物进行减容、减量处理,如浓缩、压缩、固化、解毒、热解等。处置并不能消除固体废物,只是改变其危害性质或将其长期隔离封存。要求产生者对无法利用的固体废物进行无害于环境的最终处置,是固体废物污染防治的最后措施和最后环节。

(四)分类管理原则

固体废物种类繁多、性质复杂,这就要求对不同种类、性质的废物,应当根据其特性,采取相应的防治措施。分类控制实际是要求在对所有固体废物实行一般性控制的前提下,对部分危害性质严重的固体废物实行重点控制,其关键是对危险废物实行特别严格的控制和重点防治。危险废物,是指列入国家危险废物名录或者根据国家规定的危险废物鉴别标准和鉴别方法认定的具有危险特性的废物。所谓

---

① 张璐 主编:《环境与资源保护法学》(第2版),北京大学出版社2015年版,第251-252页。

危险特性,主要是指毒性、易燃性、腐蚀性、反应性、传染疾病性、放射性等。由于危险废物可能造成对人体健康和环境的严重危害,必须对其实行比其他固体废物更严格的控制和重点防治。

三、固体废物污染防治的行政管理体制

我国在环境保护管理方面实行统一管理与部门分工负责管理相结合的行政管理体制。根据《固体废物污染环境防治法》第 10 条的规定,环境保护部是全国固体废物污染环境防治工作的主管机关,对全国的固体废物污染环境防治工作实施统一监督管理。县级以上地方环保主管部门对本行政区域内固体废物污染环境的防治工作实施统一监督管理。县级以上政府有关部门在各自的职责范围内负责固体废物污染防治的监督管理工作。环境保护部会同国务院对外经济贸易主管部门对进口可用作原料的固体废物进行监督管理,海关、进出口商品检验部门和工商行政管理部门在各自的职责范围内,对进口废物及其经营活动实施监督管理。国务院建设行政部门和县级地方环境卫生主管部门负责城市生活垃圾清扫、收集、贮存、运输和处置的监督管理工作。

环保主管部门对固体废物污染环境防治工作实施统一监督管理。其主要职责包括:①制定国家固体废物污染环境防治技术标准;②建立固体废物污染环境监测制度;③对建设产生固体废物的项目以及建设贮存、利用、处置固体废物的项目依法进行环境影响评价;④验收、监督和审批固体废物污染环境防治设施的"三同时"及其关闭、拆除;⑤对与固体废物污染防治有关的单位进行现场检查。[1]其中,前两项职责只能由环境保护部行使。

为了动员全社会对固体废物污染环境防治工作进行监督,该法第 9 条明确规定:任何单位和个人都有保护环境的义务,并有权对造成固体废物污染环境的单位和个人进行检举和控告。

四、关于工业固体废物、城市生活垃圾污染防治的规定

(一)关于工业固体废物污染防治的规定

工业固体废物是指在工业、交通等生产活动中产生的固体废物。有关工业固体废物污染防治方面的内容主要有:界定工业固体废物对环境的污染,推行清洁生产,实行淘汰落后生产工艺设备;在推行清洁生产、实行淘汰落后生产工艺设备方

---

① 张璐 主编:《环境与资源保护法学》(第 2 版),北京大学出版社 2015 年版,第 250 页。

面,由国务院经济综合主管部门会同国务院有关部门组织研究、开发和推广减少工业固体废物产生量的生产工艺和设备,公布限期淘汰产生严重污染环境的工业固体废物的落后生产工艺、落后设备的名录;制定工业固体废物污染环境防治工作规划。由县级以上政府有关部门制定工业固体废物污染环境防治工作规划,以推广使用能够减少工业固体废物产生量的先进生产工艺和设备;建立、健全企业污染环境防治责任制度。

产生工业固体废物的单位应当:①建立、健全企业污染环境防治责任制度,采取防治工业固体废物污染环境的措施。例如,合理选择和利用原材料、能源和其他资源,采用先进的生产工艺和设备,以达到减少工业固体废物产生量的目的;建立专用贮存设施、场所。②按照环境保护部的规定,向所在地县级以上地方环保主管部门提供工业固体废物的产生量、流向、贮存、处置等有关资料。③对其产生的不能利用或者暂时不利用的工业固体废物,按照环境保护部的规定建设贮存或者处置的设施、场所。④露天贮存冶炼渣、化工渣、燃煤灰渣、废矿石、尾矿和其他工业固体废物的,设置专用的贮存设施、场所。企业设置的这些设施、场所必须符合环境保护部规定的环境保护标准。

产生工业固体废物的单位需要终止的,应当事先对工业固体废物的贮存、处置的设施、场所采取污染防治措施,并对未处置的工业固体废物作出妥善处置,防止污染环境。产生工业固体废物的单位发生变更的,变更后的单位应当按照国家有关环境保护的规定对未处置的工业固体废物及其贮存、处置的设施、场所进行安全处置或者采取措施保证该设施、场所安全运行。变更前,当事人对工业固体废物及其贮存、处置的设施、场所的污染防治责任另有约定的,从其约定,但是不得免除当事人的污染防治义务。

对《固体废物污染环境防治法》施行前已经终止的单位未处置的工业固体废物及其贮存、处置的设施、场所进行安全处置的费用,由有关政府承担;但是,该单位享有的土地使用权依法转让的,应当由土地使用权受让人承担处置费用。当事人另有约定的,从其约定,但是不得免除当事人的污染防治义务。对于在《固体废物污染环境防治法》施行前产生工业固体废物的单位,没有建设工业固体废物贮存或者处置的设施、场所,或者工业固体废物贮存、处置的设施、场所不符合环境保护标准的,必须限期建成或者改造。并且,在限期内新产生污染环境的工业固体废物的,应当依法缴纳排污费。

(二)关于城市生活垃圾污染防治的规定

城市生活垃圾是指在城市日常生活中或者为城市日常生活提供服务的活动中产生的固体废物以及法律、行政法规规定视为城市生活垃圾的废物。主要包括:食品垃圾、普通垃圾、建筑垃圾、清扫垃圾、危险垃圾。但是不同地方的城市固体废物组成是不一样的,因为它的组成依赖于当地的工业、文化、废物管理和当地的气候等条件。① 按照城镇人均垃圾日产量 1 千克计算,2013 年我国城镇垃圾产生量高达 2.668 亿吨,城市生活垃圾状况非常严峻,很多省市已经出现了垃圾围城的情况。由于我国垃圾清运量远低于垃圾产生量,而且目前的差距有逐渐增大的趋势。虽然垃圾的无害化处理率逐年增加,但仍显不足。

我国《固体废物污染环境防治法》有关城市生活垃圾污染防治的规定主要有:

(1)任何单位和个人应当遵守城市环境卫生行政主管部门的规定,在指定的地点倾倒、堆放城市生活垃圾,不得随意扔撒或者堆放。

(2)贮存、运输、处置城市生活垃圾的,应当遵守国家有关环境保护和城市环境卫生的规定,防止污染环境。

(3)对于从生活垃圾中回收的物质,回收利用者必须按照国家规定的用途或者标准使用,不得用于生产可能危害人体健康的产品。

(4)在城市生活垃圾的管理方面,要求及时清运城市生活垃圾,并积极开展合理利用和无害化处置,逐步做到分类收集、贮存、运输和处置。

(5)为了防止因燃煤导致城市生活垃圾的增多以及减少其他生活垃圾,城市政府应当发展替代煤类非清洁燃料的城市煤气、天然气、液化气和其他清洁能源;有关部门应当组织净菜进城以减少城市生活垃圾,同时还应当统筹规划、合理安排收购网点以促进废弃物的回收利用工作。

(6)在城市生活垃圾的处理方面,城市政府应当配套建设城市生活垃圾清扫、收集、贮存、运输、处置设施。禁止擅自关闭、闲置或者拆除城市生活垃圾处置设施、场所;确有必要关闭、闲置或者拆除的,必须经所在地县级以上地方环境卫生行政主管部门和环保主管部门核准,并采取措施,防止污染环境。

(7)从事公共交通运输的经营单位,应当按照国家有关规定,清扫、收集运输过程中产生的生活垃圾。违反规定的,环卫部门责令停止违法行为,限期改正,处以罚款。

(8)对于施工过程产生的建筑垃圾,施工单位应当及时清运、处置,并采取措施,防止污染环境。

五、关于危险废物污染防治的特别规定

世界上每年产生数十亿吨的废物,其中至少有三亿吨的废物因为其有毒的、易爆的、腐蚀的、外泌毒的、易燃的及易传染的特性而对人与环境有着巨大的潜在危险。我国《固体废物污染环境防治法》以专章的形式对危险废物污染防治作了特别严格的规定,主要是建立了如下四项制度:

---

① 朱冬杰、魏云梅、赵由才 主编:《城市固体废物管理》,中国城市出版社 2012 年版,第 1 页。

(一)危险废物名录、鉴别和识别标志制度

《固体废物污染环境防治法》第 51 条规定:环境保护部"应当会同国务院有关部门制定国家危险废物名录,规定统一的危险废物鉴别标准、鉴别方法和识别标志"。为便于严格管理,我国采用危险废物名录制度,将经过实验鉴别的具有危险特性的废物列入名录,对名录所列的危险废物实行特别管理,采取特别的污染防治措施。因此,危险废物名录制度又称为"危险废物黑名单"制度。2016 年 6 月 14日,环境保护部修订《国家危险废物名录》,其中第 2、3、4 条明确规定了属于危险废物的四种情形。除名录制度外,我国还实行危险废物鉴别制度,对列入名录但需进一步鉴别的和未列入名录但可能有危险特性的废物进行鉴别,经鉴别认定具有危险特性的废物,属危险废物。识别标志是指以文字、图像、色彩等综合形式表明危险废物的特性和种类。对危险废物的容器和包装以及收集、贮存、运输、处置危险废物的设施、场所,必须设置危险废物识别标志。

(二)危险废物经营许可证制度

为了便于环保主管部门了解和掌握本地区危险废物的经营状况,加强对危险废物的监督管理,产生危险废物的单位必须按照国家有关规定申报登记;从事收集、贮存、处置危险废物经营活动的单位,必须向县级以上环保主管部门申请领取经营许可证。禁止无经营许可证或者不按照经营许可证规定从事危险废物收集、贮存、处置的经营活动。禁止将危险废物提供或者委托给无经营许可证的单位从事收集、贮存、处置的经营活动;对于直接从事收集、贮存、运输、利用、处置危险废物的人员,应当接受专业培训,经考核合格,方可从事该项工作;从事收集、贮存危险废物者,必须按照危险废物特性分类进行。禁止混合收集、贮存、运输、处置性质不相容而未经安全性处置的危险废物。禁止将危险废物混入非危险废物中贮存。从事运输危险废物者,必须采取防止污染环境的措施,并遵守国家有关危险货物运输的规定;在收集、贮存、运输、处置危险废物的场所、设施、设备和容器、包装物及其他物品转作他用时,必须经过消除污染的处理,方可使用。

危险废物综合经营许可证有效期为五年,危险废物收集经营许可证有效期为三年。县级以上地方环保主管部门应当于每年 3 月 31 日前将上一年度危险废物经营许可证颁发情况报上一级环保主管部门备案。

(三)危险废物集中处置制度

环境保护部会同国务院经济综合宏观调控部门组织编制危险废物集中处置设施、场所的建设规划,报国务院批准后实施。县级以上地方政府应当依据危险废物集中处置设施、场所的建设规划组织建设危险废物集中处置设施、场所。重点危

废物集中处置设施、场所的退役费用应当预提,列入投资概算或者经营成本。[①]

(四)危险废物转移联单制度的法律规定

固体废物污染转移,是指将固体废物从一地扩散、蔓延到另一地的情况,包括境内转移和境外转移。境内转移是指将固体废物的污染跨行政区域转移,主要表现为异地转移、由城市向农村转移、由经济发达地区向经济欠发达地区转移、由一企业向另一企业转移。境外转移包括从境(国)外转移到境内,从境(国)内转移到境外,即废物进口或出口,还包括经一国境内管辖区域的过境转移。固体废物污染转移不只是转移固体废物,还包括转移可能产生严重污染的固体废物的工艺或设备。这里介绍危险废物转移联单制度。

为了保证危险废物安全运输和控制危险废物流向,许多国家实行危险废物转移控制制度,其主要措施是实行危险废物转移联单制度。《固体废物污染环境防治法》第 59 条规定:①转移危险废物的,必须按照国家有关规定填写危险废物转移联单。②跨省级行政区转移危险废物的,应当向危险废物移出地省级环保主管部门申请。③移出地省级环保主管部门应当经受理省级环保主管部门同意后,方可批准转移该危险废物。未经批准的,不得转移。④转移危险废物途经移出地、接受地以外行政区域的,危险废物移出地设区的市级以上地方环保主管部门应当及时通知沿途经过的设区的市级以上地方环保主管部门。

六、关于医疗废物和废弃电子电气设备的特别规定

(一)关于医疗废物的特别规定

医疗废物是指医疗卫生机构在医疗、预防、保健以及其他相关活动中产生的具有直接或者间接感染性、毒性以及其他危害性的废物。医疗卫生机构收治的传染病病人或者疑似传染病病人产生的生活垃圾,按照医疗废物进行管理和处置。医疗废物属危险废物的一种。为加强医疗废物的安全管理,防止疾病传播,保护环境,国务院于 2003 年 1 月修订了《医疗废物管理条例》,对医疗废物实行集中无害化处置是其主要规定。

县级以上地方政府负责组织建设医疗废物集中处置设施。国家对边远贫困地区建设医疗废物集中处置设施给予适当的支持。医疗卫生机构和医疗废物集中处置单位,应当建立、健全医疗废物管理责任制,其法定代表人为第一责任人,切实履行职责,防止因医疗废物导致传染病传播和环境污染事故;应当制定与医疗废物安

---

① 张璐 主编:《环境与资源保护法学》(第 2 版),北京大学出版社 2015 年版,第 251、255 页。

全处置有关的规章制度和在发生意外事故时的应急方案,设置监控部门或者专(兼)职人员,负责检查、督促、落实本单位医疗废物的管理工作,防止违反本条例的行为发生;应当对本单位从事医疗废物收集、运送、贮存、处置等工作的人员和管理人员,进行相关法律和专业技术、安全防护以及紧急处理等知识的培训;应当采取有效的职业卫生防护措施,为从事医疗废物收集、运送、贮存、处置等工作的人员和管理人员,配备必要的防护用品,定期进行健康检查,必要时对有关人员进行免疫接种,防止其受到健康损害;应当依照《固体废物污染环境防治法》的规定,执行危险废物转移联单管理制度;应当对医疗废物进行登记,登记内容应当包括医疗废物的来源、种类、重量或者数量、交接时间、处置方法、最终去向以及经办人签名等项目。登记资料至少保存三年;应当采取有效措施,防止医疗废物流失、泄漏、扩散。

不具备集中处置医疗废物条件的农村,医疗卫生机构应当按照县级卫生行政主管部门、环保主管部门的要求,自行就地处置其产生的医疗废物。自行处置医疗废物的,应当符合规定的基本要求。

从事医疗废物集中处置活动的单位,应当向县级以上环保主管部门申请领取经营许可证。医疗废物集中处置单位,应当符合规定的条件:具有符合环境保护和卫生要求的医疗废物贮存、处置设施或者设备;具有经过培训的技术人员以及相应的技术工人;具有负责医疗废物处置效果检测、评价工作的机构和人员;具有保证医疗废物安全处置的规章制度。医疗废物集中处置单位处置医疗废物,应当符合国家规定的环境保护、卫生标准、规范。医疗废物集中处置单位处置医疗废物,按照国家有关规定向医疗卫生机构收取医疗废物处置费用。

医疗卫生机构和医疗废物集中处置单位,应当执行危险废物转移联单管理制度,应当对医疗废物进行登记。发生医疗废物流失、泄漏、扩散时,医疗卫生机构和医疗废物集中处置单位应当采取减少危害的紧急处理措施,对致病人员提供医疗救护和现场救援;同时向所在地的县级卫生行政主管部门、环保主管部门报告,并向可能受到危害的单位和居民通报。禁止任何单位和个人转让、买卖医疗废物。

医疗卫生机构应当及时收集本单位产生的医疗废物,并按照类别分置于防渗漏、防锐器穿透的专用包装物或者密闭的容器内。禁止在运送过程中丢弃医疗废物。禁止在非贮存地点倾倒、堆放医疗废物或者将医疗废物混入其他废物和生活垃圾。禁止邮寄医疗废物。禁止通过铁路、航空运输医疗废物。禁止将医疗废物与旅客在同一运输工具上载运。禁止在饮用水源保护区的水体上运输医疗废物。

(二)关于废弃电子电气设备的特别规定

电子废物是指废弃的电子电气设备及其零部件。主要包括:生产过程中产生的不合格设备及其零部件;维修过程中产生的报废品及废弃零部件;消费者废弃的设备;根据有关法律法规,被视为电子废物的。废弃电子电气设备造成的环境污染是 20 世纪 90 年代以后出现的严重污染问题。为防止污染环境,加强电子废物的环境管理,原国家环保总局于 2003 年 8 月发布了《关于加强废弃电子电气设备环境管理的公告》。2007 年,原国家环保总局制定《电子废物污染环境防治管理办法》,完善了电子废物的管理制度。2009 年,国务院制定《废弃电器电子产品回收处理管理条例》,进一步规范了废弃电器电子产品的回收处理活动,促进资源综合利用和循环经济发展,保护环境和保障人身健康。

七、关于危险废物越境转移控制国际公约的履行

我国于 1990 年 3 月 22 日签署《巴塞尔公约》,次年 9 月 4 日七届全国人大常委会第 21 次会议决定批准。我国还在 1999 年决定批准了《〈巴塞尔公约〉缔约方会议第三次会议通过的决定第Ⅲ/1 号决定对〈巴塞尔公约〉的修正》。作为一个发展中国家,我国不仅积极参与了《巴塞尔公约》的制定,而且通过将公约的内容转化为国内法而切实地履行公约的义务。

（一）我国控制危险废物越境转移的立法

我国《固体废物污染环境防治法》第 24、25、26 条禁止我国境外的固体废物进境倾倒、堆放、处置,禁止经我国过境转移危险废物,禁止进口不能用作原料或者不能以无害化方式利用的固体废物,对可以用作原料的固体废物实行限制进口和非限制进口分类管理。《危险废物经营许可证管理办法》第 15 条第 2 款是关于禁止从我国境外进口或者经我国过境转移电子类危险废物的规定。此外,《海洋环境保护法》《清洁生产促进法》《中华人民共和国对外贸易法》(以下简称《对外贸易法》),《环境影响评价法》《放射性污染防治法》《防治船舶污染海洋环境管理条例》等法律法规中也有一些关于危险废物出入境管理的规定。1997 年修订的《刑法》中增加了非法处置进口的固体废物罪、擅自进口固体废物罪、走私废物罪等罪名,以加大对违法行为的刑事惩罚力度。

（二）我国控制危险废物越境转移的实践

(1)制订控制废物进口的法规和标准。我国自 1991 年起陆续发布了许多行政法规和部门规章,并制定了相应的技术性规范,如危险废物的鉴别标准、鉴别方法和识别标识等。

(2)严格控制危险废物出口。对于我国尚不具备环境无害化处置的危险废物,要出口到境外处置,则需要按照《巴塞尔公约》的规定严格控制。废物出口者需向环境保护部申请,环境保护部在征得进口国主管当局同意后,才允许出口。

(3)制定国家危险废物名录。环境保护部、国家经贸委、外经贸部和公安部联

合颁布了《国家危险废物名录》《限制进口类可用作原料的废物目录》《禁止进口货物目录》和《自动进口许可管理类可用作原料的废物目录》等。

(4)指定主管当局和联络点。根据《巴塞尔公约》的要求,指定环境保护部作为《巴塞尔公约》的主管当局,并在环境保护部内设立了联络点。

(5)建立危险废物培训和技术转让中心。我国申请并经巴塞尔公约缔约方大会批准,建立了亚太地区危险废物管理培训和技术转让中心,为亚太地区 42 个国家(地区)在危险废物管理及其处置方面提供技术培训、技术咨询服务及技术转让,促进亚太地区各国(地区)提高解决危险废物环境污染问题的能力。

(6)开展危险废物专项整治。加大重点区域、有色等重点行业重金属污染防治力度。实施环境风险全过程管理,严密防控环境风险,提高危险废物处置水平,加强危险废物污染防治。

(7)查处废物非法越境转移。为了保护环境,防止污染转嫁,我国对废物的非法越境转移采取严厉的打击措施。

案例分析

鑫涪首公司固体废物污染环境被行政处罚和申请执行案

2014 年 4 月 16 日,重庆市涪陵区环保局在检查中发现,重庆鑫涪首商贸有限公司(鑫涪首公司)在涪陵区荔枝街道办事处小溪村一组小溪加油站对面(原建涪水泥厂堆场)堆存粉煤灰时,未采取防扬散措施,导致部分粉尘污染物直接排入外环境。涪陵区环保局认为,该行为违反了《固体废物污染环境防治法》第 17 条第 1 款的规定。2014 年 4 月 16 日,涪陵区环保局向鑫涪首公司送达了《环境违法行为改正通知书》,责令当事人立即改正违法行为。同年 6 月 26 日,又制作了《行政处罚事先告知书》和《行政处罚听证告知书》,并于当月 30 日送达当事人。同年 9 月 10 日,涪陵区环保局依据《固体废物污染环境防治法》第 68 条第 1 款第 7 项以及第 2 款,对鑫涪首公司作出了责令停止违法行为并立即改正、罚款 30000 元的行政处罚决定。该行政处罚决定于次日送达当事人后,鑫涪首公司既没有申请行政复议,也未提起行政诉讼。同年 11 月 13 日,涪陵区环保局作出《履行行政处罚决定催告书》,并于当月 17 日送达,要求鑫涪首公司在收到催告书之日起 3 日内履行上述处罚义务。鑫涪首公司履行了行政处罚决定的第一项,但是没有履行第二项。

涪陵区环保局向涪陵区法院申请强制执行,要求执行行政处罚决定第二项。在法院审查期间,被执行人在 2015 年 1 月 9 日缴纳了罚款 30000 元。

思考问题:

谈谈你对该案的看法。

上海生活垃圾倾倒无锡案

2015 年 5 月 19 日,江苏省无锡市惠山区洛社镇接到群众举报称,有船只从上海运输垃圾至惠山区,并将垃圾倾倒于运河岸边的洼地里。一星期后,又有四艘货轮满载垃圾前来倾倒垃圾,被惠山区相关部门发现,并通过海事部门将船只扣押。

司法机关查明:(1)从 2013 年起,上海市杨浦区绿化与市容管理局在明知徐国强没有运输和处置生活垃圾资质的情况下,双方以处置"分类垃圾"为名签订生活垃圾承运和处置合同。徐国强在明知徐彪没有运输处置生活垃圾资质、只能将生活垃圾运至外地卸掉掩埋的情况下,又将其从上海市杨浦区绿化与市容管理局处获取的生活垃圾交徐彪及其船队处置。而徐彪则将生活垃圾交由没有处置生活垃圾资质的崔明荣卸载并填埋。崔明荣再通过须金法找到洛社镇一处卸载点,分批次将这些垃圾倾倒在河岸边,并用建筑垃圾、土块等进行掩盖。这样,最终形成了一个明知后手没有运输和处置生活垃圾资质但却交由后手对上海市城市生活垃圾进行运输和处置的违法行为链。

(2)2015 年 5 月至被查获,徐彪船队实际倾倒在惠山区洛社镇的 4 船生活垃圾为 1670 吨,均来自杨浦绿化与市容管理局交由徐国强运输和处置的生活垃圾;另外 4 船未来得及卸载的生活垃圾中,还有 2 船来自徐国强。

(3)当时处置这些垃圾的市场价约为 287 元/吨,而杨浦区绿化与市容管理局给徐国强的垃圾处置价仅为每吨 48 元至 78 元不等。徐国强给徐彪、徐彪给崔明荣的价格则更低。

(4)倾倒垃圾的行为导致惠山区环境严重污染,造成重大损失。有关单位对涉案固体废物及渗滤液的检测结果是:固体废物中含重金属铅、镉、六价铬、类金属砷;渗滤液中含重金属铬。2015 年 7 月,惠山区政府对倾倒的生活垃圾进行了应急处置,仅岸上部分处置费用就达 101 万余元,实际处置固体废弃物 3341 吨,渗滤液 728 吨。

思考问题:

根据相关法律的规定,在这起案件中,哪些单位或者个人应该承担法律责任?责任分别有哪些?为什么?

基本概念

固体废物　危险废物　固体废物污染　固体废物污染防治　《巴塞尔公约》

思考分析

1.简述固体废物污染的危害。

2.简述固体废物的种类。

3.简述"三化"管理原则。

4.简述固体废物分类管理原则

5.简述工业固体废物、城市生活垃圾污染防治的规定。

6.简述危险废物污染防治的特别规定。

第十五章

放射性污染防治法

【内容提要】

20世纪40年代以来,随着人类对放射性现象的认识与发现,核能的开发和利用日益推广,随之而来的放射性污染和防治问题也为世人所瞩目和关注。本章主要介绍放射性物质污染的特点及危害,我国放射性物质污染的现状和放射性物质污染防治立法的主要规定。

第一节　放射性污染防治法概述

一、放射性污染

参照OECD关于污染的定义,可以将放射性污染定义为:人类将放射性物质或者射线直接或者间接地导入环境,导致其化学、物理、生物或者放射性等方面特性的改变,从而影响环境的有效利用,对自然造成不利影响,以至危及人类健康、危害生命资源和生态系统,以及损害或者妨害舒适性和环境的其他合法用途的现象。

我国《放射性污染防治法》第62条将放射性污染定义为:"由于人类活动造成物料、人体、场所、环境介质表面或者内部出现超过国家标准的放射性物质或者射线。"

放射性污染源于环境中放射性物质的放射。自然界中的所有物质都是由各种元素组成的,其中有些元素的原子核不稳定,能自动发生衰变,并释放出肉眼看不见的射线,这种现象称为放射性,这些元素统称为放射性元素或放射性物质。

环境中的放射性物质可分为两类:一类是天然存在的,另一类是人工产生的。自然界中存在的天然放射性物质品种很多,性质与状态也各不相同。它们在环境中的分布十分广泛,在岩石、土壤、空气、水、动植物、建筑材料、食品甚至人体内都有天然放射性物质的踪迹。天然存在的放射性物质释放出的射线称为天然放射性,其产生的辐射称为天然本底放射。在自然状态下,来自宇宙的射线和地球环境本身的放射性物质产生的天然本底放射一般不会给生物带来危害,只是当人类发现了放射性物质并加以开发利用后,向环境中排放的放射性物质使环境的放射性强度超过了适用于该环境的放射性标准限值,造成了环境恶化,才产生了放射性污染。半个多世纪以来,随着核工业的迅速发展,核试验的不断进行,以及放射性物质在科学研究、医学和工业方面的广泛应用,人类的活动使得人工辐射源和人工放射性物质大大增加,放射性污染问题和危险也越来越严重。

放射性污染能够造成各种危害后果。环境中的放射性物质可以由多种途径进入人体,对人体产生内辐射,它们发出的射线可以破坏肌体组织的细胞结构,从而引起病变。人体受到过量的放射性外照射会引发恶性肿瘤、白血病等急性、慢性放射病,或损害其他器官,如骨髓、生殖腺等,急性大剂量放射性照射可直接造成人的死亡。少量累积放射性照射会引起慢性放射病,使造血器官、心血管系统、内分泌系统和神经系统等受到损害,发病过程往往延续几十年。同时,它还会损伤遗传物质,引起基因突变和染色体畸变,并遗传给后代。此外,放射性物质还会污染大气、水体、土壤、农作物及食品等,对动物和其他生物也会造成污染危害,导致财产损失。

我国核能与核技术的开发利用始于 20 世纪 50 年代,目前已经在我国国防、医疗、能源、工业、农业、科研等领域得到广泛利用。这对维护我国国防安全,促进国民经济和社会发展,增强我国的综合国力,起到了积极作用。但是,核能与核技术开发利用过程中的安全问题和放射性污染防治问题,也越来越突出。我国已有多座核设施,有些核设施已经进入退役阶段;如果监管不严或者处置不当,其遗留的放射性物质将对环境和公众健康构成威胁。正在运行的核设施,也存在着潜在危险,一旦发生泄漏或者因发生安全事故产生放射性污染,将危及周边广大范围内的生态环境安全和公众健康。我国现有的放射源多而分散,因放射源使用不当或者丢失导致的放射性污染事故不断发生,造成严重后果。在铀(钍)矿和伴生放射性矿开发利用过程中,由于对放射性污染防治重视不够,缺乏对放射性污染防治的专项管理制度,乱堆、乱放放射性废矿渣的情况时有发生,由此造成的放射性污染事故威胁着环境安全和公众健康。

我国产生了不少放射性废物,虽然国家有一些放射性废物处置政策,但存在一些对放射性废物的处置监管不力的现象,在一定程度上对环境和公众健康构成了威胁。[①]经过多年的努力,我国放射性环境逐步转好。但是,早期核设施和历史遗

---

① 解振华:《关于〈放射性污染防治法(草案)〉的说明》(2002 年 12 月 24 日),《全国人民代表大会常务委员会公报》2003 年第 4 期。

留放射性废物风险不容忽视，乏燃料集中贮存设施不足，周边核安全形势将更加复杂；这些都对我国核与辐射监测、应急保障能力提出更大挑战。[1]防治放射性污染、保证核与辐射安全、保障人体健康，仍是我国环境保护的重要任务。

二、放射性污染防治立法

很多国家都很重视防治放射性污染的立法。早在1946年，英国就颁布了《原子能条例》，1948年又颁布了《放射性物质条例》，1965年颁布了《核设施条例》。美国于1954年颁布了《原子能法》，1978年颁布了《铀矿尾渣放射性控制法》，1982年颁布了《核废弃物政策法》。

日本于1955年颁布了《原子能基本法》，1957年又颁布了《核限制法》和《放射性危害防治法》。瑞典于1984年颁布了《核活动法》，1988年颁布了《放射性防护法》。此外，国际上也有一些关于放射性污染的公约和条约。如1963年《核损害民事责任公约》、1980年《核材料实体保护公约》、1986年《及早通报核事故公约》和《核事故或辐射紧急援助公约》、1994年《核安全公约》、1997年《乏燃料管理安全和放射性废物管理安全联合公约》等。

我国对放射性污染防治工作十分重视。早在1974年，当时的国家计委、国家建委、国防科委和卫生部就联合颁布了《放射防护规定》。国务院1986年发布了《民用核设施安全监督管理条例》，1989年发布了《放射性药品管理办法》和《放射性同位素与射线装置放射防护条例》（已废止），1993年发布了《核电站核事故应急管理条例》。

2003年6月28日十届全国人大常委会第三次会议通过了《放射性污染防治法》，这是我国关于放射性污染防治领域的第一部法律。我国放射性污染防治法律体系中，在法律层面除了《放射性污染防治法》以外，《环境保护法》《水污染防治法》《大气污染防治法》《海洋环境保护法》《固体废物污染环境防治法》中也有关于放射性污染防治的规定。现行行政法规和部门规章方面，主要有1987年《城市放射性废物管理办法》、1989年《放射性药品管理办法》（2011年修订）、1993年《核电厂核事故应急管理条例》、2002年《放射防护器材与含放射性产品卫生管理办法》、2005年《放射性同位素与射线装置安全和防护条例》（2014年修订）、2006年《射线装置分类办法》、2007年《民用核安全设备监督管理条例》、2009年《放射性物品运输安全管理条例》、2011年《放射性废物安全管理条例》等。标准方面主要有《放射卫生防护基本标准》（GB 4792—84）、《核动力厂环境辐射防护规定》（GB 6249—

---

[1]　环境保护部：《核安全与放射性污染防治"十三五"规划及2025年远景目标》，国务院2017年2月28日批复。

2011)等。

2016年10月31日,全国人大常委会首次审议了《核安全法(草案)》。预计《核安全法》中将会有关于放射性污染防治的直接和间接条款。

第二节　我国放射性污染防治法概述

我国《放射性污染防治法》适用于我国领域和我国管辖的其他海域在核设施选址、建造、运行、退役和核技术、铀(钍)矿、伴生放射性矿开发利用过程中发生的放射性污染的防治活动。

一、污染防治原则

国家对放射性污染的防治,实行预防为主、防治结合、严格管理、安全第一的方针。

国家鼓励、支持放射性污染防治的科学研究和技术开发利用,推广先进的放射性污染防治技术;支持开展放射性污染防治的国际交流与合作。

县级以上政府应当将放射性污染防治工作纳入环境保护规划;应当组织开展有针对性的放射性污染防治宣传教育,使公众了解放射性污染防治的有关情况和科学知识。

二、监督管理体制

环境保护部对全国放射性污染防治工作依法实施统一监督管理。

国务院卫生行政部门和其他有关部门依据国务院规定的职责,对有关的放射性污染防治工作依法实施监督管理。

军用设施、装备的放射性污染防治,由国务院和军队的有关主管部门依照《放射性污染防治法》规定的原则和国务院、中央军事委员会规定的职责,实施监督管理。

三、监督管理制度

(一)监测制度

环境保护部会同国务院其他有关部门组织环境监测网络,对放射性污染实施监测管理。

（二）监督检查制度

环境保护部和国务院其他有关部门,按照职责分工,各负其责、互通信息、密切配合,对核设施、铀(钍)矿开发利用中的放射性污染防治进行监督检查。

县级以上地方环保主管部门和同级其他有关部门,按照职责分工,各负其责、互通信息、密切配合,对本行政区域内核技术利用、伴生放射性矿开发利用中的放射性污染防治进行监督检查。

监督检查人员进行现场检查时,应当出示证件。被检查的单位必须如实反映情况,提供必要的资料。监督检查人员应当为被检查单位保守技术秘密和业务秘密。对涉及国家秘密的单位和部门进行检查时,应当遵守国家有关保守国家秘密的规定,依法办理有关审批手续。

（三）开发利用单位职责

核设施营运单位、核技术利用单位、铀(钍)矿和伴生放射性矿开发利用单位,负责本单位放射性污染的防治,接受环保主管部门和其他有关部门的监督管理,并依法对其造成的放射性污染承担责任。

核设施营运单位、核技术利用单位、铀(钍)矿和伴生放射性矿开发利用单位,必须采取安全与防护措施,预防发生可能导致放射性污染的各类事故,避免放射性污染危害。

核设施营运单位、核技术利用单位、铀(钍)矿和伴生放射性矿开发利用单位,应当对其工作人员进行放射性安全教育、培训,采取有效的安全防护措施。

运输放射性物质和含放射源的射线装置,应当采取有效措施,防止放射性污染。

（四）资格资质管理制度

国家对从事放射性污染防治的专业人员实行资格管理制度;对从事放射性污染监测工作的机构实行资质管理制度。

（五）标志制度

放射性物质和射线装置应当设置明显的放射性标识和中文警示说明。生产、销售、使用、贮存、处置放射性物质和射线装置的场所,以及运输放射性物质和含放射源的射线装置的工具,应当设置明显的放射性标志。

（六）标准制度

国家放射性污染防治标准由环境保护部根据环境安全要求和经济技术条件制

定。国家放射性污染防治标准由环境保护部和国务院标准化行政主管部门联合发布。

含有放射性物质的产品,应当符合国家放射性污染防治标准;不符合国家放射性污染防治标准的,不得出厂和销售。

使用伴生放射性矿渣和含有天然放射性物质的石材做建筑和装修材料,应当符合国家建筑材料放射性核素控制标准。

第三节　我国放射性污染防治法的主要规定

本节讨论我国放射性污染防治法中关于核设施、核技术利用及铀(钍)矿和伴生放射性矿开发利用的放射性污染防治,以及废物管理的规定。

一、核设施的放射性污染防治

核设施是指,核动力厂(核电厂、核热电厂、核供汽供热厂等)和其他反应堆(研究堆、实验堆、临界装置等);核燃料生产、加工、贮存和后处理设施;放射性废物的处理和处置设施等。核设施的潜在危害较大,一旦发生放射性污染事故,后果比较严重。为了加强对核设施的污染防治,预防和避免放射性污染事故的发生,《放射性污染防治法》设专章对核设施的污染防治作出了如下规定:

(一)环境影响评价及审批制度

核设施选址,应当进行科学论证,并按照国家有关规定办理审批手续。在办理核设施选址审批手续前,应当编制环境影响报告书,报环境保护部审查批准;未经批准的,有关部门不得办理核设施选址批准文件。

核设施营运单位在进行核设施建造、装料、运行、退役等活动前,必须按照国务院有关核设施安全监督管理的规定,申请领取核设施建造、运行许可证,办理装料、退役等审批手续。核设施营运单位领取有关许可证或者批准文件后,方可进行相应的建造、装料、运行、退役等活动。

核设施营运单位应当在申请领取核设施建造、运行许可证和办理退役审批手续前,编制环境影响报告书,报环境保护部审查批准;未经批准的,有关部门不得颁发许可证和办理批准文件。

(二)"三同时"制度

与核设施相配套的放射性污染防治设施,应当与主体工程同时设计、同时施工、同时投入使用。放射性污染防治设施应当与主体工程同时验收;验收合格的,主体工程方可投入生产或者使用。

(三)进口核设施标准制度

进口核设施,应当符合国家放射性污染防治标准;没有相应的国家放射性污染防治标准的,采用环境保护部指定的国外有关标准。

(四)规划限制区

核动力厂等重要核设施外围地区应当划定规划限制区。规划限制区的划定和管理办法,由国务院规定。

(五)监督性监测

核设施营运单位应当对核设施周围环境中所含的放射性核素的种类、浓度以及核设施流出物中的放射性核素总量实施监测,并定期向环境保护部和所在地省级环保主管部门报告监测结果。

环境保护部负责对核动力厂等重要核设施实施监督性监测,并根据需要对其他核设施的流出物实施监测。监督性监测系统的建设、运行和维护费用由财政预算安排。

(六)安全保卫制度

核设施营运单位应当建立健全安全保卫制度,加强安全保卫工作,并接受公安部门的监督指导。

核设施营运单位应当按照核设施的规模和性质制定核事故场内应急计划,做好应急准备。出现核事故应急状态时,核设施营运单位必须立即采取有效的应急措施控制事故,并向核设施主管部门和环保主管部门、卫生行政部门、公安部门以及其他有关部门报告。

(七)核事故应急制度

核设施主管部门、环保主管部门、卫生行政部门、公安部门以及其他有关部门,在本级政府的组织领导下,按照各自的职责依法做好核事故应急工作。

中国人民解放军和中国人民武装警察部队按照国务院、中央军事委员会的有关规定在核事故应急中实施有效的支援。

(八)核设施退役计划

核设施的退役费用和放射性废物处置费用应当预提,列入投资概算或者生产成本。核设施的退役费用和放射性废物处置费用的提取和管理办法,由财政部、国务院价格主管部门会同环境保护部、核设施主管部门规定。

二、核技术利用的放射性污染防治

核技术利用,是指密封放射源、非密封放射源和射线装置在医疗、工业、农业、地质调查、科学研究和教学等领域中的使用。为了加强对放射性同位素和射线装置的污染防治,《放射性污染防治法》第四章对核技术利用的污染防治作出了如下规定:

(一)许可证和登记制度

生产、销售、使用放射性同位素和射线装置的单位,应当按照国务院有关放射性同位素与射线装置放射防护的规定申请领取许可证,办理登记手续。转让、进口放射性同位素和射线装置的单位以及装备有放射性同位素的仪表的单位,应当按照国务院有关放射性同位素与射线装置放射防护的规定办理有关手续。

(二)环境影响评价制度

生产、销售、使用放射性同位素和加速器、中子发生器以及含放射源的射线装置的单位,应当在申请领取许可证前,编制环境影响评价文件,报省级环保主管部门审查批准;未经批准的,有关部门不得颁发许可证。

(三)"三同时"制度

新建、改建、扩建放射工作场所的放射防护设施,应当与主体工程同时设计、同时施工、同时投入使用。放射防护设施应当与主体工程同时验收;验收合格的,主体工程方可投入生产或者使用。

(四)安全存放制度

放射性同位素应当单独存放,不得与易燃、易爆、腐蚀性物品等一起存放,其贮存场所应当采取有效的防火、防盗、防射线泄漏的安全防护措施,并指定专人负责保管。贮存、领取、使用、归还放射性同位素时,应当进行登记、检查,做到账物相符。

生产、使用放射性同位素和射线装置的单位,应当按照环境保护部的规定对其产生的放射性废物进行收集、包装、贮存。

生产放射源的单位,应当按照环境保护部的规定回收和利用废旧放射源;使用放射源的单位,应当按照环境保护部的规定将废旧放射源交回生产放射源的单位或者送交专门从事放射性固体废物贮存、处置的单位。

（五）安全保卫制度

生产、销售、使用、贮存放射源的单位，应当建立健全安全保卫制度，指定专人负责，落实安全责任制，制定必要的事故应急措施。发生放射源丢失、被盗和放射性污染事故时，有关单位和个人必须立即采取应急措施，并向公安部门、卫生行政部门和环保主管部门报告。

公安部门、卫生行政部门和环保主管部门接到放射源丢失、被盗和放射性污染事故报告后，应当报告本级政府，并按照各自的职责立即组织采取有效措施，防止放射性污染蔓延，减少事故损失。当地政府应当及时将有关情况告知公众，并做好事故的调查和处理工作。

三、铀（钍）矿和伴生放射性矿开发利用的放射性污染防治

伴生放射性矿，是指含有较高水平天然放射性核素浓度的非铀矿（如稀土矿和磷酸盐矿等）。针对铀（钍）矿和伴生放射性矿开发利用过程中对放射性污染防治重视不够和放射性污染事故时有发生等问题，《放射性污染防治法》主要作了以下规定。

（一）环境影响评价制度

开发利用或者关闭铀（钍）矿的单位，应当在申请领取采矿许可证或者办理退役审批手续前，编制环境影响报告书，报环境保护部审查批准。

开发利用伴生放射性矿的单位，应当在申请领取采矿许可证前，编制环境影响报告书，报省级以上环保主管部门审查批准。

（二）"三同时"制度

与铀（钍）矿和伴生放射性矿开发利用建设项目相配套的放射性污染防治设施，应当与主体工程同时设计、同时施工、同时投入使用。放射性污染防治设施应当与主体工程同时验收；验收合格的，主体工程方可投入生产或者使用。

（三）监测制度

铀（钍）矿开发利用单位应当对铀（钍）矿的流出物和周围的环境实施监测，并定期向环境保护部和所在地省级环保主管部门报告监测结果。

（四）尾矿的贮存、处置

对铀（钍）矿和伴生放射性矿开发利用过程中产生的尾矿，应当建造尾矿库进

行贮存、处置；建造的尾矿库应当符合放射性污染防治的要求。

（五）铀（钍）矿退役

铀（钍）矿开发利用单位应当制定铀（钍）矿退役计划。铀矿退役费用由国家财政预算安排。

四、放射性废物管理

放射性废物，是指含有放射性核素或者被放射性核素污染，其放射性核素浓度或者比活度大于国家确定的清洁解控水平，预期不再使用的废弃物。放射性废物的处理、贮存和处置是放射性污染防治的重要环节。处理是指为了能够安全和经济地运输、贮存、处置放射性废物，通过净化、浓缩、固化、压缩和包装等手段，改变放射性废物的属性、形态和体积的活动。贮存，是指将废旧放射源和其他放射性固体废物临时放置于专门建造的设施内进行保管的活动。处置，是指将废旧放射源和其他放射性固体废物最终放置于专门建造的设施内并不再回取的活动。

为了保证放射性废物及时得到处置，防止其对环境和公众健康构成威胁，《放射性污染防治法》第六章和《放射性废物安全管理条例》对放射性废物管理作出了如下规定。

（一）污染防治和达标排放的规定

核设施营运单位、核技术利用单位、铀（钍）矿和伴生放射性矿开发利用单位，应当合理选择和利用原材料，采用先进的生产工艺和设备，尽量减少放射性废物的产生量。

向环境中排放放射性废气、废液，必须符合国家放射性污染防治标准。产生放射性废气、废液的单位，向环境排放符合国家放射性污染防治标准的放射性废气、废液，应当向审批环境影响评价文件的环保主管部门申请放射性核素排放量，并定期报告排放计量结果。

产生放射性废液的单位，必须按照国家放射性污染防治标准的要求，对不得向环境排放的放射性废液进行处理或者贮存。产生放射性废液的单位，向环境排放符合国家放射性污染防治标准的放射性废液，必须采用符合环境保护部规定的排放方式。禁止利用渗井、渗坑、天然裂隙、溶洞或者国家禁止的其他方式排放放射性废液。

（二）放射性废物处理和贮存的规定

核设施营运单位应当将其产生的不能回收利用并不能返回原生产单位或者出

口方的废旧放射源,送交取得相应许可证的放射性固体废物贮存单位集中贮存,或者直接送交取得相应许可证的放射性固体废物处置单位处置。对其产生的除废旧放射源以外的放射性固体废物和不能经净化排放的放射性废液进行处理,使其转变为稳定的、标准化的固体废物后自行贮存,并及时送交取得相应许可证的放射性固体废物处置单位处置。

核技术利用单位应当对其产生的不能经净化排放的放射性废液进行处理,转变为放射性固体废物。及时将其产生的废旧放射源和其他放射性固体废物,送交取得相应许可证的放射性固体废物贮存单位集中贮存,或者直接送交取得相应许可证的放射性固体废物处置单位处置。

放射性固体废物贮存单位应当按照国家有关放射性污染防治标准和环境保护部的规定,对其接收的废旧放射源和其他放射性固体废物进行分类存放和清理,及时予以清洁解控或者送交取得相应许可证的放射性固体废物处置单位处置。应当根据贮存设施运行监测计划和辐射环境监测计划,对贮存设施进行安全性检查,并对贮存设施周围的地下水、地表水、土壤和空气进行放射性监测。

将废旧放射源和其他放射性固体废物送交放射性固体废物贮存、处置单位贮存、处置时,送交方应当一并提供放射性固体废物的种类、数量、活度等资料和废旧放射源的原始档案,并按照规定承担贮存、处置的费用。

(三)放射性废物处置的规定

低、中水平放射性固体废物在符合国家规定的区域实行近地表处置。高水平放射性固体废物和 α 放射性固体废物实行集中的深地质处置。禁止在内河水域和海洋上处置放射性固体废物。

国务院核设施主管部门会同环境保护部根据地质条件和放射性固体废物处置的需要,在环境影响评价的基础上编制放射性固体废物处置场所选址规划,报国务院批准后实施。有关地方政府应当根据放射性固体废物处置场所选址规划,提供放射性固体废物处置场所的建设用地,并采取有效措施支持放射性固体废物的处置。

产生放射性固体废物的单位,应当按照环境保护部的规定,对其产生的放射性固体废物进行处理后,送交放射性固体废物处置单位处置,并承担处置费用。放射性固体废物处置费用收取和使用管理办法,由财政部、国务院价格主管部门会同环境保护部规定。

(四)许可证制度

设立专门从事放射性固体废物贮存、处置的单位,必须经环境保护部审查批准,取得许可证。具体办法由国务院规定。

禁止未经许可或者不按照许可的有关规定从事贮存和处置放射性固体废物的活动。

禁止将放射性固体废物提供或者委托给无许可证的单位贮存和处置。

(五)禁止输入和转移制度

禁止将放射性废物和被放射性污染的物品输入我国境内或者经我国境内转移。

案例分析

张某及其亲属放射性污染案

1992年11月19日,农民张某在山西省忻州地区环境检测站宿舍工地干活时,捡到一个亮晶晶的小东西,放进了上衣口袋里。几小时后,张某就出现了恶心、呕吐等症状。张某的父亲和弟弟照顾张某,张某的妻子也不时看望张某。十几天后,张某死去,死因没有查明。没过几天,张某的父亲和弟弟也得了与张某同样的"病",并相继去世。张某的妻子也得了同样的"病",且病情严重。后经医务人员的认真诊断和调查,发现了四个人的真正病因:那个亮晶晶的小东西是废弃的钴60,其放射性强度高达10居里,足以"照死人"。

有关部门调查发现:这一废弃的放射源——钴60属于忻州地区科委。1973年,为了培育良种,该地区科委在上海医疗器械厂的帮助下,筹建了钴60辐照装置。后来,有几个钴源的克镭当量弱化,钴源装置不再需要。1981年,科委迁往新址,原址划归忻州地区环境监测站,但是钴60辐照室和两间附属操作室仍归科委占用。

1991年,环境监测站急于用地,请示山西省环保局收储放射源。后者安排山西省放射环境管理站负责收储工作。同年5、6月间,环境监测站白某与省放射环境管理站陈某、李某双方口头商定由省放射环境管理站对钴源进行倒装、储藏和运输。之后,省放射环境管理站找到中国辐射防护研究院的专家韩某和卜某,请他们到场帮助工作。6月20日,陈某、李某、韩某、卜某4人参加该地区环境监测站主持召开的"迁源论证会"。环境监测站未通知科委领导,只通知了钴源室的管理人员贺某。会上,有人问钴源数量时,贺某回答说"4个"。而且,与会专家也没有收集这些钴源的其他相关资料。同月26日,陈某、李某负责现场检测,韩某、卜某负责倒装技术操作,贺某等人协助倒装。操作中,韩某发现钴源数量与贺某提供的情况有差别,其中之一颜色发暗;于是向贺某询问原因。贺某的解释是:其中有一个是防止核泄漏的"堵头"。陈某和李某也未对钴源进行监测,遂将钴源倒装封存。钴源被拉走,巨大的危险却留了下来。最终导致了前述事故的发生。

1993年11月初,张某的妻子将忻州地区科委、忻州地区环境监测站、山西省放射环境管理站及中国辐射防护研究院等单位推上了被告席。张某的妻子诉称，因原告没有管理、保管好钴60，致使张某误捡了钴源，导致人身伤亡，要求赔偿损失。次年7月，忻州市检察院向忻州市法院提起公诉，指控陈某、李某、韩某、卜某、白某、贺某"在迁源工作中严重不负责任，不正确履行自己的职责"，其行为构成了玩忽职守罪。

思考问题：

根据相关法律的规定，在这起事故中，哪些单位或者个人应该承担法律责任？责任分别有哪些？为什么？

基本概念

放射性物质　放射性污染　核事故应急制度　安全存放制度　放射性废物处置

思考分析

1. 简述放射性物质污染的特点及危害。

2. 我国防治放射性物质污染环境的主要法律规定如何？

第十六章

危险物质管理法

【内容提要】

危险化学品是指由于其自身固有的性质,在各种因素影响下通过一定的反应机理发生作用,造成不利于人体健康或生态环境的特殊化学物质及其制品。危险化学品国际、国内立法数量繁多。危险化学品管理的基本原则有风险预防原则、事先知情同意原则、信息交流原则。国务院2013年《危险化学品安全管理条例》对危险化学品的安全管理措施、生产和使用、储存、运输装卸等作了规定。《农药管理条例》规定了农药等级、生产、经营、使用管理制度。《电磁辐射环境保护管理办法》对关于电磁辐射建设项目的环境管理措施、关于电磁辐射的环境管理措施以及电磁辐射污染事件处理作了规定。

第一节　危险化学品管理法

一、危险化学品及危险化学品污染

化学品是化学物质及其制品的统称。在我国1994年《化学品首次进口及有毒化学品进出口环境管理规定》中,"化学品"是指人工制造的或者是从自然界取得的化学物质,包括化学物质本身、化学混合物或者化学配制物中的一部分,以及作为工业化学品和农药使用的物质。危险化学品是指有爆炸、易燃、毒害、腐蚀、放射性等性质,在运输、装卸和储存保管过程中,易造成人身伤亡和财产损毁而需要特别防护的物品。根据我国《危险化学品安全管理条例》第3条的规定,所谓"危险化学品"是指具有毒害、腐蚀、爆炸、燃烧、助燃等性质,对人体、设施、环境具有危害的剧毒化学品和其他化学品。由于其自身固有的性质,危险化学品在各种因素影响下通过一定的反应机理发生作用,容易造成不利于人体健康或生态环境的损害后果。

在我国,危险化学品目录由国务院安全生产监督管理部门会同同级工业和信息化、公安、环境保护、卫生、质量监督检验检疫、交通运输、铁路、民用航空、农业主管部门,根据化学品危险特性的鉴别和分类标准确定、公布,并适时调整。

危险化学品管理法主要规范危险化学品造成或可能造成的环境污染或破坏问题。参照经济合作与发展组织关于污染的定义,可以将危险化学品污染定义为:人类将危险化学品直接或者间接地导入环境,导致其化学、物理、生物或者放射性等方面特性的改变,从而影响环境的有效利用,对自然造成不利影响,以至危及人类健康、危害生命资源和生态系统,以及损害或者妨害舒适性和环境的其他合法用途的现象。

目前,危险化学品种类繁多,名称各异,性质复杂,在其生产、储存、流通、使用、处置各环节都危险重重,因此国际社会不得不花大力气制定大量的有关危险化学品的国际公约和法律规定,来规范国际和国内危险化学品市场,保护人类健康、生态环境和自然资源。

二、危险化学品管理的主要国际和国内立法

(一)危险化学品管理的国际立法

国际社会对危险化学品的法律管制主要体现在化学品国际贸易方面,而其最早的规则则产生于危险化学品的国际运输领域。涉及危险化学品运输的国际条约主要有:1924 年《国际铁路运输商品公约》、1924 年《关于国际铁路运输危险商品条例》、1944 年《国际海上运输危险商品守则》、1944 年《芝加哥国际民用航空器公约》、1965 年《运输危险商品的国际海事条例》和 1973 年《国际防止船舶污染公约》、1996 年《国际海上运输有害有毒物质损害责任和赔偿公约》等。此外,在危险化学品运输方面还存在较多的国际准则、国际标准。其中比较有影响力的有:1957年联合国经社理事会《关于危险货物运输的建议》、1981 年《国际海上危险货物规程》《关于航空安全运输危险货物的技术准则》等。这些国际法律文件构成了国际危险化学品商业运输的安全网络,是危险化学品在国际流通过程中能够得到严格监管和控制的前提。

经济合作与发展组织、联合国环境规划理事会和联合国规划署等国际组织和机构对与危险化学品贸易有关的国际立法的形成作出了突出贡献。1971 年,经济合作与发展组织内部通过了一项有关危险化学品贸易的通知与协商程序决议;1974 年,该组织又通过一项建议,呼吁世界各国采用协调方法评价化学合成物对环境的潜在影响;1982 年,经合组织又通过决议确认化学品销售前对其影响评价的最低要求等。

联合国规划署从 1980 年开始定期发布《具有潜在毒性化学品的国际登记法律文件》,提供各国对化学品管制信息以及有关的国际环境指导纲要和全球性公约;1987 年,联合国环境规划理事会通过了一份《关于化学品国际贸易信息交流的伦敦准则》(下称《伦敦准则》),该准则主旨是通过化学品科技、技术、经济和法律信息的交流增强化学品在各国的安全性;1994 年,该组织通过了《关于化学品国际贸易的道德准则》,1998 年通过《鹿特丹公约》。

此外,联合国粮农组织在 1985 年通过了《关于农药分销和使用的国际行为准则》,旨在为所有从事或影响农药销售和使用的公共或私方主体确立责任并建立自愿行为准则。国际劳工组织 1990 年通过了《工作场所使用化学品安全公约》,1993 年通过《重大工业事故预防公约》。2001 年 5 月,122 个国家在斯德哥尔摩通过了《持久性有机污染物公约》,该公约遵循预先防范原则,公约的三个附件分别列举了12 种受到管制的持久性有机污染物。[①] 截至 2011 年 5 月,列入斯德哥尔摩公约受控物质清单的持久性污染物增加到 22 种。2014 年 3 月 26 日,《关于持久性有机污染物的斯德哥尔摩公约》修正案对我国生效,我国应当全面履行关于控制新增列持久性有机污染物的义务。

(二)危险化学品管理的国内立法

为了加强对危险化学品的安全管理,保障人民生命、财产安全,保护环境,国务院于 1987 年 2 月 17 日制定了《危险化学品安全管理条例》,并于 2002 年 1 月 9 日通过了新的《危险化学品安全管理条例》(2011 年、2013 年两次修改)。国务院1995 年 12 月 27 日还制定了《监控化学品管理条例》(2011 年修改)。此外,原国家环保总局、能源部 1991 年 1 月 22 日制定了《关于防止含多氯联苯电力装置及其废物污染环境的规定》,原国家环保总局、海关总署和对外贸易经济合作部 1994 年 3月 16 日发布《化学品首次进口及有毒化学品进出口环境管理规定》(2007 年修改),原化学工业部 1997 年 3 月 10 日制定了《〈监控化学品管理条例〉实施细则》,等等。

三、危险化学品管理法的基本原则

(一)风险预防原则

风险预防原则是危险化学品管制的首要原则,是所有有关危险化学品管制的公约和建议等国际文件所确立的出发点和归宿。该原则一方面要求一国的当权者

---

① 刘惠荣 主编:《国际环境法》,中国法制出版社 2006 年版,第 167－174 页。

应该组织对特定的危险化学品的危害性进行具体研究,在最科学可靠的证据基础上慎重地作出负责任的正确的决策。另一方面也要求在对具体危险化学品的危害性暂时无法得出科学决断之前,也要不断地采取一切可以采取的行动,防止或者最大限度地减小损害后果的发生。风险预防原则作为克服危险化学品潜在危险的科学不确定性的理论和措施,能够把危险化学品的环境风险降到最低,在危险化学品管制中处于重要的地位。我国《危险化学品安全管理条例》全面贯彻了风险预防原则。例如,该法第 6 条规定对危险化学品的生产、储存、使用、经营、运输实施安全监督管理的有关部门(统称为负有危险化学品安全监督管理职责的部门),依照规定履行职责。第 22 条规定,生产、储存危险化学品的企业,应当委托具备国家规定的资质条件的机构,对本企业的安全生产条件每三年进行一次安全评价,提出安全评价报告。

(二)事先知情同意原则

事先知情同意原则是指特定的危险化学品只有先经进口国许可或默许,才能销往进口国。它是风险预防原则在危险品管制中的进一步强化。有关国际公约对事先知情同意原则作了界定。例如,1983 年联合国大会第 37/137 号决议首次提出关于化学品贸易的"事先知情同意原则",提出"由于被断定为威胁健康和环境而在国内被禁止消费和/或出售的产品只有在受到进口国关于此类产品的要求或进口国官方允许消费此类产品时,才可由公司或个人销往进口国"。1987 年《伦敦准则》将事先知情同意原则定义为,为保护人类健康和环境而被禁止或严格限制的化学品,其国际运输不得在未经进口国制定的国家主管当局同意或在违反其决定的情况下进行。①

相关国际公约要求成员方公布具体的特定危险化学品的名录并附详细资料。1989 年《巴塞尔公约》建立了事先知情同意制度。1998 年《鹿特丹公约》要求各缔约方向秘书处提交本国最后管制行动的化学品清单及相关资料,并在附件三中公布了首批 27 种极其危险的化学品和农药清单。规定缔约一方向缔约另一方出口本国管制的化学品时,必须事先通知进口方;只有在进口方同意或默许后方能向进口方发货,除非该化学品在进口时已经作为化学品在进口缔约方注册登记或有证据表明该化学品以前曾在进口缔约方境内使用过或进口过,且没有采取过任何管制行动予以禁止。

我国《化学品首次进口及有毒化学品进出口环境管理规定》规定"事先知情同意"是指为保护人类健康和环境目的而被禁止或严格限制的化学品的国际运输,必须在进口国指定的国家主管部门同意的情况下进行。在我国,环境保护部对化学

---

① ［挪威］南森研究所:《绿色全球年鉴》,中国国家环保总局 译,中国环境科学出版社 2001 年版,第 113 页。

品首次进口和有毒化学品进出口实施统一的环境监督管理,负责全面执行《伦敦准则》的事先知情同意程序,发布中国禁止或严格限制的有毒化学品名录。

(三)信息交流原则

危险化学品信息交流原则是指国家与国家之间有关危险化学品禁止限制情况、危险化学品清单详细资料等的相互交换、告知、通知。它是风险预防原则的延伸和具体化。1971 年经济合作与发展组织关于危险化学品贸易的通知与协商程序决议规定,每个成员国都有权得到他国有关化学品管理信息的通知。1983 年经济合作与发展组织还通过了一项"关于交换化学品保密资料和公开非保密资料清单"的建议。

很多国际公约和法律文件都规定了危险化学品的信息交流制度。为避免发展中国家因缺乏有关进口危险化学品的充分信息而可能造成的无法挽回的环境损失,1976 年联合国环境规划署设立了"国际潜在有毒化学物质登记处"。该登记处有 550 多种国际重要化学物质的详细资料,登记处还有 6000 多种化学物质的国内国际法律制度的资料记载。[①] 联合国规划署从 1980 年开始定期发布《具有潜在毒性化学品的国际登记法律文件》,提供各国对化学品管制信息以及有关的国际环境指导纲要和全球性公约。1987 年《伦敦准则》对被禁止和严格限制的化学品信息的交流要求进出口国按照在全球范围内保护人类健康和环境的共同责任开展合作。《鹿特丹公约》要求任何为保护健康或环境而采取禁止或严格限制某种化学品的行动的国家,应尽早通知秘书处,并将信息散发到其他成员国。国际劳工组织《工作场所使用化学品安全公约》和《重大工业事故预防公约》要求当因工作场所安全和健康原因而禁止使用危险化学品时,进出口国之间应该相互通报。我国《化学品首次进口及有毒化学品进出口环境管理规定》规定环境保护部发布中国禁止或严格限制的有毒化学品名录;对外贸易经济合作部根据其职责协同环境保护部对化学品首次进口和有毒化学品进出口环境管理登记申请资料的有关内容进行审查和对外公布《中国禁止或严格限制的有毒化学品名录》。

四、危险化学品国际监管的主要内容

危险化学品的国际监管体现在化学品生产、运输、销售和使用的各环节。1986年联合国环境规划署通过一项决议,呼吁研究和评价化学品对人类健康的影响,通过制定国际协定和加强国家间合作的方式对危险化学品的生产、运输、销售和使用实行有效的控制,确保危险化学品可能带来的风险为人们所充分知晓、预防和

---

① ［法］亚历山大.斯基:《国际环境法》,张若思 编译,法律出版社 2000 年版,第 319 页。

控制。

在危险化学品生产方面，1985 年《关于农药分销和使用的国际行为准则》、1990 年《工作场所使用化学品安全公约》、联合国《关于危险物品运输的建议》等文件都不同程度对危险化学品的分类、包装和标识等与生产有密切关系的问题做了规定：危险化学品的分类、包装和标识等都应该符合公认的国际标准，危险化学品的出口还应该保证出口化学品的分类、包装和标识标准与对在国内使用的相同化学品分类、包装和标识的要求同样严格。欧盟自 1967 年开始通过一系列指令规定确定生产企业必须根据指令的要求对危险化学品进行操作和包装，在销售之前还应通知国家主管机构，向其报送危险化学品的详细资料。

在危险化学品运输销售方面，1994 年联合国环境规划署通过了《关于危险品国际贸易的道德准则》，该准则在考虑化学品整个生命周期的基础上，主要针对危险化学品的生产者、销售者和运输者提出调整国际危险品贸易的风险管理、质量保证、分类、包装和标识等方面的要求。1998 年《鹿特丹公约》鼓励成员国在某些危险化学品的国际贸易中分担责任和开展工作，通过事先知情同意程序促进化学品信息资料的交换等。此外，《国际铁路运输商品公约》《关于国际铁路运输危险商品条例》《国际海上运输危险商品守则》《运输危险商品的国际海事条例》等对危险化学品的运输做了规定。

在危险化学品使用方面，1985 年《关于农药分销和使用的国际行为准则》向政府、工业界及其他有关组织提供减少农药生产、销售和使用风险的指南。2001 年《持久性有机污染物公约》对使用有毒、持久和具有生物富集性的有机化合物进行了规制，要求缔约方逐步减少和消除这类危险化学品的使用。1985 年《保护臭氧层公约》和 1987 年《关于消耗臭氧层物质的蒙特利尔议定书》规定了对消耗平流层中臭氧层的危险化学品的控制机制。

五、我国危险化学品管理法的主要内容

（一）关于生产、储存和使用危险化学品的规定

国家对危险化学品的生产、储存实行统筹规划、合理布局。国务院工业和信息化主管部门以及国务院其他有关部门依据各自职责，负责危险化学品生产、储存的行业规划和布局。地方组织编制城乡规划，应当根据本地区的实际情况，按照确保安全的原则，规划适当区域专门用于危险化学品的生产、储存。

危险化学品生产企业进行生产前，应当依照《安全生产许可证条例》的规定，取得危险化学品安全生产许可证。生产列入国家实行生产许可证制度的工业产品目录的危险化学品的企业，应当依照《工业产品生产许可证管理条例》的规定，取得工

业产品生产许可证。负责颁发危险化学品安全生产许可证、工业产品生产许可证的部门,应当将其颁发许可证的情况及时向同级工业和信息化主管部门、环保主管部门和公安机关通报。危险化学品生产、储存企业,必须具备下列条件:①有符合国家标准的生产工艺、设备或者储存方式、设施;②工厂、仓库的周边防护距离符合国家标准或者国家有关规定;③有符合生产或者储存需要的管理人员和技术人员;④有健全的安全管理制度;⑤符合法律、法规规定和国家标准要求的其他条件。

从事剧毒化学品、易制爆危险化学品经营的企业,应当向所在地设区的市级安全生产监督管理部门提出申请,从事其他危险化学品经营的企业,应当向所在地县级安全生产监督管理部门提出申请(有储存设施的,应当向所在地设区的市级安全生产监督管理部门提出申请)。设区的市级安全生产监督管理部门或者县级安全生产监督管理部门应当依法进行审查,并对申请人的经营场所、储存设施进行现场核查,自收到证明材料之日起 30 日内作出批准或者不予批准的决定。

危险化学品的包装应当符合法律、法规、规章的规定以及国家标准、行业标准的要求。危险化学品包装物、容器的材质以及危险化学品包装的型式、规格、方法和单件质量(重量),应当与所包装的危险化学品的性质和用途相适应。

生产、储存危险化学品的单位,应当根据其生产、储存的危险化学品的种类和危险特性,在作业场所设置相应的监测、监控、通风、防晒、调温、防火、灭火、防爆、泄压、防毒、中和、防潮、防雷、防静电、防腐、防泄漏以及防护围堤或者隔离操作等安全设施、设备,并按照国家标准、行业标准或者国家有关规定对安全设施、设备进行经常性维护、保养,保证安全设施、设备的正常使用。生产、储存危险化学品的单位,应当在其作业场所和安全设施、设备上设置明显的安全警示标志。生产、储存危险化学品的企业,应当委托具备国家规定的资质条件的机构,对本企业的安全生产条件每三年进行一次安全评价,提出安全评价报告。安全评价报告的内容应当包括对安全生产条件存在的问题进行整改的方案。生产、储存危险化学品的企业,应当将安全评价报告以及整改方案的落实情况报所在地县级安全生产监督管理部门备案。在港区内储存危险化学品的企业,应当将安全评价报告以及整改方案的落实情况报港口行政管理部门备案。

任何单位和个人不得生产、经营、使用国家禁止生产、经营、使用的危险化学品。国家对危险化学品的使用有限制性规定的,任何单位和个人不得违反限制性规定使用危险化学品。

生产、储存危险化学品的单位,应当在其作业场所设置通信、报警装置,并保证处于适用状态。生产列入国家实行生产许可证制度的工业产品目录的危险化学品包装物、容器的企业,应当依照《工业产品生产许可证管理条例》的规定,取得工业产品生产许可证;其生产的危险化学品包装物、容器经国务院质量监督检验检疫部门认定的检验机构检验合格,方可出厂销售。运输危险化学品的船舶及其配载的容器,应当按照国家船舶检验规范进行生产,并经海事管理机构认定的船舶检验机构检验合格,方可投入使用。对重复使用的危险化学品包装物、容器,使用单位在重复使用前应当进行检查;发现存在安全隐患的,应当维修或者更换。使用单位应当对检查情况作出记录,记录的保存期限不得少于两年。

危险化学品应当储存在专用仓库、专用场地或者专用储存室(以下统称专用仓库)内,并由专人负责管理;剧毒化学品以及储存数量构成重大危险源的其他危险化学品,应当在专用仓库内单独存放,并实行双人收发、双人保管制度。危险化学品的储存方式、方法以及储存数量应当符合国家标准或者国家有关规定。储存危险化学品的单位应当建立危险化学品出入库核查、登记制度。危险化学品专用仓库应当符合国家标准、行业标准的要求,并设置明显的标志。储存剧毒化学品、易制爆危险化学品的专用仓库,应当按照国家有关规定设置相应的技术防范设施。储存危险化学品的单位应当对其危险化学品专用仓库的安全设施、设备定期进行检测、检验。

公众上交的危险化学品,由公安部门接收。公安部门接收的危险化学品和其他有关部门收缴的危险化学品,交由环保主管部门认定的专业单位处理。

(二)关于经营危险化学品的规定

国家对危险化学品经营(包括仓储经营)实行许可制度。未经许可,任何单位和个人不得经营危险化学品。从事危险化学品经营的企业应当具备下列条件:①有符合国家标准、行业标准的经营场所,储存危险化学品的,还应当有符合国家标准、行业标准的储存设施;②从业人员经过专业技术培训并经考核合格;③有健全的安全管理规章制度;④有专职安全管理人员;⑤有符合国家规定的危险化学品事故应急预案和必要的应急救援器材、设备;⑥法律、法规规定的其他条件。

危险化学品经营企业不得向未经许可从事危险化学品生产、经营活动的企业采购危险化学品,不得经营没有化学品安全技术说明书或者化学品安全标签的危险化学品。

依法取得危险化学品安全生产许可证、危险化学品安全使用许可证、危险化学品经营许可证的企业,凭相应的许可证件购买剧毒化学品、易制爆危险化学品。民用爆炸物品生产企业凭民用爆炸物品生产许可证购买易制爆危险化学品。其他单位购买剧毒化学品的,应当向所在地县级公安机关申请取得剧毒化学品购买许可证;购买易制爆危险化学品的,应当持本单位出具的合法用途说明。个人不得购买剧毒化学品(属于剧毒化学品的农药除外)和易制爆危险化学品。

(三)关于运输危险化学品的规定

从事危险化学品道路运输、水路运输的,应当分别依照有关道路运输、水路运输的法律、行政法规的规定,取得危险货物道路运输许可、危险货物水路运输许可,并向工商行政管理部门办理登记手续。

危险化学品道路运输企业、水路运输企业的驾驶人员、船员、装卸管理人员、押运人员、申报人员、集装箱装箱现场检查员应当经交通运输主管部门考核合格,取得从业资格。具体办法由国务院交通运输主管部门制定。危险化学品的装卸作业应当遵守安全作业标准、规程和制度,并在装卸管理人员的现场指挥或者监控下进行。水路运输危险化学品的集装箱装箱作业应当在集装箱装箱现场检查员的指挥或者监控下进行,并符合积载、隔离的规范和要求;装箱作业完毕后,集装箱装箱现场检查员应当签署装箱证明书。

托运危险化学品的,托运人应当向承运人说明所托运的危险化学品的种类、数量、危险特性以及发生危险情况的应急处置措施,并按照国家有关规定对所托运的危险化学品妥善包装,在外包装上设置相应的标志。运输危险化学品需要添加抑制剂或者稳定剂的,托运人应当添加,并将有关情况告知承运人。

托运人不得在托运的普通货物中夹带危险化学品,不得将危险化学品匿报或者谎报为普通货物托运。任何单位和个人不得交寄危险化学品或者在邮件、快件内夹带危险化学品,不得将危险化学品匿报或者谎报为普通物品交寄。邮政企业、快递企业不得收寄危险化学品。

用于运输危险化学品的槽罐以及其他容器应当封口严密,能够防止危险化学品在运输过程中因温度、湿度或者压力的变化发生渗漏、洒漏;槽罐以及其他容器的溢流和泄压装置应当设置准确、起闭灵活。

剧毒化学品、易制爆危险化学品在道路运输途中丢失、被盗、被抢或者出现流散、泄漏等情况的,驾驶人员、押运人员应当立即采取相应的警示措施和安全措施,并向当地公安机关报告。公安机关接到报告后,应当根据实际情况立即向安全生产监督管理部门、环保主管部门、卫生主管部门通报。有关部门应当采取必要的应急处置措施。

（四）危险化学品的登记与事故应急救援

国家实行危险化学品登记制度,为危险化学品安全管理以及危险化学品事故预防和应急救援提供技术、信息支持。发生危险化学品事故,有关地方政府应当立即组织安全生产监督管理、环境保护、公安、卫生、交通运输等有关部门,按照本地区危险化学品事故应急预案组织实施救援,不得拖延、推诿。有关地方政府及其有关部门应当按照下列规定,采取必要的应急处置措施,减少事故损失,防止事故蔓延、扩大:立即组织营救和救治受害人员,疏散、撤离或者采取其他措施保护危害区域内的其他人员;迅速控制危害源,测定危险化学品的性质、事故的危害区域及危害程度;针对事故对人体、动植物、土壤、水源、大气造成的现实危害和可能产生的危害,迅速采取封闭、隔离、洗消等措施;对危险化学品事故造成的环境污染和生态破坏状况进行监测、评估,并采取相应的环境污染治理和生态修复措施。

(五)化学品进出口管理

1994 年《化学品首次进口及有毒化学品进出口环境管理规定》对化学品的进出口管理提出了如下要求:

(1)化学品进出口的监督管理机关。环境保护部对化学品首次进口和有毒化学品进出口实施统一的环境监督管理。发布中国禁止或严格限制的有毒化学品名录,实施化学品首次进口和列入《名录》内的有毒化学品进出口的环境管理登记和审批,签发《化学品进(出)口环境管理登记证》和《有毒化学品进(出)口环境管理放行通知单》(下称《放行通知单》),发布首次进口化学品登记公告。

我国海关对列入《名录》的有毒化学品的进出口凭环境保护部签发的《有毒化学品进(出)口环境管理放行通知单》验放。

对外贸易经济合作部根据其职责协同环境保护部对化学品首次进口和有毒化学品进出口环境管理登记申请资料的有关内容进行审查和对外公布《中国禁止或严格限制的有毒化学品名录》。

地方各级环保主管部门依据本规定对本辖区的化学品首次进口及有毒化学品进出口进行环境监督管理。

(2)化学品、禁止的化学品、严格限制的化学品、有毒化学品的定义。"化学品"是指人工制造的或者是从自然界取得的化学物质,包括化学物质本身、化学混合物或者化学配制物中的一部分,以及作为工业化学品和农药使用的物质。"禁止的化学品"是指因损害健康和环境而被禁止使用的化学品。"严格限制的化学品"是指因损害健康和环境而被禁止使用的化学品,但经授权在一些特殊情况下仍可使用的化学品。"有毒化学品"是指进入环境后通过环境积蓄、生物积累、生物转化或化学反应等方式损害健康和环境,或者通过接触对人体具有严重危害和具有潜在危险的化学品。对这些不同的化学品,国家实行分类管理。

(3)化学品进出口登记制度。每次外商及其代理人向中国出口和国内从国外进口列入《名录》中的工业化学品或农药之前,均需向环境保护部提出有毒化学品进口环境管理登记申请。对准予进口的发给《化学品进(出)口环境管理登记证》和《放行通知单》。《放行通知单》实行一批一证制,每份在有效时间内只能报关使用一次。

申请出口列入《名录》的化学品,必须向环境保护部提出有毒化学品出口环境管理登记申请。环境保护部受理申请后,应通知进口国主管部门,在收到进口国主管部门同意进口的通知后,发给申请人准许有毒化学品出口的《化学品进(出)口环境管理登记证》。对进口国主管部门不同意进口的化学品,不予登记,不准出口,并通知申请人。

(4)防止污染口岸环境。因包装损坏或者不符合要求而造成或者可能造成口岸污染的,口岸主管部门应立即采取措施,防止和消除污染,并及时通知当地环保主管部门,进行调查处理。防止和消除其污染的费用由有关责任人承担。

第二节　我国农药管理法

早在 20 世纪 50 年代,国务院有关部门就颁布了农药安全管理的若干规定,内容涉及防止农药中毒、农药质量与生产、使用的安全管理等。到目前为止,农药管理的相关法律法规主要有:《农药安全使用规定》(1982 年制定)、《农药登记规定》(1982 年制定)、《农药管理条例》(1997 年制定,2001 年修订)、《农药限制使用管理规定》(2002 年制定)、《农药生产管理办法》(2003 年制定,2004 年修订)、《农药管理条例实施办法》(2007 年修订)等。其中《农药管理条例》在农药管理中处于核心地位,下面对其内容予以简要介绍。

一、农药及农药污染的概念

按照《农药管理条例》的解释,所谓农药,是指用于预防、消灭或者控制危害农业、林业的病、虫、草和其他有害生物以及有目的地调节植物、昆虫生长的化学合成或者来源于生物、其他天然物质的一种物质或者几种物质的混合物及其制剂。农药的范畴包括用于不同目的、场所的下列各类:预防、消灭或者控制危害农业、林业的病、虫(包括昆虫、蜱、螨)、草和鼠、软体动物等有害生物的;预防、消灭或者控制仓储病、虫、鼠和其他有害生物的;调节植物、昆虫生长的;用于农业、林业产品防腐或者保鲜的;预防、消灭或者控制蚊、蝇、蜚蠊、鼠和其他有害生物的;预防、消灭或者控制危害河流堤坝、铁路、机场、建筑物和其他场所的有害生物的。

参照 OECD 关于污染的定义,可以将农药污染定义为:人类将农药直接或者间接地导入环境,导致其化学、物理、生物或者放射性等方面特性的改变,从而影响环境的有效利用,对自然造成不利影响,以至危及人类健康、危害生命资源和生态系统,以及损害或者妨害舒适性和环境的其他合法用途的现象。

二、农药登记管理制度

国家实行农药登记制度。生产(包括原药生产、制剂加工和分装)农药和进口农药,必须进行登记。国内首次生产的农药和首次进口的农药的登记,按照下列三个阶段进行:①田间试验阶段。申请登记的农药,由其研制者提出田间试验申请,经批准,方可进行田间试验;田间试验阶段的农药不得销售。②临时登记阶段。田间试验后,需要进行田间试验示范、试销的农药以及在特殊情况下需要使用的农药,由其生产者申请临时登记,经农业部发给农药临时登记证后,方可在规定的范围内进行田间试验示范、试销。③正式登记阶段。经田间试验示范、试销可以作为正式商品流通的农药,由其生产者申请正式登记,经农业部发给农药登记证后,方可生产、销售。

申请农药登记时,其研制者、生产者或者向中国出售农药的外国企业应当向农业部或者经由省级农业行政主管部门向农业部提供农药样品,并按照农业部规定的农药登记要求,提供农药的产品化学、毒理学、药效、残留、环境影响、标签等方面的资料。农药正式登记的申请资料分别经国务院农业、林业、工业产品许可管理、卫生、环保主管部门和全国供销合作总社审查并签署意见后,由农药登记评审委员会对农药的产品化学、毒理学、药效、残留、环境影响等作出评价。根据农药登记评审委员会的评价,符合条件的,由农业部发给农药登记证。

农药登记证和农药临时登记证应当规定登记有效期限;登记有效期限届满,需要继续生产或者继续向中国出售农药产品的,应当在登记有效期限届满前申请续展登记。经正式登记和临时登记的农药,在登记有效期限内改变剂型、含量或者使用范围、使用方法的,应当申请变更登记。

三、农药生产管理制度

农药生产应当符合国家农药工业的产业政策。国家实行农药生产许可制度。生产有国家标准或者行业标准的农药的,应当向国务院工业产品许可管理部门申请农药生产许可证。生产尚未制定国家标准、行业标准但已有企业标准的农药的,应当经省级工业产品许可管理部门审核同意后,报国务院工业产品许可管理部门批准,发给农药生产批准文件。

农药产品包装必须贴有标签或者附具说明书。标签应当紧贴或者印制在农药包装物上。标签或者说明书上应当注明农药名称、企业名称、产品批号和农药登记证号或者农药临时登记证号、农药生产许可证号或者农药生产批准文件号以及农药的有效成分、含量、重量、产品性能、毒性、用途、使用技术、使用方法、生产日期、有效期和注意事项等;农药分装的,还应当注明分装单位。

农药产品出厂前,应当经过质量检验并附具产品质量检验合格证;不符合产品质量标准的,不得出厂。

四、农药经营管理制度

经营的农药属于化学危险物品的,应当按照国家有关规定办理经营许可证。

农药经营单位应当具备有关法律、行政法规规定的条件,并依法向工商行政管理机关申请领取营业执照后,方可经营农药。下列单位可以经营农药:供销合作社的农业生产资料经营单位;植物保护站;土壤肥料站;农业、林业技术推广机构;森林病虫害防治机构;农药生产企业;国务院规定的其他经营单位。

农药经营单位购进农药,应当将农药产品与产品标签或者说明书、产品质量合格证核对无误,并进行质量检验。禁止收购、销售无农药登记证或者农药临时登记证、无农药生产许可证或者农药生产批准文件、无产品质量标准和产品质量合格证和检验不合格的农药。农药经营单位销售农药,必须保证质量,农药产品与产品标签或者说明书、产品质量合格证应当核对无误。农药经营单位应当向使用农药的单位和个人正确说明农药的用途、使用方法、用量、中毒急救措施和注意事项。超过产品质量保证期限的农药产品,经省级以上农业行政主管部门所属的农药检定机构检验,符合标准的,可以在规定期限内销售;但是,必须注明"过期农药"字样,并附具使用方法和用量。

五、农药使用管理制度

使用农药应当遵守农药防毒规程,正确配药、施药,做好废弃物处理和安全防护工作,防止农药污染环境和农药中毒事故。使用农药应当遵守国家有关农药安全、合理使用的规定,按照规定的用药量、用药次数、用药方法和安全间隔期施药,防止污染农副产品。剧毒、高毒农药不得用于防治卫生害虫,不得用于蔬菜、瓜果、茶叶和中草药材。使用农药应当注意保护环境、有益生物和珍稀物种。严禁用农药毒鱼、虾、鸟、兽等。

第三节　我国电磁辐射管理法

一、电磁辐射的概念及立法

电磁辐射是由加速度运动的电荷所产生的一种能量。任何一个带有电荷的物体均能够在其周围产生电场,任何一个载流导体均能在周围产生磁场。当带电系统的电荷或电流随时间作周期性变化时,该系统所产生的磁场也发生周期性变化并不断向空间传播,并可达无限远处。电磁辐射用以传递信息可以在瞬间到达世界各地,所以它被广泛用于工业、军事、医学以及日常生活等领域,如雷达、卫星通讯、微波炉、电视机和收音机等。大功率的电磁辐射能量可以作为能源使用,但是也会对日常生产生活产生危害,容易引燃引爆、产生信号干扰并给人体健康带来危害。

　　为加强电磁辐射环境保护工作的管理,有效地保护环境,保障公众健康,根据《环境保护法》及有关规定,原国家环保总局 1997 年制定了《电磁辐射环境保护管理办法》。该《办法》所称电磁辐射是指以电磁波形式通过空间传播的能量流,且限于非电离辐射,包括信息传递中的电磁波发射,工业、科学、医疗应用中的电磁辐射,高压送变电中产生的电磁辐射。该《办法》对建设电磁辐射项目、电磁辐射项目的环境管理、电磁辐射污染事件处理作了规定。任何从事上述所列电磁辐射的活动,或进行伴有该电磁辐射的活动的单位和个人,都必须遵守该办法的规定。

二、建设电磁辐射项目的管理规定

　　根据《电磁辐射环境保护管理办法》的规定,电磁辐射建设项目,应当执行环境保护申报登记和环境影响报告书制度,并做到执行环境保护设施与主体工程同时设计、同时施工、同时投产使用,并接受环保主管部门的检查和竣工验收。

　　从事电磁辐射活动的单位主管部门应督促其下属单位遵守国家环境保护规定和标准,加强对所属各单位的电磁辐射环境保护工作的领导,负责电磁辐射建设项目和设备环境影响报告书(表)的预审。

　　从事电磁辐射活动的单位和个人建设或者使用《电磁辐射建设项目和设备名录》中所列的电磁辐射建设项目或者设备,必须在建设项目申请立项前或者在购置设备前,按该办法的规定,向有环境影响报告书(表)审批权的环保主管部门办理环境保护申报登记手续。该办法施行前,已建成或在建的尚未履行环境保护申报登记手续的电磁辐射建设项目,或者已购置但尚未履行环境保护申报登记手续的电磁辐射设备,凡列入《电磁辐射建设项目和设备名录》中的,都必须补办环境保护申报登记手续。对不符合环境保护标准,污染严重的,要采取补救措施,难以补救的要依法关闭或搬迁。

　　按规定必须编制环境影响报告书(表)的,从事电磁辐射活动的单位或个人,必须对电磁辐射活动可能造成的环境影响进行评价,编制环境影响报告书(表),并按规定的程序报相应环保主管部门审批。电磁辐射环境影响报告书分两个阶段编制。第一阶段编制《可行性阶段环境影响报告书》,必须在建设项目立项前完成。第二阶段编制《实际运行阶段环境影响报告书》,必须在环境保护设施竣工验收前完成。工业、科学、医疗应用中的电磁辐射设备,必须在使用前完成环境影响报告表的编写。

　　凡是已通过环境影响报告书(表)审批的电磁辐射设备,不得擅自改变经批准的功率。确需改变经批准的功率的,应重新编制电磁辐射环境影响报告书(表),并按规定程序报原审批部门重新审批。

电磁辐射建设项目和设备环境影响报告书(表)确定需要配套建设的防治电磁辐射污染环境的保护设施,必须严格执行环境保护设施"三同时"制度。

从事电磁辐射活动的单位和个人必须遵守国家有关环境保护设施竣工验收管理的规定,在电磁辐射建设项目和设备正式投入生产和使用前,向原审批环境影响报告书(表)的环保主管部门提出环境保护设施竣工验收申请,并按规定提交验收申请报告及该办法第15条要求的两个阶段的环境影响报告书等有关资料。验收合格的,由环保主管部门批准验收申请报告,并颁发《电磁辐射环境验收合格证》。

三、电磁辐射项目的环境管理规定

任何单位和个人在从事电磁辐射的活动时,都应当遵守并执行国家环境保护的方针政策、法规、制度和标准,接受环保主管部门对其电磁辐射环境保护工作的监督管理和检查,做好电磁辐射活动污染环境的防治工作。

从事电磁辐射活动的单位和个人必须定期检查电磁辐射设备及其环境保护设施的性能,及时发现隐患并及时采取补救措施。在集中使用大型电磁辐射发射设施或高频设备的周围,按环境保护和城市规划要求划定的规划限制区内,不得修建居民住房和幼儿园等敏感建筑。

电磁辐射建设项目的发射设备必须严格按照国家无线电管理委员会批准的频率范围和额定功率运行。工业、科学和医疗中应用的电磁辐射设备,必须满足国家及有关部门颁布的"无线电干扰限值"的要求。

四、电磁辐射污染事件处理

电磁辐射污染是指人类将电磁辐射直接或者间接地导入环境,导致其化学、物理、生物或者放射性等方面特性的改变,从而影响环境的有效利用,对自然造成不利影响,以至危及人类健康、危害生命资源和生态系统,以及损害或者妨害舒适性和环境的其他合法用途的现象。当发生电磁辐射事故或其他突发性事件,造成或者可能造成电磁辐射污染事故的单位,必须立即采取措施,及时通报可能受到电磁辐射污染危害的单位和居民,并向当地环保主管部门和有关部门报告,接受调查处理。

环保主管部门收到电磁辐射污染环境的报告后,应当进行调查,依法责令产生电磁辐射的单位采取措施,消除影响。发生电磁辐射污染事件,影响公众的生产或生活质量或对公众健康造成不利影响时,环保主管部门应会同有关部门调查处理。

案例分析

江苏废酸倾倒案

江苏常隆农化有限公司、泰兴锦汇化工有限公司、江苏施美康药业股份有限公司、泰兴市申龙化工有限公司、泰兴市富安化工有限公司、泰兴市臻庆化工有限公司系在江苏省泰兴市经济开发区内从事化工产品生产的企业，在化工产品生产过程中产生副产盐酸、对羟基苯甲醚催化剂废硫酸、丁酸、二氧化硫、氯乙酰氯、氨基油尾气吸收液（下称副产酸）。江苏省环境监测中心测定上述尾气吸收液腐蚀性 ph 值均小于 1。经江苏省环境科学学会评估，上述尾气吸收液 ph 值小于 2.0，均属于《国家危险废物名录》中的废物。2012 年至 2013 年，由于市场低迷导致副产盐酸、废酸无法销售，胀库现象大面积存在，影响了上述公司的生产。常隆等六家公司明知泰州市江中化工有限公司等四家公司没有危险废物处理资质，仍然违反《固体废物污染环境防治法》等法律法规的规定，以给予对方每吨 20 元至 100 元不等补贴的形式，将副产酸提供给江中等四家公司，江中等四家公司将从常隆等六家公司提取的两万多吨的酸液倾倒入如泰运河和古马干河，造成如泰运河、古马干河和周围水域严重污染。江苏卫视公共频道于 2012 年 12 月 19 日播出"泰兴疯狂槽罐车工业废酸偷排长江连续多年"新闻，社会反响强烈。

思考问题：

（1）结合本案，谈谈你对危险化学品风险预防原则的理解和认识。

（2）事故发生以后，有关主管当局应该如何应对？

基本概念

风险预防原则　事先知情同意原则　信息交流原则　危险化学品　农药　化学品　禁止的化学品　严格限制的化学品　有毒化学品　电磁辐射

思考分析

1. 简述有关国际危险化学品监管的国际条约和法律文件。

2. 简述国际危险化学品监管的基本原则。

3. 简述危险化学品的种类。

4. 简述《危险化学品安全管理条例》对生产、储存和使用危险化学品的主要规定。

5. 简述《危险化学品安全管理条例》对经营危险化学品的主要规定。

6. 简述《危险化学品安全管理条例》对运输化学品的主要规定。

7. 简述化学品进出口的监督管理机关。

8. 简述《农药管理条例》规定的农药登记管理制度的主要内容。

9. 简述《农药管理条例》规定的农药生产管理制度的主要内容。

10.简述《农药管理条例》规定的农药经营管理制度的主要内容。

11.简述新建设电磁辐射项目的基本程序。

12.简述发生电磁辐射污染事件后如何处理。

第四编

自然资源保护法篇

第十七章

自然资源保护法总论

【内容提要】
　　自然资源是人类赖以生存和发展的物质基础,人类的任何活动都是直接或间接地开发或利用自然资源的活动。利用法律手段保护自然资源具有悠久历史,更是现代国家确保自然资源可持续利用的重要措施。本章介绍自然资源保护法体系,以及自然资源保护法的六项基本制度,即,自然资源规划制度、自然资源权属制度、自然资源许可制度、自然资源有偿使用和税费制度、自然资源调查和档案制度以及生态保护补偿机制。

第一节　自然资源保护法概述

一、自然资源保护及其措施和路径

　　对自然资源保护的理解,涉及对"自然资源"和"保护"两个术语的理解或界定。对于前者,第一章已经进行了讨论。在涉及环境与自然资源保护的国内和国际政策法律的英文文献中,有三个单词与"保护"相关;这就是"protection"(保护)、"conservation"(保育,也有人译为"养护""保持")和"preservation"(保存)。而且,人们对这三个词有时会有不同的理解。因此,对于自然资源保护也随之存在不同的见解。一般而言,保护(protection)常用于泛指。例如,世界自然保护同盟(IUCN)1980年组织编写的《世界自然保护大纲》认为,保护是"人类对生物圈的利用进行管理,从而使之能够对当代人类产生最大的可持续利益,同时维护其潜力以满足后代人类的需要和追求,因此,保护是积极的,包括了保育、保存、持续利用、恢复和自然环境的改善"。

　　保护自然资源的措施和路径有很多种,可以是技术的、工程的、经济的、行政的、法律的、道德的,还可以是其中两种或者两种以上的组合。需要注意的是,一方面,必须从宏观的高度把握这些措施和路径之间的辩证关系;另一方面,在法治国家,一般都尽可能用法律的方法对其他措施和路径予以规范或者保障。这里从对科学/技术、理念/信仰以及法律/政策三者之间关系进行哲学思考的角度,对第一个方面予以阐述。

根据辩证唯物主义,世界是普遍联系的客观存在,客观世界具有普遍联系和运动发展两大根本特征。恩格斯说:"辩证法是关于普遍联系的科学。"①事物之间存在普遍联系并构成一个有机系统。他指出,由于自然科学的巨大进步,"我们现在不仅能够指出自然界中各个领域内的过程之间的联系,而且总的说来也能指出各个领域之间的联系了,这样,我们就能够依靠经验自然科学本身所提供的事实,以近乎系统的形式描绘出一幅自然界联系的清晰图画"。②他还指出,宇宙是一个体系,是各种物体相互联系的总体,"思维的本质都在于把事物综合为一个统一体"。③马克思则将辩证的系统思想运用于社会历史领域的研究,认为社会"就是一切同时存在而又互相依存的社会机体""每一个社会中的生产关系都形成一个统一的整体"。④关于运动的发展方面,恩格斯指出:"运动,就最一般的意义来说,就它被理解为存在的方式、被理解为物质的固有属性来说,它包括宇宙中发生的一切变化和过程,从单纯的位置移动起直到思维。"⑤

这就要求在进行法学研究的时候,一方面,我们应该将事物综合为一个统一体予以对待。另一方面,我们还需要运用实践论和矛盾论,基于社会发展水平来认识和解决现实中的问题以及认识并应对将来可能出现的问题。毛泽东指出:"马克思主义者认为人类的生产活动是最基本的实践活动,是决定其他一切活动的东西。人的认识,主要地依赖于物质的生产活动,逐渐地了解自然现象、自然的性质、自然的规律性、人和自然之间的关系;而且经过生产活动,也在各种不同程度上逐渐地认识了人和人的一定的相互关系。"⑥"在复杂的事物的发展过程中,有许多的矛盾存在,其中必然有一种是主要的矛盾,由于它的存在和发展规定或影响着其他矛盾的存在和发展。"⑦因此,在从事法学研究的过程中,我们不仅必须认识到自然科学对社会科学的影响,而且还应该关注其他社会科学对法律现象和法学研究的影响。美国法学学者在研究自然资源政策法律时认为,科学/技术、理念/信仰以及法律/

---

① 《马克思恩格斯选集》第3卷,人民出版社1972年版,第521页。
② 《马克思恩格斯选集》第4卷,人民出版社1972年版,第241-242页。
③ 《马克思恩格斯选集》第3卷,人民出版社1972年版,第80页。
④ 《马克思恩格斯全集》第4卷,人民出版社1972年版,第144-145页。
⑤ 《马克思恩格斯选集》第3卷,人民出版社1972年版,第491页。
⑥ 《毛泽东选集》第1卷,人民出版社1991年第2版,第282-283页。
⑦ 《毛泽东选集》第1卷,人民出版社1991年第2版,第320页。

政策构成一种三角关系,任何一角的变化都会/将对其他两角不可避免地产生影响。①笔者认为,这种思维方法具有一定的方法论价值,而且同马克思列宁主义唯物主义理论并不矛盾,能够体现毛泽东思想中的实践论和矛盾论。

二、自然资源保护法的概念

自然资源保护法有广义和狭义之分。广义的自然资源保护法,或称自然保护法、生态保护法,是指为了防治生态环境破坏、维护或者改善生态平衡、维护可再生自然资源的可再生能力,国家制定或者认可的,并由国家强制力保证实施的,调整人们在保护自然、生态系统或者其资源过程中所产生的各种社会关系的法律规范的总称。

狭义的自然资源保护法,则是指国家制定或者认可的,并由国家强制力保证实施的,调整人们在开发利用自然资源过程中所产生的涉及防治生态环境破坏、维护或者改善生态平衡、维护可再生自然资源的可再生能力方面的各种社会关系的法律规范的总称。它调整的是基于开发利用自然资源活动所产生的一定范围的社会关系。自然资源的开发利用活动在含义上包括但不限于勘探、开发、利用、使用活动。本书主要从这一意义上来讨论自然资源保护法的。

狭义的自然资源保护法同自然资源法(或者自然资源管理法)之间的区别主要有两点:①所调整社会关系的范围的大小不同。自然资源法是指国家制定或者认可的,并由国家强制力保护实施的,调整人们在自然资源开发利用、保护或者养护、恢复以及管理过程中所产生的各种社会关系的法律规范的总称。它所调整的社会关系的范围包括并且大于自然资源保护法,而且在一般情况下比较注重于对自然资源的开发利用方面。②所涉及的法律部门不同。自然资源法涉及的宪法以下的法律部门包括民法、行政法、经济法和刑法等,跨部门法的性质强,而自然资源保护法主要涉及行政法和刑法,其跨部门法的性质不如自然资源法强。

三、自然资源保护法的形成和发展

自然资源保护的法律规范在许多国家都有着悠久的历史。例如,我国早在西周时期,《伐崇令》就规定"毋坏屋,毋填井,毋伐树木,毋动六畜,有不如令者,死无

---

① See J. P. Deason, et al. ,"Water policy in the United States: a perspective", *Water Policy*, 2001, 3 (3), pp. 175 – 192.

赦"。①可见其时保护水源、森林和动物法令的严厉程度。秦代的《田律》规定："春二月,毋敢伐材木山林及雍(壅)堤水。不夏月,毋敢夜草为灰,取生荔,毋(卵)鷇,毋毒鱼鳖,置井罔(网),至七月而纵之。……邑之(近)皂及它禁苑者,时毋敢将犬以之田。"②在古罗马,《优士丁尼法典》中有不少关于保护水资源、森林和动物的规定。近代西方有法国19世纪初的《森林法》、1852年奥地利的《森林法》、瑞士1876年的《森林保护法》、俄国1872年的《狩猎法》等等。

尽管如此,自然资源保护法的产生主要是在污染防治法之后,概始于20世纪50年代。在国内层面,例如美国从20世纪50年代以来也相继制定了《鱼类与野生生物法》(1956年)、《土地多用途持续使用法》(1960年)、《野生生境法》(1964年)、《鱼类和野生动物协调法》(1965年)等几十部自然资源保护的法律。再如,瑞典制定了综合性的《自然保护法》(1964年)、《自然资源管理法》(1987年)等。目前,自然资源保护立法在大多数国家的立法中占据重要地位,已经形成了自然资源保护法体系,成为国内法律体系中不可或缺的组成部分。

在国际层面,以国际公约为例,1946年《国际捕鲸管制公约》是一项比较早的关于专门保护某一动物物种的国际公约。1958年第一次联合国海洋法会议上通过的四项海洋法公约都不同程度地涉及了海洋生物资源的养护。专门保护金枪鱼的《养护大西洋金枪鱼国际公约》于1966年签订。20世纪70至90年代是国际自然资源保护法快速发展和形成体系的期间,签订了大量国际条约。目前,有关自然资源保护的国际条约主要有1971年《湿地公约》、1972年《南极海豹养护公约》、1972年《世界遗产公约》、1973年《濒危野生动植物物种国际贸易公约》、1979年《野生动物迁徙物种保护公约》、1980年《南极海洋生物资源保护公约》、1982年《海洋法公约》、1988年《南极矿产资源活动管理公约》、1991年《南极条约环境保护议定书》、1992年《保护和利用跨界水道和国际湖泊公约》、1992年《生物多样性公约》、1994年《防治荒漠化公约》、1997年《国际水道非航行使用法公约》以及2001年《关于获取遗传资源及公正公平分享其利用所产生惠益的名古屋议定书》等。

四、自然资源保护法的体系

从国际法和国内法的区分角度,可以认为自然资源保护法存在国际和国内这两类自然资源保护法体系。不过,国际自然资源保护法尚未形成一套形式上完整、内容上协调的体系,而且由于受国际政治的影响,这种体系也很难在短期内形成。

---

① 《中国大百科全书·环境科学》编委会:《中国大百科全书·环境科学》,中国大百科全书出版社1983年版,第502页。

② 李学勤:《睡虎地秦墓竹简》,文物出版社1978年版,第26页。

由于自然资源保护法领域中存在的国内立法内容的国际化趋势,国内自然资源保护法在很大程度上受有关资源保护的国际政策法律文件的影响。就国内自然资源保护法体系而言,尽管不同国家的法律制度体系之间往往存在某种程度上的差异,但是,从形式上的法律渊源上讲,一个国家的自然资源保护法体系通常由下列部分组成:①该国宪法或者宪法性法律中有关或涉及自然资源保护的法律规范;②该国缔结或者参加的有关或涉及自然资源保护的国际条约;③该国立法机关制定的综合性环境与资源保护法律中有关或涉及自然资源保护的法律规范;④该国立法机关制定的以自然资源保护为专门内容或主要内容的单行法律;⑤该国执行机关或者行政机关制定的综合性环境与资源保护规范性法律文件中有关或涉及自然资源保护的法律规范,以及以自然资源保护为专门内容或主要内容的单行规范性法律文件;⑥该国执行机关或者行政机关的工作部门制定的综合性环境与资源保护规范性法律文件中有关或涉及自然资源保护的法律规范,以及以自然资源保护为专门内容或主要内容的单行规范性法律文件。此外,在中央与地方在自然资源保护领域分权的国家,特别是在联邦制国家,一级地方机构或者法律规定、中央政府指定的地方机构,特别是组成联邦的实体,在一定程度和范围内享有一定的立法权。

学习和研究自然资源保护法时,需要特别注意两点:一是在形式上,自然资源保护的政策法律并用,而且互相融合;二是在内容上,受自然科学、经济学和政治的影响比较大。

五、我国的自然资源保护法体系

1949 年新中国成立以来,我国逐渐重视和加强对自然资源进行法律保护,特别是 1978 年实行改革开放政策之后。除了宪法中有关自然资源保护的条款外,特别是第 9 条第 2 款关于"国家保障自然资源的合理利用,保护珍贵的动物和植物。禁止任何组织或者个人用任何手段侵占或者破坏自然资源"的规定外,我国还制定了大量关于自然资源保护的专门法律、法规和规章。其中,现行法律主要有《环境保护法》(2014 年修订),《野生动物保护法》(2016 年修正),《水土保持法》(2010 年修正),《矿产资源法》(1996 年修正),《森林法》(1998 年修正),2001 年《海域使用管理法》,2002 年《水法》,《草原法》(2013 年修正),《渔业法》(2004 年修正),《土地管理法》(2004 年修正)以及《城市房地产管理法》(2007 年修正),等等。此外,我国还参加或者缔结了 20 多项有关或者涉及自然资源保护的国际公约以及许多双边条约,并且认可了大量诸如《人类环境宣言》《里约宣言》《21 世纪议程》等不具有直接法律拘束力的有关或涉及自然资源保护的国际政策文件;有关具体条约,将在随后章节中介绍。

总之,我国自然资源保护法形式上已经形成了以宪法中关于自然资源保护的原则性规定为统领的,以 2014 年《环境保护法》关于自然资源保护的规定为指导的,以自然资源保护的单行法律、法规和规章为主体的,以参加或者缔结的国际条约为必要内容的,具有中国特色社会主义的自然资源保护法体系。

第二节　自然资源规划制度

一、自然资源规划制度的概念

自然资源规划是指,一个国家或者地区根据本国或者地区自然资源本身的特点以及国民经济和社会发展的要求,在一定规划期内对其管辖区域内各类自然资源的开发利用、保护或者养护、恢复以及管理所做出的总体安排。自然资源规划制度则是指法律所规定的关于自然资源规划的制定、内容、效力和实施等方面的制度。进行自然资源规划的目的,在于从宏观上解决自然资源开发利用与生态保护之间、当前利益与长期持续发展之间的矛盾以及资源分配问题,以期确保以最佳的结构和形式开发利用资源,从而促进经济和社会的全面可持续发展。

在保护不同种类的自然资源方面,《21 世纪议程》倡导制定和实施规划制度,从而促进和保障自然资源的可持续利用。

二、我国的自然资源规划制度

我国现行自然资源法单行法中基本上都有关于规划事宜的规定。例如,《土地管理法》规定了土地利用总体规划,《水法》规定了水资源规划,《森林法》规定了林业规划,《草原法》规定了草原规划,《渔业法》规定了渔业规划,《矿产资源法》规定了矿产资源规划,等等。

由于不同种类的自然资源有着不同的特点,因而其规划在内容上会有所不同。尽管如此,自然资源规划一般都包括规划的制定基础,规划的总目标和分期、分类目标及其分项指标,为实现规划目标而所需要采取的主要政策和措施等。有些自然资源规划又分为不同种类的规划。

在某一自然资源规划的制定上,通常先由该资源行政主管部门根据该资源的状况,会同其他有关行政主管部门起草有关资源规划草案,经过广泛讨论,征求有关部门、单位、专家乃至公众意见,而后由同级发展和改革行政主管部门进行综合平衡,报同级政府批准。需要注意的是,根据法律规定,有些自然资源规划需要报本级人大或其常委会通过或者批准,而有些自然资源规划还需要报上级政府批准

实施。例如,省级土地利用总体规划需要报国务院批准;省(自治区)政府所在地的
市、人口在 100 万以上的城市以及国务院指定的城市的土地利用总体规划,需要经
省(自治区)政府审查同意后,报国务院批准。

经批准的自然资源规划是进行资源开发利用、保护或者养护、恢复以及管理的
基本依据,是保障自然资源可持续利用的重要措施。自然资源规划一经依照法定
程序批准,具有法律效力,有关部门、单位必须贯彻实施。因情况变化需要修改规
划的,必须按原审批程序进行审批。违反自然资源规划开发利用自然资源的,由有
关部门依法采取措施,予以纠正或者处罚。

第三节　自然资源权属制度

一、自然资源权属制度的概念

自然资源权属制度是指法律规定或者确认的、关于自然资源的权利或利益归
谁所有或享用的配置安排。它是对自然资源开发利用、保护或者养护、恢复以及管
理最具影响力的制度之一,是任何自然资源法律都不可或缺的。

根据国际法,国家对其管辖范围内的自然资源享有永久主权。完整的自然资
源永久主权包括国家对其全部自然资源享有永久主权以及对其管辖范围内的一切
与自然资源相关的经济活动享有永久主权两个方面。关于这两个方面之间的关
系,从一定意义上讲,前者是内容,后者是前者得以实现的不可或缺的方式。正如
联合国大会许多决议所指出的,一国的自然资源应当用来为该国经济、人民福祉、
社会、文化等各项事业的发展服务,为世界经济的发展服务,而不是占而不用。一
国既可以授权本国企业开发利用其境内某处的某一自然资源,也可以许可外国企
业或者本国与外国企业共同开发利用。至于一国的自然资源经过开发利用而生成
的产品,可能在该国消费或者使用,也可能用于出口等而为该国谋利。①

自然资源因具有物的特征而在许多大陆法系国家由物权法在一定范围或者程
度内予以调整,或者由于能够用金钱来衡量而在许多普通法系国家由财产法在一
定范围或者程度内予以规制。然而,自然资源并不因此而具有商品的天然属性。
这是由国家对自然资源的主权权利所决定的。

根据国家主权原则,国家有权决定其管辖范围内自然资源的开发利用由谁进
行、决定开发利用后的产品是否进入流通领域,也即"决定是否将某一资源纳入国

---

① 胡德胜:"自然资源永久主权、WTO 规则及私有化或市场化",《郑州大学学报(哲学社会科学版)》2007
年第 2 期。

际贸易之列"属于"国家主权权利"。①例如,《北美自由贸易协定》成员国的加拿大、墨西哥和美国政府在 1993 年声明,自然状态下的水不是商品。②该声明同一项产品是原材料的某种转化结果的一般理解是一致的。③因此,处于自然状态下的资源并不是受 WTO 制度中非歧视原则调整的商品。对于主要的自然资源,多数国家通常在国内法上首先规定国家的所有权或者信托责任,然后通过许可证照或者(行政)许可协议的方式授予个人或者企业开发利用自然资源的权利,并要求后者按照法律、证照或者协议规定的条件利用、使用或者销售自然资源产品。

二、我国的自然资源权属制度

我国法律比较注意自然资源权属制度的规定。早在 1954 年宪法中,第 6 条第 3 款就明确规定:"矿藏、水流,由法律规定为国有的森林、荒地和其他资源,都属于全民所有。"后来的 1975 年、1978 年和 1982 年宪法中都有关于自然资源权属事宜的原则性规定。现行宪法(2004 年修正)第 9 条第 1 款规定:"矿藏、水流、森林、山岭、草原、荒地、滩涂等自然资源,都属于国家所有,即全民所有;由法律规定属于集体所有的森林和山岭、草原、荒地、滩涂除外。"第 10 条第 1、2 款分别规定:"城市的土地属于国家所有。""农村和城市郊区的土地,除由法律规定属于国家所有的以外,属于集体所有;宅基地、自留地、自留山,也属于集体所有。"

为了落实宪法关于自然资源权属的原则性规定,我国自然资源单行法律分别对有关自然资源权属事宜作出了更为具体的规定。综合考察法律中有关自然资源的规定,我国的自然资源权属制度主要包括自然资源所有权和自然资源使用权两个方面的内容。

(一)自然资源所有权

自然资源所有权是指所有权人对自然资源依法所享有的通过占有、使用、收益或者处分等方式,获得同自然资源有关的利益或收益的权利。它主要表现为占有、

---

① A. Dan Tarlock, "Water Transfers: A Means to Achieve Sustainable Water Use", in Fresh Water and International Economic Law (edited by Edith Brown Weiss, et al., Oxford University Press, 2005).

② 1993 Statement by the Governments of Canada, Mexico and the United States, http://www.ccme.ca/about/communiques/1999.html? item=13 (2006-02-28). 该联合声明规定:"《北美自由贸易协定》对协定任何缔约方的自然水资源不创设任何权利,除非水以任何方式进入了流通并成为一种商品或者产品。而且,协定的任何规定既不强迫一缔约国为商业使用开发其水资源,也不强迫其以任何方式开始开发水资源。湖泊、河流、地下水层、水盆地及类同载体中的处于自然状态下的水,不是商品或者产品,不是交易物,因而不是并且永远不是任何贸易协定条款的调整对象。"

③ A. Dan Tarlock, "Water Transfers: A Means to Achieve Sustainable Water Use", in Fresh Water and International Economic Law (edited by Edith Brown Weiss, et al., Oxford University Press, 2005).

使用、收益和处分四种权能。占有权能是对自然资源进行实际掌握和控制的权能；使用权能是按照自然资源的性能和用途对其加以利用，以满足生活或者生产需要的权能；收益权能是收取由自然资源自然或者人工产生的新增经济价值的权能；处分权能是依法对自然资源进行处置，从而决定自然资源归宿的权能。这四种权能既可以与所有权同属一人，也可以与所有权相分离。自然资源所有权作为一项法律制度，包含有许多内容。以下仅就自然资源所有权的类别和属性、取得、变更、消灭进行简单介绍。

1. 自然资源所有权的类别和属性

可以根据不同的标准对自然资源所有权进行分类。①按自然资源所有权主体的不同，可以将自然资源所有权分为自然资源国家所有权、单位（包括集体组织以及其他法人、组织，下同）所有权和个人所有权。但是，性质不同的单位，拥有所有权的自然资源的范围很不相同。②以自然资源的种类作为标准，可以将自然资源所有权分为土地资源所有权、森林资源所有权、水资源所有权、草原资源所有权、矿产资源所有权、野生动植物资源所有权，等等。

第一种分类方法下的自然资源所有权，除具有民法上的物权属性外，还具有其他权利属性。①就国家所有权而言，还具有主权属性。所有权主要是国家主权的表现形式，是用于实现、落实和保护、保障国家主权的工具和手段，物权属性只是所有权的次要属性。②就集体所有权和个人所有权而言，对某些自然资源的所有权有时还具有人权的属性。因为最低数量的适当质量的某些自然资源或是自然人维持生命等基本人权的前提条件，或是某一集体组织得以存在的前提条件。

2. 自然资源所有权的取得

自然资源所有权的取得是指，根据一定的法律事实，能够成为某种自然资源所有权人的法律主体，取得对某种自然资源或者某种自然资源的一部分的所有权，从而可以对相应的自然资源行使占有、使用、收益或者处分权利的情形。在我国，不同的自然资源所有权主体，在所有权的取得方式方面有所不同。

（1）国家所有权的取得。在我国，自然资源国家所有权的取得方式主要有法定取得、强制取得以及天然孳息和自然添附四种方式。所谓法定取得，是指国家根据法律规定直接取得自然资源的所有权。它是我国国家自然资源所有权取得的主要方式。所谓强制取得，是指为了公共利益的需要，国家凭借其依法享有的公共权力，采用国有化、没收、征收、征用等手段，强制取得自然资源的所有权。实行国有化和没收是解放战争期间和建国初期国家取得自然资源所有权的主要形式。所谓天然孳息，是指某种自然资源在自然规律作用下自然而然地产生出来的产品或者新的同种自然资源。例如，森林资源之木材蓄积量的增加，野生动物资源于自然条件下所繁殖的野生动物，这些都是自然资源的天然孳息，国家也相应地取得对这些孳息的所有权。所谓自然添附,是指在自然条件或者自然规律的作用下,自然地形成并添附于既存某种自然资源的同种或者非同种自然资源。例如,在黄河和长江入海口处,每年都淤积出大片的土地,这些土地都使得国家所有的土地面积增加,从而成为自然添附物。

在包括工业发达国家在内的绝大多数国家,国家或者政府可以取得并成为任何自然资源的所有权人。我国也是如此。

(2)单位所有权的取得。自然资源单位所有权是指,根据法律的规定,单位在一定范围内对其所有的自然资源所享有的占有、使用、收益或者处分的权利。在我国,自然资源集体所有权的取得方式主要有法定取得、天然孳息以及开发利用取得三种方式。所谓法定取得,是指集体组织根据法律的规定而取得自然资源的所有权。我国《宪法》在规定自然资源国家所有权的同时,也规定集体组织可以依法取得土地、森林、山岭、草原、荒地、滩涂的所有权。在法律规定的一定范围内,同国家一样,单位也可以对其所有的自然资源的天然孳息,取得所有权。所谓开发利用取得,是指单位对其所有的或者国家、其他集体组织所有的自然资源进行开发利用活动从而形成的新的自然资源,在法律规定的范围内取得该新的自然资源的所有权。例如,某一集体组织将其所有的荒山进行植树绿化、形成森林,就取得新的森林资源的所有权。但是,该集体组织并不能取得对因之而形成的所有新的自然资源的所有权;例如,对森林资源中的野生动物资源,所建水塘、水库中的水资源,该集体组织都不能取得所有权。

在我国,自然资源集体所有权是有限度的或者受到一定限制的。具体表现在三个方面:①客体种类范围的有限性。例如,矿产资源、水资源、野生动物资源等不能成为集体所有权的客体。②客体地域范围的有限性。例如,城市规划区内的土地资源正常情况下不能成为集体所有权的客体。③权利内容的有限性。例如,集体组织对其所有的土地资源的处分权是不完整的。

(3)个人所有权的取得。完整意义的自然资源个人所有权在我国基本上不存在,只存在对某些种类自然资源的个别部分个人所有权。自然资源个人所有权的取得方式主要包括开发利用和继承两种方式,不存在法定取得和强制取得。例如,个人承包国家或者集体组织所有的荒山、荒地,进行植树造林而形成新的森林林木,可以根据承包合同取得该森林林木的所有权,但是不包括该森林林木所占用土地的所有权。再如,个人承包国家或者集体组织所有的草原、荒山、荒地种草,形成新的草场,可以根据承包合同取得该草场的所有权,但却并不包括草场所占用土地的所有权。

3. 自然资源所有权的变更

自然资源所有权的变更是指自然资源所有权的主体发生变化,或者客体发生非消灭性变化的情形。可以将自然资源所有权的变更划分为主体变更和客体变更两种类型。前者是指拥有自然资源所有权的主体从一主体变化为另一主体的情形；这种变更可因征用，所有权主体的消灭、分立或者合并，依法转让，对换或者调换等原因而发生。后者是指自然资源所有权的客体发生了非消灭性变化的情形。

4. 自然资源所有权的消灭

自然资源所有权的消灭是指自然资源所有权因某种原因或者法律事实（法律剥夺、自然资源消灭等）的出现而不复存在的情形。根据自然资源所有权消灭后能否产生新的所有权的不同情况，可以分为自然资源所有权的绝对消灭和自然资源所有权的相对消灭。例如，矿产资源被开发利用殆尽后，不可能再产生新的矿产资源所有权；这就属于自然资源所有权绝对消灭的情形。一些土地退耕还林，就可能由一般的土地资源所有权产生了林地所有权或者森林林木；在产生林地所有权的情形下，一般的土地资源所有权归于消灭，但是产生了新的林地所有权；这就是自然资源所有权相对消灭的情形。

（二）自然资源使用权

自然资源使用权是指，国家、单位或者个人依法对国家、单位或者个人所有的自然资源进行占有、使用，并且享有或者取得相应利益或者收益的权利。同自然资源所有权一样，自然资源使用权也有一套取得、变更和消灭的制度。但是，两者之间存在着两点较大差别。①相对于自然资源所有权主体的范围而言，自然资源使用权的主体更为广泛，几乎任何单位和个人都可以成为自然资源使用权的主体。②相对于自然资源所有权而言，自然资源使用权的内容受自然资源所有权和环境保护以及生态规律的制约较大。

1. 自然资源使用权的类别

可以根据不同的标准、从不同的角度，对自然资源使用权进行分类。

根据自然资源类别的不同，可以将自然资源使用权划分为土地资源使用权、草原资源使用权、森林资源使用权、矿产资源使用权、水资源使用权、海洋资源使用权、野生动植物资源使用权等。

根据自然资源使用权主体的不同，将自然资源使用权划分为自然资源国有使用权、单位使用权和个人使用权。这种分类方法下的自然资源使用权，除具有民法上的用益物权属性外，还具有其他权利属性。①就国家使用权而言，还具有主权属性。使用权是国家主权的一种重要表现形式，是用于实现、落实和保护、保障国家主权的工具和手段，用益物权属性只是使用权的次要属性。②就集体使用权和个人使用权而言，对某些自然资源的使用权有时还具有人权的属性。因为最低数量的适当质量的某些自然资源或是自然人维持生命等基本人权的前提条件，或是某一集体组织得以存在的前提条件；水人权（the human right to water）就是一例。

　　根据自然资源使用权人是否向自然资源所有权人支付使用费,可以将自然资源使用权划分为有偿使用权和无偿使用权。

　　根据对自然资源使用权是否预定了使用期限,可以将自然资源使用权划分为有期限使用权和无期限使用权。其中,有期限使用权又可进一步划分为次数性使用权、阶段性使用权和终身性使用权。①次数性使用权的享有以一定的次数为限,批准的次数用尽,使用权即告终止。例如,利用国家重点保护野生动物进行展览的,只能按批准的次数进行。②阶段性使用权的享有以规定的时间的长短为限。例如,城镇居住用地的出让期限是 70 年,工业用地的出让期限是 50 年。许多自然资源开发利用许可证都规定有具体期限,属于阶段性使用权。③终身性使用权的享有以使用权所依附的主体或者客体的整个生命期或者数量为限。例如,某一矿产资源采矿权所划定矿区范围内的该种矿产资源一旦开采完毕,相应的使用权也就终止。

　　2. 自然资源使用权的取得

　　根据有关法律的规定,我国自然资源使用权的取得方式主要有确认取得、授予取得、转让取得、开发利用取得四种方式。①确认取得,是指自然资源的现有使用人依法向法律规定的国家机关申请登记,由后者登记造册并核发使用权证从而取得自然资源使用权的情形。②授予取得,是指单位或者个人依法向有关政府或其行政主管部门提出申请,后者依法将被申请的自然资源使用权授予申请人的情形。③转让取得,是指单位或者个人按照法律规定或者认可的程序,通过买卖、出租、承包等形式而取得自然资源使用权的情形。④开发利用取得,是指单位或者个人依法通过开发利用活动而取得自然资源使用权的情形。

　　3. 自然资源使用权的变更

　　自然资源使用权的变更是指自然资源使用权的主体发生变化,或者客体发生非消灭性变化的情形。可以将自然资源使用权的变更划分为主体变更和客体变更两种类型。前者是指拥有自然资源使用权的主体从一主体变化为另一主体的情形;这种变更可因征用,使用权主体的消灭、分立或者合并,依法转让,对换或者调换等原因而发生。后者是指自然资源使用权的客体发生了非消灭性变化的情形。

　　4. 自然资源使用权的消灭

　　自然资源使用权的消灭是指,自然资源使用权因某种原因或者法律事实(法定程序剥夺、使用期限到期、自然资源消灭等)的出现而不复存在的情形。法定程序剥夺的情形,例如,承包经营耕地的单位或者个人连续两年弃耕抛荒的,原发包单位应当终止承包合同,收回发包的耕地;非法使用或者转让而被强制终止。使用期限到期的情形,例如,许可使用期限届满,承包合同期限届满。自然资源消灭的情形,例如,河岸土地被洪水冲走。

　　根据自然资源使用权消灭后能否产生新的使用权的不同情况,可以分为自然资源使用权的绝对消灭和自然资源使用权的相对消灭。例如,被许可开采的矿产资源一旦开发利用殆尽,不可能再存在对该矿产资源的使用权;这就属于自然资源使用权绝对消灭的情形。一些土地退耕还林,就可能由一般的土地资源使用权产生了林地使用权,一般的土地资源使用权归于消灭,但是产生了新的林地使用权;这就是自然资源使用权相对消灭的情形。

第四节　自然资源许可制度

一、自然资源许可制度的概念和种类

　　自然资源许可制度,又称自然资源许可证制度,是指针对开发利用自然资源的某些活动,法律规定有关单位或者个人在进行之前,必须向政府有关管理机关提出申请,经后者审查批准或者发给许可证后,方可进行开发利用活动的管理措施。

　　实施自然资源许可制度可以把自然资源各种开发利用活动纳入国家统一管理的轨道,并将其严格控制在国家规定的范围内。自然资源许可制度是自然资源行政许可的法律化,是国家自然资源保护管理机关进行自然资源保护和监督管理的重要手段。通过对开发利用自然资源的各种活动进行事先审查和控制,对不符合或者违反自然规定或者生态规律的活动不予批准同意,一方面有利于实现国民经济和社会的可持续发展,保护和改善生态系统的健康和完整性,另一方面有利于管理机关根据客观情况的变化和需要,对被许可人设定限制条件和特殊要求,对被许可人实行有效的监督和管理。

　　许可证可以有不同的表现形式或者名称。例如,可以是证书、证明书、合同书、批准文件或者它们的组合。根据性质的不同,可以将自然资源许可证分为三大类型:①资源开发许可证。例如,林木采伐许可证、采矿许可证、捕捞许可证、采集证等。②资源利用许可证。例如,土地使用权证、草原使用证、养殖使用证等。③资源进出口许可证。例如,野生动植物进出口许可证等。

　　需要注意的是,并不是对所有的自然资源开发利用活动都要求取得许可证或者事先取得许可证。不要求取得许可证或者事先取得许可证的情形,通常主要包括:①为了用于满足人类基本需求而进行开发利用的;②为了保障工程施工安全和生产安全必须而进行临时应急开发利用的;③为了消除对公共安全或者公共利益的危害而进行临时应急开发利用的;④为了农业或者维护生态与环境必须而进行临时应急开发利用的;⑤法律、法规规定的其他情形,或者法律、法规授权的有关政府或其职能部门依法确定的其他情形。

二、我国的自然资源许可制度

在自然资源保护管理中,我国普遍实行了许可制度。在土地资源方面,有"土地使用权证";在草原资源方面有"草原使用权证";在森林资源方面有"林木采伐许可证""木材运输证";在矿产资源方面有"采矿许可证"和"勘查许可证";在渔业资源方面有"养殖证"和"捕捞许可证";在野生动物资源方面有"特许猎捕证""狩猎证""驯养繁殖许可证"和"允许进出口证明书";在水资源方面有"取水许可证";在野生植物资源方面有"采集证"和"允许进出口证明书";在海域使用方面有"海域使用权证书",等等。

同其他方面的许可制度一样,自然资源许可制度对许可证的申请、审核、决定、中止或者撤(吊、注)销等都规定了一定的办理程序或者救济程序。

第五节　自然资源有偿使用和税费制度

一、自然资源有偿使用制度的概念和作用

自然资源有偿使用制度,是指国家采取强制手段,要求开发利用自然资源的单位或者个人为其开发利用自然资源的行为缴纳支付一定金钱或者实物的管理措施。这一制度在全球人口日益增加、自然资源日益稀缺的形势下,具有特别重要的意义和作用。

尽管自然资源有偿使用制度的历史悠久,但是,大多数没有人类劳动凝结的天然的自然资源在很长一段时间内被人们视为没有价值或者价值不大的事物而无偿地占有、开发利用,甚至一些权威理论也认为没有人类劳动凝结的自然资源是无价值的,从而导致了自然资源的过度开发利用和浪费。随着 20 世纪六七十年代资源危机的出现,世界上许多地方的淡水资源、森林资源、野生动植物资源或者矿产资源的短缺日益加剧,一些野生动植物灭绝或者处于濒危状态,引起了人们对"资源无价"理论的反思,提出和建立了自然资源的价值观和价值理论。所有自然资源都具有价值的观念目前已经为绝大多数经济学家所接受,并且在国家层面和国际层面的许多经济政策或者法律制度中得到了体现。

自然资源有偿使用制度就是集中体现自然资源价值的重要法律制度。它的建立具有多方面的意义和作用。第一,它是让市场发挥自然配置功能的重要前提性措施。第二,有利于促进自然资源的合理开发利用和节约使用。第三,它有利于促进开发利用新的自然资源,保护自然资源特别是可再生资源,恢复退化的或者遭到

破坏的自然资源,改善和提高可再生自然资源的再生能力。第四,它有利于促进和确保自然资源的可持续利用,实现经济和社会的可持续发展。

二、自然资源税费

自然资源税费是自然资源有偿使用制度中最受关切或许也是最具挑战性的课题。在自然资源的开发利用领域,自然资源所有权人对开发利用者收取的费用,在英文中一般使用 royalty 一词来表示;在自然资源属于国家所有而收取费用的情况下,这种费用可以用 royalty taxation 这一术语来表达。在国际法学界,从 20 世纪 80 年代起,使用"特许费"或者"特许税费"作为相应的汉语表述。国内有人以"权利金"作为相应的汉语表述,认为权利金制度是国际通行的自然资源费制度,并建议用单一的权利金制度取代我国的自然资源税费制度。[①]其实,关于权利金制度是国际通行的自然资源费制度的说法并不全面。根据世界银行组织詹姆斯·奥托等八位专家对世界上 110 多个国家的 royalty taxation 进行研究于 2006 年所得出的成果《矿业特许税费》(Mining Royalties),关于其种类及组成、收取方法及税费率、减免等鲜有相同或者类似者,并不存在通行的做法。[②]

自然资源的有偿使用税费,不同国家或者地区因具体政治、经济、社会和自然条件情况的不同,所采用的形式也有所不同。综合考察,基本上有三种形式:一是税,二是费,三是税和费并用。其中,第三种形式是大多数国家所采取的形式。而且,可以要求以货币形式缴纳税费,也可以要求以实物形式(主要是产品分成)缴纳税费,还可以是两者的结合。

三、我国的自然资源有偿使用和税费制度

在我国,自然资源的有偿使用和税费制度通常是针对国有自然资源而言的。国有自然资源,即全民所有自然资源,是宪法和法律规定属于国家所有的各类自然资源,主要包括国有土地资源、水资源、矿产资源、国有森林资源、国有草原资源、海域海岛资源等。改革开放以来,我国自然资源资产有偿使用制度逐步建立,在促进自然资源保护和合理利用、维护所有者权益方面发挥了积极作用。但是,由于有偿使用制度不完善、监管力度不足,还存在所有权人不到位、市场不能充分发挥在资

---

① 廖欣:"完善我国现行《矿产资源法》的构想",《矿产与地质》2007 年第 1 期;林榕:"新时期完善我国《矿产资源法》的若干思考",《中国国土资源经济》2006 年第 6 期。

② 詹姆斯·奥托 等:《矿业特许税费:关于其对投资者、政府和市民社会影响的国际研究》,胡德胜、魏铁军等译,北京大学出版社 2013 年版。

源配置中的积极作用、所有权人权益不落实、税费制度不合理等突出问题。

2013 年 11 月 12 日《中共中央关于全面深化改革若干重大问题的决定》通过后，我国自然资源有偿使用和税费制度进入了深化改革过程之中，稳定的法律制度尚未形成。鉴于此，对于改革后确立的有关法律制度，读者可以结合新的或者修改后的法律规定，进行讨论。下面仅就自然资源的有偿使用和税费制度改革的主要政策予以简单介绍。

关于自然资源的有偿使用制度，根据 2016 年 12 月 29 日国务院《关于全民所有自然资源资产有偿使用制度改革的指导意见》等的规定，改革方向是：加快自然资源及其产品价格改革，建立全面反映市场供求、资源稀缺程度和生态环境成本的自然资源有偿使用和税费制度，逐步将资源税扩展到占用各种自然生态空间。基本原则包括：保护优先、合理利用；两权分离、扩权赋能；市场配置、完善规则；明确权责、分级行使；创新方式、强化监管。主要目标是：到 2020 年，基本建立产权明晰、权能丰富、规则完善、监管有效、权益落实的全民所有自然资源资产有偿使用制度，使全民所有自然资源资产使用权体系更加完善，市场配置资源的决定性作用和政府的服务监管作用充分发挥，所有者和使用者权益得到切实维护，自然资源保护和合理利用水平显著提升，实现自然资源开发利用和保护的生态、经济、社会效益相统一，实行资源有偿使用制度和生态补偿制度。

关于自然资源税费制度改革，根据财政部和国家税务总局 2016 年 5 月 9 日《关于全面推进资源税改革的通知》，指导思想是：按照"五位一体"总体布局和"四个全面"战略布局，牢固树立和贯彻落实创新、协调、绿色、开放、共享的发展理念，全面推进资源税改革，有效发挥税收杠杆调节作用，促进资源行业持续健康发展，推动经济结构调整和发展方式转变。基本原则包括：清费立税，合理负担，适度分权，循序渐进。主要目标是：通过全面实施清费立税、从价计征改革，理顺资源税费关系，建立规范公平、调控合理、征管高效的资源税制度，有效发挥其组织收入、调控经济、促进资源节约集约利用和生态环境保护的作用。资源税改革的主要内容包括：扩大资源税征收范围（开展水资源税改革试点工作，逐步将其他自然资源纳入征收范围）；实施矿产资源税从价计征改革；全面清理涉及矿产资源的收费基金；合理确定资源税税率水平；加强矿产资源税收优惠政策管理，提高资源综合利用效率。

第六节　自然资源调查和档案制度

一、自然资源调查制度

自然资源调查，是指一国的法定机构（组织）进行的，或者政府或其部门组织或者委托有关科学研究机构进行的,对全国或者地区自然资源的分布、数量、质量和开发利用条件或者情况等进行全面的科学考察、座谈访问和分析评价等一系列调查评价工作的总称。自然资源调查制度则是指法律关于自然资源调查的主体、对象、范围、内容、程序方法和结果效力等方面安排的一系列规范的总称,是自然资源调查的法治化。它既是从事自然资源研究、进行自然资源评价、制定自然资源规划、建立自然资源档案、保护管理和合理开发利用自然资源的重要科学基础,更对一个国家或者地区可持续发展战略以及国民经济和社会发展规划或者计划的制定和实施有着重大意义。

根据不同的标准,可以对自然资源调查做出不同的分类。例如,根据调查对象的不同,可以分为自然资源综合调查和自然资源单项调查;根据调查任务的不同,可以分为自然资源数量调查、质量调查、开发利用条件调查等;根据调查详略程度的不同,可以分为自然资源概查和自然资源详查;根据调查方法的不同,可以分为自然资源实地调查和自然资源遥感调查等。

自然资源调查需要按照一定的程序和方法进行。只有这样,才能够保证得出比较科学、全面、详实、准确的调查结果,从而实现自然资源调查的目的。因此,法律需要对自然资源调查的程序和方法作出一定的规范和调整。

在我国一些自然资源法律中,自然资源调查制度得到了规定,但是名称不尽相同。例如,《野生动物保护法》规定政府野生动物保护主管部门“应当定期组织或者委托有关科学研究机构对野生动物及其栖息地状况进行调查、监测和评估”,《矿产资源法》规定国家进行“矿产资源的勘查”,1997年《野生植物保护条例》规定国家“组织国家重点保护野生植物和地方重点保护野生植物资源调查”,《森林法》规定进行“森林资源清查”,《草原法》规定“国家建立草原调查制度”,《水法》规定“进行水资源综合科学考察和调查评价”,《土地管理法》规定“国家建立土地调查制度”。这些制度和规定的目的都是为了查清各种自然资源的现状,掌握各种有关数据资料。

二、自然资源档案制度

自然资源档案是指经过对自然资源调查所获得的资料或者成果,按一定的方法和方式进行汇集(编)、整理、立卷归档后,集中保管的各种文件材料的总称。自然资源档案制度则是指法律关于自然资源档案的种类、级别、适用对象、内容、范围、资料更新时间、查阅和借阅方法、保管技术和设施与设备、保管机构及其管理要求等方面安排的一系列规范的总称,是自然资源档案管理工作的法治化。建立自然资源档案制度的目的在于掌握全国或者地方自然资源的现状和变化,评估和评价自然资源开发利用、保护或者养护、恢复以及管理的效果,为编制和不断完善自然资源规划,确定更为科学合理的开发利用目标和保护管理措施,提供可靠的依据。

自然资源调查所获得的资料或者成果,应当按规定报送。自然资源档案中属于机密的数据、资料,必须按保密规定管理,未经批准不得擅自对外查阅、借阅或者公布。

目前,我国还没有一整套统一的自然资源档案制度。但是,在一些自然资源法律中,自然资源档案制度得到了规定。例如,《野生动物保护法》规定建立健全野生动物及其栖息地档案,《矿产资源法》规定"矿产资源勘查的原始地质编录和图件,岩矿心、测试样品和其他实物标本资料,各种勘查标志,应当按照有关规定保护和保存",《野生植物保护条例》规定了国家重点保护野生植物和地方重点保护野生植物资源档案制度,《森林法》规定建立森林资源档案制度,《土地管理法》规定"国家建立全国土地管理信息系统"则是更加全面的土地资源档案。这些制度和规定的目的都是为了查清各种自然资源的现状,掌握各种有关数据资料。

由于没有一整套统一的自然资源档案制度,各类自然资源档案制度的要求很不一致。这是我国环境与资源保护法治建设中需要进一步完善的地方。

第七节 生态补偿机制

一、生态补偿机制的概念

在第二章第二节中的"生态环境的功能"部分,已经讨论了生态系统服务。在联合国千年生态系统评估项目下,生态系统服务划分为:①供应服务。从生态系统中获得的产品包括食物、淡水、木材、纤维、生化物品、基因资源等。②调节服务。从生态系统过程的调节中获得的利益或者好处,包括气候调节、疾病调节、水调节、水净化、受精等。③文化服务。从生态系统中获得的非物质利益或者好处,包括精神的和宗教的、娱乐和生态旅游的、美学的或者审美的、灵感的、教育的、灵敏地点的、文化遗产的。④支撑服务。包括土壤形成、营养循环、原材料生产等对于所有其他生态服务的生产所必不可少的服务。[①]

分析这些功能或者服务,有有形的、无形的,其受益者的范围不同。基于生物物种应当基于生态学规律获得平等对待的原则,抓住人类生存及其福祉发展是生态系统中的主要矛盾的这一矛盾,可以发现,每一种功能都至少具有如下三大类属

---

① J. Alcamo, et al., *Ecosystems and human well-being: a framework for assessment*, UN Millennium Ecosystem Assessment, Island Press, 2003, pp. 56-57.

性之一:①人权属性。满足人类生存的基本需要。②生态属性。满足生物物种生存的基本需要以及保育生态系统健康平衡的。③经济属性。主要体现经济价值的满足人类福祉发展的需要。

然而,维持、保护、改善和提高这些生态服务功能的承载能力(基于可再生能力的可持续利用性),需要有人付出可以用经济价值衡量的成本。如果这些成本得不到补偿,就难免出现公地悲剧的现象。为了解决这一问题,生态补偿机制应运而生。

生态补偿机制的概念或者定义有不少,其中在学界得到较大认可并为官方基本采纳的,是中国环境与发展国际合作委员会中国生态补偿机制与政策课题组在其报告中提出的如下定义:"生态补偿机制是以保护生态环境,促进人与自然和谐发展为目的,根据生态系统服务价值、生态保护成本、发展机会成本,运用政府和市场手段,调节生态保护利益相关者之间利益关系的公共制度。"[1]

考虑改善生态系统的成本、社会手段的运用、政府为主要角色的调整和协调路径,突出受补偿者,这里将生态补偿机制定义如下:

以可持续发展为理念,为了保护和改善生态环境、促进人与自然和谐的发展,根据生态系统服务价值、生态系统保护或改善成本、发展机会成本,围绕对因保护和改善生态系统服务价值而丧失发展机会或者做出贡献的地区或其范围内的单位、个人进行补偿的问题,运用政府的、市场的或者社会的手段,调节、调整或者协调生态环境利用、保护或者改善利益相关者之间利益关系的公共制度。

根据这一概念,一项健全的生态补偿机制必须合理而科学地解决如下六个方面的框架性或者基础性问题:由谁补偿、长期补偿、向谁补偿和补偿标准、补偿渠道、如何监管以及常规制度建设。

二、我国的生态保护补偿机制

我国从 20 世纪八九十年代开始讨论生态补偿问题,并在林业等个别领域采取了一些补偿措施。后来,补偿范围不断扩大,措施和路径逐渐增多。除使用"生态补偿机制"外,还使用其他一些术语。近些年政策法律文件中使用较多的是"生态保护补偿机制"和"生态保护补偿制度"。

进入 21 世纪后,国家更加重视生态保护补偿机制。2007 年 9 月,原国家环保总局提出要"在自然保护区、重要生态功能区、重要矿产资源开发区和流域水环境保护区等 4 个领域开展生态补偿试点"。2009 年中央一号文件指出,要"提高中央

---

[1]　中国环境与发展国际合作委员会中国生态补偿机制与政策课题组:《生态补偿机制课题组报告》,中国环境与发展国际合作委员会专题政策报告,2006 年。

财政森林生态效益补偿标准,启动草原、湿地、水土保持等生态效益补偿试点"。2015年4月中共中央和国务院《关于加快推进生态文明建设的意见》提出要"健全生态保护补偿机制"。2014年《环境保护法》第31条第1款规定"国家建立、健全生态保护补偿制度"。2016年4月28日国务院办公厅制定了《关于健全生态保护补偿机制的意见》。

根据《关于健全生态保护补偿机制的意见》,我国健全生态保护补偿机制的指导思想是:坚持"四个全面"战略布局,牢固树立创新、协调、绿色、开放、共享的发展理念,按照党中央、国务院决策部署,不断完善转移支付制度,探索建立多元化生态保护补偿机制,逐步扩大补偿范围,合理提高补偿标准,有效调动全社会参与生态环境保护的积极性,促进生态文明建设迈上新台阶。

目标任务是:实现森林、草原、湿地、荒漠、海洋、水流、耕地等重点领域和禁止开发区域、重点生态功能区等重要区域生态保护补偿全覆盖,补偿水平与经济社会发展状况相适应,跨地区、跨流域补偿试点示范取得明显进展,多元化补偿机制初步建立,基本建立符合我国国情的生态保护补偿制度体系,促进形成绿色生产方式和生活方式。

生态保护补偿机制的基本原则有下列四项。

(1)权责统一、合理补偿原则。谁受益、谁补偿。科学界定保护者与受益者的权利义务,推进生态保护补偿标准体系和沟通协调平台建设,加快形成受益者付费、保护者得到合理补偿的运行机制。

(2)政府主导、社会参与原则。发挥政府对生态环境保护的主导作用,加强制度建设,完善法规政策,创新体制机制,拓宽补偿渠道,通过经济、法律等手段,加大政府购买服务力度,引导社会公众积极参与。

(3)统筹兼顾、转型发展。将生态保护补偿与实施主体功能区规划、西部大开发战略和集中连片特困地区脱贫攻坚等有机结合,逐步提高重点生态功能区等区域基本公共服务水平,促进其向绿色发展转型。

(4)试点先行、稳步实施。将试点先行与逐步推广、分类补偿与综合补偿有机结合,大胆探索,稳步推进不同领域、区域生态保护补偿机制建设,不断提升生态保护成效。

案例分析

新安江流域上下游省际生态保护补偿安排

新安江发源于安徽黄山市休宁县的山间,总长359km,干流的2/3在安徽境内,中间流经(注入)千岛湖。近年来国内多数大江大河、淡水湖泊拉响水质警报,但千岛湖依然是全国水质最好的湖泊之一。

千岛湖水质的优劣很大程度取决于安徽,因为68%的千岛湖水来自安徽。常年监测结果显示,黄山市新安江地表水干流及主要支流水质保持稳定,水质总体良好,水质达标率为100％。出境的街口断面水质常年稳定达到或优于Ⅲ类河流地表水水质标准的。

根据2010年新安江流域生态补偿机制规定,中央财政划拨安徽3亿元,用于新安江治理。安徽省配套资金1亿元用于省内新安江上游地区生态补偿。在监测年度内,以两省交界处水质为考核标准,上游安徽提供水质优于基本标准的,由下游浙江对安徽补偿1亿元;水质劣于基本标准的,安徽对浙江补偿1亿元。

思考问题：

新安江流域上下游省际生态保护补偿安排的缺陷有哪些？应该如何健全？

基本概念

自然资源保护法　自然资源保护法体系　自然资源规划　自然资源权属　自然资源许可　自然资源有偿使用　自然资源税费　生态保护补偿机制

思考分析

1.简述自然资源法的概念和体系。

2.试述我国的自然资源规划制度。

3.试述我国的自然资源权属制度。

4.试述我国的自然资源许可制度。

5.评述我国的自然资源有偿使用和税费制度。

6.试述我国的自然资源调查和档案制度。

7.试论我国生态保护补偿机制的完善。

第十八章

土地资源保护法

> **【内容提要】**
>
> 本章内容包括土地资源的概念、特征、我国土地资源的现状、保护土地资源立法的基本情况、关于土地资源保护的主要法律规定等。学习本章内容,主要是为了提高学生对土地资源重要性、保护土地资源紧迫性的认识,掌握我国土地资源保护的基本法律制度和规定。

第一节　土地资源保护及其立法

一、土地资源概述

(一)土地资源的概念

土地是指地球陆地的表层。它是人类赖以生存和发展的物质基础和环境条件,是社会生产活动中最基础的生产资料之一。土地也是地球上的植物生长发育和动物栖息以及繁衍后代的场所。我国《土地管理法》所称土地是指我国各行政区域管理范围内的所有土地,按其利用类别分为农用地、建设用地和未用地。

土地资源是指一切对人类具有利用价值的土地。由于人类对土地价值的认识在不断扩大,所以几乎可以将所有的土地都称为土地资源。[①] 土地资源是人类赖以生存和发展的物质基础,是社会生产活动中最基本的生产资料,因此被称为"财富之母"。同时它又是各种动植物繁衍和生长发育的场所。土地资源主要由耕地、

---

① 胡德胜教授认为:自人类进入现代社会以来,地球上的一切土地都成为了土地资源,没有例外;因为地球上的任何一块土地对人类都具有(利用)价值或者用途。

林地、草地、荒地、滩涂、山岭、各种建设用地、军事用地等组成。

（二）土地资源的特征

土地资源具有固定性、整体性、有限性、生产性、不可替代性等特征。

（1）固定性。土地具有特定的空间位置和一定的形态特征，即每块土地所处的经纬度、海拔高度、气象带等都是固定的。土地是典型的不动产，它既不能移动，也不能调换，只能就地利用。这一特征要求利用土地时，必须坚持因地制宜的原则，合理确定土地利用结构。

（2）整体性。组成土地资源的各种要素互为依存、相互制约，构成一个不可分割的整体。对某一要素的不恰当处理极有可能对其他组成部分产生不利影响。这就要求人类在开发利用土地资源时必须从全局着眼，统一规划，综合开发利用。

（3）有限性。土地资源的有限性是指土地资源面积无论是在整个地球上还是在特定的地理区域内其数量基本上都是恒定的，不会随着人类需求的增加而增加。土地资源的这一特征决定了人类在开发利用土地时，一种土地用量的增加必然导致另一种土地用量的减少。我国城市建设用地的增加导致耕地的持续减少就是最明显的例证。

（4）生产性。土地资源的生产性是指任何土地资源都具有一定的生产能力，都有一定的利用价值。这一特征是土地资源与土地的基本区别点。土地仅是地球表面具有一定厚度和范围的地段，是由大气、岩石、地貌、水、土壤、植物、动物等自然要素以及人类活动的种种结果所构成的历史综合体。在陆地上，它大致自土壤的母质层或植被的根系层向上至植被的冠层。而土地资源指的是在当前和可预见的未来对人类有用的土地。它不仅包括土地的自然属性，而且包括土地的经济和社会属性，如果一片土地在可预见的未来对人类无利用价值，它就不构成土地资源。

（5）不可替代性。土地资源无论是作为人类生产和生活活动的场所和劳动对象，还是作为动植物栖息、繁衍和生长发育的场所，都是不能以别的要素来替代的。甚至土地资源的一种用途变为另一种用途后要想再恢复其原有的用途，都是十分困难的。

二、我国土地资源的现状

我国土地资源的现状可以概括为"一多三少"，即总量多，人均土地少（尤其是人均耕地少），高质量的耕地少，可开发的后备土地资源少。

（1）总量多。我国土地总面积占世界土地总面积的 7.2%，居世界第三位，仅次于俄罗斯和加拿大。耕地面积在世界上排第四，仅次于美国、俄罗斯和印度。2015 年末，全国耕地 20.25 亿亩，占全国土地面积的 14.06%，接近世界耕地面积的 1/10。但是,我国耕地面积一直在减少,从 2010 年的 20.29 亿亩,减少到 2015 年的 20.25 亿亩。[①]

(2)人均土地少。我国人均土地面积约 11.65 亩,仅相当于世界平均水平的 1/3;人均耕地面积只有 1.39 亩,不到世界人均耕地面积的 40%。与世界主要国家比较,我国人均耕地仅相当于加拿大的 1/18、俄罗斯的 1/10、美国 1/8、印度的 1/2。而且由于各地区人口、耕地分布的不均衡,各地区耕地资源的人均占有量也表现出很大的差异性。全国有 666 个市(县)的人均耕地已经接近联合国粮农组织确定的 0.8 亩警戒线。北京、天津、上海、浙江、福建、广东等 6 省市的人均耕地面积已经不足 0.8 亩。

(3)土地资源质量不高,在土地资源中具备优质耕作条件的少。在全国国土面积中,65%属于山地或丘陵,33%属于干旱地区或荒漠地区,55%不适宜人类生活与生产,35%受到土壤侵蚀或沙漠化影响,全国大于 25 度的陡坡耕地有 9000 多万亩;从耕作条件来看,我国大多数地区的耕地耕作条件差,存在水源缺乏、干旱退化、水土流失、污染严重等问题;我国水资源充沛、热量充足的优质耕地仅占全国耕地的 1/3,主要分布在东南部地区,而这些地区多是经济发展快、建设占地多的地方。

2014 年国土资源部《全国耕地质量等级调查与评定主要数据成果》显示,我国耕地质量总体明显偏低。这次调查根据自然条件、耕作制度、基础设施、农业生产技术及投入等因素综合调查与评定,将全国耕地按照 1~4 等、5~8 等、9~12 等、13~15 等划分为优等地、高等地、中等地和低等地,优、高、中、低等地面积占全国耕地评定总面积的比例分别为 2.8%、26.6%、52.9%、17.7%。

总体来说,我国耕地质量等级呈现三个基本特征:①总体偏低。我国耕地平均等别为 9.96 等,低于平均等别 10 至 15 等的地占全国耕地质量等级调查与评定总面积的 62.2%。②集中性。我国耕地分布集中特征显著,沿燕山、太行山、大巴山(即我国地貌的第二阶梯前沿)以东地区,集中了全国 80%以上的耕地。根据耕地质量等级调查与评定结果测算并确定了全国 52 片耕地集中分布区域,这些地区耕地约 10 亿亩,其中 6 亿亩可灌溉。③复合性。我国 83 个 50 万人口以上的大中城市中,有 73 个分布在全国 52 片耕地集中分布区;也就是说,我国最强劲的经济发展区域与最需要保护的集中连片优质耕地分布区域在空间上是复合的。[②]

(4)后备资源少,严重不足。2016 年 12 月,国土资源部公布新一轮全国耕地后备资源调查评价结果:全国耕地后备资源总面积 8029.15 万亩,与上一轮调查结

---

① 国土资源部:《2015 年中国国土资源公报》,2016 年 4 月。

② 国土资源部:《全国耕地质量等级调查与评定主要数据成果》,2014 年 12 月 17 日;陆昀:"全国耕地平均等别总体偏低",《中华工商时报》2009 年 12 月 25 日第 2 版。

果相比减少近 3000 万亩。当前我国耕地后备资源具有五个方面的特点:一是区域分布不均衡,主要集中在中西部经济欠发达地区。这反映出,经济发展快的地区后备资源稀缺甚至枯竭,在省域内实现占补平衡越来越难。二是集中连片的耕地后备资源减少明显。同口径集中连片耕地后备资源减少了 8183.77 万亩,减幅达到74%。这反映出,大部分成规模的连片耕地后备资源已经被开发为耕地、园地、林地等,已不再具备继续全面推行大规模土地开发利用的工作基础。三是耕地后备资源大多数零散破碎。全国零散耕地后备资源面积 5197.08 万亩,占后备资源总量的 64.7%。四是耕地后备资源利用受生态环境制约大,稍有不当极易引起水土流失,土地沙化等严重后果。全国耕地后备资源中,荒草地、盐碱地、内陆滩涂和裸地分别占 64.3%、12.2%、8.7% 和 8.0%。五是近期可供开发利用的耕地后备资源数量有限。

三、土地资源保护立法

由于土地资源对人类十分重要,绝大多数国家都非常重视土地资源的保护立法。我国土地资源的立法较多,已经形成了较完善的体系。

1982 年《宪法》规定"一切使用土地的组织和个人,必须合理利用土地"。同年,经全国人大常委会批准、由国务院公布的《国家建设征用土地条例》第 3 条第 1款规定:"节约土地是我国的国策。一切建设工程,都必须遵循经济合理的原则,提高土地利用率。凡有荒地可以利用的,不得占用耕地;凡有劣地可以利用的,不得占用良田,尤其不得占用菜地、园地、精养鱼塘等经济效益高的土地。"

1986 年 6 月 25 日,全国人大通过了《土地管理法》。该法此后在 1988 年 12月 29 日、1998 年 8 月 29 日和 2004 年 8 月 28 日又进行了三次修改。经过近 20 年的立法工作,我国关于土地资源保护的立法已经基本上形成了一套以《土地管理法》为核心的形式体系。主要法律有《土地管理法》及其实施条例、《水土保持法》及其实施条例、《中华人民共和国防沙治沙法》(以下简称《防沙治沙法》),《中华人民共和国城市房地产管理法》《土地复垦规定》《外商投资开发经营成片土地管理办法》《基本农田保护条例》《土地违法案件处理暂行办法》。另外,在《农业法》《矿产资源法》《环境保护法》等法律中也有关于保护土地资源的条款。

2015 年 9 月中共中央、国务院印发的《生态文明体制改革总体方案》环境保护红线制度应用于基本农田保护,要求"完善基本农田保护制度,划定永久基本农田红线,按照面积不减少、质量不下降、用途不改变的要求,将基本农田落到户,上图入库,实行严格保护,除法律规定的国家重点建设项目选址确实无法避让外,其他任何建设不得占用"。

此外,针对本地区的实际情况,一些省、直辖市、自治区还制定了地方性的法规和规章。如江苏省根据《土地管理法》的规定,结合本省情况,2001 年制定了《江苏省〈土地管理法〉实施办法》。

第二节 我国土地资源保护法的主要内容

一、关于土地资源保护的原则性以及一般规定

(1)将十分珍惜、合理利用土地和切实保护耕地确立为我国的基本国策。早在1981 年 11 月 30 日,国务院在五届人大四次会议上的《政府工作报告》中就指出,"十分珍惜每寸土地,合理利用每寸土地,应该是我们的国策"。《土地管理法》体现了这一指导思想,并进一步规定,各级政府应当采取措施,全面规划、严格管理,保护、开发土地资源,制止乱占耕地和滥用土地的行为。

(2)土地资源管理体制。国务院土地行政主管部门统一负责全国土地的管理和监督工作。县级以上地方土地行政主管部门的设置及其职责,由省级政府根据国务院的有关规定确定。

(3)关于土地所有权和使用权的规定。城市市区的土地属于国家所有。农村和城市郊区的土地,除由法律规定属于国家所有的以外,属于农民集体所有;宅基地和自留地、自留山,属于农民集体所有。国有土地和农民集体所有的土地,可以依法确定给单位或者个人使用。使用土地的单位和个人,有保护、管理和合理利用土地的义务。农民集体所有的土地依法属于村农民集体所有的,由村集体经济组织或者村民委员会经营、管理;已经分别属于村内两个以上农村集体经济组织的农民集体所有的,由村内各该农村集体经济组织或者村民小组经营、管理;已经属于乡(镇)农民集体所有的,由乡(镇)农村集体经济组织经营、管理。农民集体所有的土地,由县级政府登记造册,核发证书,确认所有权。农民集体所有的土地依法用于非农业建设的,由县级政府登记造册,核发证书,确认建设用地使用权。单位和个人依法使用的国有土地,并经县级以上政府登记造册,核发证书,确认使用权;其中,中央国家机关使用的国有土地的具体登记发证机关,由国务院确定。确认林地、草原的所有权或者使用权,确认水面、滩涂的养殖使用权,分别依照《森林法》《草原法》和《渔业法》的有关规定办理。依法改变土地权属和用途的,应当办理土地变更登记手续。依法登记的土地的所有权和使用权受法律保护,任何单位和个人不得侵犯。

(4)关于土地承包经营的规定。农民集体所有的土地由本集体经济组织的成员承包经营,从事种植业、林业、畜牧业、渔业生产。土地承包经营期限为 30 年。发包方和承包方应当订立承包合同,约定双方的权利和义务。承包经营土地的农

民有保护和按照承包合同约定的用途合理利用土地的义务。农民的土地承包经营权受法律保护。在土地承包经营期限内,对个别承包经营者之间承包的土地进行适当调整的,必须经村民会议 2/3 以上成员或者 2/3 以上村民代表的同意,并报乡(镇)政府和县级农业行政主管部门批准。

国有土地可以由单位或者个人承包经营,从事种植业、林业、畜牧业、渔业生产。农民集体所有的土地,可以由本集体经济组织以外的单位或者个人承包经营,从事种植业、林业、畜牧业、渔业生产。发包方和承包方应当订立承包合同,约定双方的权利和义务。土地承包经营的期限由承包合同约定:承包经营土地的单位和个人,有保护和按照承包合同约定的用途合理利用土地的义务。

农民集体所有的土地由本集体经济组织以外的单位或者个人承包经营的,必须经村民会议 2/3 以上成员或者 2/3 以上村民代表的同意,并报乡(镇)政府批准。

二、土地用途管制制度

为了保证合理使用土地,《土地管理法》规定"国家实行土地用途管制制度"。国家通过土地利用总体规划,将土地分为农用地、建设用地和未用地三类。农用地是指直接用于农业生产的土地,包括耕地、林地、草地、农田水利用地、养殖水面等。建设用地是指建造建筑物、构筑物的土地,包括城乡住宅和公共设施用地、工矿用地、交通水利设施用地、旅游用地、军事设施用地等。未利用地是指除农用地和建设用地以外的土地。

《土地管理法》对不同种类的用地实行分类管理。严格限制农用地转为建设用地,控制建设用地总量,对耕地实行特殊保护。使用土地的单位和个人必须严格按照土地利用总体规划确定的用途使用土地。

土地利用总体规划是土地用途管制的依据,法律规定:

(1)国家编制土地利用总体规划,对耕地实行特殊保护,严格限制农用地转为建设用地,控制建设用地总量。

(2)各级政府应当依据国民经济和社会发展规划、土地供给能力以及各项建设对土地的需要,组织编制土地利用总体规划。下级土地利用总体规划应当服从上一级土地利用总体规划。地方各级政府编制的土地利用总体规划中的建设用地总量不得突破上一级政府下达的控制指标,农用地保有量不得低于上一级政府下达的控制指标。县、乡(镇)土地利用总体规划应当划分土地利用区,根据土地使用条件,明确土地用途。省级土地利用总体规划,报国务院批准。省级政府所在地的市、人口在 100 万以上的城市以及国务院指定的城市的土地利用总体规划,经省级政府审查同意后,报国务院批准。其他土地利用总体规划逐级上报省级政府批准。土地利用总体规划一经批准,必须严格执行。城市建设用地规模应当符合国务院建设行政主管部门规定的标准,充分利用现有建设用地,不占或者尽量少占农用地。城市总体规划、村庄和集镇规划,应当与土地利用总体规划相衔接,城市总体规划、村庄和集镇规划中建设用地规模不得突破土地利用总体规划。在城市规划区内、村庄和集镇规划区内,土地利用应当符合城市规划村庄和集镇规划。

(3)明确规定农用地转为建设用地的审批权限。土地利用总体规划将土地分为农用地、建设用地和未利用地。根据土地用途管制制度的要求,建设用地必须符合土地利用总体规划所确定的用途,并且严格控制农用地转为建设用地。建设占用土地,涉及农用地转为建设用地的,应当报省级以上政府批准。直辖市和省级政府所在地的市以及其他设区的市为实施城市规划而统一开发土地,省级政府批准的大型工程和大型基础设施建设项目、国务院批准的建设项目占用土地,涉及农用地转为建设用地的,由国务院批准。其他的建设项目占用土地,在土地利用总体规划确定的城市和村庄、集镇建设用地规模范围内,为实施该规划而将农用地转为建设用地的,按年度分批次由原批准土地利用总体规划的机关批准。在已批准的农用地转用范围内,具体建设项目用地可以由市、县政府批准。涉及农用地转为建设用地的,由省级政府批准。这样规定,有利于严格控制城市建设用地规模和各类建设用地总量。

(4)上收征地审批权。根据宪法有关规定,土地的征收、征用权只能属于国家。征用下列土地的,由国务院批准:基本农田;基本农田以外的耕地超过 500 亩的;其他土地超过 1000 亩的。征用其他土地的,由省级政府批准,并报国务院备案。征用农用地的,应当先行办理农用地转用审批。其中,经国务院批准农用地转用的,直接办理征地手续,不再另行办理征地审批;经省级政府批准农用地转用,在法律规定的征地批准权限内的,直接办理征地手续,不再另行办理征地审批;超过规定的征地批准权限的,应当按规定办理征地审批。

(5)乡村建设用地。乡(镇)村企业、乡(镇)村公共设施、公益事业、农村居民住宅等乡(镇)村建设,应当按照村庄和集镇规划,合理布局,综合开发,配套建设;建设用地,应当符合乡(镇)土地利用总体规划和土地利用年度计划,并依法办理审批手续。农村集体经济组织使用乡(镇)土地利用总体规划确定的建设用地兴办企业或者与其他单位、个人以土地使用权入股、联营等形式共同举办企业的,应当持有关批准文件,向县级以上地方土地管理部门提出申请,按照省级政府规定的批准权限,由县级以上地方政府批准;其中,涉及占用农用地的,依照有关规定办理审批手续。按照前款规定兴办企业的建设用地,必须严格控制。省级政府可以按照乡(镇)村企业的不同行业和经营规模,分别规定用地标准。乡(镇)村公共设施、公益事业建设,需要使用土地的,经乡(镇)政府审核,向县级以上地方土地管理部门提出申请,按照省级政府规定的批准权限,由县级以上地方政府批准;其中,涉及占用农用地的,依照有关规定办理审批手续。农村居民一户只能拥有一处宅基地,其宅基地的面积不得超过省级政府规定的标准。农村居民建住宅,应当符合乡(镇)土地利用总体规划,并尽量使用原有的宅基地和村内空闲地。农村居民住宅用地,经乡(镇)政府审核,由县级政府批准;其中,涉及占用农用地的,依照有关规定办理审批手续。农村居民出卖、出租住房后,再申请宅基地的,不予批准。

三、土地调查和统计制度

国家建立土地调查制度。县级以上土地行政主管部门会同同级有关部门进行土地调查。土地所有者或者使用者应当配合调查,并提供有关资料。县级以上土地行政主管部门根据土地调查成果、规划土地用途和国家制定的统一标准,评定土地等级。

国家建立土地统计制度。县级以上土地行政主管部门和同级统计部门共同统计调查方案,依法进行土地统计,定期发布土地统计资料。土地所有者应当提供有关资料,不得虚报、瞒报、拒报、迟报。土地行政主管部门和统计部门共同发布的土地面积统计资料是各级政府编制土地利用总体规划的依据。国家建立全国土地管理信息系统,对土地利用状况进行动态监测。

四、耕地特殊保护制度

《土地管理法》第3条明确规定:“十分珍惜、合理利用土地和切实保护耕地是我国的基本国策。”该法还专设了一章“耕地保护”,其中规定的主要措施有:

(1)实行耕地占用补偿制度。为了防止非农业建设导致耕地减少,国家实行占用耕地补偿制度。非农业建设经批准占用耕地的,按照“占多少,垦多少”的原则,由占用耕地的单位负责开垦与所占用耕地的数量和质量相当的耕地;没有条件开垦或者开垦的耕地不符合要求的,应当按照省级政府的规定缴纳耕地开垦费,专款用于开垦新的耕地。省级政府应当制定开垦耕地计划,监督占用耕地的单位按照计划开垦耕地或者按照计划组织开垦耕地,并进行验收。

(2)采取耕地总量不减少措施。为了确保各个地区耕地总量不减少,《土地管理法》要求省级政府应当严格执行土地利用总体规划和土地利用年度计划,采取措施,确保本行政区域内耕地总量不减少;耕地总量减少的,由国务院责令在规定期限内组织开垦与所减少耕地的数量和质量相当的耕地,并由国务院土地行政主管部门会同农业行政主管部门验收。个别省、直辖市确因土地后备资源匮乏,新增建设用地后,新开垦耕地数量不足以弥补所占用耕地数量的,必须报经国务院批准,减免本行政区域内开垦耕地的数量,进行易地开垦。

(3)实行基本农田保护制度。将下列耕地划入基本农田保护区,严格管理:经国务院有关主管部门或者县级以上地方政府批准确定的粮、棉、油和名、优、特、新农产品生产基地内的耕地;高产、稳产田,有良好的水利与水土保持设施的耕地,正在实施改造计划以及可以改造的中、低产田;城市蔬菜生产基地;农业科研、教学试验田;国务院规定应当划入基本农田保护区的其他耕地。基本农田应当占耕地的80%以上。基本农田保护的具体办法,由国务院规定。

(4)禁止破坏耕地和闲置、荒芜耕地。非农业建设必须节约使用土地,可以利用荒地的,不得占用耕地;可以利用劣地的,不得占用好地。禁止占用耕地建窑、建坟或者擅自在耕地上建房、挖沙、采石、采矿、取土等。禁止占用基本农田发展林果业和挖塘养鱼。禁止任何单位和个人闲置、荒芜耕地。

五、土地开发保护制度

(1)农用地优先开发制度。国家鼓励单位和个人按照土地利用总体规划,在保护和改善生态环境、防止水土流失和土地荒漠化的前提下,开发未利用的土地;开垦未利用的土地,必须经过科学论证和评估,在土地利用总体规划划定的可开垦的区域内,经依法批准后进行;适宜开发为农用地的,应当优先开发成农用地。国家依法保护开发者的合法权益。开发未确定使用权的国有荒山、荒地、荒滩从事种植业、林业、畜牧业、渔业生产的,经县级以上政府依法批准,可以确定给开发单位或者个人长期使用。

(2)退耕还林、还牧、还湖制度。开发未利用土地,禁止通过毁坏森林和草原来开垦耕地,禁止围湖造田和侵占江河滩地。根据土地利用总体规划,对破坏生态环境开垦、围垦的土地,有计划有步骤地退耕还林、还牧、还湖。

(3)土地整治制度。国家鼓励土地整理,县、乡(镇)政府应当组织农村集体经济组织,按照土地利用总体规划,对田、水、路、林、村综合整治,提高耕地质量,增加有效耕地面积,改善农业生产条件和生态环境。地方各级政府应当采取措施,改造中、低产田,整治闲散地和废弃地。

(4)土地复垦制度。因挖损、塌陷、压占等造成土地破坏,用地单位和个人应当按照国家有关规定负责复垦;没有条件复垦或者复垦不符合要求的,应当缴纳土地复垦费,专项用于土地复垦。复垦的土地应当优先用于农业。

六、农村土地三权分置制度

近年来,随着工业化、城镇化深入推进,大量农业人口转移到城镇,农村土地流转规模不断扩大,新型经营主体大量涌现,土地承包权主体同经营权主体分离的现象越来越普遍。2016年10月,中共中央办公厅、国务院办公厅出台《关于完善农村土地所有权承包权经营权分置办法的意见》。《意见》要求,现阶段深化农村土地制度改革,应当顺应农民保留土地承包权、流转土地经营权的意愿,将土地承包经营权分为承包权和经营权,实行所有权、承包权、经营权分置并行,着力推进农业现代化。

农村土地三权分置制度是继 20 世纪 80 年代家庭联产承包责任制后农村改革又一重大制度创新,是农村基本经营制度的自我完善。它对不断探索农村土地集体所有制的有效实现,对有效落实集体所有权,稳定农户承包权,放活土地经营权,充分发挥"三权"的各自功能和整体效用具有积极意义。

第三节　我国土地管理监督检查及法律责任

一、关于土地管理监督检查的规定

为了加强土地保护管理执法,保障土地保护法律的有效实施,《土地管理法》有"监督检查"一章。其主要措施包括以下三个方面:

(1)授予土地行政主管部门采取必要执法措施的权力。县级以上土地行政主管部门履行监督检查职责时,有权采取必要的执法措施。包括:要求被检查的单位或者个人提供有关土地权利的文件和资料,进行查阅或者复制;要求被检查的单位或者个人就有关土地权利的问题作出说明;进入被检查的单位或者个人非法占用的土地现场进行勘测,责令非法占用土地的单位或者个人停止违反土地管理法律、法规的行为。

(2)要求有关单位和个人配合土地执法。有关单位和个人对县级以上土地行政管理部门就土地违法行为进行的监督检查应当支持与配合,并提供工作方便,不得拒绝与阻碍土地管理监督检查人员依法执行公务。

(3)要求土地执法部门严格执法。为了防止出现违法不纠的现象,法律规定,对依法应予处罚而有关土地行政主管部门不给予行政处罚的,上级土地行政主管部门有权责令有关土地行政主管部门作出行政处罚决定或者直接给予行政处罚,并给予有关土地行政主管部门的负责人行政处分。同时要求县级以上土地行政主管部门在监督检查工作中发现国家工作人员的违法行为,依法应予行政处分的,应当依法予以处理;自己无权处理的,应当向同级或者上级政府的行政监察机关提出行政处分建议书,有关行政监察机关应当依法予以处理;发现土地违法行为构成犯罪的,应当将案件移送有关机关,依法追究刑事责任。

二、法律责任

对于土地违法行为，法律规定了行政责任和刑事责任。

行政责任包括行政处分和行政处罚。行政处分只适用于单位违法的直接负责的主管人员和其他直接责任人员。行政处罚适用于从事土地违法行为的单位或个人。行政处罚的形式包括责令限期改正、责令退还非法占用的土地、责令交还土地、没收非法所得、限期拆除建筑物和其他设施、限期恢复土地原状、没收建筑物和其他设施、责令缴纳复垦费、罚款等。另外，非法批准征用、使用土地给当事人造成损失的，应当依法承担赔偿责任。

对于违反土地管理法规定，构成犯罪的，应当依法追究刑事责任。土地违法犯罪主要有三个罪名：非法转让、倒卖土地使用权罪，非法占用耕地罪，非法批准征用、占用土地罪。这些犯罪的刑事责任应分别根据《刑法》第 228 条、第 342 条和第 410 条的规定追究。

案例分析

非法占用农用地案

2010 年 10 月，贵阳碧野厨具成套设备有限公司（碧野公司）因生产发展需要，与贵阳市白云区都拉乡政府洽谈异地搬迁事宜。随后又与都拉乡冷水村村民莫乙某、莫丁某、王乙甲某、王某某、霍甲某、班某某、徐某某、莫冰峰、莫甲乙某签订《农村土地承包经营权转租合同》，有偿租用上述村民位于冷水村小青山的农村承包责任地约 30 亩。2010 年 12 月 22 日，都拉乡政府行文批复同意碧野公司整体搬迁项目。

自 2010 年 12 月起，碧野公司及其法定代表人曾某某在未取得国土部门用地批准手续的情况下，在小青山该公司租用的土地上修建厂房 2 栋、仓库 1 座、办公楼及宿舍楼各 1 栋，并将厂区路面用水泥硬化。

案件发生后，经贵州地矿测绘院 2014 年 7 月现场测量确定：碧野公司在都拉乡冷水村、大山洞街道办事处尖坡村建厂用地总面积 27.7980 亩；其中，建筑占地面积 10.5705 亩（含旱地 8.4345 亩、林地 0.96 亩、其他草地 1.176 亩），水泥路面占地面积 5.9025 亩（含旱地 3.9525 亩、林地 1.6155 亩、其他草地 0.3345 亩）。后经贵阳市国土资源管理局耕地破坏程度鉴定委员会鉴定，其中涉及的耕地 18.6705 亩，耕作土土体、农业环境、耕作条件已破坏，现状不能作为生产合格农产品的耕地。

思考问题：

碧野公司及其法定代表人、有关村民的行为是否违法？如果违法，违反了什么法律？应该受到什么处罚？

基本概念

土地资源　土地用途管制制度　土地调查制度　土地统计制度　耕地特殊保护制度　土地开发保护制度　农村土地三权分置制度

思考分析

1. 土地资源有哪些特征？
2. 简述我国的土地用途管制制度。
3. 简述我国的耕地特殊保护制度。
4. 简述我国的土地开发保护制度。

第十九章

水资源保护法

水为一切生命不可或缺,于生态系统至关重要。保护淡水资源本身及其所产生的环境条件和生态系统,维护和提高淡水资源的可更新能力,从而最佳地综合发挥水资源的多种功能,协调地合理实现水资源的多种价值,是水资源保护法的核心内容。从科学认识水资源开始,本章对水资源保护法进行了一般介绍,讨论了淡水资源的国际保护以及我国的水资源保护法。

第一节　认识水资源

一、水的化学和物理属性

对水的化学和物理特性的认识,有助于我们理解水为什么会存在于不同的空间,为什么多数情况下水在某一空间内因时间不同而有数量上的差异,为什么水具有多种功能,以及其他一些重要问题。

(一)水的化学属性

在化学上,水被描述为 H_2O。水分子由正电荷(氢原子)及负电荷(氧原子)组成,并且相互吸引。同其他液体相比,水能够融入到更多物质的分子中去。也就是说,水既可以渗透到地下也可以融入身体,并且能够携带多种化学成分、矿物质以及营养等。

(二)水的物理属性

在地球上的自然物中,只有水的三种状态,即液态、固态(冰、雪)及气态(水汽、水蒸气),能够同时自然地存在。从这一意义上讲,水是一种比较独特的物质。此外,由于具有很高的比热容,水在升温之时要吸收很多热量、在降温之时要释放很多热量。

二、水文循环、水的分布和水资源

(一)水文循环

水文循环(hydrologic cycle,又译"水文圈"),又称水循环(water cycle,又译"水圈"),是这样一个动态的、无终结点的、持续不断的进程:水在自然或者人工条件或者环境下通过其流动。只有在对水文循环有较深入理解之后,才能明白有关自然规律,从而合理地、可持续地保护和利用地球上的水资源。

在联合国教科文组织(UNESCO)和世界气象组织(WMO)共同组织编写的《国际水文学术语词典》中,水循环的定义是:水经由从大气层到地球表面而后再返回大气层的一系列阶段:从陆地上、海洋中或者内水中蒸腾蒸发,凝结成云,降落,汇聚于土壤或者水体之中,而后,再次蒸腾蒸发。[1]

图 19 - 01 揭示了水文循环,水的运动以及水的三种物理形态。

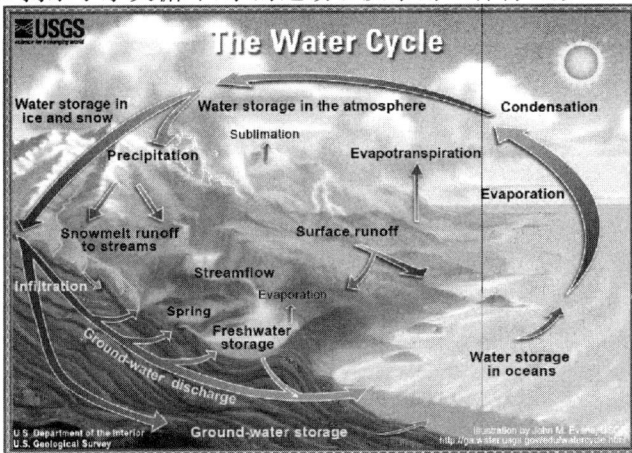

图 19 - 01　水文循环过程图

来源:美国地质调查局网页(http://ga. water. usgs. gov/edu/watercyclehi. html)(2016 - 12 - 31)。

---

[1]　UNESCO/WMO, *The International Glossary of Hydrology* (2nd edn), 1992.

(二)水的数量和分布

了解地球上水的数量和分布,有助于我们理解为什么水资源政策法律主要调整和规范淡水(资源)。这里采用文献评述的方式,讨论水的数量和分布。

人们认为水是"地球上最为富裕的,分布广泛的,而且是不可或缺的物质"。[①]尽管如此,淡水却只占地球上总水量的大约 2.76%,而且淡水中只有不到 1% 的部分可供人类获取或者利用。除非是在讨论海洋生态环境时或者另有相反意思表示,当我们提及水时,通常是指淡水;这也是本书中所指的主要意思。一般而言,可以根据淡水分布位置的不同,将淡水划分为如下三类:①地表水——流动或聚集于地表之上的水;②地下水——分布于地质饱和层中的地表以下的水;③空中水——存在于大气中的以各种形式出现的水。[②]

(三)水资源

对于水资源的概念,不同的学科有不同的定义,同一学科中也有不同的定义,不同的法域、同一法域在不同的时期对水资源的范围在政策法律上的规定也不尽相同。[③]笔者认为,对水资源这一概念应当理解如下,并据此确定、界定或者理解不同语境(条件)下的、不同国家(地区)的"水资源"的内涵和外延:

(1)淡水是水资源管理的关键和重要对象。

(2)"水"和"水资源"两个术语经常相互替代使用来表达同样的含义。尽管如此,有时需要区别使用这两个术语。"水资源"通常是指能够被人类利用的淡水物质本身,但是(淡)水资源本身及其周围有关事物可能形成其他种类的水资源,例如水质、水力、航运能力、纳污能力(容量)等。

(3)水资源的物理和化学特征,连同人类的科学/技术水平、社会和经济发展水平,影响着水资源利用的诸多方面,包括水资源的种类(类别)、利用的程序和方法等。

(4)从水文循环过程及其中的水量分布概况来看,地球上的可更新水资源总量基本上是保持不变的,尽管存在年份、地区之间的变化差异。

需要指出的是,本书在从数量的角度讨论作为水资源的淡水物质本身时,对有关术语采用联合国粮农组织指标体系中的含义;这一指标体系被联合国机构体系以及其他组织和学术机构广为使用。本书中涉及的主要术语的定义如下:[④]

---

① See *Encyclopaedia Britannica* (1973), Vol. 23, p. 270.

② UNESCO/WMO, *The International Glossary of Hydrology* (2nd edn), 1992.

③ Desheng Hu, *Water Rights: An International and Comparative Study*, IWA Publishing, 2006, pp. 12 - 14.

④ FAO, *Review of World Water Resources by Country*, Rome, 2003, pp. 11 - 12.

可更新水资源:补给每一水文体系(集水区或者地下水层)的年均自然流量和径流所提供的全部水资源。

实际可更新水资源总量(TARWR):国内可更新水资源与源于境外的外来流量之和。其计算考虑上游国家的取水以及通过正式或者非正式协议或者条约为上游国家和下游国家所保留的流量数量。它是对一个国家在理论上的最大实际可用水量的计算。

国内可更新水资源(IRWR):源自境内降水的年均河流流量和地下水层补给。

外来可更新水资源(ERWR):一国可更新水资源中非源于该国境内的部分。它包括来自上游国家的来水(地表水和地下水)以及界河或者界湖的部分水。

自然可更新水资源总量:国内可更新水资源和源于境外的自然来水流量之和。它不随时间变化而变化。

在我国,通常使用"年可更新水资源总量"的表述来代替"实际可更新水资源总量"这一术语,而且两者含义相同。照顾到中文表述习惯,本书在谈及一个法域的"年可更新水资源总量"或者"可更新水资源总量"时,意思是指该法域的"实际可更新水资源总量"。

第二节　水资源保护法概述

基于对水资源概念全面和科学的认识,笔者认为水资源保护至少应该包括如下两个方面:①维护和提高淡水资源的可更新能力;②保护和改善有助于维护和提高淡水资源可更新能力的自然条件、生态环境和生态系统。水污染防治是水资源保护的重要内容;由于水污染防治法已经在前面专章讨论,这里不再赘述。

一、水资源的法律界定

为了全面保护水资源,在许多境外法域,政策法律对水资源范围的界定是相当宽泛的。这里以国际上公认的、基于可持续发展理念对水资源政策法律进行现代化的两个优秀典型法域,南非和澳大利亚的澳大利亚州为例进行介绍。

(一)南非

在南非,1997年《南非国家水事政策白皮书》将"水资源"定义为"存在于自然水循环中的水,我们从该水循环中取得满足人类需求的水";而"水循环"被定义为"这样一种自然循环:在其中,水以雨水的方式从云中降落于地面,渗入地下'含水层'或者汇入河流,并且最终流入大海,大海中的大量蒸发将水带入上空,又一次转化成云"。[1]在南非指导水资源管理的重要建议中,有一项涉及对"水资源"的理解,即,"水循环中所有的水,无论是处于地表、存于地下或者位于表面沟渠,还是降落在、流经于或者渗流于这些系统之间,应当被视为共同资源的一部分,并且在所需要的程度上用于实现水资源管理的广泛目标,应当为公众所利用"。[2]这一理念反映在《1998年国家水法》之中。该法第1(1)(xxvii)条规定,"'水资源'包括水道、地表水、河口或者含水层"。《国家水资源战略(第一版)》在这一法律定义的基础上,将水资源解释为"在水道(河流和溪流)、蓄水池(水坝)、湿地和河口中发现的地表水,以及在地下含水层中发现的地下水"。[3]

显而易见,在南非,尽管从政策的角度将"水资源"理解为水循环中所有的水,但是在法律形式上,它只包含水道,地表水,河口或者含水层。换句话说,作为水资源管理的理念来讲,水循环中所有的水都应该考虑在内。然而,不能用法律形式对这一水资源的地质学定义进行简单确认,因为制定法有其自身的要求和形式。

(二)南澳大利亚州

为了更好地管理水资源,澳大利亚的南澳大利亚州在《2004年自然资源管理法》第3条"术语解释"中对水资源及其组成部分进行了完整阐释。该条第1款在规定"水资源是指水道或者湖泊、地表水、地下水、暴雨水和污水"后,对水道、湖泊、地表水、地下水、暴雨水和污水等术语又进行了具体界定。

而且,该法还规定,"一项水资源包括该项水资源的所有方面,包括水本身、有机物以及形成该项水资源物理状态以及环境、社会和经济价值的其他组成部分和生态系统"。[4]

二、水资源保护法的概念

水资源保护法是指国家制定或者认可的,并由国家强制力保证实施的,调整人们在保护水资源过程中所产生的各种社会关系的法律规范的总称。从国际法和国内法的区分角度,可以认为水资源保护法存在国际和国内两类水资源保护法体系。不过,国际水资源保护法尚未形成一套形式上完整、内容上协调的体系,而且,由于受国际政治的影响,这种体系也很难在短期内形成。

在学习和研究水资源保护法时,需要特别注意的两点是:一是在形式上,水资

---

[1]　DWAF, *White Paper on a National Water Policy for South Africa* (April 1997), p. 37.

[2]　DWAF, *White Paper on a National Water Policy for South Africa* (April 1997), p. 3.

[3]　DWAF, *National Water Resources Strategy* (*First Edition*) (September 2004), p. 12.

[4]　See section 3 (2) (b), *Natural Resources Management Act* 2004.

源保护的政策法律并用,而且互相融合;二是在内容上,受自然科学(特别是水利水文学)、经济学和政治的影响比较大。

第三节 淡水资源的国际保护

淡水资源保护的国际法发端于对跨界河流、湖泊的国际保护。由于地球水文循环的整体性,水于生态系统的不可或缺性,水资源范围的不断扩大,以及,水资源因水量和水质短缺引发区域性国际冲突的现实性乃至引起全球性国际冲突的巨大潜在性,因此国际政策法律文件有关或者涉及水资源保护的内容越来越多,但是尚未形成完善的国际水资源保护法体系。本节将在对《21世纪议程》中有关淡水资源保护的内容进行介绍后,分别讨论跨界水资源和湿地的国际保护。

一、淡水资源的国际保护——《21世纪议程》

《21世纪议程》由参加1992年里约热内卢联合国环境与发展大会的178个国家正式通过,是一份规划了国际组织、不同层次政府和主要团体在与环境有关的一切领域于全球、国家和地方层次予以采纳和实施的一项内容广泛的行动计划。尽管从严格的法律意义上讲,《21世纪议程》本身并不是一项具有法律拘束力的文件,但是它已经被大量的国际和/或国内法律文件所确认和实施。[①]例如,全面实施《21世纪议程》及其后续安排文件《进一步执行〈21世纪议程〉方案》在2002年举行的约翰内斯堡可持续发展世界首脑会议上得到了坚定重申。《21世纪议程》第18章以"淡水资源的质量保护和供应"为题,对淡水资源保护提出了一系列的综合性方案。

关于总体目标,第18.2段规定:"确使地球上的全体人口都获有足够的良质水供应,同时维护生态系统的水文、生物和化学功能,在大自然承载能力的限度内调整人类活动,并防治与水有关的病媒。"

第3节的标题是"水资源、水质和水生生态系统的保护"。在该节中,第18.36段规定淡水管理应该是一体化的综合管理,并且"基于对人类需求和环境需求的一种平衡考虑"而进行。第18.38(a)段进一步要求"根据流域盆地保护包括生物资源在内的水生生态系统,并有效地使其免受任何形式退化的管理原则,维护生态系统的完整性"。而且,第18.39(g)段规定国家应该"采取对环境可持续的水资源管理综合办法,包括保护水生态系统和淡水生物资源"。

---

① Desheng Hu, *Water Rights: An International and Comparative Study*, IWA Publishing, 2006, pp. 96 -97.

第 18.40 段规定,所有国家可以实施相关的具体行动来保护淡水资源。在这些相关的具体行动中,以下四个方面尤其重要:

①在水资源保护和保育方面,"拟定国家水资源保护和保育计划","恢复重要的但是已经退化的集水区,特别是在小岛屿"。

②在水污染防治方面,"对可能损害水质和水生生态系统的所有重大水资源开发项目实施强制性环境影响评价,同时,对适当的补救措施进行说明,对新建工业装置、固体废弃物填埋和基础设施开发项目加强控制"。

③在水生生态系统保护方面,"使遭受污染的和退化的水体得到复原,从而恢复水生生态生境和生态系统","保育和保护湿地(因为湿地对于许多物种具有生态上的和环境方面的重要性),同时考虑社会和经济因素","控制可能破坏其他水生物种的有毒水生物种"。

④在淡水生物资源保护方面,"保护生态系统使之免受污染和不遭退化,以开发淡水养殖项目"。

二、跨界水资源的国际保护

全世界有 200 多条河流是跨界河流,有许多湖泊是跨界湖泊;它们的流域面积占地球土地面积的近一半。地球上约 40% 的人口生活在这些流域,有 50 多个国家的超过 3/4 的土地位于这些流域。另外,还存在跨界地下水资源。尽管就具体的跨界水资源来说,涉及的国家具有地域性,但是其保护却越来越具有国际性的影响。

跨界水资源的国际保护可以追溯到 16 世纪。当时主要是基于维护航道而维持河流或者湖泊水位,使之不低于一定的水平。有关国际条约主要是关于航行的,但是也有主要关于水量分配的。前者如 1921 年《国际可航行水道制度公约》对国际河流有关航行的制度作出了规定,后者如美国和加拿大之间的 1909 年《美加边界水域条约》。为了保证条约的履行,缔约国通常根据条约设立国际委员会,协调对跨界河流或者湖泊的管理。

随着人类对河流和湖泊认识的不断深入和全面,它们的用途在不断增加,其生态系统的重要性日益彰显,不同利用之间的冲突和矛盾不仅越来越多,而且复杂多样。有关跨界水资源保护的双边和多边条约应运而生。起初,这些条约主要是关于跨界水资源污染防治的,并且发展于欧洲和美洲。例如,关于欧洲的跨界河流莱茵河,《建立保护莱茵河免受污染国际委员会伯尔尼协定》于 1963 年签订,并建立了莱茵河委员会,以负责调查、研究、建议防止莱茵河污染的措施。1976 年,缔约国对协议进行了修订并签订了《保护莱茵河免受化学污染公约》和《保护莱茵河免受氯化物污染公约》。1999 年《保护莱茵河公约》取代了 1963 年的协定和 1976 年的防止氯化物污染公约。为了保护莱茵河水质及生态系统,这一系列条约不断提高排放标准和防治污染的措施。

由于跨界水资源的国际法分散而零乱,不能适应跨界水资源保护的现实需要,国际社会开始着手编纂和发展有关国际政策法律。1966 年国际法协会第 52 届大会通过的《国际河流利用规则》(也称《赫尔辛基规则》)是这方面最早、最经常被引用的一份国际文件,尽管它并不具有法律约束力。《赫尔辛基规则》第一次对当时的已有相关国际法规则进行了全面编纂,并提出了国际河流利用的指导性原则。总体上,它一方面承认每一流域国享有公平合理地利用流域内水资源的权利;另一方面要求每一流域国采取一切合理措施,不对流域内的水造成任何新形式的污染或者加重已有的污染程度,从而避免对流域内其他流域国造成严重损害的可能。《赫尔辛基规则》对此后国际淡水资源保护和利用规则的发展产生了重要影响。

在联合国欧洲经济委员会的支持下,欧洲国家于 1992 年签订了《保护和利用跨界水道和国际湖泊公约》。它虽然是一项区域性条约,但其管制方式向普遍性条约转化,适用于所有缔约国与非缔约国的境内的跨界河流和湖泊。此外,该公约倡导使用新方法对跨界水道和国际湖泊进行管制,运用水质标准化、法律、行政和经济措施,适用一般法律原则。

《赫尔辛基规则》出台后有关国际水资源保护的重大法律事件是 1997 年制定《国际水道非航行使用法公约》。为了协调国际水道的各种非航行使用,联合国国际法委员会从 1971 年起开始对国际水道的非航行利用规则进行编纂。1997 年 5 月 21 日,第 51 届联合国大会通过了国际法委员会的公约草案。公约的创新性规定在于,将每一国际水道界定为一个生态系统,将公平合理利用作为一项法律原则。例如,公约第 6 条第 1 款(a)项规定,在决定什么是对国际水道的公平和合理利用时,"地理、水道测量、水文、气候、生态和其他属于自然性质的因素"应当同其他所有有关因素和周围环境一并予以考虑。第 20 条进一步要求"水道国应当单独地和在适当情况下共同地保护和保全国际水道的生态系统"。正如国际水资源法领军人物之一麦卡夫里(McCaffrey)所指出的,对于水道国而言,有一项"正在形成的保护国际水道生态系统的义务"。[①]公约的不足之处是,它一方面规定自己是一项框架性公约,是对有关习惯国际法规则的梳理,而另一方面又规定了国际法院的强制管辖。但是,一些国家认为在某些方面并不存在统一的习惯国际法规则。《国际水道非航行使用法公约》于 2014 年 8 月 17 日才生效。截至 2016 年底有 36 个缔约国,缺乏国际水道大国(例如美国、加拿大、俄罗斯、印度和中国等)的参与。

---

① See S. C. McCaffrey, *The Law of International Watercourses: Non-Navigational Uses*, Oxford University Press, 2001, p. 396.

三、湿地的国际保护

所谓湿地(wetland),是指"不问其为天然或人工、长久或暂时之沼泽地、湿原、泥炭地或水域地带,带有或静止或流动,或为淡水、半咸水或咸水水体者,包括地槽式水深不超过 6 米的水域"。[①]一方面,对于调节水循环,以及维持湿地特有的动植物(特别是水禽)的栖息地功能从而保护生态系统和生物多样性,湿地有重要意义,被喻为"地球之肾"。另一方面,湿地也具有巨大的经济、文化、科学和休闲娱乐价值。

为了阻止当代和未来对湿地的逐渐侵占和损害,确认湿地的基本生态作用及其经济、文化、科学和休闲娱乐价值,国际社会决定通过国家行动和国际合作保护以及合理地利用湿地。在这一背景下,《湿地公约》于 1971 年 2 月 2 日在伊朗的拉姆萨尔签订,作为实现世界可持续发展的途径之一。[②]

《湿地公约》的主要内容是建立《国际重要湿地名册》和规定缔约国的义务。缔约国的主要义务包括:每一缔约国至少要指定一个国内湿地列入《国际重要湿地名册》;应当充分考虑其养护、管理和合理利用移栖野禽方面的国际责任;设立湿地自然保护区;进行国际合作。在国际合作方面,缔约国应当交换有关资料,训练湿地管理人员,在需要时应召开湿地和水禽养护大会,合作管理共有湿地及其物种。

一旦一片湿地被列为国际重要湿地,那么,它将处于国内法和国际法的双重保护之下。截至 2016 年底,列入《国际重要湿地名录》的国际重要湿地共有 2260 个,面积 2.15 多亿公顷。其中,有两个国家列入名录的重要湿地数量超过 100 个。它们是英国(170 处)和墨西哥(142 处)。

第四节　我国水资源保护法

一、我国水资源保护立法

我国常年水资源总量约 2.8 万亿 m^3,位居世界前 10 位。但是,由于人口众

---

① 1971 年《湿地公约》第 1 条。

② 《湿地公约》于 1975 年 12 月 21 日生效后,历经 1982 年和 1987 年两次修改,截至 2016 年底,有 169 个缔约国。

多,常年人均水资源量仅约 2040 m³,约为世界平均水平的 1/3。[1]我国既是世界上水资源十分缺乏的国家之一,也是水土流失最为严重的国家之一。水资源状况的总体形势是:在水量方面,水资源供需矛盾非常突出;在水质方面,水污染形势十分严峻;在生态环境方面,水生态环境安全面临严重威胁。[2]

1949 年新中国成立后,一直比较重视水资源保护工作。特别是 20 世纪 80 年代以来,我国制定了许多水资源保护的法律、法规和规章以及政策。1988 年 1 月 21 日全国人大常委会通过了《水法》(2002 年 8 月 29 日进行了修订),1991 年 6 月 29 日全国人大常委会通过了《水土保持法》(2010 年 12 月 25 日进行了修订),2001 年 8 月 31 日全国人大常委会通过了《中华人民共和国防洪法》(2009 年 8 月 27 日、2015 年 4 月 24 日、2016 年 7 月 2 日进行了修正)。

为了贯彻落实这些法律,国务院制定或者批准了相应的行政法规和行政法规性文件。其中,现行有效的有关或者涉及水资源保护的主要有《河道管理条例》(1988 年 6 月 1 日)、《开发建设晋陕蒙接壤地区水土保持规定》(1988 年 10 月 1 日)、《水库大坝安全管理条例》(1991 年 3 月 22 日)、《防汛条例》(1991 年 7 月 2 日,2005 年 7 月 15 日修改)、《水土保持法实施条例》(1993 年 8 月 1 日)、《长江三峡水利工程建设移民条例》(2001 年 2 月 21 日)、《水利建设基金筹集和使用管理暂行办法》(1997 年 1 月 23 日)、《水利产业政策》(1997 年 10 月 28 日)、《蓄滞洪区运用补偿暂行办法》(2000 年 5 月 23 日)、《长江河道采砂管理条例》(2001 年 10 月 25 日)、《水利工程管理体制改革实施意见》(2002 年 9 月 3 日)、《取水许可和水资源费征收管理条例》(2006 年 1 月 24 日)、《关于加强蓄滞洪区建设与管理的若干意见》(2006 年 6 月 30 日)、《大中型水利水电工程建设征地补偿和移民安置条例》(2006 年 7 月 7 日,2013 年 7 月 18 日、12 月 7 日两次修改)、《水文条例》(2007 年 4 月 25 日,2013 年 7 月 18 日修改)、《抗旱条例》(2009 年 2 月 26 日)、《城镇排水与污水处理条例》(2013 年 10 月 2 日)、《南水北调工程供用水管理条例》(2014 年 2 月 16 日)和《农田水利条例》(2016 年 11 月 2 日)等。

其他与水资源保护有关的全国人大或者其常委会通过的法律还有《土地管理法》(2004 年修正)、《水污染防治法》(2008 年修订)、《中华人民共和国农业法》(2012 年修订)、《农村土地承包法》(2009 年修改)等。

以水利部为主的国务院有关部、委、局制定了大量有关或者涉及水资源保护的

---

[1] 国内官方文件和学术文献通常认为,我国人均水资源量不足世界平均水平的 1/4;但是都缺乏世界平均水平的数据。世界银行《世界发展指标(2011 年)》中的统计数据表明,世界人均水资源量为 6624m³。因此,正确可靠的说法应该是:我国人均水资源量约为世界平均水平的 1/3。胡德胜等:《我国生态系统保护机制研究》,法律出版社 2015 年版,第 37 页。

[2] 汪恕诚:《关于水资源节约、保护和合理利用情况的报告》,《全国人民代表大会常务委员会公报》2005 年第 1 期。

规章和规章性文件。例如,《长江河道采砂管理条例实施办法》(2004 年 6 月 2 日,2010 年 3 月 12 日修改)、《关于黄土高原地区淤地坝建设管理的指导意见》(2004 年 3 月 22 日)、《国家水土保持重点建设工程管理办法》(2005 年 4 月 18 日)、《水行政许可实施办法》(2005 年 7 月 8 日)、《水行政许可听证规定》(2006 年 5 月 24 日)、《水量分配暂行办法》(2007 年 12 月 5 日)、《取水许可管理办法》(2008 年 4 月 9 日)、《水文监测环境和设施保护办法》(2011 年 2 月 18 日)、《水文站网管理办法》(2011 年 12 月 2 日)、《农村饮水安全工程建设管理办法》(2013 年 12 月 31 日)、《关于加强河湖管理工作的指导意见》(2014 年 2 月 28 日)和《水功能区监督管理办法》(2017 年 2 月 27 日)等。

绝大多数省级行政区域也制定了关于贯彻实施《水法》的地方性法规和规章,以及其他有关或者涉及水资源保护的地方性法规和规章。

在国际性政策法律方面,我国缔结、参加或者认可的有关或者涉及水资源保护的多边国际政策法律文件主要有 1971 年《湿地公约》、1972 年《人类环境宣言》、1972 年《世界遗产公约》、1992 年《里约宣言》、1992 年《21 世纪议程》、1992 年《气候变化框架公约》、1992 年《生物多样性公约》等。

二、我国水资源保护法的原则

水资源保护法的原则是指,为了做好水资源保护工作,在水资源保护法的制定和实施过程中所应当遵循的准则。经过总结,笔者认为,我国水资源保护法的原则主要有四项原则,即,统筹兼顾原则、全面规划原则、节约用水原则以及居民生活用水和生态环境用水优先原则。

(一)统筹兼顾原则

统筹兼顾原则,是指在水资源保护法的制定和实施过程中,必须全面考虑水资源的各种功能,考虑不同地域水资源的不同特点,从而在对水资源进行有效保护的前提下,最佳地发挥水资源的综合效用。水资源具有多种功能。在大类上,包括满足人类基本需要的功能,满足生物物种生存的基本需要以及保育生态系统健康平衡的功能,以及,满足人类福祉发展特别是经济发展的需要的功能。具体讲,有生活用水、工农业生产用水、水运、水电、生态维护、水域景观、气候调节,等等。《水法》第 4 条规定,为了科学、合理地发挥水资源的多种功能,实现最佳的综合效益,需要在水资源保护中统筹兼顾水资源的多种功能、价值和/或用途。统筹兼顾原则的核心是:协调好生活、生产经营和生态环境用水。

(二)全面规划原则

全面规划原则,是指在水资源保护法的制定和实施过程中,应当根据对水资源进行开发利用的各种有益性需求,结合不同地区水资源的自然条件状况以及经济和社会发展需要,对水资源保护工作做出全面规划、进行总体安排。它要求,规划应当在统筹兼顾的基础上进行。例如,《水法》第4条规定,在水资源开发利用中,应当协调好生活、生产经营和生态环境用水。第20条规定:"开发、利用水资源,应当坚持兴利与除害相结合,兼顾上下游、左右岸和有关地区之间的利益,充分发挥水资源的综合效益。"《水土保持法》第3条规定:"水土保持工作实行预防为主、保护优先、全面规划、综合治理、因地制宜、重点突出、科学管理、注重效益的方针。"

(三)节约用水原则

节约用水原则,是指在水资源保护法的制定和实施过程中,针对我国水资源严重短缺的状况,应当采取技术的、经济的、行政的、法律的和道德的等各种措施,节约单位GDP的用水量,提高单位水资源的利用效率。在水资源缺乏的情况下,实行节约用水是解决水资源供求矛盾的最有效途径之一。我国是一个人均水资源量十分短缺的国家,而且有些地方甚至处于严重匮乏的状况,因此,我国必须实行节约用水原则。为此,《水法》第8条第1款规定"国家厉行节约用水,大力推行节约用水措施,推广节约用水新技术、新工艺,发展节水型工业、农业和服务业,建立节水型社会",并且在第3款将节约用水规定为单位和个人的法律义务。

(四)居民生活用水和生态环境用水优先原则

无论是保护生态环境还是发展经济,在人类中心主义伦理观下,它们的最终目的都是为了增进人类福祉,使人类的生活条件和生存条件变得更加美好,感觉更为幸福。因此,根据我国水事法律的规定,当居民生活用水与农业、工业、生态环境用水以及航运等需要发生矛盾时,应当首先满足居民生活用水的需要。这就是落实水人权的居民生活用水优先原则。

但是,随着生态学的发展,人类对保护生态系统日益重视,我国水事法律也越来越将生态环境用水置于更为优先的地位。根据《水法》第21条、第22条、第26条第2款和第33条第3款的规定,以及水利部规章、规章性文件或者政策在水权流转方面的规定,生态环境用水在许多情形下被置于了第二乃至第一的优先顺序地位。这就是确保生态用水的生态环境用水优先原则。

三、我国水资源保护法的主要制度

为了加强水资源保护,我国水事政策法律规定了一系列的主要制度。可以将它们分为规划类制度、最严格水资源管理制度和其他制度。

(一)规划类制度

规划类制度主要包括水资源规划制度、水土保持规划制度和水中长期供求规划制度。

1.水资源规划制度

水资源开发利用规划制度是关于水资源规划的编制、审批、实施等一整套管理措施和程序的规定。《水法》规定制定全国水资源战略规划,要求按照流域、区域统一制定规划;而规划分为流域规划和区域规划,流域规划又包括流域综合规划和流域专业规划,区域规划又包括区域综合规划和区域专业规划。综合规划是根据经济、社会发展需要和水资源开发利用现状编制的开发、利用、节约、保护水资源和防治水害的总体部署。专业规划是针对防洪、治涝、灌溉、航运、供水、水力发电、竹木流放、渔业、水资源保护、水土保持、防沙治沙、节约用水等专项方面,预先作出的部署。水资源开发利用规划制度是保证水资源合理开发利用、发挥其多功能效益、兴利除害的宏观管理手段之一。

经批准的水资源规划是开发利用水资源和防治水害活动的基本依据,具有法律效力,任何单位和个人都应当执行。效力关系方面,全国水资源战略规划效力最高,流域范围内的区域规划应当服从流域规划,专业规划应当服从综合规划。经批准的规划需要修改的,必须经原批准规划的机关核准后,新规划才能发生效力。

2.水土保持规划制度

水土保持规划制度是关于水土保持规划的编制、审批、实施等一整套管理措施和程序的规定。根据《水土保持法》第二章"规划"的规定,县级以上水利行政主管部门应当会同同级政府有关部门,在水土流失调查结果及水土流失重点预防区和重点治理区划定的基础上,遵循统筹协调、分类指导的原则,编制水土保持规划,报本级政府或其授权的部门批准后,予以组织实施。

水土保持规划的内容应当包括水土流失状况、水土流失类型区划分、水土流失防治目标、任务和措施等。水土保持规划应当与土地利用总体规划、水资源规划、城乡规划和环境保护规划等相协调。

县级以上政府应当将水土保持规划确定的任务,纳入本级国民经济和社会发展计划,安排专项资金,并组织实施。对经批准的水土保持规划进行修改的,应当按照规划编制程序报原批准机关批准。

3. 水中长期供求规划制度

水中长期供求规划制度,是指根据一定时期水资源的供求状况、国民经济和社会发展规划、流域规划、区域规划,按照水资源供需协调、综合平衡、保护生态、厉行节约、合理开源的原则,对水资源的分配作出计划安排的制度措施。其目的在于加强对水资源开发利用的宏观管理,合理配置水资源,减少用水矛盾。

实施水中长期供求规划的具体方式是制定和执行水量分配方案。跨省级行政区域的水量分配方案和旱情紧急情况下的水量调度预案,由流域管理机构商同有关省级政府制定,报国务院或者其授权的部门批准后执行。其他跨行政区域的水量分配方案和旱情紧急情况下的水量调度预案,由共同的上一级水行政主管部门商同有关地方政府制定,报本级政府批准后执行。水量分配方案具有强制性的约束力。

(二)最严格水资源管理制度

2009 年初,水利部提出应当实行"最严格的水资源管理制度"。2011 年中央一号文件《中共中央国务院关于加快水利改革发展的决定》明确提出和部署实行最严格水资源管理制度,提出要建立用水总量控制制度、用水效率控制制度、水功能区限制纳污制度以及水资源管理责任与考核制度这四项制度,并将之作为加快经济发展方式转变的战略举措。2012 年国务院发布《关于实行最严格水资源管理制度的意见》,从制度总体要求、重点任务和主要目标等方面对该制度的实施做出了具体安排和全面部署。最严格水资源管理的核心是三条红线和四项制度。

三条红线是指水资源开发利用控制红线、用水效率控制红线和水功能区限制纳污红线。到 2030 年的目标是:水资源开发利用控制红线方面,全国用水总量控制在 7000 亿立方米以内;用水效率控制红线方面,用水效率达到或接近世界先进水平,万元工业增加值用水量降低到 40 立方米以下,农田灌溉水有效利用系数提高到 0.6 以上;水功能区限制纳污红线方面,主要污染物入河湖总量控制在水功能区纳污能力范围之内,水功能区水质达标率提高到 95% 以上。

1. 用水总量控制制度

用水总量控制制度在于落实水资源开发利用控制红线。它要求:

(1)严格规划管理和水资源论证。开发利用水资源应当符合主体功能区的要求,按照流域和区域统一制定规划,充分发挥水资源的多种功能和综合效益。建设水工程必须符合流域综合规划和防洪规划,由有关水行政主管部门或流域管理机构按照管理权限进行审查并签署意见。加强相关规划和项目建设布局水资源论证工作,国民经济和社会发展规划以及城市总体规划的编制、重大建设项目的布局,应当与当地水资源条件和防洪要求相适应。严格执行建设项目水资源论证制度，对未依法完成水资源论证工作的建设项目，审批机关不予批准，建设单位不得擅自开工建设和投产使用，对违反规定的，一律责令停止。

(2)严格控制流域和区域取用水总量。加快制定主要江河流域水量分配方案，建立覆盖流域和省市县三级行政区域的取用水总量控制指标体系，实施流域和区域取用水总量控制。各省级行政区域按照江河流域水量分配方案或取用水总量控制指标，制定年度用水计划，依法对本行政区域内的年度用水实行总量管理。建立健全水权制度，积极培育水市场，鼓励开展水权交易，运用市场机制合理配置水资源。

(3)严格实施取水许可。严格规范取水许可审批管理，对取用水总量已达到或超过控制指标的地区，暂停审批建设项目新增取水；对取用水总量接近控制指标的地区，限制审批建设项目新增取水。对不符合国家产业政策或列入国家产业结构调整指导目录中淘汰类的，产品不符合行业用水定额标准的，在城市公共供水管网能够满足用水需要却通过自备取水设施取用地下水的，以及地下水已严重超采的地区取用地下水的建设项目取水申请，审批机关不予批准。

(4)严格地下水管理和保护。加强地下水动态监测，实行地下水取用水总量控制和水位控制。各省级政府应当核定并公布地下水禁采和限采范围。在地下水超采区，禁止农业、工业建设项目和服务业新增取用地下水，并逐步削减超采量，实现地下水采补平衡。深层承压地下水原则上只能作为应急和战略储备水源。依法规范机井建设审批管理，限期关闭在城市公共供水管网覆盖范围内的自备水井。抓紧编制并实施全国地下水利用与保护规划以及南水北调东中线受水区、地面沉降区、海水入侵区地下水压采方案，逐步削减开采量。

(5)强化水资源统一调度。流域管理机构和地方水行政主管部门应当依法制定和完善水资源调度方案、应急调度预案和调度计划，对水资源实行统一调度。区域水资源调度应当服从流域水资源统一调度，水力发电、供水、航运等调度应当服从流域水资源统一调度。水资源调度方案、应急调度预案和调度计划一经批准，有关地方政府和部门等必须服从。

2. 用水效率控制制度

用水效率控制制度在于落实用水效率控制红线。它要求：

(1)全面加强节约用水管理。各级政府应当切实履行推进节水型社会建设的责任，把节约用水贯穿于经济社会发展和群众生活生产全过程，建立健全有利于节约用水的体制和机制。稳步推进水价改革。各项引水、调水、取水、供用水工程建设必须首先考虑节水要求。水资源短缺、生态脆弱地区要严格控制城市规模过度扩张，限制高耗水工业项目建设和高耗水服务业发展，遏制农业粗放用水。

(2)强化用水定额管理。加快制定高耗水工业和服务业用水定额国家标准。

各省级政府应当根据用水效率控制红线确定的目标,及时组织修订本行政区域内各行业用水定额。对纳入取水许可管理的单位和其他用水大户实行计划用水管理,建立用水单位重点监控名录,强化用水监控管理。新建、扩建和改建建设项目应制定节水措施方案,保证节水设施与主体工程同时设计、同时施工、同时投产的"三同时"制度;违反"三同时"制度的,由县级以上地方政府有关部门或流域管理机构责令停止取用水并限期整改。

(3)加快推进节水技术改造。制定节水强制性标准,逐步实行用水产品用水效率标识管理,禁止生产和销售不符合节水强制性标准的产品。加大农业节水力度,完善和落实节水灌溉的产业支持、技术服务、财政补贴等政策措施,大力发展管道输水、喷灌、微灌等高效节水灌溉。加大工业节水技术改造,建设工业节水示范工程。充分考虑不同工业行业和工业企业的用水状况和节水潜力,合理确定节水目标。有关部门应当制定并公布落后的、耗水量高的用水工艺、设备和产品淘汰名录。加大城市生活节水工作力度,开展节水示范工作,逐步淘汰公共建筑中不符合节水标准的用水设备及产品,大力推广使用生活节水器具,着力降低供水管网漏损率。鼓励并积极发展污水处理回用、雨水和微咸水开发利用、海水淡化和直接利用等非常规水源开发利用。加快城市污水处理回用管网建设,逐步提高城市污水处理回用比例。非常规水源开发利用纳入水资源统一配置。

3.水功能区限制纳污制度

水功能区限制纳污制度在于落实水功能区限制纳污红线,严格控制入河湖排污总量。它要求:

(1)严格水功能区监督管理。完善水功能区监督管理制度,建立水功能区水质达标评价体系,加强水功能区动态监测和科学管理。水功能区布局要服从和服务于所在区域的主体功能定位,符合主体功能区的发展方向和开发原则。从严核定水域纳污容量,严格控制入河湖排污总量。各级政府应当把限制排污总量作为水污染防治和污染减排工作的重要依据。切实加强水污染防控,加强工业污染源控制,加大主要污染物减排力度,提高城市污水处理率,改善重点流域水环境质量,防治江河湖库富营养化。流域管理机构应当加强重要江河湖泊的省界水质水量监测。严格入河湖排污口监督管理,对排污量超出水功能区限排总量的地区,限制审批新增取水和入河湖排污口。

(2)加强饮用水水源保护。各省级政府应当依法划定饮用水水源保护区,开展重要饮用水水源地安全保障达标建设。禁止在饮用水水源保护区内设置排污口,对已设置的,由县级以上地方政府责令限期拆除。县级以上地方政府应当完善饮用水水源地核准和安全评估制度,公布重要饮用水水源地名录。加快实施全国城市饮用水水源地安全保障规划和农村饮水安全工程规划。加强水土流失治理,防治面源污染,禁止破坏水源涵养林。强化饮用水水源应急管理,完善饮用水水源地突发事件应急预案,建立备用水源。

(3)推进水生态系统保护与修复。开发利用水资源应维持河流合理流量和湖泊、水库以及地下水的合理水位,充分考虑基本生态用水需求,维护河湖健康生态。编制全国水生态系统保护与修复规划,加强重要生态保护区、水源涵养区、江河源头区和湿地的保护,开展内源污染整治,推进生态脆弱河流和地区水生态修复。研究建立生态用水及河流生态评价指标体系,定期组织开展全国重要河湖健康评估,建立健全水生态补偿机制。

4. 水资源管理责任与考核制度

水资源管理责任与考核制度是保障前三项落实的措施。它要求:

(1)建立水资源管理责任和考核指标体系。将水资源开发、利用、节约和保护的主要指标纳入地方经济社会发展综合评价体系,县级以上地方政府主要负责人对本行政区域水资源管理和保护工作负总责。国务院对各省级行政区域的主要指标落实情况进行考核,水利部会同有关部门具体组织实施,考核结果交由干部主管部门,作为地方政府相关领导干部和相关企业负责人综合考核评价的重要依据。有关部门应当加强沟通协调,水行政主管部门负责实施水资源的统一监督管理,其他部门按照职责分工,各司其职,密切配合,形成合力,共同做好最严格水资源管理制度的实施工作。

(2)健全水资源监控体系。抓紧制定水资源监测、用水计量与统计等管理办法,健全相关技术标准体系。加强省界等重要控制断面、水功能区和地下水的水质水量监测能力建设。流域管理机构对省界水量的监测核定数据作为考核有关省级行政区域用水总量的依据之一,对省界水质的监测核定数据作为考核有关省级重点流域水污染防治专项规划实施情况的依据之一。加强取水、排水、入河湖排污口计量监控设施建设,加快建设国家水资源管理系统,逐步建立中央、流域和地方水资源监控管理平台,加快应急机动监测能力建设,全面提高监控、预警和管理能力。及时发布水资源公报等信息。

(3)完善水资源管理体制。进一步完善流域管理与行政区域管理相结合的水资源管理体制,切实加强流域水资源的统一规划、统一管理和统一调度。强化城乡水资源统一管理,对城乡供水、水资源综合利用、水环境治理和防洪排涝等实行统筹规划、协调实施,促进水资源优化配置。

(4)完善水资源管理投入机制。各级政府应当拓宽投资渠道,建立长效、稳定的水资源管理投入机制,保障水资源节约、保护和管理工作经费,对水资源管理系统建设、节水技术推广与应用、地下水超采区治理、水生态系统保护与修复等给予重点支持。中央财政加大对水资源节约、保护和管理的支持力度。

(5)健全政策法规和社会监督机制。不断健全水资源配置、节约、保护和管理等方面的政策法规体系。广泛深入开展基本水情宣传教育,强化社会舆论监督,进一步增强全社会水忧患意识和水资源节约保护意识,形成节约用水、合理用水的良好风尚。大力推进水资源管理科学决策和民主决策,完善公众参与机制,采取多种方式听取各方面意见,进一步提高决策透明度。对在水资源节约、保护和管理中取得显著成绩的单位和个人给予表彰奖励。

(三)其他制度

其他制度中主要有饮用水水源保护区制度、取水许可制度和水资源有偿使用制度。

1.饮用水水源保护区制度

联合国经济及社会理事会之经济社会及文化权利委员会于 2002 年 11 月 26 日在第 29 届会议上通过了《第 15 号一般性意见:水权(〈经济、社会及文化权利国际公约〉第 11 和第 12 条)》,并且宣告:"水人权赋予人人能为个人和家庭生活得到充足、安全、可接受、便于汲取、价格上负担得起的水的权利……水权是一项不可或缺的人权,是人得以尊严生活的必要条件。水权也是实现其他人权的一个前提条件。"在我国社会主义制度下,必须保证饮用水的质量。为此,就需要对饮用水水源地加以特殊保护,防止污染或者水源枯竭和严重影响人们的正常生活甚至生命和健康的情形发生。

饮用水水源保护区制度就是对饮用水水源地划定一定范围并进行特殊保护的制度措施。《水法》明确规定国家建立饮用水水源保护区制度,要求省级政府划定饮用水水源保护区,并采取措施防止水源枯竭和水体污染,保证城乡居民饮用水安全;同时,规定禁止在饮用水水源保护区内设置排污口。

2.取水许可制度

关于水资源所有权,《水法》规定实行单一的国家所有制,并基于此建立和实施对水资源的取水许可制度和有偿使用制度。

取水许可制度,又称取水许可证制度,是关于直接从地下或者江河、湖泊取水的单位或者个人依法办理准许取水许可证的要求、程序和方法的制度措施。取得取水许可证是取得水权的两项条件之一。该制度是我国用水管理的一项基本制度,是落实水资源规划制度、水中长期供求规划制度以及定额管理和用水总量控制制度的重要保障性制度措施。2006 年《取水许可和水资源费征收管理条例》对取水许可证的适用范围、申请和受理、审查和决定,持证人的义务、法律责任等作出了具体规定。

3.水资源有偿使用制度

水资源有偿使用制度是关于直接从地下或者江河、湖泊取水的单位或者个人依法缴纳水资源费的制度措施。缴纳水资源费是取得水权的两项条件之一。2006

年《取水许可和水资源费征收管理条例》第四章就水资源费征收标准的制定程序和遵循原则,征收机关,确定方法,缴纳手续办理,缓交,使用,审计监督等作出了具体规定。

最严格水资源管理制度要求严格水资源有偿使用。合理调整水资源费征收标准,扩大征收范围,严格水资源费征收、使用和管理。各省级行政区域要抓紧完善水资源费征收、使用和管理的规章制度,严格按照规定的征收范围、对象、标准和程序征收,确保应收尽收,任何单位和个人不得擅自减免、缓征或停征水资源费。水资源费主要用于水资源节约、保护和管理,严格依法查处挤占挪用水资源费的行为。

目前,我国正在着手进行将水资源费改革为水资源税的工作。

四、我国水资源保护的措施

(一)水资源保护的综合措施

水资源保护涉及社会和经济生活的许多方面,需要采取综合性措施。《水法》和《水土保持法》等法律规定的综合措施主要有:①国家采取有效措施,保护植被,植树种草,涵养水源,防治水土流失和水体污染,改善生态环境;②国家鼓励和支持开发、利用、节约、保护、管理水资源,防治水害,以及水土保持的先进科学技术的研究、推广和应用,培养有关科学技术人才;③要求工业用水应当采用先进技术、工艺和设备,增加循环用水次数,提高水的重复利用率,逐步淘汰落后的、耗水量高的工艺、设备和产品;④鼓励在水资源短缺的地区对雨水和微咸水的收集、开发、利用和以及海水的利用、净化;⑤对在节约、保护、管理水资源,防治水害和防治水土流失等方面工作成绩显著的单位和个人,政府给予奖励;⑥建设项目中的水土保持设施,必须实行"三同时"制度;⑦鼓励水土流失地区的农业集体经济组织和农民对水土流失进行治理,并在资金、能源、粮食、税收等方面实行扶持政策;⑧各级地方政府组织农业集体经济组织和农民,有计划地对禁止开垦坡度(二十五度)以下、五度以上的耕地进行治理;⑨农业集体经济组织、农民个人或者联户可以承包荒山、荒沟、荒丘、荒滩,治理水土流失;等等。

(二)禁止严重破坏、浪费和污染水资源

《水法》和《水土保持法》等法律规定了对一些行为的禁止和限制。例如,被禁止的行为有:禁止在二十五度以上陡坡地开垦种植农作物;在饮用水水源保护区内设置排污口;在江河、湖泊、水库、运河、渠道内弃置、堆放阻碍行洪的物体以及种植阻碍行洪的林木及高秆作物;在河道管理范围内建设妨碍行洪的建筑物、构筑物,

从事影响河势稳定、危害河岸堤防安全和其他妨碍河道行洪的活动；围垦湖泊、河道；等等。

（三）加强政府职责，协调水资源保护管理体制

水资源是生态环境不可或缺的组成部分，空中水、地表水、地下水相互转化，具有动态性、多功能性和整体性。但是，国家有行政区域的划分，各级政府有不同工作部门的存在。这就要求，水资源保护管理需要加强各级政府职责，建立一套确保各涉水管理部门职能统一协调的管理体制机制。需要注意的是，统一协调的管理体制并不是要由一个部门管理，因为这是不科学的，而是要求各涉水部门在职能统一协调的机制下，各司其职、相互配合、相互制约。

政府职责方面，《水法》和《水土保持法》等法律要求政府，在有些情形下会同流域管理机构做好以下十个方面的工作：①加强领导，防止水土流失和土地盐渍化，合理组织开发、综合利用水资源；②组织全民植树造林，鼓励种草，扩大森林覆盖面积，增加植被；③采取措施，加强节水管理，发展节水产业，推行节水灌溉技术和技艺，提高农业用水效率；④加强水资源信息系统建设和水土保持监测网络建设，为社会提供水资源信息，对全国水土流失动态进行监测预报并予以公告；⑤加强水土保持的宣传教育工作，普及水土保持科学知识；⑥采取严格措施，控制地下水开采；⑦因地制宜地采取措施，提高生活用水效率和污水再生利用率；⑧采取措施，改善城乡居民的饮用水条件；⑨采取措施，加强对采矿、取土、挖砂、采石等生产活动的管理，防止水土流失；⑩根据水土保持规划，组织有关行政主管部门和单位有计划地对水土流失进行治理。

《水法》确立了流域管理与行政区域管理相结合的管理体制。在这一管理体制下：①国务院水行政主管部门负责全国水资源的统一管理和监督工作；该部门在国家确定的重要江河、湖泊设立的流域管理机构，在所管辖的范围内行使法律法规规定的以及该部门授予的水资源管理和监督职责；县级以上地方水行政主管部门按照规定的权限，负责本行政区域内水资源的统一管理和监督工作。②国务院有关部门按照职责分工，负责水资源开发、利用、节约和保护的有关工作；县级以上地方政府有关部门按照职责分工，负责本行政区域内水资源开发、利用、节约和保护的有关工作。

《水土保持法》确立了政府和单一部门体制。国务院和地方政府应当将水土保持工作列为重要职责，采取措施做好水土流失防治工作；国务院水行政主管部门主管全国的水土保持工作。县级以上地方水行政主管部门，主管本辖区的水土保持工作。

(四)规定单位和个人的保护水资源义务

《水法》和《水土保持法》等法律规定了单位和个人保护水资源的义务。他们的义务主要包括:①采取水土保持措施、保护水资源、防治水土流失,负责治理因生产建设活动造成的水土流失;②依法采取措施,节约用水;③根据法律规定采取措施或者建设有关设施,保护生态环境,防止对生态环境造成破坏;④进行工程建设等水事活动时,按照法律规定程序提出申请,遵守规划和批准文件;⑤不得损害公共利益和他人的合法权益,造成损害的,依法赔偿或者补偿;⑥遵守取水许可制度和水资源有偿使用制度;⑦采矿和建设使植被受到破坏的,必须采取措施恢复表土层和植被,防止水土流失;等等。

(五)履行国际义务

对于缔结、参加或者认可的有关或者涉及水资源保护的国际文件,我国积极履行国际义务、践行诺言。首先,我国政府编写了《中华人民共和国可持续发展国家报告》,编制了《中国 21 世纪可持续发展行动纲要》。其中,淡水资源的保护是《中国 21 世纪可持续发展行动纲要》的重要组成部分。此外,根据《湿地公约》,我国已经将 49 处位于我国境内的湿地列入了《国际重要湿地名册》。

其次,我国加强和推动与周边国家或相关地区的合作,积极参与区域合作机制化建设。例如,大湄公河次区域环境合作机制开始启动,并于 2005 年成功举办第一届大湄公河次区域环境部长会议,提出了次区域生物多样性保护走廊计划等合作项目。

最后,我国积极就水资源保护事宜同一些国家开发双边合作。例如,我国政府2005 年 9 月举办了"非洲国家水污染和水资源管理研修班"。

(六)追究违法者的法律责任

在追究违法者的法律责任方面,《水法》和《水土保持法》等法律就行政执法人员,违法建设者,违法设置和扩大排污口者,违反节水规定者,违法取水者,不按规定缴纳水资源费者,违法开垦种植农作物者,违法取土、挖砂或者采石者,在林区采伐林木而不采取水土保持措施并造成严重水土流失者,在建设和生产过程中造成水土流失而不进行治理者,以暴力、威胁方法阻碍执法或者监督人员依法执行职务者,水事和水土保持纠纷处理中违法行为者,水事和水土保持侵权者等的法律责任,作出了规定。他们或需要承担行政责任,或需要承担民事责任,或需要承担刑事责任。

案例分析

至裕公司违法排放废水案

东莞市至裕线带有限公司是一家从事工业用线、织带、绳、纱产销的公司,成立于 2005 年 11 月 10 日。投产之初,依法填报了建设项目环境保护申报表,办理了建设项目环境影响登记表,并获得排放污染物临时许可证,生产工艺为线料-打线-织带-产品,无工业废水排放。

东莞市环境保护局根据投诉人举报,于 2013 年 5 月 10 日、8 月 27 日和 12 月 5 日到至裕公司进行现场检查。发现至裕公司在未经环保主管部门重新审批同意的情况下,擅自增加染色等工序和染色机、织带机、线机、分纱机、绳子机、拉纱机、脱水机等设备,并已投入使用,而且,需要配套建设的污染防治设施未经环保主管部门验收合格,生产过程中产生的废水直接排放。执法人员当场制作现场执法检查笔录和调查询问笔录,并拍照存证。2013 年 5 月 10 日现场执法检查笔录和调查询问笔录有至裕公司厂长(生产主管)洪某某签名确认,并加盖公司公章;2013 年 8 月 27 日和 12 月 5 日笔录有至裕公司法定代表人洪文碧签名确认,并加盖公司公章。

思考问题:

(1)扩建直接或者间接向水体排放污染物的建设项目,依法经过哪些环境保护审批手续后,才能正式投入生产或者使用?

(2)东莞市环境保护局应当如何处理至裕公司的违法行为?

基本概念

水文循环　水资源　可更新水资源　水资源保护法　湿地　统筹兼顾原则　全面规划原则　节约用水原则　居民生活用水优先原则　生态环境用水优先原则　水资源规划制度　水土保持规划制度　水中长期供求规划制度　最严格水资源管理制度　饮用水水源保护区制度　取水许可制度　水资源有偿使用制度

思考分析

1.如何理解水资源?

2.《21 世纪议程》就淡水资源保护作出了哪些主要规定?

3.简述湿地的国际保护。

4.试述我国水资源保护法的原则。

5.试述我国水资源保护法的主要制度。

第二十章

森林资源保护法

【内容提要】

森林因提供薪材、生产原料、旅游休闲娱乐等有形产品和无形服务而具有重大的经济价值,因其调节气候、净化空气、降低噪音、涵养水源、防风固沙、保持水土、美化环境、碳汇等功能而具有巨大的生态和社会价值。对一国的经济社会生态建设、人类社会的可持续发展具有重大意义。依法对森林资源进行有效的养护、开发、利用、保护和管理,是生态文明社会依法治国的重要方面。

第一节　森林资源保护法概述

一、森林和森林资源

(一)森林和森林资源的概念

可以从不同的角度或者层面来理解森林的概念,植物学上,森林是指存在于一定区域之内的以树木或其他木本植物为主体的植物群落;生态学上,森林是指存在于一定区域内的以树木或木本植物为主体的一个群落生态系统,它包括林地、树木及其他林地植物及栖息于森林中的动物等;在世界粮农组织统计指标体系中,森林是指"拥有林木高度 5 米以上、郁闭度高于 10% 的 0.5 公顷以上的土地,或树木在原位置达到以上标准。不包括永久的农业或城市用地";[①] 从法学的视角来看,森

---

① FAO, *Terms and Definitions*, 2012.

林是指森林法律、法规所规范和调整的森林。①

　　根据不同的标准,森林可以分为不同的种类。按植被类型可分为热带雨林、季雨林;亚热带常绿阔叶林、硬叶常绿林;温带夏绿阔叶林、针阔混交林、针叶林等。按成因可分为天然林和人工林。以森林的用途或经营目的为主要标准,我国《森林法》第4条将森林分为防护林、用材林、经济林、薪炭林、特种用途林五类。

　　森林资源通常是指一个国家与地区林地面积、树种及木材蓄积量等的总称。②森林资源以森林为构成主体,但并不完全等同于森林。按照《森林法实施细则》第2条的解释,森林资源包括森林、林木、林地以及依托森林、林木、林地生存的野生动物、植物和微生物。其中,森林包括乔木林和竹林,林木包括树木和竹子,林地包括郁闭度20%以上的乔木林地以及竹林地、灌木林地、疏林地、采伐迹地、火烧迹地、未成林造林地、苗圃地和县级以上政府规划的宜林地等。虽然森林资源包括依托森林、林木、林地生存的野生动物,但是有关野生动物的保护在我国由《野生动物保护法》予以调整。

（二）森林资源保护的意义

　　作为地球陆地生态系统中面积最大、结构最复杂、功能最稳定、生物量最高的生态系统,森林具有重要的生态、经济和社会价值。森林在水文循环、土壤保持、碳封存、栖息地保护以及授粉等方面发挥着关键作用,为大农业的可持续发展提供支持、为粮食安全做出贡献,为人类提供食物、药品、能源和收入。③失去森林多样性,意味着失去医药、食品、原材料和就业机会,也就是失去福祉。保护森林资源具有重要意义。

　　（1）有利于保护和改善生态环境。森林在涵养水土、保护生物多样性、改善气候、应对气候变化、维护区域和全球生态平衡方面,具有巨大的生态功能和价值,是绿水青山的基础性支撑。例如,复杂的原生天然林能够捕获和储存大量的碳,可持续的森林管理可以通过保护现存的原始森林以及植树造林增加碳储存,从而减缓并有利于人类适应气候变化。科学研究和无数事实证明,同等数量的活立木蓄积量的生态效益,远远高于作为木材和非木材产品时的经济效益。

　　（2）有利于发展产业经济,创造就业机会,提高人民收入。在许多贫穷国家,森林对GDP的贡献超过10%。世界上大约有16亿人将森林作为生计和收入的重要来源;他们在森林中收集木材,采集水果、坚果、蘑菇、蜂蜜和药用植物,进行放牧

---

① 江伟钰、陈方林 主编:《资源环境法词典》,中国法制出版社2005年版,第386页。
② 金瑞林 主编:《环境与资源保护法学》,北京大学出版社2006年版,第354页。
③ 世界粮农组织:《2016年世界森林状况——森林与农业:土地利用所面临的挑战与机遇》,2016年,第2页。

和狩猎。通过为园艺提供遗传育种的材料,森林帮助相关家庭增加收入。森林的许多生态功能,对保护农牧业免受风沙、干旱等灾害影响,保障农牧业稳产高产具有无法替代的作用。此外,森林不仅带来直接利益,也可以为其他行业间接提供创意和方法,帮助创造就业并提高可持续性。

(3)有利于增进和保障人体健康。首先,森林涵养水土净化水质、防风固沙净化空气的生态功能以及提供休闲娱乐空间的服务功能,可以为人们提供适宜的生存环境,从而增进人体健康。其次,森林中的多种树木、灌木和草木具有药用价值,能够治愈或者缓解疾病、减轻患者痛苦。例如,斑鸠菊属植物通常被黑猩猩在身体虚弱时用作草药,目前该植物已被证实能杀除人体寄生虫(蛲虫,钩虫和贾第鞭毛虫等)。最后,对具有药用价值树木、灌木和草木进行研究和商业开发,可以研发出更多的药品,为人类预防和治疗疾病做出贡献。例如,从太平洋紫杉中提取的紫杉醇被证实有抗癌功效,相关的商品药品有可能缓解癌症难题。(4)有利于保存、维护和促进生物多样性。森林是陆地生物多样性最重要的储藏库之一。热带、温带和寒带森林为植物、动物和微生物提供了多样的栖息地。而且,一些雨林属于地球上最古老的生态系统。

(三)我国森林资源概况

我国国土面积辽阔,森林类型丰富。根据国家林业局第八次全国森林资源清查(2009—2013年)表明,与第七次森林资源清查结果相比,我国森林资源呈现如下四个主要特点:

(1)森林总量持续增长。森林面积由1.95亿公顷增加到2.08亿公顷,净增1223万公顷;森林覆盖率由20.36%提高到21.63%,提高1.27个百分点;森林蓄积由137.21亿立方米增加到151.37亿立方米,净增14.16亿立方米。

(2)森林质量不断提高。森林每公顷蓄积量增加3.91立方米,达到89.79立方米;每公顷年均生长量提高到4.23立方米。随着森林总量增加和质量提高,森林生态功能进一步增强。全国森林植被总碳储量84.27亿吨,年涵养水源量5807.09亿立方米,年固土量81.91亿吨,年保肥量4.30亿吨,年吸收污染物量0.38亿吨,年滞尘量58.45亿吨。

(3)天然林稳步增加。天然林面积从原来的11969万公顷增加到12184万公顷,增加了215万公顷;天然林蓄积从原来的114.02亿立方米增加到122.96亿立方米,增加了8.94亿立方米。

(4)人工林快速发展。人工林面积从原来的6169万公顷增加到6933万公顷,增加了764万公顷;人工林蓄积从原来的19.61亿立方米增加到24.83亿立方米,增加了5.22亿立方米。人工林面积继续居世界首位。

第八次全国森林资源清查结果表明,我国森林资源进入了数量增长、质量提升的稳步发展时期,说明党中央、国务院确定的林业发展和生态建设一系列重大战略决策,实施的一系列重点林业生态工程,取得了显著成效。但是,我国森林覆盖率仍然远低于全球 31% 的平均水平,人均森林面积仅为世界人均水平的 1/4,人均森林蓄积只有世界人均水平的 1/7。

我国森林资源的主要问题是:森林业总量不足、分布不均、质量不高以及经营管理水平低下等矛盾和问题依然存在,甚至局部严峻;人工林经营水平不高,树种单一现象还比较严重,森林生态系统的整体功能还非常脆弱;林地流失、林木过量采伐现象依然存在。人民群众期盼山更绿、水更清、环境更宜居,造林绿化、改善生态仍然任重道远。

二、森林立法概况

(一)国际法领域关于森林保护的相关规定

国际法领域关于森林保护的相关规定散见于各种国际性文件中,其中比较重要的是 1992 年《关于森林问题的原则声明》《生物多样性公约》等。

1992 年里约环境与发展大会通过的《关于森林问题的原则声明》是一项全球性的、综合性的规范森林管理的国际文件,声明提出了 15 项原则,对森林资源的开发、利用、保护和管理作出了一般性规定。

《生物多样性公约》是国际社会为保护地球上生命有机体及其遗传基因和生态系统的多样化,避免或尽量减轻人类活动使生物物种迅速减少的威胁而订立的全球性国际公约。该公约于 1992 年 5 月 23 日在内罗毕通过,1992 年 6 月联合国环境与发展大会期间向各国开放签字,并于 1993 年 12 月 29 日生效。我国于 1992 年 6 月 11 日签署该公约。《生物多样性公约》的宗旨是加强和补充现有保护生物多样性和持久使用其组成部分的各项国际安排,并为今世与后代的利益保护和持久使用生物多样性。公约的目标是保护生物多样性,持久使用生物多样性的组成部分,公平合理地分享由利用遗传资源而产生的惠益。公约的原则是:各国有按照其环境政策开发其资源的主权权利;同时亦负有责任,确保在其管辖和控制范围内的活动不致对其他国家的环境或国家管辖范围以外地区的环境造成损害。

在热带雨林保护方面,1994 年《国际热带木材协定》旨在解决热带木材经济所面临的重要问题,为热带木材生产国和消费国之间的合作建立一项法律框架;它设立了国际热带木材理事会。2006 年 10 月,180 多个国家和国际组织达成了一项新的《国际热带木材协定》,作为 1994 年《国际热带木材协定》的延续。新协定旨在促进可持续管理森林以及合法的热带木材国际贸易的发展和多样性,并同时继续鼓励热带森林的可持续性管理。

(二)我国关于森林保护的立法

森林法是指调整在森林、林木的保护、培育、合理利用和森林、林木、林地的行政管理活动中发生的社会关系的法律规范的总称。[①] 我国关于森林资源保护的立法发展很早,在西周时期就有了"毋伐树木"的禁令。以后历代统治者都有保护森林的立法。[②] 新中国成立后,国家一直十分重视林业建设,制定和实施了一系列合理利用森林资源的法律、法规和规章。目前,在森林资源保护的法律体系中,级别最高的就是《宪法》第 9 条有关森林资源权属及保护的条款。除此之外,《环境保护法》也将森林资源列为了保护对象。

专门法方面,国务院 1963 年颁行的《森林保护条例》是我国第一部相对完整的森林资源保护法规,1979 年 2 月 23 日五届全国人大常委会第 6 次会议通过的《森林法(试行)》是我国最早颁布的单行自然资源类法律。1984 年 9 月 20 日,六届全国人大常委会第 7 次会议通过了《森林法》。此后,随着改革开放的深入,林业在发展过程中出现了许多新情况,保护、管理和发展森林资源的任务更加艰巨,迫切需要从法律上予以明确规范。在此情形下,九届全国人大常委会第 2 次会议于 1998 年 4 月 29 日通过了《森林法》(修正)(如无特别说明,以下《森林法》即指该修正)。《森林法》是森林资源和林业的专门法和基干法,自颁布施行以来,比较有效地保障了森林资源的健康、持续发展。除《森林法》外,与森林资源保护密切相关的法律还有《土地管理法》《野生动物保护法》《防沙治沙法》《中华人民共和国农村土地承包法》以及《水法》《草原法》《刑法》等。

行政法规方面,主要有《森林法实施条例》《陆生野生动物保护实施条例》《野生植物保护条例》《自然保护区条例》《植物新品种保护条例》《森林防火条例》《植物检疫条例》《森林病虫害防治条例》《森林采伐更新管理办法》《关于开展全民义务植树运动的实施办法》《森林和野生动物类型自然保护区管理办法》《退耕还林条例》等。林业部门还制定颁布了若干部门规章,主要有《林木和林地权属登记办法》《占用征用林地审核审批管理办法》等。

目前我国已经初步形成了在《宪法》和《环境保护法》有关森林资源权属及保护条款指导或者统领下,以《森林法》和《森林法实施条例》为核心的森林资源保护法律体系。

[①] 周训芳 主编:《环境法学》,中国林业出版社 2005 年版,第 85 页。

[②] 金瑞林 主编:《环境与资源保护法学》,北京大学出版社 2006 年版,第 356 页。

第二节　我国森林保护法的主要规定

一、我国森林保护法的一般性规定

(一)森林资源保护法的立法目的

我国早期的森林立法是出于持续林业产出的目的而规定限制采伐和保证伐后的林木更新。例如,1979 年《森林法(试行)》将提供木材和各种林产品、满足国家经济建设需要和人民生活需要作为森林保护的首要功能;将调节气候、涵养水源、蓄水保土、防风固沙,保障农业、牧业的发展,防治空气污染,保护和美化环境,增强人民身心健康等作为森林保护的次要功能。1984 年《森林法》则对森林功能上的上述顺序进行了修改,明确将森林蓄水保土、调节气候、改善环境的作用放在首要位置,而将提供林产品的作用放在次要位置。[①] 1998 年修正后的《森林法》在内容上特别强调森林的生态效益保护。现行《森林法》第 1 条规定的立法目的是:"为了保护、培育和合理利用森林资源、加快国土绿化,发挥森林蓄水保土、调节气候、改善环境和提供林产品的作用,适应社会主义建设和人民生活的需要。"可见,我国现行森林法的立法目的,是综合森林的生态效益、社会效益、经济效益统一而确立的。具体而言,主要包括以下四个方面:

(1)保护、培育和合理利用森林资源。森林作为陆地生态系统的主体,除了提供木材和其他林产品外,还能涵养水源、保持水土、防风固沙、调节气候、净化空气、保护和美化环境等。它巨大的环境功能为人类生存提供重要保障,巨大的生态服务功能创造和维持地球生命系统并服务于人类社会的发展和进步。同时,森林资源作为一种可再生的自然资源,具有生长周期长、投资多、见效慢、易受病虫害和火灾等自然灾害威胁等特点。因此,制定森林法首先应该体现保护、培育和合理利用森林资源的目的。

(2)加快国土绿化。我国是一个少林国家,自然森林资源相对贫乏,加快国土绿化、增加森林植被数量、增强生态承载能力,是促进经济社会可持续发展的一项重要和迫切的任务。因此,制定该法的一个重要目的就是要通过法律措施加快我国的国土绿化进程,彰显生态文明观念,强化自觉保护林地、绿地、树木的意识。

(3)发挥森林蓄水保土、调节气候,改善环境的作用。森林的功能很多,但最主要的是通过水文循环蓄水保土。通过影响气温、降水、风速等来调节气候,通过净

[①]　汪劲:《环境法学》,北京大学出版社 2006 年版,第 483 页。

化空气、防风固沙、降低噪声等改善环境。森林的这些功能是人类生存和发展不可缺少的环境要素。制定森林法的一个重要目的,就是要充分发挥森林的这些功能。

(4)适应社会主义建设和人民生活的需要。森林一方面可以蓄水保土、调节气候,使森林所在地区的自然环境更加适宜人类的生存和发展;另一方面,森林蓄水保土、防风固沙、改善自然环境等功能,使农业得到保障和支撑,为人类提供充足的农产品。森林还可以提供大量的木材和各种林产品,形成国民经济重要组成部分的林业产业。[①]

(二)林业建设基本方针

《森林法》第 5 条规定:"林业建设实行以营林为基础,普遍护林,大力造林,采育结合,永续利用的方针。"所谓"以营林为基础",是指要把营林、造林工作作为林业建设的基础,把培育、发展森林资源放在林业建设的首位。它是纠正过去以原木生产为中心的思想,正确处理好培育和利用的关系。所谓"普遍护林",是指要提高全社会的护林意识,要求社会各方面都要认真、切实地保护现有森林资源,使每一个社会成员都要形成自觉护林的符合现代生态文明要求的理念。所谓"大力造林",是指要在认真保护现有森林资源的基础上,积极开展植树造林,培育新的森林资源,扩大森林面积;提高森林覆盖率。所谓"采育结合",是指要把采伐森林和培育森林资源有机地结合起来,互为促进,互为条件,在不断扩大森林面积的基础上有计划地采伐森林。在有计划采伐森林的同时,不断地扩大森林面积。所谓"永续利用",是指在合理利用森林的基础上,通过培育新的森林资源,使森林资源保持平衡及稳定的发展状态,达到能连续不断地满足人民生活和社会经济发展的需要,实现林业可持续发展。

由于林业建设包括培育、保护森林和合理利用森林的内容,所以林业建设的方针是由培育森林和利用森林两方面组成的。培育森林的目的是为了满足整个社会日益增长的物质文化生活和可持续发展的需要,利用森林则是把人们培育森林的劳动转化为人们所需要的林产品和生态效益。通过开源节流,全面发挥森林的经济效益、社会效益和生态效益。培育森林和利用森林之间是相互联系、相互制约、相互依存的关系。如果只强调培育而不允许利用,则失去了培育的目的和意义;如果只强调利用而忽视培育,则无疑竭泽而渔,杀鸡取卵,难以永续利用,长此以往也就失去了利用的前提条件。因此,林业建设方针是一个内容互为联系、互为制约的统一整体。[②]

---

①　邬福肇、曹康泰 主编:《森林法释义》,法律出版社 1998 年版,第 3 - 4 页。
②　邬福肇、曹康泰 主编:《森林法释义》,法律出版社 1998 年版,第 15 - 16 页。

（三）森林权属的规定

森林权属主要涉及森林、林木和林地权归属，林权的确认与林权证发放，以及林权保护三个方面的问题。

1. 森林、林木和林地权属的规定

森林、林木和林地的权属，通常也称为林权，主要是指森林、林木和林地的所有权和使用权。《宪法》第9条明确规定：除由法律规定属于集体所有的森林以外，森林自然资源属于国家所有，即全民所有。《森林法》第3条第1款规定："森林资源属于国家所有，由法律规定属于集体所有的除外。"因此，在我国，森林、林木和林地的权属有三种形式。①国家所有权。森林资源一般情况下都属于国家所有。②集体所有权。法律规定属于集体所有的森林、林木和林地可以由集体依照法律规定享有所有权。在实践中，我国农民集体所有的森林、林木和林地，还包括在"四固定"①时期确定给农民集体所有的森林、林木和林地。③个人的林木所有权和林地使用权。个人所有的林木，主要是指农村居民在房前屋后、自留地、自留山和农业集体经济组织指定的其他地方种植的树木，在以承包和其他合法方式取得的有使用权的林地上和在承包的荒山、荒地、荒滩上种植的树木（按照承包合同约定归个人所有的）以及城镇居民在自有房屋的庭院内种植的树木。个人的林地使用权，是指承包造林的林地及其他依法取得的林地使用权。在我国，土地不可以由个人所有，所以个人只能拥有林地的使用权，而不能有林地的所有权。

2. 林权的确认与林权证发放的规定

《森林法》第3条第2款规定："国家所有的和集体所有的森林、林木和林地，个人所有的林木和使用的林地，由县级以上人民政府登记造册，发放证书，确认所有权或者使用权。国务院可以授权国务院林业主管部门，对国务院确定的国家所有的重点林区的森林、林木和林地登记造册，发放证书，并通知有关地方人民政府。"因此，国家所有的和集体所有的森林、林木和林地，个人所有的林木和使用的林地，必须由县级以上政府登记造册，发放证书（通常所称的林权证）后，才能确认所有权或者使用权。

国务院确定的国家所有的重点林区主要是指东北、内蒙古国有林区的国家重点森工企业的施业区。这些林区在我国现有国有林业用地中，仅黑龙江、吉林、内蒙古国有林区的国家重点森工企业的施业区就占了全国国有林用地的49.5%、国

---

① "四固定"是中国20世纪60年代初国家重要的农业政策之一。以土地改革确权和农业合作化为基础，根据实际情况对农村集体所有的土地（山林、水面、草原）、牲畜、农具、劳动力进行统一调整和固定，本着属地原则，兼顾有利生产、方便管理，将土地等生产资料划归就近的生产队集体所有。其过程中由于产生了一些土地山林的所有权变动，因而成为中国农村集体土地山林所有权权属确定的基本依据之一。

有森林蓄积量的 40%。这一区域是目前我国最大、最主要的国有林区,不仅承担着为国家提供木材的重要任务,而且还是黑龙江、松花江等重要河流的发源地,是东北与华北的天然屏障,是生物多样性的物种基因库。同时,这些林区的国有森工企业的施业区范围跨越省界,而且在这些地区的一些森工企业之间的权属界限不清,由地方政府确权发证有困难,因而规定国务院可以授权国务院林业主管部门,对国务院确定的国家所有的重点林区的森林、林木和林地登记造册,发放证书,并通知有关地方政府。

3. 林权保护的规定

《森林法》第 3 条第 3 款规定:"森林、林木、林地的所有者和使用者的合法权益,受法律保护,任何单位和个人不得侵犯。"为了保护森林、林木、林地的所有者和使用者的合法权益,森林法提供了多种行政和司法的救济手段。

二、我国森林保护法律的具体规定

(一)关于森林保护措施的规定

1. 设立护林组织和护林员

建立健全护林组织机构,可以使护林工作有可靠保证。依照《森林法》的规定,地方各级政府都应当根据实际需要,组织有关部门,建立护林组织;为了有效地保护森林,防止火灾、虫害等自然灾害对森林资源的破坏,在大面积林区,各级政府应当组织和督促有关主管部门增加护林设施,护林设施一般包括航空护林设施、森林防火设施和森林病虫害防治设施等,以加强森林保护;同时,各级政府应当督促相关林区的基层单位,订立护林公约,组织群众护林,划定护林责任区;有条件的地方要配备专职护林员,不具备条件的,可以配备兼职护林员。

2. 森林公安机关、武装森林警察部队

我国森林公安机关成立于 20 世纪 50 年代初,"文革"期间一度撤销。1979 年以后得到恢复与发展。1979 年《森林法(试行)》规定,在重点林区设立公安局、派出所,以保护森林。现行《森林法》又增加了关于森林公安机关负责维护辖区社会治安秩序、保护辖区内森林资源的规定,这既明确其职责,同时补充了《人民警察法》规定的不足。由于我国森林分布广,保卫任务重,专业性强,加上森林资源具有破坏容易保护难的特点,森林公安机关在维护林区社会治安、保卫森林资源,特别是对盗伐、滥伐等违法行为实施处罚等方面具有不可替代的作用。在职责上,森林公安机关可以代行《森林法》规定的一定的行政处罚权,并且林业主管部门仍然有权行使这些行政处罚权。另外,武装森林警察部队是驻守在东北、内蒙古、西南国

有林区的一支专业武装力量,根据国家有关规定,其主要任务是护林、防火、灭火,同时也承担抢险救灾、保卫边疆和维护林区社会治安等任务。

3. 森林火灾的预防和扑救工作

森林火灾位居破坏森林的三大自然灾害(病害、虫害、火灾)之首。它不仅给人类的经济建设造成巨大损失,破坏生态环境,而且还会威胁人类生命财产安全。森林火灾的原因,不外乎自然的和人为的两类。而最普遍、最大量的森林火灾,是由人为引起的。我国关于森林火灾应对措施的法律规定,主要体现在《森林法》及2009年《森林防火条例》中,包括以下四个方面:

(1)森林防火工作实行地方各级政府行政首长负责制。森林防火工作是法律赋予地方各级政府的一项职责,也是我国多年来森林防火工作的经验总结。森林防火是一项群众性、社会性很强的工作,涉及面广,特别是扑救重大森林火灾,需要调动部队、铁路、交通、民航、邮电、气象、民政、公安等多方面的力量。森林防火工作仅靠一个部门是难以完成的,必须由当地政府统一领导、统一组织、统一指挥才能做好。《森林法》第21条规定地方各级政府应当切实做好森林火灾的预防和扑救工作,《森林防火条例》进一步明确森林防火工作实行地方各级政府行政首长负责制。

(2)森林防火工作实行"预防为主、积极消灭"的方针。森林防火的措施主要包括:县级以上政府应当将森林防火基础设施建设纳入国民经济和社会发展规划,将森林防火经费纳入本级财政预算;建立防火责任制度和军民联防制度;规定森林防火期、森林防火戒严期、森林防火戒严区,在森林防火期内,禁止在林区野外用火;因特殊情况需要用火的,经县级政府或其授权的机关批准;在林区设置防火设施;加强森林火险的监测和预报;任何单位和个人一旦发现森林火灾,必须立即扑救,并及时向当地政府或者森林防火指挥部报告;地方各级森林防火指挥部或者林业主管部门应对森林火灾进行调查和统计,建立火灾档案;对森林防火成绩显著的单位或个人给予奖励,对违反森林防火规定的给予罚款、警告等行政处罚,情节严重、构成犯罪的由司法机关依法追究刑事责任。

(3)强调森林防火的检查监督。《森林防火条例》规定,县级以上森林防火指挥机构,应当组织有关部门对森林防火区内有关单位的森林防火组织建设、责任制落实、基础设施建设等情况进行检查;对检查中发现的森林火灾隐患,县级以上地方林业主管部门应当及时向有关单位下达森林火灾隐患整改通知书,责令限期整改,消除隐患。被检查单位应当积极配合,不得阻挠、妨碍检查活动。把检查监督的举措以法规形式固定下来,标志着森林防火工作不再是简单地预防森林火灾,而是向日常林火管理方向迈出了一大步。

(4)注重以人为本。《森林法》规定,对扑救森林火灾负伤、致残、牺牲的职工给予医疗、抚恤。《森林防火条例》规定,扑救森林火灾,应当坚持以人为本、科学扑救,及时疏散、撤离受火灾威胁的群众,并做好火灾扑救人员的安全防护,尽最大可能避免人员伤亡。注重以人为本还体现在对森林火灾级别的核定上,《森林防火条例》将伤亡人数也纳入了森林火灾的分类标准,将受害森林面积在 1000 公顷以上,或者死亡人数 30 人以上,或者重伤 100 人以上的森林火灾,归类为特别重大森林火灾。

4. 森林病虫害防治工作

防治森林病虫害是保护森林的重要措施。森林病虫害,是指对森林、林木、林木种苗及木材、竹材的病害和虫害。森林病虫害是森林又一大自然灾害。我国森林病虫害日趋严重,森林病虫种类多,发生面积广,损失大。森林病虫害是导致森林面积减少、生产能力下降、环境效能降低的重要原因之一,为此我国建立了森林病虫害防治制度,并专门制定了《森林病虫害防治条例》。目前我国森林病虫害防治的主要内容包括:①各级林业主管部门负责森林病虫害防治工作。各级林业主管部门是负责森林病虫害防治工作的主管部门,在地方各级政府对森林病虫害防治工作的领导下,由其负责组织森林经营单位和个人进行森林病虫害的预防和除治工作。②我国森林病虫害防治的基本方针是"预防为主、综合治理",基本原则是"谁经营、谁治理"。

5. 禁止人为破坏森林资源和擅自移动或者损坏林业服务标志

毁林开垦和毁林采石、采砂、采土以及其他毁林行为和擅自移动、损坏为林业服务的标志的行为,或者改变了林地的用途,或者破坏了林地的使用功能,或者直接损坏了林木,或者直接影响到森林资源的保护和管理。它们都会对森林资源的保护和林业的发展产生不利影响,因此必须采取具体的措施加以防范。《森林法》规定:①除了依法经过批准的以外,禁止毁林开垦和毁林采石、采砂、采土以及其他毁林行为,禁止在幼林地和特种用途林内砍柴、放牧。②对于违反规定,进行毁林开垦、采石、采砂、采土、采种、采脂和其他活动,致使森林、林木受到毁坏的,除了依法赔偿损失外,由林业主管部门责令停止违法行为,补种毁坏株数 1 倍以上 3 倍以下的树木,并可以处毁坏林木价值 1 倍以上 5 倍以下的罚款;如果违反规定在幼林地和特种用途林内砍柴、放牧,致使森林、林木受到毁坏的,除了依法赔偿损失外,由林业主管部门责令停止违法行为,补种毁坏株数 1 倍以上 3 倍以下的树木;如果当事人拒不补种或者补种不符合国家有关规定的,可以由林业主管部门代为补种,所需费用则由当事人支付。

6. 自然保护区以及自然保护区外珍贵树木保护

我国《森林法》涉及的自然保护区是森林和野生动物类型的自然保护区。划定自然保护区的条件包括:不同自然地带的典型森林生态地区、珍贵动物和植物生长繁殖的林区、天然热带雨林区和具有特殊保护价值的天然林区。林业部 1985 年 7

月《森林和野生动物类型自然保护区管理办法》也对此作出了相关规定。

由于建立自然保护区需要具备相当严格的条件,对于自然保护区以外的珍贵树木和林区内具有特殊价值的植物资源,就无法采取自然保护区的管理办法进行管理和保护。但是,这些珍贵树木和具有特殊价值的植物资源,对于科学研究、生产建设、文化教育、卫生保健等具有重要的意义。为此,《森林法》规定,对自然保护区以外的珍贵树木和林区内具有特殊价值的植物资源,应当认真保护,未经省级林业主管部门批准,不得采伐和采集。现行《刑法》第 344 条规定,违反森林法的规定,非法采伐、毁坏珍贵树木的,处三年以下有期徒刑、拘役或者管制,并处罚金;情节严重的,处三年以上七年以下有期徒刑,并处罚金。

7. 禁止猎捕林区内国家保护野生动物

由于野生动物大多数生活在林区内,或者以林区为主要栖息地,《森林法》对林区内列为国家保护的野生动物的保护事宜作出了规定。林区内列为国家保护的野生动物,禁止猎捕;因特殊需要猎捕的,按照国家有关法律规定办理。

8. 建立林业基金制度

林业的健康发展需要一定的资金保障。我国森林法律政策建立了林业基金制度,主要用于营林生产性支出。另外,根据《森林法》的规定,国家还设立森林生态效益补偿基金,用于提供生态效益的防护林和特种用途林的森林资源、林木的营造、抚育、保护和管理。[1]

(二)关于植树造林的规定

1. 植树造林规划

各级地方政府应当根据《森林法》规定和全国造林绿化规划的要求,制定植树造林的近期规划和长远规划,因地制宜地确定本地区提高森林覆盖率的奋斗目标。森林覆盖率是一定范围森林面积占土地总面积的百分比。《森林法实施细则》规定,全国森林覆盖率的奋斗目标为 30%,县级以上地方政府按照山区一般要达到 70%以上、丘陵区一般要达到 40%以上、平原区一般要达到 10%以上的标准,确定本行政区域内的森林覆盖率的奋斗目标。植树造林、绿化祖国,是一项需要动员全社会和各行各业都参加的工作。为了保证植树造林规划的完成,地方各级政府要做好组织领导工作。

2. 宜林荒山荒地造林

根据《森林法》的规定,依土地所有权的不同,由不同的部门组织植树造林。属

[1]　韩德培 主编:《环境保护法教程》,法律出版社 2007 年版,第 153 页。

于国家所有的宜林荒山荒地,由林业主管部门和其他主管部门组织造林;属于集体所有的宜林荒山荒地,由该集体经济组织组织造林。另外,对于国家所有和集体所有的宜林荒山荒地,可以由集体或者个人承包造林。采取由单位或者个人承包造林的方式,可以调动单位或者个人植树造林的积极性,加快荒山荒地的绿化进程。

3. 铁路、公路、江湖等区域造林

按照全社会办林业、全民搞绿化的原则,各有关主管部门应当对其所属的区域组织或者负责造林。《森林法》规定,铁路公路两旁、江河两侧、湖泊水库周围,由各有关主管单位因地制宜地组织造林;工矿区、机关、学校用地,部队营区以及农场、牧场、渔场经营地区,由各该单位负责造林。

4. 营造林木的权属

为了鼓励植树造林,充分调动单位和个人造林、育林、护林的积极性,根据谁造谁有的原则,《森林法》规定营造的林木归营造的单位和个人所有。具体来讲,国有企业事业单位、机关、团体、部队营造的林木,由营造单位经营并按照国家规定支配林木收益;集体所有制单位营造的林木,归该单位所有;农村居民在房前屋后、自留地、自留山种植的林木,归个人所有;城镇居民和职工在自有房屋的庭院内种植的林木,归个人所有;集体或者个人承包国家所有和集体所有的宜林荒山荒地造林的,承包后种植的林木归承包者所有;承包合同另有规定的,按照承包合同执行。

5. 封山育林

封山育林就是利用林木天然更新的能力,在有条件的山区,定期封山,禁止或者限制开荒、砍柴或者其他有害于林木生长的人畜活动,经过封禁和管理,使森林植被得以恢复的育林方式。采取封山育林的方式,可以充分发挥林木的天然更新能力,用工少、成本低、效益大,这既是加快林业发展的有效措施,也有利于改善野生动植物的生存环境。

封山育林适合于天然更新能力强的疏林地、造林不易成活需要改善土地条件的荒山荒地、幼林地以及一切其他有天然恢复植被可能的荒山和荒地。由于封山育林涉及山区群众的利益,要采取一些必要的行政手段,制定有效的封山措施,确保封山育林收到良好的效果。因此,《森林法》规定在新造幼林地和其他必须封山育林的地方,由当地政府组织封山育林。

(三)关于森林采伐的规定

1. 限量采伐和采伐更新

森林作为一种可更新资源,有一定的更新周期,过度的采伐将使其因不能自然和人为更新而趋于枯竭。要保证森林资源的永续利用,就必须控制林木的采伐量。《森林法》规定,国家根据用材林的消耗量低于生长量的原则,严格控制林木年采伐

量。全民所有的森林和林木以国营林业企业事业单位、农场、厂矿为单位,集体所有的森林和林木以县为单位,制订年采伐限额,由省级林业主管部门汇总,经同级政府审核后,报国务院批准。除了农村居民采伐自留地和房前屋后个人所有的零星树木外,采伐林木必须申请采伐许可证。审核发放采伐许可证的部门,发放采伐许可证不得超过批准的年采伐限额。采伐林木的单位或个人,必须按照采伐许可证的规定采伐,并按照采伐许可证规定的面积、株数、树种、期限完成更新造林任务,更新造林的面积和株数必须大于采伐的面积和株数。

2. 森林采伐方式

采伐必须依法定的方式进行。虽享有采伐权或取得采伐许可证,但违反法定方式采伐林木的,仍构成违法。《森林法》规定,成熟的用材林应当根据不同的情况,采取择伐、皆伐和渐伐的方式,皆伐应当严格控制,并在采伐的当年或者次年内完成更新造林;防护林和特种用途林中的国防林、母树林、环境保护林、风景林等只准进行抚育和更新性质的采伐;特种用途林中的名胜古迹和革命纪念地的林木、自然保护区的森林,严禁采伐。

3. 采伐许可证

森林采伐许可证是由法定的国家机关颁发给森林经营单位和个人进行采伐作业的凭证。《森林法》规定,采伐林木必须申请采伐许可证,按照采伐许可证的规定进行采伐;也就是说,任何企事业单位和个人,采伐自己所有的或经营的林木,都必须事先取得许可。只有不以生产竹木为目的的竹林和农村居民采伐自留地、房前屋后自有的零星林木可以不申请采伐许可证。国有企事业单位、机关、团体、部队、学校和其他国有企业事业单位采伐林木,由所在地县级以上林业主管部门依照有关规定审核发放采伐许可证;铁路、公路的护路林和城镇林木的更新采伐,由有关主管部门依照有关规定审核发放采伐许可证;农村集体组织采伐林木,由县级林业主管部门依照有关规定审核发放采伐许可证;农村居民采伐自留山和个人承包集体的林木,由县级林业主管部门或者其委托的乡镇政府依照有关规定审核发放采伐许可证。

第三节　我国森林保护法律责任

《森林法》第六章关于"法律责任"的规定,共有八个条款。根据该章的规定,违反《森林法》的法律责任主要有以下几个方面:

一、法律责任形式

根据《森林法》的规定,对于违反森林法的行为人主要是给予行政处分、行政处罚和刑事处罚,在一定情形下违法行为人也会承担一定的民事责任。

二、具体法律责任

(1)行政处分方面,主要情形包括:从事森林资源保护、林业监督管理工作的林业主管部门的工作人员和其他国家机关的有关工作人员滥用职权、玩忽职守、徇私舞弊,尚不构成犯罪的;采伐林木的单位或者个人没有按照规定完成更新造林任务的,情节严重的可由林业主管部门处以罚款,对直接责任人员由所在单位或者上级主管机关给予行政处分。

(2)行政处罚方面,主要是指依法由特定国家行政机关给予犯有轻微违反森林法规行为尚不够刑事处罚者的一种制裁。它包括赔偿损失、补种树木、罚款和没收违法所得。主要包括不构成犯罪的下列行为:盗伐森林或者其他林木的;买卖林木采伐许可证、木材运输证件、批准出口文件、允许进出口证明书的;在林区非法收购明知是盗伐、滥伐的林木的;违法进行开垦、采石、采砂、采土、采种、采脂和其他活动,致使森林、林木受到毁坏的等。

(3)刑事处罚方面,主要是指行为人违反森林法规,情节严重,已构成犯罪所受到的处罚,包括有期徒刑、拘役、管制、罚金。具体如下:盗伐、滥伐森林或其他林木,情节严重的;非法采伐、毁坏珍贵树木的;超过批准限额或越权发放采伐许可证,情节严重的;伪造或倒卖采伐许可证,情节严重者;在林区非法收购明知是盗伐、滥伐的林木情节严重的;从事森林资源保护、林业监督管理工作的林业主管部门的工作人员和其他国家机关的有关工作人员滥用职权、玩忽职守、徇私舞弊,情节严重的。

(4)民事责任方面,主要包括以下情形:盗伐森林或者其他林木的,依法赔偿损失;滥伐森林或者其他林木,由林业主管部门责令补种滥伐株数5倍的树木,拒不补种树木或者补种不符合国家有关规定的,林业主管部门可以代为补种,所需费用由违法者支付;违法进行开垦、采石、采砂、采土、采种、采脂和其他活动,致使森林、林木受到毁坏的,依法赔偿损失;违法在幼林地和特种用途林内砍柴、放牧致使森林、林木受到毁坏的,依法赔偿损失,由林业主管部门责令停止违法行为,补种毁坏株数1倍以上3倍以下的树木,拒不补种树木或者补种不符合国家有关规定的,由林业主管部门代为补种,所需费用由违法者支付。

从有关法律规定来看,违反森林法民事责任有别于传统民事责任,或者说不是一种纯粹的民事责任。就因未按照要求补种树木所承担的补种费用而言,实质上是补种责任的继续和延伸,而且是在有关政府部门的主导下进行的。

案例分析

2014—2016 年居高难下的滥伐林木罪案件

《刑法》第 345 条第 2 款规定了滥伐林木罪:违反森林法规定,未经林业行政主管部门及法律规定的其他主管部门批准并核发采伐许可证,或者虽持有采伐许可证,但违背采伐许可证所规定的地点、数量、树种、方式等任意采伐本单位所有或管理的,以及本人自留山上的森林或者其他林木,数量较大的行为。

2012 年中共十八大报告首次专篇论述生态文明,把"美丽中国"作为未来生态文明建设的宏伟目标、摆在总体布局的高度来论述。习近平总书记多次强调"绿水青山就是金山银山"。森林在涵养水土、保护生物多样性、改善气候、应对气候变化、维护区域和全球生态平衡方面,具有巨大的生态功能和价值,是绿水青山的基础性支撑。但是,滥伐林木犯罪案件却频频发生,四年多来数量巨大,居高难下。通过中国裁判文书网检索我国法院审理的滥伐林木罪一审案件的结果是:滥伐林木犯罪案件的数量从 2013 年审结的 1084 起,爆发式增长到 2014 年的 5429 起后,2015、2016 年分别是 4969、3980 起。其中,广西这四年的案件数量分别是 613、1044、794、756 起。

观察发现:滥伐林木犯罪案件大多数发生在交通不便、经济落后的偏僻地区。这些地区以传统农林模式为主,经济发展严重受限,"以农为主,靠山托福",群众经济来源少、收入低下,生活困难,而森林资源相对丰富。农民构成了犯罪者的主体部分。这些地区居民的科学文化程度普遍偏低,对林木和森林的生态价值基本没有认识,对滥伐林木的严重后果认识不足。在滥伐林木案件中,大多数犯罪者是超指标采伐或者以此指标砍伐其他地块林木;在超指标砍伐时总认为,林业站即使发现了最多是罚点款。多数人的认知是:树是自己种的,自己有权砍自己的树,不关林业部门的事;许多人在因涉林犯罪被逮捕后,感到非常惊讶,并质问办案人员:我砍伐自己种植的林木,为何要承担法律责任?甚至存在不少村干部组织群众滥伐林木的案件。

思考问题:

如何构建长效法律机制,综合防治滥伐林木犯罪行为?

基本概念

森林　森林规划　森林权属制度　森林采伐制度　森林保护制度

思考分析

1.如何理解森林和森林资源?

2.《森林法》关于森林保护有哪些具体措施?

3.试述《森林法》的立法目的。

第二十一章

草原资源保护法

【内容提要】

作为一种可再生自然资源,草原资源具有独特的生态、经济和社会价值。科学、合理地保护、开发和利用草原资源,是可持续发展的内在要求和重要体现。草原是我国面积最大的绿色生态屏障之一,与森林一起构成我国陆地生态系统的主体。随着对草原生态问题重要性的认识逐渐提高,我国草原资源保护立法方面不断健全和发展,形成了较完备的草原保护法律体系。

第一节 草原资源保护法概述

一、草原的含义及功能

草原是指生长草本植物或灌木植物为主,用于或可用于畜牧业或放牧采草的区域。它是以中温、旱生或半旱生的密丛禾草为主的植物和相应的动物等构成的一个地带性的生态系统。草原是由喜温、旱生、多年生草本植物为主组成的植物群落。它主要是由所在地区的气候因素和历史条件所决定的,是一种地带性植被。[①] 草原包括天然草原和人工草地,不过一般是指前者。天然草原属于土地类型的一种,是具有多种功能的自然综合体。草原上生长的多是耐寒的旱生多年生草本和木本饲用植物组成的植物群落。人工草地是指通过人工措施而种植适宜的草种,也包括经过改良的天然草地。我国《草原法》中的草原是指天然草原和人工草地;天然草原包括草地、草山和草坡;人工草地包括改良草地和退耕还草地,不包括城

---

① 江伟钰、陈方林 主编:《资源环境法词典》,中国法制出版社 2005 年版,第 22 页。

镇公园的草坪和绿地。

草原属于可再生自然资源,对环境的适应性强、覆盖面大、更新速度快。只要注意开发利用的科学性和合理性,草原自身可以实现资源更新。草原具有多种功能,主要表现在以下四个方面:

(1)为人类提供生活生产资料。人类可以从草原上采摘可供食用的植物、捕猎可供食用的动物。草原可以提供放牧、割草、养育野生动物等服务;可以提供纤维、淀粉、油料、香料等,天然草原上还分布着大量有经济、药用等价值的植物资源(如甘草、麻黄草、冬虫夏草、雪莲、苁蓉等);可以提供风能、粪能、生物质能源等,服务于能源生产。

(2)生态系统的重要保障。草原植物大都贴地面生长,根系较为发达,能够很好地覆盖地面。草原具有绿化环境、调节气候、涵养水源、防风固沙、保持水土、净化空气、固碳供氧、保育土壤等功能。

(3)维护生物多样性。草原资源分布于多种不同的自然地理区域,自然条件复杂和多样性形成、维系了草地生态系统高度丰富的生物多样性。草原植物资源是草原资源的主体,是人类重要的天然物种基因储存库;草原是重要的动物资源库。

(4)为人类提供人文、体育和休闲环境或者场所。草原地区有许多古代历史文化遗产、近代文明遗迹以及民族、宗教等特有社会资源,是人类重要的人文、体育载体,可以为人类提供运动、休闲娱乐、旅游等服务。

草原资源的保护和建设不仅有利于所在国家,而且有利于全球,是可持续发展的重要领域之一。

二、我国草原资源状况[1]

草原是我国最大的陆地生态系统和生态安全保障。我国是一个草原资源大国,拥有各类草原近4亿公顷,约占国土面积的41.7%;草原总面积仅次于澳大利亚,居世界第二位,但是人均占有草原面积只有0.33公顷,仅为世界平均水平的一半。北方和西部是天然草原的主要分布区,西部12省(区、市)草原面积共3.31亿公顷,占全国草原面积的84.2%;内蒙古、新疆、西藏、青海、甘肃和四川六大牧区省份,草原面积共2.93亿公顷,占全国草原面积的3/4。南方地区草原以草山、草坡为主,大多分布在山地和丘陵,面积约0.67亿公顷。

我国草原植物和动物资源丰富。由于跨越多种水平和垂直气候带,自然条件复杂,我国草原资源具有资源数量大、种类多的特点。根据20世纪80年代全国草

① 环境保护部:《2015年中国环境状况公报》,2016年5月20日;农业部畜牧业司、农业部草原监理中心:"2015年全国草原监测报告",《农民日报》2016年2月27日。

地资源调查结果,我国有饲用植物 6704 种,分属 5 个门、246 个科、1545 个属。草原植物中,可作为药用、工业用、食用的常见经济植物有数百种,如甘草、麻黄草、冬虫夏草、苁蓉、黄芪、防风、柴胡、知母、黄芩等。我国草原上生活的野生动物有 2000 多种,包括鸟类 1200 多种、兽类 400 多种、爬行类和两栖类 500 多种;其中有大量的国家级保护动物。此外,据不完全统计,我国草原有放牧家畜品种 250 多个,主要有绵羊、山羊、黄牛、牦牛、马、骆驼等。

三、我国草原资源开发利用中存在的问题

进入 21 世纪后,特别是"十二五"以来,我国日益重视以草原资源生态系统保护为中心,加强草原资源管理工作。为着力解决草原的生态问题,国家先后启动实施了京津风沙源治理、退牧还草、西南岩溶地区治理等重大草原生态保护工程,针对重点退化区域进行治理,让大面积天然草原休养生息。在此基础上,实施游牧民定居工程,推进牧民转变生产生活方式。

但是,由于此前在长期开发利用草原过程中忽视生态规律,再加上气候变暖等自然因素,不善于利用经济学的理论和方法,我国的草原资源保护建设方面目前仍存在着突出的问题。这主要表现在四个方面:

(1)我国草原地区贫困问题突出,实现小康目标任务艰巨。我国天然草原大多分布在边区、山区、老区和少数民族地区,又是贫困人口分布比较集中的地区。全国贫困人口中 70% 分布在草原地区。对于广大贫困牧民来说,草原不但是其生存基础,也是其脱贫致富的物质依赖。但是这些地区自然条件相对较差,基础设施建设相对落后,生态基础脆弱,经济发展对草原传统畜牧业的高度依赖与保护草原生态环境的矛盾导致农牧民增收困难,草原保护不易。

(2)我国草原生态问题严重,可持续发展任重道远。目前,我国草原生态环境"局部改善、总体恶化"的局面仍未得到根本改观。主要问题表现在:草原火灾、草原生物灾害(鼠害、虫害)现象依然严重,得不到有效控制,不少地方有恶化蔓延之势。而且,草原已经成为荒漠化的主体和沙尘暴的主要发源地。

(3)超载放牧,草场退化。我国草场面积辽阔,虽然有些地段尚利用不足,但总体来看,由于超载放牧,再加上虫害、鼠害严重,草场退化的情况带有普遍性。我国草原载畜量很低,仅为澳大利亚的 1/10,美国的 1/27,新西兰的 1/28。我国草原单位面积产草量比 20 世纪 60 年代初普遍下降 30%~50%;连年超强度割草,使其自然生产力严重下降,同时使优良豆科牧草减少,劣质菊科、藜科杂草类增多。滥挖滥采药材,致使我国草原中广泛分布的野生中药材数量日趋减少,有些濒于灭绝。煤矿、油田、气田开采,污染草原环境。乱捕滥杀野生动物,导致草原生态失衡。可以说,草原生态问题的严重性已成为制约我国经济社会可持续发展的瓶颈,

对国家生态安全与发展产生重要影响。

（4）我国开发草原多种功能不足，综合效益发挥不够。近年来，国家对草原的地位和作用的认识逐步提高，但对开发草原的多种功能认识相对不足。目前，对草原的开发利用还是以发展草地畜牧业为主，草原旅游开始逐步发展，对草原生态保护、草原资源保护、就业增收和文化传承等重视不够，其综合效益没有得到充分发挥，从一定程度上导致了草原资源的浪费、低效利用和滥用。

四、草原保护立法现状

（一）国际法领域的草原保护立法

国际法领域是将草原作为生态系统的重要一环加以保护的，关于草原保护的原则及规定散见于各种国际政策法律文件，如《人类环境宣言》和《里约宣言》。《21世纪议程》中对草原的利用和保护做出了比较具体的规定。一些国际性公约，如1992年《生物多样性公约》、1994年《防治荒漠化公约》等文件中也有关于草原保护的规定。

（二）我国草原保护立法概况

草原在我国国民经济和生态环境中具有重要的地位和作用，但是草原保护立法发展却比较迟缓。在1985年《草原法》制定之前的立法中，1960年全国人大通过的《1956年到1967年全国农业发展纲要》和1973年国务院批转的《关于保护和改善环境的若干规定》只是强调了草原保护的重要性，但是没有细化的措施。1979年《环境保护法（试行）》第14条及国务院1982年《水土保持工作条例》，初步对我国草原资源的开发、利用和草原生态环境保护等问题作出了较为详细的规定。

草原保护建设事关我国生态安全、草原的永续利用和畜牧业的可持续发展。随着我国经济的发展以及综合国力的增强，对草原生态问题重要性的认识也逐渐提高，国家先后制定了一些有关草原保护与建设的政策和法律，目前已经初步形成了由《宪法》有关条款、法律、法规和规章组成的草原保护法律体系。最高法院的有关司法解释中也有所涉及，特别是最高法院2012年《关于审理破坏草原资源刑事案件应用法律若干问题的解释》明确了破坏草原资源犯罪行为的定罪量刑标准，实现了《草原法》与《刑法》的有效衔接，为依法追究破坏草原资源犯罪行为的刑事责任提供了重要依据。

我国《宪法》关于草原资源权属、开发、利用和保护的直接和间接规定，特别是第9条的规定，在草原保护法律体系中居于最高法律地位。

法律方面有专门单行法律《草原法》，其他法律（如《环境保护法》《野生动物保护法》《农村土地承包法》《种子法》等）也有直接或者间接关于草原资源的规定。
《草原法》于 1985 年 6 月 18 日由六届全国人大常委会第十一次会议通过,2002 年
12 月 28 日九届全国人大常委会第三十一次会议进行了修订,后又在 2009 年 8 月
27 日、2013 年 6 月 29 日经全国人大常委会两次修正。

关于草原保护的中央政策主要有国务院《关于禁止采集和销售发菜制止滥挖
甘草和麻黄有关问题的通知》(2000 年 6 月)、《关于进一步做好退耕还林还草试点
工作的若干意见》(2000 年 9 月)、《关于加强草原保护与建设的若干意见》(2002 年
9 月)、《关于促进牧区又好又快发展的若干意见》(2011 年)等。经国务院(办公厅)
批准或者转发的《全国生态环境建设规划》(1998 年)、《全国生态环境保护纲要》
(2000 年)和《全国生态保护与建设规划(2013—2020 年)》(2014 年)等中有关于草
原保护的内容。2007 年国务院批准的《全国草原保护建设利用总体规划》是专门
关于草原保护的总体规划。行政法规主要有《野生药材资源保护管理条例》(1987
年)、《野生植物保护条例》(1996 年 9 月)、《草原防火条例》(1993 年制定,2008 年
11 月修订)等。

部门政策和规章方面,农业部印发了《全国草原保护建设利用"十三五"规划》
(2017 年 1 月),制定了《草畜平衡管理办法》《草种管理办法》《草原征占用审核审
批管理办法》和《甘草和麻黄草采集管理办法》等部门规章。

不少省级行政区域制定了贯彻实施《草原法》的地方性法规或者地方政府规
章。例如,《陕西省实施〈草原法〉办法》《青海省实施〈草原法〉办法》《西藏自治区实
施〈草原法〉办法》《四川省〈草原法〉实施办法》《贵州省实施〈草原法〉暂行办法》《新
疆维吾尔自治区实施〈草原法〉细则》《内蒙古自治区草原管理条例》《甘肃省草原条
例》《辽宁省草原管理实施办法》《黑龙江省草原条例》和《吉林省草原管理条例》等。

第二节　我国草原保护法的主要规定

一、我国草原保护法的一般性规定

(一)立法目的

我国《草原法》第 1 条规定:"为了保护、建设和合理利用草原,改善生态环境,
维护生物多样性,发展现代畜牧业,促进经济和社会的可持续发展,制定本法。"据
此,我国草原法的立法目的包括以下四个方面:[①]

---

① 卞耀武 主编:《中华人民共和国草原法释义》,法律出版社 2004 年版,第 3-5 页。

（1）保护、建设和合理利用草原。这是制定草原法的直接立法目的。草原既是畜牧业的重要生产资料，又是重要的自然资源，具有经济效益和生态效益。长期以来，我国普遍存在着对草原重利用轻保护、重索取轻建设的现象，加上不合理的利用以及管理不力，导致我国草原退化问题非常严峻。因此，必须遵循自然规律，处理好草原保护、建设与利用，眼前利益与长远利益之间的关系，才能创造更多的生态效益和经济效益。保护、建设草原是利用草原的基础和条件，利用草原应是在保护、建设草原的前提下的合理利用和可持续利用。

（2）改善生态环境，维护生物多样性。草原是世界上主要生态系统之一。占全球陆地面积的 1/4。草原对维护陆地生态平衡有着不可替代的作用。例如，青海高原草甸涵养着两大母亲河的水源；内蒙古的辽阔草原是松辽平原、华北平原和京津的生态屏障。另外，从 20 世纪 80 年代我国先后建立了各种类型、不同级别的自然保护区 2740 处。我国草原特别是草原自然保护区为维护生物多样性起到不可替代的特殊作用。改善生态环境，维护生物多样性既是草原法的立法目的，也是编制草原保护、建设、利用规划的重要原则和依据。

（3）发展现代畜牧业。发展现代畜牧业，获取肉、奶、脂肪等动物性产品，毛、绒、皮张等生活必需品和工业原料，可以改善人们的食物结构和营养状况，提高物质生活水平。内蒙古、新疆、西藏、青海等北方草原牧区是我国为数不多的无污染优质动物产品的生产基地，全国 35％以上的牛羊肉、50％的羊毛和 80％以上的羊绒来源于西北部以天然草原为主的地区。草原畜牧业的发展状况直接关系到农业经济结构战略性调整的稳步发展。同时，草原畜牧业是广大农牧民基本生产方式和重要生活内容，是牧区经济的支柱产业。发展现代畜牧业作为立法目的，可以把草原保护、建设与农牧民脱贫致富结合起来，提高广大农牧民的生活水平，只有这样才能充分调动广大农牧民的积极性，草原也才能够保护和建设好，同时生态环境才会得到改善。

（4）促进经济和社会可持续发展。草原生态环境的日趋恶化，沙尘暴、荒漠化的不断加剧，对中华民族生存与发展构成了严重威胁。保护、建设草原的最终目的是促进我国经济和社会的可持续发展，实现草原资源的可持续利用。

（二）草原工作的基本原则

草原工作应当遵循的基本原则，是贯穿于草原法并作为草原工作的指导思想，也是草原工作的经验教训总结。《草原法》规定，草原工作应当遵循的基本原则是科学规划、全面保护、重点建设、合理利用，促进草原的可持续利用和生态、经济、社会的协调发展。其中，全面保护是对整个草原资源而言的，重点建设是强调国家和地方对一些重点区域应加大对草原投入，主要用于天然草原恢复与建设、退化草原治理、生态脆弱区退牧封育、已开垦草原退耕还草等工程建设。

（三）草原监督管理体制

草原的生态环境状况直接关系到我国国家生态安全,《草原法》规定各级政府应当加强对草原保护、建设和利用的管理,将草原的保护、建设和利用纳入国民经济和社会发展计划。其具体监督管理工作体制、职责权限是:国务院草原行政主管部门主管全国草原监督管理工作,县级以上地方草原行政主管部门主管本行政区域内草原监督管理工作,乡(镇)政府应当加强对本行政区域内草原保护、建设和利用情况的监督检查,根据需要可以设专职或者兼职人员负责具体监督检查工作。

二、我国草原保护法的主要制度

（一）草原权属制度

1. 草原资源所有权

依照宪法第 6 条、第 9 条第 1 款,《草原法》规定:"草原属于国家所有,由法律规定属于集体所有的除外。"因而,我国草原资源的所有权形式有两种,即国家所有和集体所有。

2. 草原资源使用权

《草原法》规定,国家所有的草原由国务院代表国家行使所有权。在法律上规定国务院是国有草原所有权的代表,一是赋予中央政府行使国有草原资产经营管理的职能;二是明确地方各级政府不是国有草原所有权代表,无权擅自处置国有草原,只能依法根据国务院的授权处置国有草原;三是明确国有草原的收益权归中央政府,国务院有权决定国有草原收益的分配办法。国务院代表国家行使国有草原所有权,但是在国有草原的具体经营、管理上,也可以授权地方政府或者委托给指定的机构、经济组织行使有关权利。

此外,《草原法》规定,国家所有的草原,可以依法确定给全民所有制单位、集体经济组织等使用。据内蒙古、新疆、西藏、青海、甘肃、四川的统计,在六省区的国有草原中,确定给集体经济组织使用的草原占 88%。集体所有草原的所有权应当由作为该草原所有权主体的农民集体行使。

3. 草原资源的承包经营权

《草原法》规定,我国能够承包经营的草原,必须是集体经济组织所有的草原或者确定给集体经济组织使用的国有草原。目前草原的承包经营主要有两种情形:其一,草原由集体经济组织内的家庭或者联户承包经营的,在草原承包经营期内,不得对承包经营者使用的草原进行调整;个别确需适当调整的,必须经本集体经济组织成员的村(牧)民会议 2/3 以上成员或者 2/3 以上代表同意,并报乡(镇)政府和县级草原行政主管部门批准。其二,草原由本集体经济组织以外的单位或者个人承包经营的,必须经本集体经济组织成员的村(牧)民会议 2/3 以上成员或者 2/3 以上村(牧)民代表的同意,并报乡(镇)政府批准。

草原的承包经营发包方和承包方应当签订书面合同。草原承包合同的内容应当包括双方的权利和义务、承包草原四至界限、面积和等级、承包期和起止日期、承包草原用途和违约责任等。承包期届满,原承包经营者在同等条件下享有优先承包权。承包经营草原的单位和个人,应当履行保护、建设和按照承包合同约定的用途合理利用草原的义务。

草原承包经营权受法律保护,可以按照自愿、有偿的原则依法转让。其转让的限制条件是:草原承包经营权转让的受让方必须具有从事畜牧业生产的能力,并应当履行保护、建设和按照承包合同约定的用途合理利用草原的义务。草原承包经营权转让应当经发包方同意。承包方与受让方在转让合同中约定的转让期限,不得超过原承包合同剩余的期限。

4. 草原资源确权登记

草原确权登记,是指县级以上政府依法将草原的权属、用途、面积等情况登记在专门的簿册上,同时向草原的所有者和使用者颁发草原证书以确认草原所有权和使用权的一种法律制度。《草原法》规定,依法确定给全民所有制单位、集体经济组织等使用的国家所有的草原,由县级以上政府登记,核发使用权证,确认草原使用权;未确定使用权的国家所有的草原,由县级以上政府登记造册,并负责保护管理;集体所有的草原,由县级政府登记,核发所有权证,确认草原所有权;依法改变草原权属的,应当办理草原权属变更登记手续。依法登记的草原所有权和使用权受法律保护,任何单位和个人不得侵犯。

5. 草原权属争议解决

草原所有权和使用权争议一般是指与草原所有权和使用权相关的争议,比如草原权属争议、侵犯草原所有权和使用权的争议、相邻关系争议等。关于草原所有权、使用权的争议,《草原法》规定了 3 种解决办法:草原所有权、使用权的争议,可以由当事人协商解决,协商不成的,由有关政府处理。单位之间的争议,由县级以上政府处理;个人之间、个人与单位之间的争议,由乡(镇)政府或者县级以上政府处理;当事人对有关政府的处理决定不服的,可以依法向法院起诉。在草原权属争议解决前,任何一方不得改变草原利用现状,不得破坏草原和草原上的设施。解决好草原所有权和使用权争议,对维护权利人的合法权益,保护草原资源,促进草原的发展,具有重要意义。

(二)草原规划制度

草原规划是指有关草原行政主管部门对草原的保护、建设和利用所制定的统一部署,包括草原保护、建设、利用的目标和措施,草原功能分区和各项建设的总体部署,各项专业规划等。《草原法》关于草原规划制度的规定主要有以下四个方面的内容:

1.草原规划的编制与批准

我国对草原保护、建设、利用实行统一规划制度,其具体的规划编制的要求、审批权限、修改程序主要体现在:国务院草原行政主管部门会同国务院有关部门编制全国草原保护、建设、利用规划,报国务院批准后实施;县级以上地方草原行政主管部门会同同级有关部门依据上一级草原保护、建设、利用规划编制本行政区域的草原保护、建设、利用规划,报本级政府批准后实施;经批准的草原保护、建设、利用规划确需调整或者修改时,须经原批准机关批准。

2.草原规划的编制原则

草原是国民经济与社会发展的基础,草原的保护、建设、利用对于保护生态环境,促进畜牧业和社会经济可持续发展具有重要意义。《草原法》规定,编制草原保护、建设、利用规划,应当依据国民经济和社会发展规划并遵循下列四项原则:改善生态环境,维护生物多样性,促进草原的可持续利用;以现有草原为基础,因地制宜,统筹规划,分类指导;保护为主、加强建设、分批改良、合理利用;生态效益、经济效益、社会效益相结合。此外,草原保护、建设、利用的规划还应当与土地利用总体规划相衔接,与环境保护规划、水土保持规划、防沙治沙规划、水资源规划、林业长远规划、城市总体规划、村庄和集镇规划以及其他有关规划相协调。

3.草原规划的内容

草原保护、建设、利用规划应当包括草原保护、建设、利用的目标和措施,草原功能分区和各项建设的总体部署,各项专业规划等。根据农业部2003年《2001—2010年全国草原生态保护建设规划》,我国草原保护建设的总体目标是:计划用50年的时间基本治理退化草原,使人工草场及改良草场占草原总面积的比例争取由目前的5%提高到30%,天然草原植被覆盖度和牧草产量分别提高50%以上,重点草原区的严重退化草原得到全面恢复,并建立起比较完善的草原生态环境保护和监测体系。有效遏制风沙侵害和水土流失,最终建立起人与资源、环境之间协调统一的良性生态系统。实现这一总体目标的具体措施包括禁牧、休牧、划区轮牧,建设人工草地和改良草地,建设节水灌溉配套设施,建立草原自然保护区等。其次,对草原功能分区的意义在于,我国各类草原由于所处地理区域的不同,草原本身自然条件、资源特点、社会经济、生产条件等各方面均有显著差异,必须通过科学的分区划片,把全国草原资源划分成具有不同特点的功能区,充分考虑各区的主要特点和存在的主要矛盾,制定草原建设的具体方案,这也是对各项草原建设进行总体部署的重要依据。最后,各项专业规划是指在总体规划下,按照不同类型、不同区域、不同草原区的特点采取重点措施并制定的专项的工程建设规划,如退牧还草、牧草良种繁育体系建设、已垦草原退耕还草等。

4. 草原规划的保障机制

为了保证草原规划的不断完善和更好实施,《草原法》规定了一系列的保障机制,主要包括:①草原调查制度。草原资源调查是县级以上草原行政主管部门,根据需要在一定范围内和时间内,为查清草原的面积、质量、分布、利用和权属状况而采取的一项技术的、行政的、法律的调查措施。县级以上草原行政主管部门会同同级有关部门定期进行草原调查;草原所有者或者使用者应当支持、配合调查,并提供有关资料。②草原等级评定制度。草原是家畜生存生长重要的饲草料来源,草的饲用品质和草产量是评定草原资源质与量的首要指标。国务院草原行政主管部门会同国务院有关部门制定全国草原等级评定标准。县级以上草原行政主管部门根据草原调查结果、草原的质量,依据草原等级评定标准,对草原进行评定等级。③草原统计制度。草原统计是国家对草原的面积、等级、产草量、载畜量等状况进行调查、汇总、统计分析和提供草原统计资料的法定制度。县级以上草原行政主管部门和同级统计部门共同制定草原统计调查办法,依法对草原的面积、登记、产草量、载畜量等进行统计,定期发布草原统计资料。草原统计资料是各级政府编制草原保护、建设、利用规划的依据。④草原生产、生态监测预警系统制度。由于诸多因素的影响,全国草原面积时有变化,而且由于气候变化,超载过牧和人为破坏等原因,草原植被组成和生产能力变化也很大,再加上近些年草原鼠、虫、病害严重,国家和地方建立草原生态监测预警系统,运用遥感技术和其他现代化手段,随时了解草原生态动态十分必要。县级以上草原行政主管部门对草原的面积、登记、植物构成、生产能力、自然灾害、生物灾害等草原基本情况实行动态监测,及时为本级政府和有关部门提供动态监测和预警信息服务。

(三)草原建设制度

依法加大草原建设力度,加快草原建设步伐,对维护国家生态安全,促进草原畜牧业和牧区经济社会可持续发展,具有十分重要的意义。为了改变长期草原重利用轻建设的状况,《草原法》规定了草原建设制度,强调政府在草原建设方面的主导责任,鼓励社会公众参与草原资源保护。

(1)强调政府在草原建设方面的主导责任。草原生态建设是一项公益性事业,应当强调政府在草原建设方面的主导责任。县级以上政府应当增加草原建设的投入,支持草原建设;应当支持、鼓励和引导农牧民开展草原围栏、饲草饲料储备、牲畜圈舍、牧民定居点等生产生活设施的建设;应当支持草原水利设施建设,发展草原节水灌溉,改善人畜饮水条件;应当按照草原保护、建设、利用规划加强草种基地建设,鼓励选育、引进、推广优良草品种;应当有计划地进行火情监测、防火物资储备、防火隔离带等草原防火设施的建设,确保防火需要;对退化、沙化、盐碱化、石漠化和水土流失的草原,地方各级政府应当按照草原保护、建设、利用规划,划定治理区,组织专项治理。根据草原保护、建设、利用规划,在本级国民经济和社会发展计划中安排资金用于草原改良、人工种草和草种生产,任何单位或者个人不得截留、挪用,县级以上财政部门和审计部门应当加强监督管理。

(2)鼓励社会公众参与草原资源保护。《草原法》明确规定,国家鼓励与支持开展草原保护、建设、利用和监测方面的科学研究,推广先进技术和先进成果,培养科学技术人才;国家对在草原管理、保护、建设、合理利用和科学研究等工作中做出显著成绩的单位和个人,给予奖励。通过采取相关鼓励措施,可以动员各种社会力量参与草原建设。同时,国家鼓励单位和个人投资建设草原,按照谁投资、谁受益的原则保护投资者的合法权益,以建立起草原建设多渠道、多元化的投资和融资机制,弥补政府投入的不足。

(四)草原利用制度

我国是世界第一人口大国,草原地区居住着几乎1/3的人口。为解决粮食和温饱问题,人们在草原上开垦耕种。由于草原的过垦、过牧,保护和建设力度不抵破坏和利用速度,导致草原退化、沙化,草原生产力下降,草原生态环境恶化,从而使居住在草原地区的人与他们生产生活依赖的草原资源的矛盾日益加重。为了做到合理开发利用草原资源,《草原法》对草原利用行为进行了规范。

(1)对草原承包经营者行为的规范。其一,草畜平衡的规定。草原承包经营者应当合理利用草原,不得超过草原行政主管部门核定的载畜量;草原承包经营者应当采取种植和储备饲草饲料、增加饲草饲料供应量、调剂处理牲畜、优化畜群结构、提高出栏率等措施,保持草畜平衡。草原载畜量标准和草害平衡管理办法由国务院草原行政主管部门规定。其二,划区轮牧的规定。牧区的草原承包经营者应当实行划区轮牧,将承包经营的草原合理划分为不同的季节牧场,轮流放牧经营并合理配置畜群数量,均衡利用草原,避免过度放牧。其三,牲畜圈养的规定。国家提倡在农区、半农半牧区和有条件的牧区实行牲畜圈养。草原承包经营者应当按照饲养牲畜的种类和数量,调剂、储备饲草饲料,采用青贮和饲草饲料加工等新技术,逐步改变依赖天然草地放牧的生产方式。在草原禁牧、休牧、轮牧区,国家对实行舍饲圈养的给予粮食和资金补助,具体办法由国务院或者国务院授权的有关部门制定。

(2)轮割轮采行为的规范。割草场和野生草种基地是我国草原资源的重要组成部分。县级以上地方草原行政主管部门对割草场和野生草种基地应当规定合理的割草期、采种期以及留茬高度和采割强度,实行轮割轮采,以达到合理永续利用的目的。

(3)临时调剂使用草原行为的规范。我国幅员辽阔,各地气候条件差异大,容易发生各种自然灾害。遭受严重自然灾害的地区和农牧民往往缺乏草场、草料,需要到另一些地区借场放牧或饲养牲畜等。遇到这种情况就需要临时调剂使用草原,减少灾害带来的损失。遇到自然灾害等特殊情况,需要临时调剂使用草原的,按照自愿互利的原则,由双方协商解决;需要跨县临时调剂使用草原的,由有关县级政府或者共同的上级政府组织协商解决。

(4)非牧业草原征用、利用行为的规范。《草原法》规定,进行勘查、开采矿藏和工程建设,应当不占或者少占草原。确需占用或使用草原的,须经省级以上畜牧业行政主管部门审核同意后,依照有关土地管理的法律规定办理建设用地审批手续;因建设征用集体所有草原的,应当按照《土地管理法》的规定给予补偿。因建设需要征用或者使用草原的,应当交纳草原植被恢复费。草原植被恢复费的征收、使用和管理办法,由国务院价格主管部门和国务院财政部门会同国务院草原行政主管部门制定,需要临时占用草原的,应当经县级以上地方畜牧业行政主管部门审核同意。临时占用草原的期限不得超过两年,并不得在临时占用的草原上修建永久性建筑物、构筑物。占用期满,用地单位必须恢复草原植被并及时退还。在草原上修建直接为草原保护和畜牧业生产服务的工程设施,需要使用草原的,由县级以上草原行政主管部门批准。修筑其他工程,需要将草原转为非畜牧业生产用地的,必须依法办理建设用地审批手续。

(五)草原保护制度

我国草原资源面临的一个重要问题就是人为破坏现象严重,草原保护力度不够。草原乱采、滥挖草原野生植物的现象相当严重,使草原生态环境遭到严重破坏。加上目前草原执法监督机构和队伍明显薄弱,执法条件差,基础设施极不完善,难以适应草原保护工作的需要,以致非法开垦、乱采滥挖等严重破坏草原的违法活动屡禁不止。为此,《草原法》规定了由以下六项制度组成的草原保护制度。

(1)基本草原保护制度。基本草原保护制度,是指国家对符合某些特定条件的草原划为基本草原,实施更严格的管理。《草原法》要求将下列草原划为基本草原:重要放牧场、割草地;用于畜牧业生产的人工草地、退耕还草地以及改良草地、草种基地;对调节气候、涵养水源、保持水土、防风固沙具有特殊作用的草原;作为国家重点保护野生动植物生存环境的草原;草原科研、教学试验基地;国务院规定应当划为基本草原的其他草原。基本草原保护涉及的各类草地对畜牧业的发展具有关键性、决定性的作用,有的还是经过国家和群众投资建设形成的重要成果,是畜牧业的基本资源,同农业生产中的基本农田具有同等重要的地位和作用。设立基本草原保护制度,其目的就是将草原的主体纳入基本草原范畴,实行严格保护。

(2)草原自然保护区制度。《草原法》规定,国务院草原行政主管部门或省级政府为了保护草原生态环境和物种资源,可以根据全国或地方的具体情况及需要,设立草原自然保护区;可以设立草原自然保护区地区的类型包括:具有代表性的草原类型、珍稀濒危野生动植物分布区、具有重要生态功能和经济科研价值的草原。此外,草原自然保护区的设立应当依据国家颁布的自然保护区管理的有关规定办理。

(3)草畜平衡制度、防止超载过牧。草畜平衡是指为保护草原生态系统良性循环,在一定区域和时间内通过草原和其他途径提供的饲草饲料总量与在草原上饲养的牲畜规模保持动态平衡。草畜平衡工作的主体是草原承包经营者。目前我国用于放牧的草原面积占草原总面积的75%,对于放牧的规范是我国草原保护工作的重点。《草原法》规定,国家对草原实行以草定畜、草畜平衡制度。县级以上地方草原行政主管部门应当按照国务院草原行政主管部门制定的草原载畜量标准,结合当地实际情况,定期核定草原载畜量。各级政府应当采取有效措施,防止超载过牧。

(4)草原禁限制度。作为一种有着重要经济、生态和社会价值的自然资源,一旦造成草原资源和生态环境的严重破坏,很难在短时间内恢复,并且恢复费用惊人。草原禁限制度的规定对于预防草原资源的破坏具有重要意义。《草原法》对下列行为作了禁止性的规定:禁止开垦草原;对严重退化、沙化、盐碱化、石漠化的草原和生态脆弱区的草原实行禁牧、休牧制度;禁止在荒漠、半荒漠和严重退化、沙化、盐碱化、石漠化、水土流失的草原以及生态脆弱区的草原上采挖植物和从事破坏草原植被的其他活动;在草原上从事采土、采砂、采石等作业活动,应当报县级草原行政主管部门批准。开采矿产资源的,应当依法办理有关手续;在草原上种植牧草或者饲料作物,应当符合草原保护、建设、利用规划。县级以上地方草原行政主管部门应当加强监督管理,防止草原沙化和水土流失;在草原上开展经营性旅游活动,应当符合有关草原保护、建设、利用规划,并事先征得县级以上地方草原行政主管部门的同意,方可办理有关手续;禁止在草原上使用剧毒、高残留以及可能导致二次污染的农药;除抢险救灾和牧民搬迁的机动车外,禁止机动车辆离开道路在草原上行驶,破坏草原植被。

(5)草原防火制度。我国是世界上发生草原火灾比较严重的国家。2015年全国共发生草原火灾88起,受害草原面积118116.8公顷(比2014年增加78778.2公顷),经济损失10761万元,牲畜损失4724头(只)。[①] 草原防火工作责任重大,事关国家和人民生命财产安全,是改善生态环境的现实需要,也是维护社会可持续

---

① 　农业部畜牧业司、农业部草原监理中心:《2015年全国草原监测报告》,2016年3月。

发展的重要措施。为了防止草原火灾对草原造成破坏,《草原法》规定,各级政府应当建立草原防火责任制,规定草原防火期,制定草原防火扑火预案,切实做好草原火灾的预防和扑救工作;草原防火工作贯彻预防为主、防消结合的方针。除了《草原法》关于草原防火的规定外,2008 年 11 月修订后的《草原防火条例》突出了草原防火应急体系建设,明确了各级草原防火主管部门要制定草原火灾应急预案和草原防火规划,建立草原防火责任制和责任追究制。同时,细化和完善了草原火灾的预防、应急扑救措施,强化了法律责任,对健全草原防火工作体制和机制,提高应急防控能力,有效防止重特大草原火灾的发生具有重要意义。

(6)草原生物灾害的防治制度

当前,我国草原的鼠害、病虫害非常严重,特别是在我国的西部草原地区,有越来越严重的趋势。2015 年,全国草原鼠害危害面积为 2908.4 万公顷,约占全国草原总面积的 7.4%;全国草原虫害危害面积 1254.7 万公顷,约占全国草原总面积的 3.2%。[①]《草原法》规定,县级以上地方政府应当做好草原鼠害、病虫害和毒害草防治的组织管理工作;县级以上地方草原行政主管部门应当采取措施,加强草原鼠害、病虫害和毒害草监测预警、调查以及防治工作,组织研究和推广综合防治的办法。

(六)草原保护的监督检查制度

草原保护、管理任务繁重,加强草原执法与对其监督管理是非常必要的。为了加强对草原资源利用的监督及草原违法行为的查处,《草原法》对此规定的主要内容包括以下五个方面:

(1)设立草原监督管理机构。国务院草原行政主管部门和草原面积较大的省、自治区的县级以上地方草原行政主管部门设立草原监督管理机构,负责草原法律、法规执行情况的监督检查,对违反草原法律、法规的行为进行查处。

(2)加强执法队伍建设。草原行政主管部门和草原监督管理机构应当加强执法队伍建设,提高草原监督检查人员的政治、业务素质。草原监督检查人员应当忠于职守,秉公执法。

(3)草原监督检查人员履行监督检查职责时,有权采取下列措施:要求被检查单位或者个人提供有关草原权属的文件和资料,进行查阅或者复制;要求被检查单位或者个人对草原权属等问题作出说明;进入违法现场进行拍照、摄像和勘测;责令被检查单位或者个人停止违法法规行为,履行法定义务。

(4)有关单位和个人对草原监督检查人员的监督检查工作应当给予支持、配合,不得拒绝或者阻碍监督检查人员依法履行职务。

---

① 　农业部畜牧业司、农业部草原监理中心:《2015 年全国草原监测报告》,2016 年 3 月。

（5）对违反草原法律、法规的行为,应当依法作出行政处理,有关草原行政主管部门不作出行政处理决定的,上级草原行政主管部门有权责令有关草原行政主管部门作出行政处理决定或者直接作出行政处理决定。

第三节　我国草原保护法律责任

为了保证《草原法》的有效实施,惩治一切有害草原保护的违法行为。根据《草原法》的有关规定,违反该法的行为依法应当承担的法律责任有行政责任、刑事责任或者民事责任。下面分别讨论行政相对人、行政主体及其工作人员的法律责任。

一、行政相对人的非刑事责任

行政相对人的法律责任因其实施违反《草原法》的非法利用草原行为而产生。

根据《草原法》的规定,构成非法利用草原的具体行为有:①买卖或者以其他形式非法转让草原的(第64条);②未经批准或者采取欺骗手段骗取批准、非法使用草原的(第65条);③非法开垦草原的(第66条);④在荒漠、半荒漠和严重退化、沙化、盐碱化、石漠化、水土流失的草原,以及生态脆弱区的草原上采挖植物或者从事破坏草原植被的其他活动的(第67条);⑤未经批准或未按照规定的时间、区域和采挖方式在草原上进行采土、采砂、采石等活动的(第68条);⑥未依法办理相关审批手续,擅自在草原上开展经营性旅游活动破坏草原植被的(第69条);⑦非抢险救灾和牧民搬迁的机动车辆在草原上行驶或者从事地质勘查、科学考察等活动未按照确认的行驶区域路线在草原上行驶破坏草原植被的(第70条);⑧在临时公用的草原上修建永久性建筑物、构筑物的,以及临时占用草地,占用期满,用地单位不予恢复草原植被的(第71条);⑨未经批准,擅自改变草原保护、建设、利用规划的(第72条);⑩违反《草原法》有关草畜平衡制度的规定,家畜饲养量超过县级以上地方草原行政主管部门核定的草原载畜量标准的(第73条)。

对于实施非法利用草原行为的违法者,县级以上草原行政主管部门依据职权,有权:责令限期改正;责令退还非法使用的草原;限期拆除在草原上非法修建的建筑物、构筑物或者其他设施;限期恢复草原植被;责令停止违法行为;没收非法财物;没收违法所得;处以罚款。构成犯罪的,依法追究刑事责任。实施第66、67条中规定的非法利用草原行为的当事人,给草原所有者或者使用者造成损失的,应当依法承担民事赔偿责任。

二、行政主体及其工作人员的非刑事责任

行政主体及其工作人员的法律责任因其实施违反《草原法》的监管职责行为而产生。

根据《草原法》第61条、第62条、第63条、第72条规定构成违反草原法监管职责的行为有：草原行政主管部门工作人员及其他国家机关工作人员，①玩忽职守、滥用职权、不依法履行监督管理职责，或者发现违法行为不予以查处，造成严重后果；②截留挪用草原改良、人工种草和草种生产资金或者草原植被恢复费；③无权批准征用、使用草原的单位或者个人非法批准征用、使用草原的，违反法定程序批准征用、使用草原；④未经批准擅自改变草原保护、建设、利用规划。

按《草原法》第八章的规定，行政主体或其工作人员责任承担方式按照不同的情形包括：刑事责任；尚不够刑事处罚，按照其行为的危害程度依法给予相应的行政处分；行政赔偿责任。例如，第63条规定，非法批准征用、使用草原给当事人造成损失的，依法承担行政赔偿责任。

三、违反《草原法》行为的刑事责任

根据最高人民法院2012《关于审理破坏草原资源刑事案件应用法律若干问题的解释》，严重违反草原法律的行为可能触犯的刑事罪名有以下四个：

1. 非法占用农用地罪

违反《草原法》等土地管理法规，非法占用草原，改变被占用草原用途，数量较大，造成草原大量毁坏的，依照《刑法》第342条的规定，以非法占用农用地罪定罪处罚。

非法占用草原，改变被占用草原用途，数量在20亩以上的，或者曾因非法占用草原受过行政处罚，在四年内又非法占用草原，改变被占用草原用途，数量在10亩以上的，应当认定为"数量较大"。其中，具有下列情形之一的，应当认定为"造成耕地、林地等农用地大量毁坏"：①开垦草原种植粮食作物、经济作物、林木的；②在草原上建窑、建房、修路、挖砂、采石、采矿、取土、剥取草皮的；③在草原上堆放或者排放废弃物，造成草原的原有植被严重毁坏或者严重污染的；④违反草原保护、建设、利用规划种植牧草和饲料作物，造成草原沙化或者水土严重流失的；⑤其他造成草原严重毁坏的情形。

2. 非法批准征收、征用、占用农用地罪

国家机关工作人员徇私舞弊，违反《草原法》等土地管理法规，情节严重的，依

照《刑法》第410条的规定,以非法批准征收、征用、占用农用地罪定罪处罚。非法批准征收、征用、占用草原,具有下列情形之一的,应当认定为"情节严重":①面积40亩以上的;②造成20亩以上草原被毁坏的;③造成直接经济损失30万元以上,或者具有其他恶劣情节的。

非法批准征收、征用、占用草原,具有下列情形之一的应当认定为"致使国家或者集体利益遭受特别重大损失":①面积80亩以上的;②造成40亩以上草原被毁坏的;③造成直接经济损失60万元以上,或者具有其他特别恶劣情节的。

单位实施该罪,对单位判处罚金,并对其直接负责的主管人员和其他直接责任人员,依照上述定罪量刑标准定罪处罚。

3. 妨害公务罪

以暴力、威胁方法阻碍草原监督检查人员依法执行职务,构成犯罪的,依照刑法第277条的规定,以妨害公务罪追究刑事责任。

4. 煽动暴力抗拒法律实施罪

煽动群众暴力抗拒草原法律、行政法规实施,构成犯罪的,依照刑法第278条的规定,以煽动暴力抗拒法律实施罪追究刑事责任。

案例分析

非法开垦牧场用于耕种农作物案

内蒙古自治区扎鲁特旗牧民包某依法承包经营使用了一片牧场。承包经营使用载明,不允许将牧场非法开垦、耕种农作物。2013年2月16日,包某将自己使用的100亩草牧场以耕地性质承包给同村的巴某,二人于当日签订了土地承包合同。合同约定:"包某(甲方)现有耕地100亩,承包给巴某(乙方),承包期限为14年,每亩每年承包费为30元,共计42000元,签订合同当日给付6000元,余款于2013年4月15日付清。"

同年5月24日晚,巴某雇用乌某的"954"型拖拉机将其承包的100亩草牧场中的44.4亩草原非法开垦,欲种植农作物。次日上午,扎鲁特旗草监局执法人员在满都呼嘎查村巡查时发现包某的草牧场被非法开垦,后将该案移送至扎鲁特旗公安局治安大队。

思考问题:

(1)包某和巴某行为是否违反了《草原法》?为什么?

(2)如是,是否构成犯罪?为什么?

(3)如是,构成什么犯罪?为什么?

基本概念

草原　草原规划　草原权属制度　草原规划制度　草原利用制度　草原保护制度

思考分析

1. 草原有哪些重要功能？
2. 试述《草原法》的立法目的。
3. 简述《草原法》草原保护制度的主要内容。

第二十二章

动植物资源保护法

【内容提要】

野生动植物是生态系统中独特的组成部分。除了野生动植物资源保护法之外,我国对野生动植物的保护还有区域环境法的法律保护形式,即通过设立自然保护区、禁猎(渔)区、风景名胜区、森林公园等特殊区域以及规定禁猎(渔)期等特殊时期来对野生动植物资源进行保护。陆地生态资源法对野生动植物资源的保护是一般保护,而区域环境法对野生动植物资源的保护是特别保护。近年来,随着科技与文化的发展,人类对大自然的认识日趋深刻,一些动植物物种在人类经济社会生活中的作用日渐显现,保护野生动植物成了人类的共识。

第一节 动植物资源保护法概述

一、野生动植物的概念与特点

野生动植物是指以森林、草原等自然环境为依托而生存的,未经人工驯化或栽培的动物和植物的总称。通常,野生动植物还包括用于科学研究或展览目的但未经驯化的动物,和虽然是人工栽培但未进入家化状态的各种植物。野生动植物是森林资源的重要组成部分,也是自然界生物多样性的存在基础,是实现可持续发展战略的基本物质条件。

我国地域辽阔,地形多变,自然条件复杂,生物资源极为丰富,是野生动植物资源最丰富的国家之一。我国高等植物 3.45 万种,约占世界高等植物种类的 10%,其中有乔、灌木树种 8000 余种。①正是由于我国地形复杂,受第四世纪冰川的影响

---

① 　环境保护部、中国科学院:《中国生物多样性红色名录—高等植物卷》,2013 年 8 月。

较小,保留了地球上现存的为数不多的树种的绝大部分。世界上有 2400 多种珍贵稀有动物、3 万多种珍贵稀有植物濒临灭绝,其中栖息在我国土地上的就有 14%,且大部分生存在森林环境中。野生动植物具有以下五个基本特征:

(1)野生性。所有的野生动植物都生活在自然环境中,而且处在野生的状态,人类没有对其进行栽培或驯化。有很多野生动植物,人类至今还没有对其进行过研究,甚至有的野生动植物还没有名字。例如我国仅高等植物就有 3 万余种,而目前世界上经济栽培植物的品种总计还不到 1000 种。

(2)复杂性。野生动植物的复杂性体现在两个方面:一是野生动植物的种类繁多,生活环境复杂多变,要想进行观察与研究十分困难;二是野生动植物的生物特性各异,动物生活习性也很复杂,要弄清楚每一种野生动植物的生存状况及其相互关系非常困难。

(3)系统的种群结构脆弱。野生动植物的种群都形成了特定的生态系统,这一生态系统绝大多数时候处于平衡状态。也就是说,构成该系统的各个部分都有一定的稳定性。例如,种群中的成熟个体数量和幼体的数量是有较为稳定的比例的,其中雄性和雌性的比例也比较稳定。但是,这种稳定性主要是依靠自然生态系统控制,很容易受到破坏,且一旦受到破坏很难恢复其自然状态。

(4)可驯化性。虽然野生动植物处在野生状态,人类暂时不能对其生存繁殖进行控制。但是,通过研究野生动植物的生物学特征等,可以进行野生动植物的人工培育实验,从而将很多野生动植物品种驯化或者培育成为人类可以饲养或者栽培的品种。现在的家畜和家禽就是我们的祖先从野生动物中驯化出来的;水稻、玉米等农作物也是从野生植物中培育出来的。

(5)财产性。对人类而言,通过对野生动植物的保护,维持生态平衡和经济、社会的可持续发展,其最终目的还是通过合理利用野生动植物来满足人类自身的需要。野生动植物对人类的财产价值主要体现在饮食、娱乐、日常生活和工农业生产等方面。如人类利用动物园、马戏团、自然保护区等满足精神层面的需要,利用野生动物的毛、皮、肉、骨和野生植物的根、茎、叶、果、皮、种子等从事饮食业、医药业和工农业生产。人类对野生动植物的法律保护,最终目的是保障人类整体对野生动植物的持续、永久利用。

二、野生动植物的分类

野生动植物品种多,数量大,包含的范围十分广泛。在常见的动植物种类中,除了家畜等家养动物和进行生产性栽培的农作物外,基本上都属于野生动植物的范畴。野生动植物的分类方法有很多。按其生物属性来分,可以分为野生动物和野生植物两大类。通常,野生动植物的分类方法还有以下两种:

（一）陆生野生动植物、水生野生动植物和两栖野生动植物

这是根据野生动植物的生活习性进行的分类。陆生野生动植物主要生活在陆地上,如生活在森林、草原中;水生野生动植物主要生活在水环境中,如生活在江河湖泊或海洋中;两栖野生动植物既能在水中生活,又能在陆上生活。这种分类方法是确定野生动植物保护主管部门的主要依据。

（二）珍贵濒危野生动植物和非珍贵濒危野生动植物

这是根据野生动植物的物种濒危状况并参考各物种的科研与经济价值进行的分类。珍贵濒危野生动植物的种群数量往往比较少,分布的范围比较狭窄,正在或者将要处于灭绝的危险之中。它们都具有较高的科学研究与经济利用价值,是国家的重要财富,也是国家或地方的重点保护对象。非珍贵濒危野生动植物的种群数量往往较多,分布范围较大,暂时还没有灭绝的危险。很多非珍贵濒危野生动植物物种是重要的产业经营对象,如野兔是重要的狩猎对象,黄鱼是重要的鱼类捕捞资源。当然,并不是说非珍贵濒危野生动植物不需要国家进行保护,只是保护的力度相比较而言要小得多。

三、野生动植物资源保护立法

我国保护野生动植物的立法起步较早,经过近50年的发展,已初步形成体系。目前,我国野生动植物资源保护的法律、法规和规章主要有《野生动物保护法》(2016年修订)、《进出境动植物检疫法》《陆生野生动物保护实施条例》(2016年第二次修订)、《水生野生动物保护实施条例》(2013年第二次修订)、《野生药材资源保护管理条例》《水产资源繁殖保护条例》《植物检疫条例》《野生植物保护条例》《植物新品种保护条例》《陆生野生动物资源保护管理费收费办法》《国家重点保护驯养繁殖许可证管理办法》(2015年修正)等,另外还有《国家重点保护野生动物名录》和《国家重点保护野生植物名录(第一批)》。野生动植物资源保护法主要内容包括三个方面:一是关于野生动物资源保护的规定;二是关于野生植物资源保护的规定;三是关于动植物检疫的规定。

第二节　我国野生动物资源保护法律制度

一、野生动物资源保护范围

野生动物是指在自然状态下生长且未被驯化的动物。《野生动物保护法》保护的野生动物是指珍贵、濒危的陆生、水生野生动物,以及有重要生态、科学、社会价值的陆生野生动物(第 2 条)。国家重点保护野生动物是指列入国家重点保护野生动物名录而被加以特殊保护的动物,分为一级保护动物和二级保护动物。

我国现行《野生动物保护法》是 1988 年 11 月 8 日经七届全国人大常委会第四次会议通过、于 1989 年 3 月 1 日起施行的。2004 年 8 月 28 日十届全国人大常委会第十一次会议通过了《关于修改〈野生动物保护法〉的决定》。《野生动物保护法》已由十二届全国人大常委会第二十一次会议于 2016 年 7 月 2 日修订。该法的目的是保护野生动物,拯救珍贵、濒危野生动物,维护生物多样性和生态平衡,推进生态文明建设。与其他自然资源立法相比较,该法的特点是强调了保护优先、规范利用、严格监管,同时鼓励开展科学研究、培育公民保护意识、促进人与自然和谐发展,其主要内容包括以下两个方面。

(一)野生动物资源保护管理体制

野生动物资源保护的管理体制,是指保护野生动物的保护部门及其分工。根据我国野生动物保护管理的有关法律规定,我国对野生动物保护实行统一管理、各部门分工负责的管理体制。也就是说,环境保护部统一管理全国范围内的野生动物保护工作,各级地方环保主管部门统一管理本地区的野生动物保护工作。就分工负责而言,确定主管部门的依据是野生动物的生活习性。一般来说,陆生的野生动物保护由林业主管部门负责管理,但并不是所有的陆生野生动物保护都由林业主管部门管理,如生活在草原上的陆生野生动物就由草原管理部门来管理;水生野生动物保护主要由渔业主管部门或海洋主管部门来管理,但生活在森林中的水域中的野生动物保护,则由林业主管部门来管理。对于两栖类野生动物保护,如果主要是生活在陆地上,由林业主管部门或牧业主管部门来管理,如果主要是生活在水环境中,则应由渔业主管部门或海洋主管部门来管理。

(二)野生动物分类分级管理

野生动物的分类分级管理是指根据野生动物的资源状况等对野生动物进行分类,分为珍贵濒危野生动物和非珍贵濒危野生动物两大类,珍贵濒危野生动物由国家重点保护，非珍贵濒危野生动物则不属于特殊管理的对象。珍贵濒危野生动物也分为两级，即国家一级保护野生动物和国家二级保护野生动物。此外，各省级行政区也确定了本地区的重点保护野生动物，即地方重点保护野生动物。

二、野生动物资源权属制度

为了保护野生动物，必须首先改变长期以来人们对野生动物所持的"野生无主，谁猎谁有"的观念。因此，我国《野生动物保护法》明确规定野生动物资源属于国家所有。这种国家所有权不因野生动物资源所依存的土地或水体等所有权而改变。同时，国家也保障依法从事野生动物科学研究、人工繁育等保护相关活动的组织和个人的合法权益。

三、野生动物及其栖息地保护主要法律措施

（一）珍贵、濒危动物重点保护

法律要求国务院野生动物保护主管部门组织科学评估后，制定国家重点保护野生动物名录，报国务院批准公布，并每五年根据评估情况确定对名录进行调整；省级政府制定、调整并公布地方重点保护野生动物名录；国务院和省级政府依法划定相关自然保护区域；禁止在相关自然保护区域建设法律法规规定不得建设的项目；建设项目可能对相关自然保护区域、野生动物迁徙洄游通道产生影响的，环境影响评价文件的审批部门在审批环境影响评价文件时，涉及重点保护野生动物的，应当征求同级野生动物行政主管部门的意见。同时，各级野生动物保护主管部门应当监视、监测环境对野生动物的影响；重点保护野生动物受到自然灾害、重大环境污染事故等突发事件威胁时，当地政府应当及时采取应急救助措施；县级以上政府野生动物保护主管部门、兽医主管部门，应当按照职责分工对野生动物疫源疫病进行监测。

（二）相关自然保护区域制度

国务院和省级政府依法划定相关自然保护区域，保护野生动物及其重要栖息地，保护、恢复和改善野生动物生存环境。对不具备划定相关自然保护区域条件的，县级以上政府可以采取划定禁猎（渔）区、规定禁猎（渔）期等其他形式予以保护。

（三）对野生动物栖息地的保护

法律规定县级以上野生动物保护主管部门,应当定期组织或者委托有关科学研究机构对野生动物及其栖息地状况进行调查、监测和评估,建立健全野生动物及其栖息地档案。国务院野生动物保护主管部门应当会同国务院有关部门,根据野生动物及其栖息地状况的调查、监测和评估结果,确定并发布野生动物重要栖息地名录。

这一规定实现了保护对象的全面性、系统性和相关性。例如,在制定规划的时候,对野生动物栖息地、迁徙通道的影响要进行论证;建设铁路、桥梁等工程时,可能会破坏一些野生动物的栖息地和迁徙通道,应该采取一些补救的措施。很多野生动物的消失和它们的栖息地碎片化有极大关系,因此必须促进野生动物栖息地的整体性。目前我国正在根据国家公园改革方案,研究国家公园立法,这对于整合自然保护区、湿地公园、森林公园、野生动物保护栖息地等相关区域是利好消息。

（四）环境影响评价制度

建设项目可能对相关自然保护区域、野生动物迁徙洄游通道产生影响的,环境影响评价文件的审批部门在审批环境影响评价文件时,涉及国家重点保护野生动物的,应当征求国务院野生动物保护主管部门意见;涉及地方重点保护野生动物的,应当征求省级政府野生动物保护主管部门意见。

（五）监测环境对野生动物的影响

各级野生动物行政保护主管部门应当监视、监测环境对野生动物的影响。因环境影响对野生动物造成危害的,野生动物行政保护主管部门应当会同有关部门进行调查处理。

（六）应急救助、收容救护措施

国家或者地方重点保护野生动物受到自然灾害、重大环境污染事故等突发事件威胁时,当地政府应当及时采取应急救助措施。县级以上野生动物保护主管部门应当按照国家有关规定组织开展野生动物收容救护工作。

（七）疫源疫病监测制度

县级以上野生动物保护主管部门、兽医主管部门,应当按照职责分工对野生动物疫源疫病进行监测,组织开展预测、预报等工作,并按照规定制定野生动物疫情应急预案,报同级政府批准或者备案。县级以上野生动物保护主管部门、兽医主管部门、卫生主管部门,应当按照职责分工负责与人畜共患传染病有关的动物传染病的防治管理工作。

(八)遗传资源保护制度

国家加强对野生动物遗传资源的保护,对濒危野生动物实施抢救性保护。国务院野生动物保护主管部门应当会同国务院有关部门制定有关野生动物遗传资源保护和利用规划,建立国家野生动物遗传资源基因库,对原产我国的珍贵、濒危野生动物遗传资源实行重点保护。

(九)野生动物致害补偿制度

法律保护的野生动物,造成人员伤亡、农作物或者其他财产损失的,由当地政府给予补偿。具体办法由省级政府制定。有关地方政府可以推动保险机构开展野生动物致害赔偿保险业务。有关地方政府采取预防、控制国家重点保护野生动物造成危害的措施以及实行补偿所需经费,由中央财政按照国家有关规定予以补助。

(十)野生动物资源保护监督管理体制

野生动物资源保护的监督管理,我国实行分部门和分级监督管理的体制。国务院林业、渔业行政主管部门主管全国陆生、水生野生动物保护的管理工作;省级林业行政主管部门主管本行政区域内陆生野生动物保护的管理工作;自治州、县和市政府陆生野生动物资源保护的主管部门由省级政府确定;县级以上地方渔业行政主管部门主管本行政区域内水生野生动物保护管理工作;进入集贸市场的野生动物或其产品,由工商行政管理部门进行保护和管理;集贸市场以外经营野生动物或其产品的,由野生动物行政主管部门、工商行政管理部门或其授权的单位进行监督管理;猎捕野生动物的猎枪弹具的生产、销售和使用的管理由林业行政主管部门主管,公安机关对猎枪弹具的生产、销售、购买、持有、使用、运输和报废销毁等实施管理和监督检查。

四、野生动物管理制度

(一)野生动物及其栖息地档案制度

《野生动物保护法》第11条规定,县级以上野生动物保护主管部门,应当定期组织或者委托有关科学研究机构对野生动物及其栖息地状况进行调查、监测和评估,建立健全野生动物及其栖息地档案。

对野生动物及其栖息地状况的调查、监测和评估应当包括下列四项内容:野生动物野外分布区域、种群数量及结构;野生动物栖息地的面积、生态状况;野生动物及其栖息地的主要威胁因素；野生动物人工繁育情况等其他需要调查、监测和评估的内容。

（二）野生动物猎捕管理

因科学研究、种群调控、疫源疫病监测或者其他特殊情况，需要猎捕国家一级保护野生动物的，应当向国务院野生动物保护主管部门申请特许猎捕证；需要猎捕国家二级保护野生动物的，应当向省级野生动物保护主管部门申请特许猎捕证。

猎捕非国家重点保护野生动物的，应当依法取得县级以上地方野生动物保护主管部门核发的狩猎证，并且服从猎捕量限额管理。猎捕者应当按照特许猎捕证、狩猎证规定的种类、数量、地点、工具、方法和期限进行猎捕。持枪猎捕的，应当依法取得公安机关核发的持枪证。

（三）野生动物人工繁育管理制度

国家支持有关科学研究机构因物种保护目的人工繁育国家重点保护野生动物。其他人工繁育国家重点保护野生动物的情形实行许可制度。人工繁育国家重点保护野生动物的，应当经省级野生动物保护主管部门批准，取得人工繁育许可证，但国务院对批准机关另有规定的除外。人工繁育国家重点保护野生动物应当使用人工繁育子代种源，建立物种系谱、繁育档案和个体数据。因物种保护目的确需采用野外种源的，应依法取得特许猎捕证和狩猎证。

人工繁育国家重点保护野生动物应当有利于物种保护及其科学研究，不得破坏野外种群资源，并根据野生动物习性确保其具有必要的活动空间和生息繁衍、卫生健康条件，具备与其繁育目的、种类、发展规模相适应的场所、设施、技术，符合有关技术标准和防疫要求，不得虐待野生动物。国家和省级野生动物保护主管部门可以根据保护国家重点保护野生动物的需要，组织开展国家重点保护野生动物放归野外环境工作。

（四）关于野生动物药用食用的管理

野生动物及其制品作为药品经营和利用的，还应当遵守有关药品管理的法律法规。禁止生产、经营使用国家重点保护野生动物及其制品制作的食品，或者使用没有合法来源证明的非国家重点保护野生动物及其制品制作的食品。禁止为食用非法购买国家重点保护的野生动物及其制品。

（五）野生动物及其制品的经营利用和进口活动

管理野生动物及其产品的经营利用和进口活动的措施主要包括：禁止为出售、购买、利用野生动物或者禁止使用的猎捕工具发布广告；禁止为违法出售、购买、利用野生动物制品发布广告；禁止网络交易平台、商品交易市场等交易场所，为违法出售、购买、利用野生动物及其制品或者禁止使用的猎捕工具提供交易服务；县级以上野生动物保护主管部门应当对科学研究、人工繁育、公众展示展演等利用野生动物及其制品的活动进行监督管理；运输、携带、寄递国家重点保护野生动物及其制品出县境的，应当持有或者附有许可证、批准文件的副本或者专用标识，以及检疫证明；运输非国家重点保护野生动物出县境的，应当持有狩猎、进出口等合法来源证明，以及检疫证明；出口国家重点保护野生动物或者其制品的，应当经国务院或其野生动物保护主管部门批准，并取得国家濒危物种进出口管理机构核发的允许进出口证明书；依法实施进出境检疫；海关凭允许进出口证明书、检疫证明，按照规定办理通关手续。

（六）关于野生动物放归放生的监管

从境外引进野生动物物种的，应当采取安全可靠的防范措施，防止其进入野外环境，避免对生态系统造成危害。确需将其放归野外的，按照国家有关规定执行。任何组织和个人将野生动物放生至野外环境，应当选择适合放生地野外生存的当地物种，不得干扰当地居民的正常生活、生产，避免对生态系统造成危害。随意放生野生动物，造成他人人身、财产损害或者危害生态系统的，依法承担法律责任。

（七）单位和个人的野生动物保护责任

任何组织和个人都有保护野生动物及其栖息地的义务。禁止违法猎捕野生动物、破坏野生动物栖息地；任何组织和个人都有权向有关部门和机关举报或者控告违反该《野生动物保护法》的行为；国家鼓励公民、法人和其他组织依法通过捐赠、资助、志愿服务等方式参与野生动物保护活动，支持野生动物保护公益事业；各级政府应当加强野生动物保护的宣传教育和科学知识普及工作，鼓励和支持基层群众性自治组织、社会组织、企业事业单位、志愿者开展野生动物保护法律法规和保护知识的宣传活动；教育行政部门、学校应当对学生进行野生动物保护知识教育；新闻媒体应当开展野生动物保护法律法规和保护知识的宣传，对违法行为进行舆论监督。

五、法律责任

《野生动物保护法》对违反该法的行为规定了应当承担的法律责任，根据违法行为的社会危害性程度，给予行政处罚和刑事处罚。应注意的是，1997年3月14日八届全国人大五次会议对《刑法》进行了修订，专门设立了"破坏环境资源保护罪"一节，其中规定了非法捕捞水产品罪，非法猎捕、杀害珍贵、濒危野生动物罪，非法收购、运输、出售珍贵、濒危野生动物及其制品罪,非法狩猎罪等四个罪名。在走私罪中,又规定了走私珍贵动物、珍贵动物制品罪等。行政处罚包括罚款、没收猎获物、猎捕工具和违法所得、吊销证件、撤销批准文件、收回专用标识、责令停止违法行为、限期整改、消除不利影响等。此外,对于野生动物保护主管部门以及相关工作人员的违法行为,也将给予责令改正、撤职或开除处分;构成犯罪的,依法追究刑事责任。

第三节　我国野生植物资源保护法律制度

1996年9月30日,国务院发布《野生植物保护条例》。它是我国关于野生植物资源保护的基本法律。

一、野生植物的法律界定

野生植物是指在自然状态下生长且无法证明为人工栽培的植物,可分为藻类、菌类、地衣、苔类、蕨类和种子植物。它是自然界能量转化和物质循环的重要环节,是重要的环境要素之一。我国法律上所保护的野生植物,是指原生地天然生长的珍贵植物以及原生地天然生长并具有重要经济、科学研究、文化价值的濒危、稀有植物。根据对其保护级别和范围的不同,可分为国家重点保护野生植物和地方重点保护野生植物。

经国务院1999年8月4日批准,国家林业局、农业部于同日发布《国家重点保护野生植物名录(第一批)》;2001年8月4日,农业部、国家林业局经国务院批准,发布了对该名录的修正。《中国植物红皮书》对国家重点保护的野生植物的名录及其范围作了具体规定。依照《国家重点保护野生植物名录(第一批)》,中国现有354种国家级濒危、稀有植物被列为重点保护对象。其中,作为"濒危种类"的国家一级重点保护野生植物有8种,作为"稀有种类"的国家二级重点保护的野生植物有143种。

二、野生植物资源保护管理体制

(一)野生植物资源保护的监督管理体制

我国对野生植物的保护管理,实行分部门管理的体制。国务院林业行政主管部门主管全国林区内野生植物和林区外珍贵野生树木的监督工作;国务院农业行政主管部门主管全国其他野生植物的监督管理工件;国务院建设行政主管部门负责城市园林、风景名胜区内野生植物的监督管理工作;环境保护部负责对全国野生植物环境保护工作的协调和监督;国务院其他有关部门依照职责分工负责有关野生植物资源保护工作;县级以上地方政府负责野生植物管理工作的部门及其职责,由省级政府根据当地具体情况规定。

(二)野生植物资源保护的基本方针和综合性措施

《野生植物保护条例》第 3 条关于"国家对野生植物资源实行加强保护、积极发展、合理利用的方针"的规定,就是我国野生植物保护的基本方针。同时,该条例还规定了一些综合性的保护措施:国家鼓励和支持对野生植物的科学研究、就地保护和迁地保护;保护依法开发利用和经营管理野生植物资源的单位和个人的合法权益,对在野生植物资源保护、科学研究、培育利用和宣传教育方面成绩显著的单位和个人给予奖励;县级以上各级政府有关主管部门开展保护野生植物的宣传教育,普及野生植物知识,提高公民保护野生植物的意识;授权任何单位和个人对侵占或者破坏野生植物及其生长环境的行为进行检举和控告,同时,任何单位和个人又都负有保护野生植物的义务。

三、野生植物资源保护主要法律措施

(一)野生植物分类分级保护及名录

国家对重点保护野生植物实行名录制度和分组保护制度。要求国务院林业行政主管部门、农业行政主管部门以及国务院环境保护、建设等有关部门制定国家重点保护野生植物名录,报国务院批准公布;省级政府制定和公布地方重点保护野生植物名录,报国务院备案。《国家重点保护野生植物名录(第一批)》将多种野生植物列为国家一级重点保护野生植物和国家二级重点保护野生植物。

(二)野生植物生长环境保护

保护野生植物生长环境的主要措施包括:

(1)在国家重点保护野生植物物种和地方重点保护野生植物物种的天然集中分布区,依法建立自然保护区;在其他区域,县级以上地方野生植物行政主管部门和其他有关部门可以根据实际情况建立重点保护野生植物的保护点或者设立保护标志。

(2)要求野生植物行政主管部门及其他有关部门监视、监测环境对重点保护野生植物生长的影响,并采取措施维护和改善重点保护野生植物的生长条件。

(3)建设项目对重点保护野生植物产生不利影响的,建设单位提交的环境影响评价报告书中必须对此作出评价;环保主管部门在审批环境影响评价报告书时,应当征求野生植物行政主管部门的意见。

（三）监护保护

野生植物管理部门依法对国家和地方重点保护的野生植物的生长环境进行监测,维护和改善其生长条件。当环境影响对野生植物造成危害时,要进行调查处理。

（四）信息库制度

植物信息应该由政府或委托其他社会组织专门采集、整理,并定期发布。其由政府法令确定,供决策、经营管理时参考。

四、野生植物管理制度

（一）野生植物资源档案管理

野生植物资源档案是记载野生植物种类、数量、质量、地区分布、利用和保护状况等资料的文书。它不仅是管理、保护、发展和合理开发利用野生植物资源的依据,而且是整个自然资源开发利用的基础资料。《野生植物保护条例》规定了野生植物资源档案制度,要求野生植物行政主管部门定期组织国家重点保护野生植物和地方重点保护野生植物资源调查,建立野生植物资源档案。

（二）重点保护野生植物采集证管理

重点保护野生植物采集证是有关单位或个人被批准采集国家重点保护野生植物的法定凭证。它是控制濒危、稀有野生植物采集量,防止野生植物破坏的重要手段。现行《野生植物保护条例》规定:国家重点保护野生植物分为国家一级保护野生植物和国家二级保护野生植物两级。国家一级保护野生植物原则上禁止采集,因科学研究、人工培育、文化交流等特殊需要而采集国家一级保护野生植物的,必须经采集地的省级野生植物行政主管部门签署意见后,向国务院野生植物行政主管部门或者其授权的机构申请采集证;采集国家二级保护野生植物的,必须经采集地的县级野生植物行政主管部门签署意见后,向省级野生植物行政主管部门或者其授权的机构申请采集证;采集城市园林或者风景名胜区内的国家一级或者二级保护野生植物的,必须先征得城市园林或者风景名胜区管理机构的同意,再按规定程序申请采集证;采集珍贵野生树木或者林区内、草原上的野生植物的,依照《森林法》《草原法》的规定申请采集证或许可证。野生植物行政主管部门发放采集证后,应当抄送环保主管部门备案。取得采集证的单位和个人,必须按照采集证规定的种类、数量、地点、期限和方法采集野生植物。

(三)野生植物出售收购等经营行为管理

为了保护野生植物资源,必须切实控制野生植物的经营利用活动。为此,法律规定,禁止出售、收购国家一级保护野生植物;出售、收购国家二级保护野生植物的,必须经省级野生植物行政主管部门或者其授权的机构批准;外国人不得在中国境内采集或者收购国家重点保护野生植物。外国人在中国境内对国家重点保护野生植物进行野外考察的,必须按规定程序报经批准。

(四)重点保护野生植物进出口许可制度

为了控制国家重点保护野生植物的进出口,国家对重点保护野生植物的进出口实行许可制度。出口国家重点保护野生植物的,或者进出口中国参加或者缔结的国际条约所限制进出口的野生植物的,必须经进出口者所在地的省级野生植物行政主管部门审核,报国务院野生植物行政主管部门批准并取得国家濒危物种进出口管理机构核发的允许进出口证明书或者标签。未定名的或者新发现并有重要价值的野生植物,禁止出口。

五、法律责任

违反野生植物保护有关法律、法规的,将根据有关法律给予严厉的制裁。制裁包括承担行政责任和刑事责任。行政处罚包括罚款、没收所采集的野生植物、考察资料、没收非法所得、吊销许可证、责令停止破坏行为、限期恢复原状等。刑事责任包括有期徒刑、罚金等。

案例分析

大学生掏鸟案

河南郑州职业技术学院大一学生闫啸天在河南省辉县市高庄乡土楼村过2014年暑假期间,于7月14日和朋友王亚军去河边洗澡时,在邻居家门口发现鸟窝。二人拿梯子攀爬上去掏了一窝小鸟共12只。饲养过程中逃跑一只,死亡一只。后来,闫啸天将鸟的照片上传到朋友圈和QQ群,标明了"鹰隼"二字。有网友与他取得联系,说愿意购买小鸟。他以800元7只的价格卖给郑州买鸟人贠荣杰,280元2只的价格卖给洛阳一个买鸟人,还有一只卖给了辉县市另一买鸟人。

后来,二人又发现一个鸟窝,掏出4只鸟。不过这4只鸟刚拿到闫啸天家就引来了辉县市森林公安局民警。第二天二人被刑事拘留,同月二人被批准逮捕。在侦查阶段,闫啸天承认自己知晓所售卖的鸟是隼,而且是国家保护动物。到了法庭上,闫啸天、王亚军和贠荣杰都改了口,辩解不知鹰隼系国家二级保护动物。

思考问题:

(1)闫啸天、王亚军和贠荣杰的行为是否违法? 为什么?

(2)如果违法,他们应当承担什么法律责任? 为什么?

基本概念

野生动植物　野生动物资源保护法　野生植物资源保护法　法律责任

思考分析

1.我国野生动植物资源及其保护的现状怎样?

2.我国保护野生动物有哪些主要法律规定?

3.新修订的野生动物保护法有哪些亮点?

4.我国保护野生植物有哪些主要法律规定?

第二十三章

矿产资源保护法

【内容提要】

　　矿产资源属于不可更新资源,对矿产资源保护立法属于自然资源保护立法的一个重要方面。我国矿产资源法规定了矿产资源权属、矿产资源保护、管理和勘探、开发、利用等方面的基本原则和制度,以及违反矿产资源法应当承担的法律责任。

第一节　矿产资源及其法律保护

一、矿产资源的概念和特点

　　矿产资源是指在地质运动过程中形成的,在一定的经济技术条件下可为人类用于生产和生活的各种矿物质富集物,是自然资源的一种。它存在于地壳内部或地表,可呈固态、液态或气态,一般可分为燃料矿产、金属矿产、非金属矿产和地下热能等。

　　我国《矿产资源法实施细则》规定,矿产资源是指由地质作用形成的,具有利用价值的,呈固态、液态、气态的自然资源。包括能源矿产如煤炭、石油、地热等,金属矿产如铁、锰、铬、钒等,非金属矿产如金刚石、磷、硼、硫矿等,水汽矿如地下水、矿泉水、二氧化碳气、氦气等。

　　一般而言,矿产资源具有如下四个特点:

　　(1)不可再生性。与自然界其他可更新资源不同的是,矿产资源是在地壳形成中,经过千万年、几亿年甚至几十亿年的地质作用才形成的。由于矿产资源的形成条件多样、形成时间漫长,因此决定了它们是一种短期内可供人类社会利用的不可更新资源。

（2）有限性。地球上的矿产资源是非常有限的。据考证,世界上已发现的矿产大约有 200 种,其中探明储量的有 150 余种。人类自石器时代开始利用矿产,到目前被利用的矿产资源至少超过 50 种,而且需求量也越来越大。由于长期开采,矿产资源的储量正在不断减少。预计到 21 世纪后半叶,不少矿产资源都将面临逐渐枯竭的局面。

（3）分布的不均衡性。由于矿产资源是受地质条件的作用而形成的,因此矿产资源在地壳上的分布极不均匀。

（4）不可直接利用性。矿产资源无论如何赋存,一般是不能直接利用的,必须通过一定的技术手段从发现到加工,凝结人类劳动,成为矿产品之后才能进行利用。即使是原煤、天然气、矿泉水等看似能直接利用的少数矿物,也必须经过开采加工,才能投入使用,否则就会产生较大的不经济性:一方面造成资源浪费,如原煤不能充分燃烧而降低热效率;另一方面造成环境的污染和破坏,如因原煤燃烧造成的大量有害气体外溢等。

二、我国矿产资源的现状及问题

（一）我国矿产资源的现状

我国是矿产资源大国,已发现矿产 172 种,其中探明资源储量的有 162 种,品种较为齐全。我国矿产资源的基本特点是:资源总量较大,矿种比较齐全;人均资源量少,部分资源供需失衡;优劣矿并存;查明资源储量中地质控制程度较低的部分所占的比重较大;成矿条件较好,通过勘查工作找到更多矿产资源的前景较好。[①]

我国是矿业大国。勘查开发体系完整,主要矿产品产量和消费量居世界前列。2008 年以来,累计投入地质勘查经费 8000 多亿元,新发现大中型矿产地 1708 处,找矿突破战略行动取得重大进展;全国采矿业固定资产投资累计达 9 万亿元以上,原矿产量累计达 700 亿吨以上,煤炭、油气、金属、非金属采选及压延加工销售产值累计超过 160 万亿元。资源税、探矿权采矿权价款和资源补偿费累计收入 9000 亿元。因矿而兴的城市达 240 座,矿业从业人员 1100 余万。煤炭、十种有色金属、黄金等产量连续多年居世界第一,矿业经济规模不断增长。

《全国矿产资源规划（2008—2015 年）》实施以来,找矿不断取得重大突破,资源供应能力明显增强,开发秩序全面好转,矿产资源管理改革逐步深化,管理能力和水平大幅提升,有效应对了国内外环境的复杂变化和国际金融危机的深层次影

---

① 国务院新闻办公室:《中国的矿产资源政策》,2003 年 12 月。

响,为保障国民经济持续快速发展做出了重要贡献。

(二)我国矿产资源开发利用中存在的矛盾和问题

在矿产资源勘查开发方面,我国仍面临一些矛盾和问题,主要表现在以下四个方面:①

(1)经济快速增长与部分矿产资源大量消耗之间存在矛盾。石油、(富)铁、(富)铜、优质铝土矿、铬铁矿、钾盐等矿产资源供需缺口较大。东部地区地质找矿难度增大,探明储量增幅减缓。部分矿山开采进入中晚期,储量和产量逐年降低。

(2)矿产资源开发利用中的浪费现象和环境污染问题仍然比较突出。开采矿山布局不够合理,探采技术落后,资源消耗、浪费较大,矿山环境保护需进一步加强。

(3)区域之间矿产资源勘查开发不平衡。西部地区和中部边远地区虽然资源丰富,但是自然条件差、生态环境脆弱、地质调查评价工作程度低,制约了资源开发。

(4)矿产资源勘查、开发的市场化程度不高。探矿权采矿权市场体系有待进一步健全。矿产资源管理秩序需要继续整顿和规范。矿产资源领域的国际交流与合作需要拓宽。

三、矿产资源的法律保护

矿产资源法是调整人们在勘探、开采、利用和保护矿产资源过程中所发生的各种社会关系的法律规范的总称。矿产资源是一种重要的自然资源,是人类社会赖以生存和发展的重要物质基础,对矿产资源的保护主要是在矿业活动中进行的。矿产资源的保护应当贯穿于矿产资源开发利用的全过程之中,在对矿产资源进行开发利用的各个环节实施各种保护性措施,对矿产资源进行合理开发和综合利用,使矿产资源免遭浪费并防止因废弃所导致的环境问题。这样既可以充分发挥矿产资源的效益,满足当代和后代人的需求,又可以避免矿产资源在开发利用过程中对生态环境的破坏性影响。

我国政府历来重视矿产资源的法律保护。早在 1951 年政务院就颁布了《矿业暂行条例》。针对矿产资源保护事务,1965 年国务院同意并转发了地质部制定的《矿产资源保护试行条例》。此外,国务院有关部门还分别就煤矿和矿山安全、金属矿和非金属矿管理、小煤窑和小煤矿的管理等相继建立了一些规章制度。

进入 20 世纪 80 年代后,在大力开展矿产资源勘查,积极发展矿业,以满足国

---

① 国务院新闻办公室:《中国的矿产资源政策》,2003 年 12 月。

民经济发展需要的同时,我国十分重视矿产资源开发利用的监督管理工作和有关环境污染的治理工作。1986年3月19日,六届全国人大常委会第十五次会议通过了《矿产资源法》;这标志着我国开始从过去主要依靠行政手段调控矿产资源的勘查、开发利用的时代,进入到依法管矿的阶段。它确立了矿产资源的单一国家所有制度,实行国家在矿产资源管理中的所有权与使用权的适当分离原则,肯定了探矿权、采矿权的财产权属性。但是,这部法律带有明显的计划经济的特点,特别是当时明文规定矿业权不得买卖、出租和抵押,将矿业权界定为禁止流通物,因而无法借助市场机制实现矿产资源自身价值的最大化。这样,既不利于吸引各种社会资金投入矿业,也不利于充分发挥市场机制对矿产资源配置的基础性作用,还不利于矿产资源的充分合理开发利用与保护。

随着改革开放进程的逐步深入,我国社会主义市场经济体制逐步取代了计划经济体制并得到进一步发展。1996年8月29日,八届全国人大常委会第二十一次会议对《矿产资源法》做出了重要修改。首先,确立了矿业权有偿取得制度,促使矿业权主体以更高的积极性来对矿产资源进行开发利用,这无疑对实现矿产资源效用的最大化非常有利。其次,有条件地允许矿业权的流转。在国家的宏观调控下,允许矿山企业用矿业权抵押、出租、转让,促进各种要素实现更优配置;同时也使有偿取得的矿业权得到更好的法律保护。在有限的范围放开探矿权、采矿权的流转,标志着矿业权二级市场雏形的形成。相对于1986年制定的《矿产资源法》而言,这显然是一个很大的进步。

除此之外,全国人大常委会制定了《煤炭法》(1996年,历经2009年、2011年、2013年、2016年四次修改)。国务院制定了《矿产资源监督管理暂行办法》(1987年)、《矿产资源法实施细则》(1994年,历经2012年,2015年修改)、《矿产资源补偿费征收管理规定》(1994年,1997年修订)、《煤炭生产许可证管理办法》(1994年,2013年废止)、《矿产资源勘查区块登记管理办法》(1998年,2014年修改)、《矿产资源开采登记管理办法》(1998年,2014年修改)和《探矿权采矿权转让管理办法》(1998年,2014年修改)等。国土资源部、国家发展改革委、财政部等部委单独或者联合制定了《矿业权出让转让管理暂行规定》(2000年,2014年修改)、《关于矿山企业进行生产勘探有关问题的通知》(2002年)、《市(地)县(市)级国土资源主管部门矿产资源监督管理暂行办法》(2003年)、《地质环境监测管理办法》(2014年)、《国土资源行政处罚办法》(2014年)等。

进入21世纪以来,在矿产资源产权制度改革不断推进的背景下,我国自然资源浪费、生态环境破坏、矿难多发等问题已经反映到司法审判当中,而且以1986年制定、1996年修订的《矿产资源法》为主体的矿业权法律规范体系已无法全面回应实践的需要。特别是,矿业权兼具民事物权属性和行政许可特性,与矿产资源国家所有权、矿区用地使用权、矿产品所有权、相邻关系人环境权益等存在诸多关联。

由于法律、法规、规章内部之间、相互之间的冲突和矛盾,以及它们与最高法院司法解释和判决之间的冲突和矛盾,司法实践中审判机关和人员根据不同偏向(正当的和不正当的,合法的与非法的),选择性适用法律和解释法律的现象相当严重,损害着社会主义法治的权威。

第二节　我国矿产资源保护法律制度

一、矿产资源产权制度

(一)矿产资源所有权制度

矿产资源的所有权是矿产资源法律关系主体对矿产资源占有、使用、收益和处分的权利。矿产资源所有权制度是一个国家矿产资源法律制度的基础。根据矿产资源和土地的不同关系,多数国家的矿业法分为两种不同的所有权制度。英美等国家在法律传统上基本保持着土地所有权与矿产资源所有权合一的原则。地表或地下的矿产资源被视为土地的组成部分,土地所有者对其土地内赋存的矿产资源拥有所有权,只有土地所有者或经土地所有者同意者才能有权对矿产资源进行勘探和开采。大多数大陆法系国家(如法国、德国等)采用土地所有权与矿产资源所有权分离的制度。坚持矿产资源所有权的独立性,矿产资源不因其所依附的土地的所有权和其他权利的不同而改变。例如,《德国矿业法》第 9 条规定:"不允许将土地所有权和矿山所有权相结合,也不允许将矿山所有权作为土地所有权的一个组成部分或者把土地所有权作为矿山所有权的一个组成部分登记在土地登记簿中。"有的国家虽没有直接规定矿产资源所有权归国家所有,但都规定有关矿业权的取得由国家授权,否则不得从事矿产资源的开发和利用。例如,《法国矿业法》规定:"矿山的开采,即使是地表主人的开采也只能是以特许权或开采许可证而进行,或由国家开采。"有的国家直接宣布矿产资源的国家所有,例如土耳其、印度尼西亚的矿业法。

根据《宪法》和《矿产资源法》的规定,我国的矿产资源实行单一的所有权制度,即矿产资源属于国家所有,由国务院代表国家行使矿产资源所有权。地表及地下矿产资源的国家所有权,不因其所依附土地的所有权或使用权的不同而改变。

(二)矿业权制度

矿业权是非矿产资源所有权人经政府许可登记在特定的区块或矿区勘探或开采矿产资源并获得地质资料(有开采价值或商业价值的资料及矿物标本等)或矿物

及其他伴生矿的权利。矿业权属于准物权,或是特许物权。[1]

多数国家对矿业权的法律监管都比较严格,特别是关于矿业权权利主体资格的取得,都规定了只有国家进行授权,才能取得矿业权。《德国矿业法》规定:"任何勘探未被占用的矿产资源的活动均须获得许可,任何开采被占用的矿产资源的活动均须获得批准。"《日本矿业法》规定:"对于尚未开采的矿物,只有国家有权授予开采权及获得权。"另外,多数国家对矿业权的范围、期限等都设立了不同于其他自然资源保护的规定。

我国的矿业权制度从内容上来看,包括探矿权和采矿权。

探矿权,是指在依法取得的勘查许可证规定的范围内,勘查矿产资源的权利。我国法律将取得勘查许可证的单位或者个人称为探矿权人。探矿权人所享有的权利主要包括:按照探矿许可证规定的区域、期限、工作对象进行勘查的权利;在勘查作业区域及相邻区域架设供电、供水、通讯管线的权利;在勘查作业区域及相邻区域通行的权利;根据工程需要临时使用土地的权利;优先取得勘查作业区内新发现矿种的探矿权的权利;优先取得勘查作业区内矿产资源的采矿权的权利。

采矿权,是指在依法取得的采矿许可证规定的范围内,开采矿产资源和获得所开采的矿产品的权利。我国法律将取得采矿许可证的单位或者个人称为采矿权人。采矿权人所享有的权利主要包括:按照采矿许可证规定的开采范围和期限从事开采活动的权利;在不与国家指定的统一收购矿产品规定相违背的条件下,自行销售矿产品的权利;在矿区范围内建设采矿所需的生产和生活设施的权利;根据生产建设的需要依法取得土地使用权的权利;法律、法规规定的其他权利。

我国实行探矿权、采矿权许可证制度,具备法定条件者经过申请和管理部门的审查和批准,并依法办理登记,方可取得矿产资源勘查许可证、采矿许可证。依法取得的探矿权、采矿权受法律保护。截至 2015 年底,全国共有油气探矿权 1000 个、煤炭探矿权 1770 个、金属与非金属矿产探矿权 26600 个;油气矿产采矿权 720 个、煤炭采矿权 9480 个、金属与非金属矿产探矿权 64500 个。[2]

我国的探矿权、采矿权实行有限制的转让制度,除了法定的可以转让的情形外,其余的探矿权、采矿权都不得转让。可以转让探矿权、采矿权的情形包括:①探矿权人有权在划定的勘查作业区内进行规定的勘查作业,有权优先取得勘查作业区内矿产资源的采矿权。探矿权人在完成规定的最低勘查投入后,经依法批准,可以将探矿权转让给他人。②已取得采矿权的矿山企业,因企业合并、分立,与他人合资、合作经营,或者因企业资产出售以及有其他变更企业资产产权的情形而需要变更采矿权主体的,经依法批准,可以将采矿权转让他人。

---

① 肖乾刚、肖国兴:《能源法》,法律出版社 1996 年版,第 136 页。
② 国土资源部:《中国矿产资源报告(2016)》,地质出版社 2016 年版,第 9 页。

二、矿产资源勘查、开采过程中的保护管理制度

(一)矿产资源勘查、开采规划制度

矿产资源勘查、开采规划是对一定时期和范围的矿产资源的勘查、开采所作的总体安排。目的是为了合理布局,提高勘查、开采效率,并使矿产资源的勘查、开采适应国民经济长期发展的需要。

(1)矿产资源勘查规划。我国的矿产资源勘查规划包括全国矿产资源中、长期勘查规划和年度勘查计划。按照《矿产资源法实施细则》的规定,全国矿产资源中、长期勘查规划是在国务院有关主管部门指导和参与下,由国务院地质矿产主管部门组织编制的。年度勘查计划则分别由国务院地矿部门和省级地方地矿部门根据全国矿产资源中、长期勘查规划编制。

(2)矿产资源开发规划。《矿产资源法实施细则》规定:全国矿产资源的分配和开发利用,应当本着兼顾当前和长远、中央和地方利益的原则,实行统一规划、有效保护、合理开采、综合利用。在开发规划的管理方面,首先,编制全国矿产资源分配规划,对全国矿产资源的分配作出统筹安排,合理划定中央与省级政府审批、开发矿产资源的范围。其次,编制矿产资源开发规划,即对矿区的开发建设布局进行统筹安排的规划。该规划分为行业开发规划和地区开发规划两类。其中,矿产资源行业开发规划由国务院有关主管部门根据全国矿产资源规划中分配给本部门的矿产资源编制实施;矿产资源地区开发规划由省级政府根据全国矿产资源规划中分配给本省、自治区、直辖市的矿产资源编制实施。民族自治地方的自治机关根据法律规定和国家的统一规划,对可以由本地方开发的矿产资源,优先合理开发利用。

(二)矿产资源勘查登记制度和开采审批制度

1. 矿产资源勘查登记制度

《矿产资源法》规定:国家对矿产资源勘查实行统一的区块登记管理制度。矿产资源勘查登记由国务院地质矿产主管部门依照《矿产资源勘查登记管理暂行办法》进行;特定矿种矿产资源的勘查登记工作,可以由国务院授权有关主管部门负责。

国务院矿产储量审批机构或者省级矿产储量审批机构负责审查批准供矿山建设设计使用的勘探报告,并在规定的期限内批复报送单位。勘探报告未经批准,不得作为矿山建设设计的依据。

2. 矿产资源开采审批制度

设立矿山企业,必须符合国家规定的资质条件,并依照法律由审批机关对其矿

区范围、矿山设计或者开采方案、生产技术条件、安全措施和环境保护措施等进行审查;审查合格的,方予批准。

《矿产资源法》规定:国家对国家规划矿区、对国民经济具有重要价值的矿区和国家规定实行保护性开采的特定矿种,实行有计划的开采;[①]未经国务院有关主管部门批准,任何单位和个人不得开采。国家规划矿区的范围、对国民经济具有重要价值的矿区的范围、矿山企业矿区的范围依法划定后,由划定矿区范围的主管机关通知有关县级政府予以公告。矿山企业变更矿区范围,必须报请原审批机关批准,并报请原颁发采矿许可证的机关重新核发采矿许可证。地方各级政府应当采取措施,维护本行政区域内的国有矿山企业和其他矿山企业矿区范围内的正常秩序。

勘查、开采矿产资源时,发现具有重大科学文化价值的罕见地质现象以及文化古迹,应当加以保护并及时报告有关部门。

非经国务院授权的有关主管部门同意,不得在下列地区开采矿产资源:港口、机场、国防工程设施圈定地区以内;重要工业区、大型水利工程设施、城镇市政工程设施附近一定距离以内;铁路、重要公路两侧一定距离以内;重要河流、堤坝两侧一定距离以内;国家划定的自然保护区、重要风景区,国家重点保护的不能移动的历史文物和名胜古迹所在地;国家规定不得开采矿产资源的其他地区。

(三)矿业权使用费制度

我国实行探矿权、采矿权有偿取得制度。矿业权使用费,指国家将矿产资源矿业权出让给矿业权人,按规定向矿业权人收取的费用。在我国领域及管辖海域勘查、开采矿产资源,均须按规定交纳探矿权、采矿权使用费。

为鼓励对特定区域和矿种的勘探、开发,对符合条件的权利人可实行减免优惠。矿业权使用费的优惠主要是指在中国西部地区、国务院确定的边远贫困地区和海域从事符合下列条件的矿产资源勘查开采活动,可以申请探矿权、采矿权使用费的减免:①国家紧缺矿产资源的勘查、开发;②大中型矿山企业为寻找接替资源申请的勘查、开发;③运用新技术、新方法提高综合利用水平的(包括低品位、难选冶的矿产资源开发及老矿区尾矿利用)矿产资源开发;④国务院地质矿产主管部门和财政部门认定的其他情况。

---

① 依照《矿产资源法实施细则》的解释,"国家规划的矿区",是指国家建设规划和矿产资源规划为建设大、中型矿山划定的矿产资源分布区域。"对国民经济具有重要价值的矿区",是指国家根据国民经济发展需要划定的,尚未列入国家建设规划的,储量大、质量好、具有开发前景的矿产资源保护区域。"国家规定实行保护性开采的特定矿种",是指由国务院根据国民经济建设和高科技发展的需要,以及资源稀缺、贵重程度确定的,由国务院有关主管部门按照国家计划批准开采的矿种。

(四)矿产资源税和资源补偿费制度

实行矿产资源税和资源补偿费制度是我国矿产资源国家所有权在经济上的体现,是采矿权人为补偿国家矿产资源的消耗而向国家缴纳的一定费用。矿产资源有偿勘探和开采制度是利用经济手段促进矿产资源合理开发、综合利用、有效保护的重要举措,也是为保护管理矿产资源积累资金的一条重要途径。开采矿产资源,必须按照国家规定缴纳资源税和资源补偿费。

根据国务院《资源税暂行条例》(1993 年,2011 年修订)的规定,我国资源税税目中列举的矿产资源有原油、天然气、煤炭、其他非金属矿原矿、黑色金属矿原矿、有色金属矿原矿等。目前,资源税的应纳税额计算方式是:按照从价定率或者从量定额的办法,分别以应税产品的销售额乘以纳税人具体适用的比例税率,或者以应税产品的销售数量乘以纳税人具体适用的定额税率。为了细化《资源税暂行条例》、增强其可执行性,财政部和国家税务总局于 2011 年 10 月 28 日发布《资源税暂行条例实施细则》,对修订后《资源税暂行条例》中的术语进行了解释,并就"资源税税目税率"按照地域、品种、等级等要素,进行了进一步划分。

根据《矿产资源补偿费征收管理规定》(1994 年,1997 年修订),我国矿产资源补偿费由采矿权人缴纳,按照矿产品销售收入的一定比例计征。为了鼓励采矿权人综合利用矿产资源,《矿产资源补偿费征收管理规定》对采矿权人从废石(矸石)中回收矿产品的,按照国家规定经批准开采已关闭矿山的非保安残留矿体的,经省级地矿主管部门会同同级财政部门批准,可免缴矿产资源补偿费。从事从尾矿中回收矿产品,开采未达到工业品位或者未计算储量的低品位矿产资源,依法开采水体下、建筑物下、交通要道下的矿产资源,由于执行国家定价而形成政策性亏损,以及其他国务院有关部门认定的情形者,可以减缴矿产资源补偿费。

根据中共中央和国务院关于矿产资源税费改革部署,财政部在 2014 年制定了《关于实施煤炭资源税改革的通知》《关于调整原油、天然气资源税有关政策的通知》(财税〔2014〕73 号)和《关于全面清理涉及煤炭原油天然气收费基金有关问题的通知》,要求:自 2014 年 12 月 1 日起,将全国煤炭、原油、天然气矿产资源补偿费费率降为零,在全国范围内实施煤炭资源税从价计征改革,清理相关收费基金,计征方法实行从价定率计征;原油、天然气资源税适用税率由 5% 提高至 6%。2015年 4 月,财政部、国家发展改革委联合发布《关于清理涉及稀土、钨、钼收费基金有关问题的通知》,决定自 2015 年 5 月 1 日起,在全国范围统一将稀土、钨、钼矿产资源补偿费费率降为零,停止征收稀土、钨、钼价格调节基金。

(五)矿产资源的开采管理措施

开采矿产资源,必须采取合理的开采顺序、开采方法和选矿工艺。由于矿山企业的开采回采率、采矿贫化率和选矿回收率(简称"三率")是合理开发利用与保护矿产资源的重要标志,因此,《矿产资源法》规定:"三率"应当达到设计要求。

在开采主要矿产的同时,对具有工业价值的共生和伴生矿产应当统一规划,综合开采,综合利用,防止浪费;对暂时不能综合开采或者必须同时采出而暂时还不能综合利用的矿产以及含有有用组分的尾矿,应当采取有效的保护措施,避免造成浪费和破坏。

(六)对集体矿山企业和个体采矿的管理措施

国家对集体矿山企业和个体采矿实行积极扶持、合理规划、正确引导、加强管理的方针,鼓励集体矿山企业开采国家指定范围内的矿产资源,允许个人采挖零星分散资源和只能用作普通建筑材料的砂、石、黏土以及为生活自用采挖少量矿产。但是,个人不得开采下列矿产资源:矿产储量规模适宜由矿山企业开采的矿产资源;国家规定实行保护性开采的特定矿种;国家规定禁止个人开采的其他矿产资源。并且,集体矿山企业和个体采矿还有义务提高技术水平,提高矿产资源回收率,禁止乱挖滥采,破坏矿产资源。

三、矿产资源保护监督管理体制

我国矿产资源保护管理体制是国务院地质矿产主管部门主管全国矿产资源勘查、开采的监督管理工作,国务院有关主管部门协助国务院地质矿产主管部门进行矿产资源勘查、开采和监督管理工作。根据《矿产资源法》关于国务院代表国家行使矿产资源所有权的规定,国务院在《矿产资源法实施细则》中授权地质矿产主管部门对全国矿产资源分配实施统一管理。

省级地质矿产主管部门主管本行政区域内矿产资源勘查、开采的监督管理工作。省级有关主管部门协助同级地质矿产主管部门进行矿产资源勘查、开采的监督管理工作。

依照《矿产资源法》规定,国家保障矿产资源的合理开发利用。国家鼓励矿产资源勘查、开发的科学技术研究,推广先进技术,提高矿产资源勘查、开发的科学技术水平。国家在民族自治地方开采矿产资源,应当照顾民族自治地方的利益,做出有利于民族自治地方经济建设的安排,照顾当地少数民族群众的生产和生活。禁止任何组织或者个人用任何手段侵占或者破坏矿产资源。

在政府职责方面,规定各级政府必须加强矿产资源的保护工作。在勘查、开发、保护矿产资源和进行科学技术研究等方面成绩显著的单位和个人,由各级政府给予奖励。

四、违反矿产资源保护相关规定的法律责任

对违反矿产资源保护的法律、法规开采矿产资源的,可由地质矿产主管部门根据违法情况给予责令停止开采、赔偿损失、没收采出的矿产产品和违法所得、吊销许可证、罚款等行政处罚。

对于违反矿产资源法的规定,未取得采矿许可证擅自采矿的,擅自进入国家规划矿区、对国民经济具有重要价值的矿区和他人矿区范围采矿的,擅自开采国家规定实行保护性开采的特定矿种,经责令停止开采后拒不停止开采,造成矿产资源严重破坏的,依照《刑法》第 343 条第 2 款的规定追究刑事责任。

负责矿产资源勘查、开采监督管理工作的国家工作人员和其他有关工作人员徇私舞弊、滥用职权或者玩忽职守,违法批准勘查、开采矿产资源和颁发勘查许可证、采矿许可证,或者对违法采矿行为不依法予以制止、处罚,构成犯罪的,依照《刑法》第 397 条的规定追究刑事责任。

案例分析

矿业权转让合同效力之争案

基本案情:2008 年 1 月,湖南省甲投资公司以 102 万元的价格竞拍取得该省某一金矿生产区资产及采矿权。同年 7 月,甲投资公司与乙矿业公司签订合同,双方约定:甲投资公司以 630 万元的价款,将金矿生产区资产及有效财会凭证转让给乙矿业公司;甲投资公司负责付清转让过程中所产生的采矿权办证费、价款、过户费用;环保押金由乙矿业公司负责交纳;双方在办理采矿权延续过户过程中,采矿权延续资料进入国土资源厅窗口由其受理后,通知交纳采矿权环保押金时,乙矿业公司支付第一期合同款 200 万元;甲投资公司移交相关拍卖标的物的合法手续给乙矿业公司,过户受理后费用结清时即付清所有余额款项。

同年 8 月,乙矿业公司向甲投资公司支付了 200 万元,后者将金矿相关资料移交给了前者。9 月,湖南省国土资源厅颁发采矿许可证,将金矿采矿权延续至 2011 年 9 月。10 月,省国土资源厅通知金矿缴纳采矿权登记费及矿山地质环境治理备用金 318 万元,甲投资公司遂通知乙矿业公司交纳该费用。

在乙矿业公司又交纳了 106 万元之后,甲投资公司以转让合同无效为由,拒绝向乙矿业公司移交金矿生产区资产,并拒绝办理采矿权过户手续。甲投资公司主张合同无效的主要理由是:(1)自己的行为旨在倒卖采矿权牟利,违反了《矿产资源法》第 6 条第 3 款关于"禁止将探矿权、采矿权倒卖牟利"的禁止性规定;(2)合同不符合《矿产资源法》第 6 条第 1 款规定的可以转让探矿权、采矿权的条件;(3)合同违反了《探矿权采矿权转让管理办法》第 6 条第 1 款关于矿山企业转让采矿权应当

具备"矿山企业投入采矿生产满一年"的强制性规定。

乙矿业公司遂向市中级人民法院起诉，要求法院判令甲投资公司继续履行合同，移交该金矿生产区资产，并将采矿权过户给乙矿业公司。

一审判决：市中院一审认为，本案属矿业权转让合同纠纷。《探矿权采矿权转让管理办法》关于矿山企业转让采矿权应当具备"矿山企业投入采矿生产满一年"的规定属效力性强制性规定。本案中，甲投资公司转让矿业权不具备投入采矿生产满1年的法定条件，违反了行政法规效力性强制性规定。故判决：矿业权转让合同无效；甲投资公司返还乙矿业公司已支付的合同价款326万元，并赔偿乙矿业公司的损失。

二审判决：省高院二审认为，关于矿山企业转让采矿权应当具备"矿山企业投入采矿生产满一年"的规定，应当是国土资源部门审批采矿权转让是否适格的条件之一。甲投资公司拍卖取得矿产企业的金矿生产区资产及采矿权，当该资产尚在金矿名下时，即将其权利全部转让给了乙矿业公司。由于采矿权在转让时仍在金矿名下，而该金矿是采矿多年的国有企业，采矿权的转让过户，并不存在采矿生产不满一年的情形；因此，不可据此认定双方合同无效。乙矿业公司在签订合同后，积极履行义务，并办理了金矿采矿权证的延续手续。甲投资公司不交付标的物，反而提出转让合同无效，其行为违反了诚实信用原则，也不符合合同约定。双方应继续履行原合同。故判决：甲投资公司继续履行合同。

再审判决：最高法院再审认为，矿业权转让合同是双方的真实意思表示，自双方签章时即告成立。由于涉案合同约定转让标的物为金矿生产区包括采矿权在内的所有资产，其中采矿权之外的资产转让无需相关行政部门批准，合同中关于该部分的约定自合同订立时即发生法律效力。

合同中关于采矿权的转让，根据规定，需要依法批准。审批管理机关批准之前，涉案合同中有关采矿权的规定应当认定为未生效。同时，根据国务院《采矿权探矿权转让管理办法》第8条的规定和合同约定，应当理解为双方当事人尤其是转让人在合同未经审批管理机关批准前，应当履行法律规定的或约定的报批义务。故法院可以判决继续履行、或者由相对人办理相关报批手续。因此，甲投资公司主张整个转让合同无效的理由没有法律依据。

关于甲投资公司主张其向金矿转让资产是倒卖采矿权牟利，应当认定无效的问题，最高法院认为，根据《矿产资源法》第6条，所谓倒卖采矿权是未满足该条第1款第2项规定情形下的采矿权转让，而本案是因企业资产出售而导致的采矿权转让。其次，《矿产资源法》第6条第3款作为一种强制性规定，是否属于导致合同无效的效力性规定，应当通过多方面的因素进行判断。最高法院认为：该规定是针对采矿权人所作的强制性规定，所针对的对象主要是转让人；如果认定该规定影响合同效力，则不利于守约人一方，也不利于建立诚实信用的市场秩序；如果认定该规定是影响合同效力的效力性规定,则将导致该合同的效力将主要取决于转让人一方的履行行为,不符合《合同法》的基本制度;认定该规定是影响合同效力的效力性规定,则将会导致违反法定义务一方从其不法行为中获得利益的结果。还要看到,实现该规定的立法目的的主要手段,是该法第42条规定的行政处罚措施,而非民事制裁。因此,应当认定,《矿产资源法》第6条第3款是一种管理性规定而非效力性规定。

根据以上理由,最高法院判决维持了二审判决。

《矿产资源法》第6条第1款和第2款规定

除按下列规定可以转让外,探矿权、采矿权不得转让:

(一)探矿权人有权在划定的勘查作业区内进行规定的勘查作业,有权优先取得勘查作业区内矿产资源的采矿权。探矿权人在完成规定的最低勘查投入后,经依法批准,可以将探矿权转让他人。

(二)已取得采矿权的矿山企业,因企业合并、分立,与他人合资、合作经营,或者因企业资产出售以及有其他变更企业资产产权的情形而需要变更采矿权主体的,经依法批准可以将采矿权转让他人采矿。

前款规定的具体办法和实施步骤由国务院规定。

思考问题:

本案纠纷既涉及《合同法》《物权法》《矿产资源法》等多部法律之间的冲突和矛盾,也涉及《矿产资源法》与其所谓配套行政法规、部门规章之间的冲突和矛盾。此外,国土资源部门也允许对矿业企业实施承包经营,而承包经营通常构成了实际上的矿业权转让。

(1)梳理有关冲突和矛盾,并提出修改有关法律、法规和规章的建议。

(2)评判最高法院关于管理性规定和效力性规定之间关系的解释。

基本概念

矿产资源　探矿权　采矿权

思考分析

1.什么是矿产资源?它有哪些特征?

2.我国矿产资源的状况如何?存在着哪些问题?

3.我国矿产资源在勘查、开采过程中的保护管理制度有哪些?

第二十四章

特殊区域管理法

【内容提要】

特殊区域管理法是国家根据不同的区域特点采取特殊管理措施而制定的一系列法律规范。国家通过法律手段对特殊区域进行保留、限制和恢复,其目的在于保障特殊区域的正常存续并使其得到有效保护,充分发挥该区域对人类长期生存和发展的积极作用。本章主要介绍自然保护区、风景名胜区、国家公园、历史文化遗迹等典型特殊区域保护的相关法律制度。

第一节　特殊区域管理法概述

一、特殊区域与特殊区域环境保护

与大气、水、森林、土地、海洋等以单个环境要素为名称的环境有所不同,区域环境是指占有一个特定的地域空间的各种自然环境或人为环境的综合体。按其构成特征,区域环境可分为城市环境、农村环境、原生态区环境、人文遗迹环境等。按其功能可分为资源保护区环境、科学保护区环境、农业区域环境、风景名胜区和旅游区域环境、自然遗迹地环境等。不同的区域环境具有不同的环境特征,其保护和管理的措施也大不一样。其中一部分区域环境承载着独特的自然和社会功能,因而具有特殊的保护要求,被我们称为特殊区域。特殊区域是指在科学、历史、文化、教育、美学、旅游、保健等方面具有特殊价值,并受到国家法律特殊保护的各种天然的和经过改造的自然因素的总称。它们是一种特殊的环境资源,要么是珍贵的自然遗产,要么是由于社会历史活动而形成的具有特别意义的人文遗迹,或者是两者的结合。

我国是一个历史悠久的文明古国,具有丰富的名胜古迹和文化遗迹。它们是在大自然和人类社会的漫长岁月中和特殊的自然条件下演变而成的,是自然界和社会历史留给我们的宝贵财富,一旦被破坏便很难恢复。因此,国家必须采取特殊措施加以保护。

特殊区域环境保护的概念在环境与资源保护法领域出现得较晚,不同国家对于特殊区域的界定也有所不同。例如,日本规定,特殊区域包括原生自然环境资源保护区、自然环境资源保护区、都道府县自然环境资源保护区、国家公园、都道府县自然公园等。美国则把国家公园、自然保护区、国家野生动物庇护区规定为特殊区域予以保护。国际上,国际自然资源和自然资源保护同盟 1978 年把保护区分为科学保护区、国家公园、自然纪念保护区、管理保护区、景观保护区、资源保护区、人类学保护区、资源经营保护区、生物圈保护区、世界遗产保护地共 10 类保护区。[①]根据我国环境法的有关规定,目前我国特殊区域的环境保护,主要有自然保护区、风景名胜区、自然遗迹、人文遗迹、森林公园、历史文物、海洋特殊保护区等。

二、特殊区域管理法的概念和特征

特殊区域管理法,是指为了合理利用、保护和改善特殊区域环境,对特殊区域进行管理的相关法律规范的总称。由于保护对象的特殊性,较之一般环境要素保护法,特殊区域环境保护法具有以下四项特征:

(1)特殊区域管理法以建立特殊区域环境管理体制为主要内容,一般都规定了设置特殊区域的法定程序和标准,并由有关机关专门发布特殊区域名录,设置专门的管理机构对这些特殊区域进行管理,规定特殊的管理方式和保护手段。

(2)特殊区域管理法所规定的保护措施和制度更为严格,要求也更高。这是特殊区域的不可再生性对法律的客观要求。例如,为保护生物多样性而设立的自然保护区,其管理必须以保存物种为中心,而这种保存也就不再是通常意义上的保护,一般不允许开发利用,而是保留景观原貌以供研究。

(3)特殊区域管理法因各类特殊区域设置的目的与功能的不同而存在差异,这是由各种特殊区域环境结构和功能的不同决定的。即使在同一类区域环境中,也因具体区域环境的个体差异性而导致法律规定有所不同。因此,特殊区域管理法中存在多个对某一类区域的规定亦属正常现象。例如,同为自然保护区却又分为森林类型、野生动物保护类型、海洋生物保护类型等等,对不同类型的自然保护区法律规定又有所区别。

(4)特殊区域管理法与各环境要素保护法相互衔接与配合。在特殊区域管理法中,既要遵守各个环境要素保护法的一般规定,也要遵守特殊规定。因此,各环境要素保护法中对特殊区域的环境保护也作出了相应规定,而特殊区域管理法则

---

① 金鉴明:《自然保护概论》,中国环境科学出版社 1991 年版,第 238 页。

规定得更为明确和具体。

三、特殊区域管理法的作用

国家通过法律手段对特殊区域进行保留、保护、管理和恢复,其目的在于保障特殊区域的正常存续并使其得到有效保护,充分发挥该区域对人类长期生存和发展的积极作用。

(1)有利于科学文化的发展。在漫长的演化和发展过程中,自然和人类社会留下了许多可供人类研究和探讨其发展规律的痕迹,其中大多数已为人类的足迹所践踏,从而为科学文化研究留下了无数遗憾。如果采取特殊的保护措施对那些尚未为人类所破坏而又反映特殊自然或社会发展特征的区域加以保留,就可以为进行科学文化研究、发现自然和社会发展规律提供客观依据。

(2)有利于整体环境的改善。各种特殊环境保护区的有序设立,保持了一定区域的生态平衡,从而起到保持水土、涵养水源、调节气候的作用。它不仅可以使特殊区域内的环境得以保护,而且对整体环境的保护与改善都会起到积极作用。例如,在长江和黄河源头建立水源保护区,就可以从源头上保持长江和黄河水源的水质和水量,它对整个长江和黄河流域生态环境的保护与改善都有着重要作用。

(3)有利于精神文明建设。一些特殊区域环境,特别是一些人文遗迹地,都是千百年来人类文化的宝贵遗产,其中许多都具有特殊的教育意义。例如,革命历史纪念地、民族英雄纪念地等都可以激发人们的民族自尊心和爱国热情,培养人们高尚的道德情操。特殊区域的自然景观和人文景观为人类保留了精神的家园,满足人类对环境优美舒适的需求,保留了人与自然、与特殊的历史文化进行交流的领地。

(4)有利于经济、社会的可持续发展。采取包括法律在内的各种手段保护特殊区域环境,不仅维持了生态平衡,而且保留了特定的自然风光和历史文化,可以大大促进旅游业的发展,从而起到促进经济发展的作用。有些特殊区域的保护,还直接关系到一个地区或者流域的经济发展。

第二节　自然保护区管理法

一、自然保护区的概念和保护的意义

(一)自然保护区的概念

根据我国《自然保护区条例》规定,自然保护区是指对有代表性的自然生态系统、珍稀濒危野生动植物物种的天然集中分布区、有特殊意义的自然遗迹等保护对象所在的陆地、陆地水体或者海域,依法划定一定面积予以特殊保护和管理的区域。广义自然保护区的概念与特殊区域的范围相当,指所有法律予以特别保护的区域;狭义的自然保护区则仅指与国家自然公园、风景名胜区、历史文化遗迹相区别,基本上以保护特殊生态系统和科学研究为目的而划定的自然区域。本章讨论的自然保护区是指狭义的自然保护区。

(二)建立自然保护区的意义

建立自然保护区对于保护自然资源和生态环境具有重大意义。具体而言,主要有以下四个方面:

(1)为人类提供生态系统的天然"本底"。它为衡量人类活动对自然界产生的影响提供了评价的准绳,也为人类探讨某些自然生态系统的发展规律提供了基础,便于人类按需要控制其演化方向。

(2)为各种珍稀濒危野生物种提供生存、繁衍的良好环境。设置自然保护区是就地保护生物多样性的有效措施,在自然保护区保存着完整的自然生态系统和丰富的生物物种,这些生态系统和生物物种受到法律的严格保护。

(3)为人类提供科研教学的天然基地。在自然保护区保存着各种珍稀生物物种及其赖以生存的环境条件,这就为进行各种科学研究提供了天然的实验室。

(4)有助于保护和改善生态环境,保持区域生态平衡。自然保护区大多保留了完好的天然植被及其组成的自然生态系统,这有助于保护和改善生态环境,维护区域生态平衡和国家生态安全,促进人与自然和谐发展。

二、我国自然保护区发展状况

1956 年我国建立了第一个自然保护区——广东肇庆鼎湖山自然保护区。60年来,自然保护区的功能和作用逐步为人们所认识,并且这种影响正在不断扩大。截至 2015 年底,全国已建立各种类型、不同级别的自然保护区 2740 个,总面积约14703 万公顷。其中,陆地面积约 14247 万公顷,占全国陆地面积的 14.8%。国家级自然保护区 428 个,面积 9649 万公顷,约占国土面积的 10%。建有国家级海洋自然/特别保护区 68 个,保护对象 200 余种。[①] 截至 2014 年 11 月底,有 32 处自然保护区加入联合国教科文组织"人与生物圈保护网络",有 20 多处自然保护区成为世界自然遗产的组成部分。目前我国自然保护区管理存在的突出问题是发展快,投资少,保护管理机构不健全,有关立法不完善等。

---

① 环境保护部:《2015 年中国环境状况公报》,2016 年 5 月。

三、自然保护区管理的主要法律规定

我国自然保护区保护的立法主要由国务院颁布的《森林和野生动物类型自然保护区管理办法》(1985年)和《自然保护区条例》(1994年),以及原国家环保总局和原国家土地管理局联合发布的《自然保护区土地管理办法》(1995年)等组成。除此之外,还有1995年国家海洋局发布的《海洋自然保护区管理办法》,1997年农业部发布的《水生动植物自然保护区管理办法》,2006年原国家环保总局公布的《国家级自然保护区监督检查办法》。另外,《环境保护法》《海洋环境保护法》《森林法》《草原法》《野生动物保护法》等法律中也有关于自然保护区的规定。

进入21世纪以来,不少企业和单位无视国家法律,一些地方重发展、轻保护,为了追求眼前和局部的经济增长,在自然保护区内进行盲目开发、过度开发、无序开发,使自然保护区受到的威胁和影响不断加大,有的甚至遭到破坏。针对这种严重情况,环境保护部、国家发展改革委、国家林业局等10部委于2015年5月联合发布《关于进一步加强涉及自然保护区开发建设活动监督管理的通知》,要求进一步加强对涉及自然保护区开发建设活动的监督管理,严肃查处各种违法违规行为。

我国还参加和缔结了一些关于自然保护区的国际公约。例如,1971年《湿地公约》(1982年修正)、1972年《保护世界文化和自然遗产公约》、1981年《中日保护候鸟及其栖息环境的协定》、1994年《关于建立中蒙俄三国共同自然保护区的协议》等。

(一)自然保护区的管理体制

《自然保护区条例》规定,国家对自然保护区实行综合管理与分部门管理相结合的管理体制。国务院环境资源保护行政主管部门负责全国自然保护区的综合管理;国务院林业、农业、地质矿产、水利、海洋等有关主管部门在各自的职责范围内,负责有关的自然保护区工作;县级以上地方政府自然保护区管理部门的设置和职责,由省级政府根据当地具体情况确定。

(二)自然保护区的建立

(1)建立自然保护区的条件。凡具有下列条件之一的,应当建立自然保护区:①典型的自然保护区域、有代表性的自然生态系统区域以及已经遭受破坏但经保护能够恢复的同类自然生态区域;②珍稀、濒危野生动植物物种的天然集中分布区域;③具有特殊保护价值的海域、海岸、岛屿、湿地、内陆水域、森林、草原和荒漠;④具有重大科学文化价值的地质构造、著名溶洞、化石分布、冰川、火山、温泉等自然遗迹;⑤经国务院或者省级政府批准,需要予以特殊保护的其他自然区域。

（2）自然保护区的审批。国家级自然保护区由自然保护区所在地的省级政府或者国务院有关自然保护区行政主管部门提出申请，经国家级自然保护区评审委员会评审后，由国务院环境资源行政主管部门进行协调并提出审批建议，报国务院批准。地方级自然保护区由自然保护区所在地县、自治县、市、自治州政府或者省级政府有关自然保护区行政主管部门提出申请，经地方级自然保护区评审委员会评审后，由省级环境资源保护主管部门进行协调并提出审批建议，报省级政府批准，并报国务院环境资源保护主管部门和国务院有关自然保护区主管部门备案。跨两个以上行政区域的自然保护区的建立，由有关行政区域的政府协商一致后提出申请，并按有关规定程序审批。建立海上自然保护区，须经国务院批准。自然保护区的撤销及其性质、范围、界线的调整或者改变，应当经原批准建立自然保护区的政府批准。

（三）自然保护区的规划和分区

我国自然保护区规划分为发展规划和建设规划两种。发展规划是对各类自然保护区的建立、保护和管理的总体规划；建设规划是对某一具体自然保护区的建设和保护管理的规划。根据《自然保护区条例》的规定，国务院环境资源保护行政主管部门应当会同国务院有关自然保护区行政主管部门，在对全国自然环境和自然资源状况进行调查和评价的基础上，拟订国家自然保护区发展规划，经国务院计划部门综合平衡后报国务院批准实施。自然保护区管理机构或者该自然保护区行政主管部门应当组织编制自然保护区的建设规划，按照规定的程序纳入国家的、地方的或者部门的投资计划，并组织实施。

为了对自然保护区实行有效保护和科学管理，需要对自然保护区进行功能分区，实行分区保护管理。《自然保护区条例》规定，自然保护区一般划分为核心区、缓冲区和实验区。自然保护区内保存完好的天然状态的生态系统以及珍稀、濒危动植物的集中分布地，应当划为核心区，禁止任何单位和个人进入；除依法定程序和条件并经批准外，也不允许进入从事科学研究活动；核心区外围可以划定一定面积的缓冲区，只准进入从事科学研究观测活动。缓冲区外围划为实验区，可以进入从事科学试验、教学实习、参观考察、旅游以及驯化、繁殖珍稀、濒危野生动植物等活动。批准建立自然保护区的政府认为必要时，还可以在自然保护区的外围划定一定面积的外围保护地带。

（四）自然保护区的管理措施

（1）自然保护区的管理机构和职责。自然保护区行政主管部门应当在自然保护区内设立专门管理机构，配备专业技术人员，负责自然保护区的具体管理工作。自然保护区管理机构的主要职责是：执行国家有关自然保护区的法律、法规；制定自然保护区的各项管理制度,统一管理自然保护区;调查自然资源并建立档案,组织环境监测,保护自然保护区内的自然环境和自然资源;组织或者协助有关部门开展自然保护区的科学研究工作等。

(2)自然保护区内活动的禁限制度。自然保护区属于禁止开发区域,严禁在自然保护区内开展不符合功能定位的开发建设活动。其中包括:除法律另有明确规定外,禁止在自然保护区内进行砍伐、放牧、狩猎、捕捞等活动。禁止任何人进入自然保护区的核心区;因科学研究需要必须进入核心区从事科研工作的,应当事先向自然保护区管理机构提交申请和活动计划,并经省级以上政府有关部门批准。禁止在缓冲区开展旅游和生产经营活动;因科研、教学需要的,需要事先得到批准。在国家级自然保护区的实验区开展参观、旅游活动的,由自然保护区管理机构提出方案并经省级主管部门审核后报国务院主管部门批准。在自然保护区的核心区和缓冲区内,不得建设任何生产设施。实验区内不得建设污染环境、破坏资源或者景观的生产设施。在自然保护区的外围保护地带建设的项目,不得损害自然保护区内的环境质量。

(3)对自然保护区污染和破坏事故的处理。因发生事故或者其他突然性事件,造成或者可能造成自然保护区污染或者破坏的单位和个人,必须立即采取措施处理,及时通报可能受到危害的单位和居民,并向自然保护区管理机构、当地环保主管部门和自然保护区行政主管部门报告,接受调查处理。

(4)国家级自然保护区监督检查的规定。2006年10月原国家环保总局制定《国家级自然保护区监督检查办法》,决定成立国家级自然保护区评估委员会,对国家级自然保护区的建设和管理状况进行定期评估,并根据评估结果提出整改建议,这种定期评估每五年至少要进行一次。其目的在于加强对国家级自然保护区的监督管理,防止不合理的资源开发和工程建设的影响和破坏,促进保护区建设和管理水平的不断提高。

第三节 风景名胜区管理法

一、风景名胜区的概念和保护的意义

(一)风景名胜区的概念

风景名胜区是指具有观赏、文化或科学价值,自然景物、人文景物比较集中,环境优美,可供人们游览、休息和进行科学、文化活动的地区。划定风景名胜区是对风景名胜资源进行的一种地域保护形式。风景名胜资源是指具有观赏、文化或科学价值的山河、湖海、地貌、森林、动植物、化石、特殊地质、天文气象等自然景物和园林、建筑、工程设施等人文景物和它们所处的环境以及风土人情等。

(二)保护风景名胜区的意义

风景名胜资源一般属于不可再生资源,保护风景名胜区具有十分重要的意义。

(1)是维护国土风貌、优化生态环境的重要保证。我国地域辽阔、地貌复杂,历史悠久,山水风光秀丽,名胜古迹众多。各种风景名胜资源来自大自然的造物和历史文化的雕琢,兼容自然景观与人文景观,是国家和民族的宝贵财富。同时,在风景名胜区建立造林绿化、封山育林、护林防火和保持水土等规章制度,制止可能导致环境污染、破坏的活动,是优化生态环境的重要保证。

(2)是弘扬民族文化、激发爱国热情的重要场所。风景名胜区不仅有秀丽的自然风光,而且还有文化古迹、革命纪念地、历史遗迹、园林、古建筑、古代工程等。人们通过游览、观赏这些人文景物,可以得到丰富的历史知识,了解中华民族的传统文化,从而弘扬民族精神,激发爱国热情。

(3)是扩大对外开放、促进旅游事业发展的物质基础。改革开放以来,随着我国国民经济的持续、快速发展和人民生活水平的不断提高,国内、国际旅游业得到蓬勃发展,为扩大对外交流提供了平台。

二、我国风景名胜区管理现状

自 1982 年国务院公布首批国家级风景名胜区以来,我国风景名胜区管理工作逐步走上规范化道路。截至 2017 年 3 月底,我国公布了九批国家级风景名胜区名录,国家级风景名胜区已达到 244 处;省级风景名胜区 737 处;风景名胜区总面积约 20 万平方千米,约占陆地国土面积的 2%,基本形成了国家级、省级风景名胜区的管理体系。[①] 在国家级风景名胜区中,泰山、黄山、武陵源、九寨沟等 23 处风景名胜区被联合国教科文组织列为世界自然遗产或世界自然与文化双遗产,五大连池风景名胜区等 30 个单位被列入首批中国国家自然遗产、自然与文化双遗产预备名录,成为中华民族乃至全人类的共同遗产。经过 35 年来的努力,基本建立了具有中国特色的风景名胜区管理体系,一大批珍贵的风景名胜资源进入了国家保护和管理的轨道,有力地推动了国家旅游事业和区域经济的快速发展,促进了社会文化的繁荣,巩固了民族团结和社会和谐,开创了风景名胜区事业的新局面。

然而,由于片面追求经济效益,对风景名胜资源过度开发,许多重要的风景名胜资源遭到不同程度的破坏和污染,一些风景名胜区自然和文化景观正在迅速退

---

① 住房和城乡建设部:《中国风景名胜区事业发展公报》,2012 年 12 月。

化和消失。因此,加强风景名胜区的规划、保护和管理工作刻不容缓。

三、风景名胜区管理的主要法律规定

为了加强对风景名胜区的管理,更好地保护、利用和开发风景名胜资源,国务院 1985 年发布了《风景名胜区管理暂行条例》,原城乡建设环境保护部于 1987 年发布了《风景名胜区管理暂行条例实施办法》,建设部于 1993 年发布了《风景名胜区建设管理规定》。在总结经验教训的基础上,2006 年国务院公布了《风景名胜区条例》,完善了原《风景名胜区管理暂行条例》中有关风景名胜区规划制度、管理机构、风景名胜资源的保护措施、违法责任等内容。此外,《环境保护法》《城乡规划法》等也有关于风景名胜区保护的规定。

(一)风景名胜区的管理体制

风景名胜区所在地县级以上地方政府设置的风景名胜区管理机构,负责风景名胜区的保护、利用和统一管理工作。国务院建设主管部门负责全国风景名胜区的监督管理工作;国务院其他有关部门按照国务院规定的职责分工,负责风景名胜区的有关监督管理工作。省级建设主管部门或者直辖市风景名胜区主管部门,负责本行政区域内风景名胜区的监督管理工作;省级政府其他有关部门按照规定的职责分工,负责风景名胜区的有关监督管理工作。

(二)风景名胜区的规划

风景名胜区规划是做好风景名胜区管理工作的前提,是风景名胜区保护、利用和管理的重要依据。风景名胜区规划分为总体规划和详细规划。国家级风景名胜区规划由省级建设主管部门或者直辖市风景名胜区主管部门组织编制;省级风景名胜区规划由县级政府组织编制。国家级风景名胜区的总体规划由国务院审批,详细规划由国务院建设主管部门审批;省级风景名胜区的总体规划由省级政府审批,详细规划由省级建设主管部门或者直辖市风景名胜区主管部门审批。

(三)风景名胜区的设立

为了科学、合理地设立风景名胜区,切实保护和合理利用风景名胜资源,维护风景名胜区内有关财产的所有权人、使用权人的合法权益,《风景名胜区条例》对风景名胜区的设立主要作出了以下三项规定:

(1)明确了风景名胜区的设立原则和分级。设立风景名胜区,应当有利于保护和合理利用风景名胜资源。风景名胜区划分为国家级和省级风景名胜区,并分别规定了申请设立国家级和省级风景名胜区的条件和程序。

(2)明确了风景名胜区与自然保护区的关系。新设立的风景名胜区与自然保护区不得重合或者交叉;已设立的风景名胜区与自然保护区重合或者交叉的,风景名胜区规划与自然保护区规划应当相互协调。

(3)风景名胜区的权属。风景名胜区内的土地、森林等自然资源和房屋等财产的所有权人、使用权人的合法权益受法律保护。申请设立风景名胜区的政府应当在报请审批前,与风景名胜区内的土地、森林等自然资源和房屋等财产的所有权人、使用权人充分协商。因设立风景名胜区对风景名胜区内的土地、森林等自然资源和房屋等财产的所有权人、使用权人造成损失的,应当依法给予补偿。政府或者其工作部门修改风景名胜区规划,对公民、法人或者其他组织造成财产损失的,应当依法给予补偿。

(四)风景名胜区的利用和管理

风景名胜区管理机构应当根据风景名胜区的特点,保护民族民间传统文化,开展健康有益的游览观光和文化娱乐活动,普及历史文化和科学知识。风景名胜区管理机构应当根据风景名胜区规划,合理利用风景名胜资源,改善交通、服务设施和游览条件。

(五)风景名胜区的保护措施

为了加强对风景名胜区的保护,进一步处理好风景名胜资源保护与利用之间的关系,《风景名胜区条例》明确了风景名胜区管理工作的基本原则:国家对风景名胜区实行科学规划、统一管理、严格保护、永续利用的原则。具体保护措施如下:

(1)对风景名胜区内的景观和自然环境实行严格保护,不得破坏或者随意改变。在风景名胜区内禁止进行修建储存危险物品的设施和开荒、开矿等活动,并对设置、张贴广告,举办大型游乐活动等行为作出了严格限定。

(2)在风景名胜区内从事建设活动,应当经风景名胜区管理机构审核后,依法办理审批手续;在国家级风景名胜区内修建缆车、索道等重大建设工程,项目的选址方案应当报国务院建设主管部门核准。在风景名胜区内进行各项建设活动,应当符合风景名胜区规划,并与景观相协调,不得建设破坏景观、污染环境、妨碍游览的设施。

(3)风景名胜区内宗教活动场所的管理,依照国家有关宗教活动场所管理的规定执行。风景名胜区内涉及自然资源保护、利用、管理和文物保护以及自然保护区管理的,还应当执行国家其他有关法律、法规的规定。

第四节　国家公园管理法

一、国家公园概述

国家公园一般是指既保护自然生态系统和自然景观的原始状态,同时又作为科学研究、科学普及和供公众休闲娱乐、旅游、了解和观赏大自然奇特景观的场所。划定国家公园是对自然生态环境进行保护的一种特殊形式。世界上第一个国家公园是美国1872年建立的黄石国家公园,随后各国相继接受了这一特殊自然保护的形式,纷纷加以仿效。20世纪50年代以来,世界上国家公园已具有相当规模。但是,不同国家对国家公园的理解及其所建立的管理体制都不尽相同。

我国目前主要的国家公园形式有林业部门确立的森林公园和湿地公园,国土资源部门确立的地质公园,城建部门确立的国家重点公园。它们的管理体制和具体制度内容的依据有《环境保护法》(1989年,2014年修订)、《地质遗迹保护管理规定》(1995年)、《国家重点公园管理办法(试行)》(2006年)、《国家湿地公园管理办法(试行)》(2010年)、《国家级森林公园管理办法》(2011年)等。下面介绍森林公园和地质公园相关法律规定。

二、我国森林公园相关法律规定

(一)森林公园的概念和现状

森林公园是指森林景观优美,自然景观和人文景物集中,具有一定规模,可供人们游览、休息或进行科学、文化、教育活动的场所。

设立森林公园,一方面是保存和合理利用森林风景资源的需要。合理开发、充分利用这些风景资源,对于丰富人们的精神文化生活,扩大对外开放、促进地方经济发展,提高当地人民的生活水平等具有重要的作用。另一方面,是发展森林旅游业的需要。森林旅游业是独具特色的新兴旅游,是一项投资少、见效快、社会效益好的绿色产业,也是陶冶情操、唤起人们热爱大自然、保护大自然的崇高产业。

我国森林公园建设起步较晚,20世纪80年代才得以发展。原林业部于1980年发出《关于风景名胜地区国营林场保护山林和开发旅游事业的通知》,开始建设森林公园。1992年到1993年,林业部先后批准建立了湖南省张家界第一个国家级森林公园和陕西省楼观台、浙江省千岛湖、天童山、山东省泰山、广东省流溪河等6个省级森林公园。截至2016年末,全国建有各级森林公园3234处,其中国家级森林公园 848 处、省级森林公园 1402 处。

(二)森林公园管理相关法律规定

原林业部 1994 年发布了《森林公园管理办法》,2005 年发布了《国家级森林公园设立、撤销、合并、改变经营范围或者变更隶属关系审批管理办法》,2009 年 9 月发布了《国家级森林公园监督检查办法》;国家林业局 2011 年发布了《国家级森林公园管理办法》。这些法规建立了我国森林公园管理的主要制度。

1. 森林公园的管理体制

县级以上林业管理部门,主管本行政区域内的森林公园工作。在国有林场、国有苗圃、集体林场等单位经营范围内建立森林公园的,依法设立经营管理机构。森林公园经营管理机构的主要职责是负责森林公园的规划、建设、经营和管理,对依法确定其管理的森林、林木、林地、野生动植物、水域、景点景物、各类设施等行使经营管理权。

2. 森林公园的分级管理

森林公园按其森林景观和人文景物的观赏、科学、文化价值和旅游条件以及知名度等,划分为三级,国家级、省级和县级森林公园。国家级森林公园,森林景观特别优美,人文景物比较集中,观赏、科学、文化价值高,地理位置特殊,具有一定的区域代表性;省级森林公园,森林景观优美,人文景物相对集中,观赏、科学、文化价值较高,在本行政区域内具有代表性;市、县级森林公园,森林景观有特色,景点景物有一定的观赏、科学、文化价值,在当地知名度较高。分级制度明确了森林公园的重要程度和影响大小,以便于对不同级别的森林公园,制定有针对性的政策和措施,进行规划、建设、保护和经营管理。

3. 森林公园的规划和建设

国家级森林公园的建设和经营应当遵循"严格保护、科学规划、统一管理、合理利用、协调发展"的原则。国家级森林公园总体规划是国家级森林公园建设经营和监督管理的依据,任何单位或者个人不得违反国家级森林公园总体规划从事森林公园的建设和经营。

国家级森林公园总体规划,应当突出森林风景资源的自然特性、文化内涵和地方特色,并符合下列要求:充分保护森林风景资源、生物多样性和现有森林植被;充分展示和传播生态文化知识,增强公众生态文明道德意识;便于森林生态旅游活动的组织与开展,以及公众对自然与环境的充分体验;以自然景观为主,严格控制人造景点的设置;严格控制滑雪场、索道等对景观和环境有较大影响的项目建设。国家级森林公园总体规划还应当包括森林生态旅游、森林防火、旅游安全等专项规划。

4. 森林公园的保护

国家级森林公园的主体功能是保护森林风景资源和生物多样性、普及生态文化知识、开展森林生态旅游。国家级森林公园经营管理机构应当严格保护森林公园内的天然林、珍贵树木,培育具有地方特色的风景林木,保持当地森林景观优势特征,提高森林风景资源的游览、观赏和科普价值。

禁止在森林公园毁林开垦和毁林采石、采砂、采土以及其他毁林行为。采伐森林公园的林木,必须遵守有关林业法规、经营方案和技术规程的规定。占用、征用或者转让森林公园经营范围内的林地,必须征得森林公园经营管理机构同意,并按《森林法》及其实施细则等法律、法规和规章的有关规定,办理占用、征用或者转让手续,报有法定审批权限的政府机关批准。

三、我国地质公园管理概况

为了更好地保护地质遗产,联合国教科文组织于 1999 年 4 月提出了在世界遗产中建立世界地质公园的计划。地质公园是指具有特殊价值和典型意义,以保护地质遗迹景观为核心内容,依法批准建立的,可供人们游览观光、文化娱乐、以及进行教学科研的场所。地质遗迹是指在地球演化的漫长地质历史时期,由于内外动力的地质作用,形成、发展并遗留下来的珍贵的、不可再生的地质自然遗产。它既包括山水名胜、自然风光等自然遗迹,也包括在晚近地质历史时期人类形成过程中,人类与地质体相互作用和人类开发利用地质环境、地质资源的遗迹以及地质灾害遗迹等。

我国地质遗迹的保护工作始于 20 世纪 70 年代末期,多是作为其他类型自然保护区中的一项保护内容。1987 年,原地质矿产部颁布了《关于建立地质自然保护区的规定》,我国开始建立第一批地质自然保护区。目前中国已经分七批建立了 240 个国家地质公园。1999 年联合国教科文组织世界地质公园计划的目标是每年设立 20 个地质公园,总数达 500 个左右。其目的是使这些特殊、有代表性的地区的社会、经济得到永续发展。随着世界地质遗产保护特别是世界地质公园计划的实施,将推动各国的地质遗迹保护工作。截至 2016 年底,全球已经建立了 119 个世界地质公园,其中中国有 33 个。

目前,我国还未出台专门保护地质公园的法律或者行政法规。不过,在已颁布的法律中,《环境保护法》要求各级政府采取措施,保护具有重大科学文化价值的地质构造、著名溶洞和化石分布区、冰川、火山、温泉等自然遗迹(第 29 条第 2 款)。1995 年原地质矿产部发布了《地质遗迹保护管理规定》,对地质遗迹的保护建立了一些基本的制度。如确立了地质遗迹的保护范围,对具有国际、国内和区域性典型意义的地质遗迹,可以建立国家级、省级、县级地质遗迹保护区、地质遗迹保护段、地质保护点或者地质公园等。

第五节　历史文化遗迹管理法

一、历史文化遗迹的概念和保护的意义

历史文化遗迹是指由人类活动创造的,能够代表和反映特定历史时期或文化现象,具有一定科学、历史、文化、教育或观赏价值的自然或人文景物遗迹地。例如,石窟、古墓、摩崖石刻、古建筑、古村落、古人类活动遗址、重大历史事件发生地、革命活动遗址等。

从立法的角度来看,我国现有法律对于历史文化遗迹的保护可分为三类:一是文物保护法中作为文物来保护的历史文化遗迹;二是风景名胜区法规中作为名胜古迹保护的历史文化遗迹;三是城市建设相关法律规定中作为历史文化名城保护的历史文化遗迹。

《环境保护法》中的历史文化遗迹保护与《文物保护法》中的文物保护既有联系又有区别。环境法所保护的文物古迹必须是依赖于一定的环境要素,并与该环境要素构成一个和谐、统一的整体。已经发掘出来的,进入了博物馆、陈列室的文物古迹不属于环境法保护的客体。

我国是一个历史悠久、文明发达、历史文化灿烂、具有光荣革命传统的国家。中华民族在长期历史和社会实践过程中留下了丰富的历史文化遗迹。保留这些中华民族历史的见证不仅有利于对人民进行民族优良传统和革命传统教育,激发人民的爱国热情,而且能够为科学研究提供场所,还有利于发展旅游业,促进经济发展。

二、我国历史文化遗迹保护的相关法律规定

我国历来十分重视对历史文化遗迹的保护,1961 年国务院公布了《第一批全国重点文物保护单位名单》,共计 180 处。截至 2016 年底,我国已公布了七批共 4296 个全国重点文物保护单位,国家历史文化名城 132 座。

为了保护这些不同种类、不同级别的历史文化遗迹,除了《自然保护区条例》《风景名胜区管理条例》和有关法律的规定外,还制定了《文物保护法》及其《实施细则》《水下文物保护管理条例》《历史文化名城名镇名村保护条例》等法律、法规和规章。这些立法所规定的主要保护管理措施有分级管理制度、建设特许制度以及限制考古发掘制度。

（一）分级管理制度

我国历史悠久,幅员辽阔、各民族各朝代留下的历史文化遗迹特别丰富,其科学、文化价值也各不相同,再加上受财力的限制,我国对各种文化遗迹地的保护就需要区分等级,有重点地保护。

对历史文化遗迹,通过确定不同级别的文物保护单位的方式加以保护。革命遗址、纪念建筑物、古文化遗址、古墓葬、古建筑物、石窟寺、石刻等文物,根据其历史、艺术、科学价值,可以分别确定为县(市)级、省级和全国重点文物保护单位。县(市)级文物保护单位,由县、自治县、市政府核定公布;省级文物保护单位,由省级政府核定公布;全国重点文物保护单位,由国家文化行政主管部门在各级文物保护单位中挑选或者直接指定,报国务院核定公布。

对保存文物特别丰富、具有重大历史价值和革命意义的城市,由国务院文化行政主管部门会同国务院建设行政主管部门报国务院核定为历史文化名城加以保护。

（二）建设特许制度

各级政府制定城乡建设规划,应当根据文物保护的需要,事先由城乡建设规划部门会同文物行政部门商定对本行政区域内各级文物保护单位的保护措施,并纳入规划。在文物保护单位的保护范围内,不得进行其他建设工程或者爆破、钻探、挖掘等作业。因特殊情况需要在文物保护单位的保护范围内进行作业的,必须保证文物保护单位的安全,并经核定公布该文物保护单位的政府批准,而且在批准前应当征得上一级政府文物行政部门同意;在全国重点文物保护单位的保护范围内进行其他建设工程或者爆破、钻探、挖掘等作业的,必须经省级政府批准,而且在批准前应当征得国务院文物行政主管部门同意。

在文物保护单位的保护范围和建设控制地带内,不得建设污染文物保护单位及其环境的设施,不得进行可能影响文物保护单位安全及其环境的活动。对已有的污染文物保护单位及其环境的设施,应当限期治理。

对经国家批准公布的历史文化名城应当整体保护,保持传统格局、历史风貌和空间尺度,不得改变与其相互依存的自然景观和环境。历史文化名城、名镇、名村所在地县级以上地方政府应当根据当地经济社会发展水平,按照保护规划,控制历史文化名城、名镇、名村的人口数量,改善历史文化名城、名镇、名村的基础设施、公共服务设施和居住环境。在历史文化名城、名镇、名村保护范围内从事建设活动,应当符合保护规划的要求,不得损害历史文化遗产的真实性和完整性,不得对其传统格局和历史风貌构成破坏性影响。

（三）限制考古发掘制度

一切考古发掘工作,都必须依法履行报批手续。各省级文物机构、考古研究机构和高等院校等,为了科研进行考古发掘,必须提出发掘计划,报国家文化行政管理部门会同中国社会科学院审查,经国家文化行政管理部门批准后,始得进行发掘。需要对全国重点文物保护单位进行考古发掘的,由国家文化行政主管部门会同中国社会科学院审核后,报国务院批准。

案例分析

千家洞自然保护区违法建设水电站事件

广西壮族自治区桂林市千家洞于 1982 年经自治区政府批准为水源林保护区,2002 年成为省级自然保护区,2006 年成为国家级自然保护区。

2015 年 12 月,人民群众向环境保护部、国家林业局反映:千家洞自然保护区内违法建设 4 座水电站,施工造成保护区大面积保护树木和原始森林破坏,林场职工遭受打击报复。环境保护部和国家林业局将群众反映的这一破坏生态环境问题列入重点督办案件。

广西壮族自治区环保厅、林业厅等多个部门组成的联合督查组查明:1996 年开始,千家洞保护区内陆续违法建设并投入运行了艾家湾、沙岗、道江河和汇源 4 座水电站。其中,道江河水电站一期、二期(蓄水坝)工程分别于 1997 和 2004 年动工兴建,至今一直在进行施工建设或生产运营;特别是,引水管网、水渠、拦水坝、施工道路位于保护区缓冲区,拦河坝蓄水后将影响保护区核心区,属于法律法规禁止开发建设功能区。这些水电站均没有办理环评审批手续,其中沙岗、道江河水电站未办理林地使用手续,其他手续也不齐全。灌阳县环境保护局、水利电力局、林业局、千家洞自然保护区管理处等单位认为,建设 4 座电站的行为违反了 1989 年《环境保护法》第 19 条第 2 款以及《自然保护区条例》第 32 条的规定。从 2004 年起多次对各水电站下达《限期办理环境影响评价审批手续的通知》和《停工通知》等,但是项目单位均未执行。此外,在 2004—2014 年期间,因配套水电站建设,保护区内共新建防火、护林林区道路 41.3 公里,大部分处于实验区。

思考问题：

(1)哪些单位或者个人实施了违法行为？为什么？

(2)违法单位或者个人应当承担什么法律责任？为什么？

基本概念

特殊区域　自然保护区　风景名胜区　国家公园　森林公司　地质公园　历史文化遗迹

思考分析

1. 我国特殊区域管理法律制度的特点有哪些?
2. 我国对风景名胜区的保护有哪些主要措施?

主要参考书目

　　在编写过程中,本教材的编写人员参考了大量一手文献和二手文献。在此谨向二手文献的作者表示感谢。下面是编写过程中参阅的主要中文和英文教材和著作目录。在编写过程中,本教材的编写人员参考了大量一手文献和二手文献。在此谨向二手文献的作者表示感谢。下面是编写过程中参阅的主要中文和英文教材和著作目录。

[1]汪劲.环境法学(第三版)[M].北京:北京大学出版社,2014.

[2]韩德培.环境保护法(第七版)[M].北京:法律出版社,2015.

[3]周珂.环境与资源保护法(第三版)[M].北京:中国人民大学出版社,2015.

[4]黄锡生,史玉成.环境与资源保护法学(第四版)[M].重庆:重庆大学出版社,2015.

[5]张璐.环境与资源保护法学(第二版)[M].北京:北京大学出版社,2015.

[6]金瑞林.环境法学(第四版)[M].北京:北京大学出版社,2016.

[7]吕忠梅.环境法学概要[M].北京:法律出版社,2016.

[8]曹明德.环境与资源保护法(第三版)[M].北京:中国人民大学出版社,2016.

[9]王曦.国际环境法(第二版)[M].北京:法律出版社,2005.

[10]《中国自然保护纲要》编写委员会.中国自然保护纲要[M].北京:中国环境科学出版社,1987.

[11]詹姆斯·萨尔兹曼,巴顿·汤普森.美国环境法(第四版)[M].徐卓然,胡慕云,译.北京:北京大学出版社,2016.

[12]丹尼尔·法伯,罗杰·芬德利.环境法精要(第八版)[M].田其云,黄彪,译.天津:南开大学出版社,2016.

[13]艾琳·麦克哈格 等.能源与自然资源中的财产和法律[M].胡德胜,魏铁军,等,译.北京:北京大学出版社,2014.

[14]詹姆斯·奥托 等.矿业特许税费:关于其对投资者政府和市民社会影响的国际研究[M].胡德胜,魏铁军 等,译.北京:北京大学出版社,2013.

[15]HU D. *Water Rights: An International and Comparative Study* [M]. Lon-

don: IWA Publishing, 2006.

[16]WEISS E B, et al. *International Environmental Law and Policy* (2nd edn) [M]. Alphen: Wolters Kluwer, 2006.

[17]ALCAMO J, et al. *Ecosystems and human well－being: a framework for assessment* [M]. Washington, DC: Island Press, 2003.

[18]SALZMAN J, THOMPSON B. *Environmental Law and Policy* (*Concepts and Insights*) [M]. New York: Foundation Press, 2013.

[19]SANDS P. *Principles of International Environmental Law I* (2nd edn) [M]. Cambridge: Cambridge University Press, 2003.

[20]PERCIVAL R V, SCHROEDER C H. *Environmental Regulation: Law, Science, and Policy* (7th edn) [M]. Alphen: Aspen Publishers, 2013.

[21]MCCAFFREY S C. *The Law of International Watercourses: Non－Navigational Uses* [M]. Oxford: Oxford University Press, 2007.

[22]UNESCO, et al. *The United Nations World Water Development Report 2015: Water for a Sustainable World* [M]. Paris: UNESCO, 2015.